《中国电子信息产业统计年鉴（综合篇）2005》
编辑委员会

张　彧　山东省信息产业厅经济运行与对外合作处
王党生　河南省信息产业厅经济运行处
柳云辉　湖北省信息产业厅经济体制改革与经济运行处
刘卫红　湖北省信息产业厅经济体制改革与经济运行处
周文静　湖北省信息产业厅经济体制改革与经济运行处
杨红宇　湖南省信息产业厅经济运行处
汤月园　广东省信息产业厅产业管理处
卢宝珠　广东省电子行业协会
谢秀梅　广西区信息产业局经济运行与体制改革处
林世良　海南省信息产业局规划发展处
蒋惠英　重庆市信息产业局经济运行处
苏　平　四川省信息产业厅经济运行与体制改革处
吴晓虹　四川省信息产业厅经济运行与体制改革处
徐　磊　贵州省信息产业厅信息化推进处
刘　蓉　云南省信息产业厅经济运行处
王　栋　陕西省信息产业厅军工与产业管理处
曹栋梁　陕西省信息产业厅军工与产业管理处
白润元　甘肃省经委信息产业处
班省兰　甘肃省经委信息产业处
康　萍　宁夏区经委机电行业办
沈红梅　新疆区机电行业办行业管理处
李惠美　大连市信息产业局经济运行处
陈大敏　宁波市信息产业局
姜明霞　青岛市信息产业局电子信息产品管理处
陈伯宏　厦门市信息产业局产业促进处
李重毅　深圳市贸易工业局经济运行处
巴国苍　中国电子信息产业集团企业发展部
沈宜娟　中国普天信息产业集团财务部
叶茂昌　天津电子仪表工业总公司经调部
覃旭东　中国振华电子集团
王绿华　上海广电（集团）公司
严礼明　上海长江计算机集团
黄海林　上海仪电控股（集团）公司
余　晨　上海华虹（集团）有限公司
邓志萍　江苏熊猫集团
易　峰　深圳赛格集团企划部
古　群　中国电子元件协会信息中心

中国电子信息产业统计年鉴

（综合篇）

2005

信息产业部经济体制改革与经济运行司

電子工業出版社

Publishing House of Electronics Industry

北京·BEIJING

图书在版编目(CIP)数据

中国电子信息产业统计年鉴（综合篇）2005 / 信息产业部经济体制改革与经济运行司．—北京：电子工业出版社，2006.6

ISBN 7-121-02573-6

Ⅰ．中…　Ⅱ．信…　Ⅲ．① 电子工业—统计资料—中国—2005—年鉴 ② 信息工业—统计资料—中国—2005—年鉴　Ⅳ．① F426.63-66 ② F49-66

中国版本图书馆 CIP 数据核字（2006）第 053990 号

责任编辑：李新社　　特约编辑：许　楷
印　　刷：涿州市京南印刷厂
出版发行：电子工业出版社
　　　　　北京市海淀区万寿路 173 信箱　邮编　100036
经　　销：各地新华书店
开　　本：787×1 092　1/16　印张：27.5　字数：723.2 千字　彩插：6 个
印　　次：2006 年 6 月第 1 次印刷
定　　价：248.00 元

ISBN 7-121-02573-6

9 787121 025730 >

凡购买电子工业出版社的图书，如有缺损问题，请向购买书店调换。若书店售缺，请与本社发行部联系。联系电话：（010）68279077。质量投诉请发邮件至 zlts@phei.com.cn，盗版侵权举报请发邮件至 dbqq@phei.com.cn。年鉴编辑部电话（010）68187325。

编 辑 说 明

1.《中国电子信息产业统计年鉴（综合篇）2005》全面记载了一年一度中国电子信息产业经济运行的综合统计资料，通过对全国电子信息产业各地区、各行业、各产品门类发展数据的统计和有关主管部门各级领导、学者的分析论述，系统地反映了中国电子信息产业在2005年取得的成就、存在的问题和发展的趋势。

2.《中国电子信息产业统计年鉴（综合篇）2005》共分四部分：一、综述；二、制造业主要经济指标；三、固定资产投资情况；四、进出口情况。

3.“综述”部分刊载的是跨年度综述性和研究性文章，其内容包括：一是2005年中国电子信息产业经济运行的总结和述评；二是2006年电子信息产业经济运行的调控目标及展望；三是2005年电子信息产业出口、投资及部分重点电子产品发展评述；四是全国主要省市2005年电子信息产业发展情况总结及2006年展望。

4. 本年鉴数据统计范围：（1）规模以上制造业统计范围是全部国有及年销售收入500万元以上的非国有电子信息工业企业；（2）规模以下制造业数据主要来源于国家统计局普查的结果；（3）全口径制造业数据是规模以上及规模以下数据之和；（4）个别外商投资的电子信息企业不在统计范围之内；（5）电子信息产业固定资产投资统计范围是电子信息制造业中各种登记类型的企事业单位进行计划总投资（或实际需要总投资）500万元及500万元以上的建设项目；（6）电子信息产品进出口数据主要来源于国家海关总署。

5. 本年鉴统计数据不包括港、澳、台地区。

6. 本年鉴“综述”中“2005年全国主要省市电子信息产业发展情况”文稿来源于各地区电子信息产业主管部门，其中的个别数据与我部行业统计范围不完全一致。

7.《中国电子信息产业统计年鉴（综合篇）2005》编委会、特约审稿人、撰稿人为本年鉴做了大量工作，各省市电子信息产业主管部门和部内有关司局及直属单位都给予了大力支持，在此谨表谢意。

“十五”电子信息产业经济运行回顾及今后发展的思考

（代序）

信息产业部经济体制改革与经济运行司司长　周子学

“十五”以来，在党中央、国务院正确领导下，电子信息产业发挥国民经济排头兵的作用，积极应对国内外形势发展特别是我国加入WTO带来的新变化，与时俱进、开拓创新，保持持续快速健康协调发展，提前完成了“十五”发展目标，产业综合竞争力和国际地位明显提高，为向更高层次发展奠定了坚实的基础。

一、“十五”发展成绩

（一）产业规模再上新的台阶，综合实力明显增强。2005年销售收入突破3.8万亿元，规模跃居全球第二。产业发展速度持续领先，2001～2005年销售收入、工业增加值和利润总额年均增长率分别为27%、26%和14.5%，在国民经济各行业中位居前列。主要产品产量比重上升，手机、计算机、彩电、显示器、程控交换机、激光视盘机产量位居全球第一。

（二）结构调整成效明显，整体素质不断提高。计算机和通信行业逐步取代消费电子行业，成为拉动产业发展的主导力量，二者销售收入合计占全行业一半以上。软件和集成电路等行业快速发展，近几年软件行业收入增速超过30%。产业集中度进一步提高，珠江三角洲、长江三角洲、环渤海地区等三大区域劳动力、销售收入、工业增加值、利润总额占全行业的比重均超过70%。大公司战略成效明显，2005年第19届电子信息百强实现营业收入8158亿元，比2000年增长了近1倍。

（三）科研开发成果丰硕，创新能力显著增强。TD-SCDMA和数字电视等重大工程与标准建设进展迅速，初步形成从设备、终端到芯片研发的完整产业链。软件、集成电路等核心领域发展迅速，以Linux为代表的基础软件及各类应用软件成绩突出，“中国芯”工程进展顺利。企业创新能力不断增强，2005年全行业投入研究开发经费超过700亿元。电子发展基金使用成效显著，五年累计支持项目1345个，投入资金24亿元，带动社会投资1千亿元，产生专利2千多项。

（四）国际化进程加快，产品出口取得新突破。全球产业转移和外商对华投资进程加快，吸引外资超过1000亿美元，设立外商投资企业1万多家，其销售收入、工业增加值、利润占全行业的比重均达50%以上。产品出口连年第一，增速超过35%，在全国出口中的比重达1/3，五年内出口额翻了两番。企业“走出去”取得明显进展，华为、中兴等通信企业积极进行市场开拓和对外投资，产品遍及五大洲；联想、TCL、京东方等通过跨国并购在国际化经营中实现新的跨越。

（五）行业管理逐步增强，产业环境日趋改善。按照入世要求，降低产品关税并取消进口许可证与配额，减少行政审批，行业管理更加公开透明。《行政许可法》的贯彻落实逐步深入，进一步做到依法行政。围绕国务院 18 号文件，制定完善了软件产业和集成电路产业的政策体系，推动国家增设集成电路研发专项资金。推进出口退税工作，争取国家提高了集成电路等 40 个税号电子信息产品的出口退税率。电子信息产品市场监管力度不断加强，在电子产品质量抽查、“再生显像管”整治、卫星广播电视设备生产管理等颁布实施了一系列部门规章，《电子信息产品污染控制办法》已进入征求 WTO 成员意见的程序。

二、“十五”主要经验

“十五”成绩是在党中央、国务院的正确领导下，在国家发展战略与产业政策的引导和推动下，电子信息全行业与各部门、各地方密切配合和共同努力的结果。其中有很多经验值得总结。

（1）改革开放的大环境是产业发展壮大的基本前提。作为最早进行对外经济合作的行业之一，电子信息产业一直在开放竞争中发展壮大，特别是“十五”期间，抓住我国加入 WTO 的历史机遇，充分发挥比较优势参与全球产业分工循环，引导全球产业转移和外商对华投资，极大增强产业的综合实力和国际地位。

（2）宏观政策的扶持是产业竞争力不断增强的必要手段。每一次电子信息产业的跨越发展，都与国家政策的大力扶持密不可分。“十五”期间，国家确立了以信息化带动工业化和优先发展信息产业的战略，在软件、集成电路、新型显示器件等核心领域出台了一系列产业政策，并在电子发展基金、出口退税、科技兴贸等不断加大扶持力度，有力地促进了产业竞争力的增强。

（3）抓应用促发展是推动产业规模扩张的关键源泉。信息产业部成立后，一直在“三业一化”的职能框架下推动电子信息产业的发展，特别是近五年，加速制造业、运营业和软件业的互动发展及信息产业与信息化的相互促进，在社会经济各领域广泛推广应用电子信息技术，为产业规模扩张形成重要市场拉力。

（4）在发展中监管是抓好行业管理工作的重要原则。电子信息技术、产业及市场快速变化的特点，要求监管工作的着力点放在推动竞争与发展上。五年来，根据贯彻科学发展观和加入 WTO 的新形势、新要求，及时转变观念和完善行政管理，在质量监督、知识产权保护、污染控制、规范竞争等方面不断加大宏观调控和市场监管力度，有效遏制影响经济运行的不稳定不健康因素，为产业持续快速协调发展提供了良好的外部环境。

三、“十五”主要问题

在总结成绩和经验的同时，还应看到，当前国内外形势总体虽有利于产业的发展，但随着内部发展与外部环境出现的多种变化，特别是技术升级和产业转移步伐加快、国际竞争和贸易摩擦不断加剧，产业开始步入一个调整转型的关键阶段，在结构升级、转变增长方式、国际化经营、提升国际地位等方面日益面临紧迫的问题。

（一）产业转型与结构调整。随着数字化技术和网络融合趋势步入实质发展阶段及信息服务业不断兴起，国家发展新一代移动通信和数字电视的时间日益临近，产业准备及调整的步伐亟需加快。新型显示技术的发展，使得彩电、彩管等行业的升级压力加大，企业普遍在经营中因市场萎缩导致利润下滑，整个行业面临技术升级和上下游整合的趋势。本土手机企业，在经历前几年的快速扩张后，库存增加、竞争激烈的局面日益加剧，近两年赢利状况普遍不是很好，也需要在结构调整上做认真的考虑。

（二）增长方式与自主创新。过去产业规模快速扩张，一定程度上是投资拉动和资源消耗的简单结果。随着资源和环境约束日愈突出，国内土地、水电、钢材、人力及其他生产要素的供应日趋紧张，产业投资逐步呈现增速放缓的趋向，将严重影响产业增长的后劲，需要通过发展资源节约型和环境友好型产业转变经济增长方式。其中很重要的一个途径是加强自主创新，特别在环保材料、生产工艺、核心器件等方面需要加大研发力度，以从"质"上加快产业的增长。

（三）国际经营和产业"走出去"。实现电子强国的一个重要标志是拥有较强国际竞争力的跨国企业。虽然电子信息产业较早对外开放，本土企业一直在国内面临有跨国公司参与的"国际竞争"，但从全球角度参与的竞争相对较少。目前很多大企业通过跨国并购和对外投资实现规模扩张和组织跨越，但在国际化经营中普遍面临不少挑战，也暴露出资金、人才和经验不足等多方面的问题。下一步，推动产业"走出去"、培育本土跨国公司将是产业发展亟需解决的一个重要任务。

（四）吸引外资和产业国际地位。多年来电子信息产业吸引外资的一个重要结果，是推动产业规模的扩张和加工贸易的发展，部分海外媒体甚至因此视中国为"世界制造工厂"。但应看到，由于技术、市场在一定程度上两头在外，这种全球产业分工的地位并不稳固，由此带来的贸易矛盾转移、巨大资源消耗以及利润大量外移等问题日趋突出。下一步，抓住产业转移的机遇，提升外资引进水平，使跨国公司真正在中国扎根发展，将成为扩大产业集聚优势、稳固国际分工地位的必要途径。

四、下一步发展思路

"十一五"期间，要紧紧围绕建设电子强国的目标，通过提高自主创新能力，发展资源节约型和环境友好型产业，加快经济增长方式的转变；通过推动信息产业"走出去"、培育本土跨国企业和提升外资引进水平，扩大产业的集聚优势和国际地位；通过加强市场监管和调节服务，为产业争取更好的发展环境，形成信息技术在各领域全面深入应用的局面，努力在全面建设小康社会中实现产业发展新的跨越。

（一）推动结构调整，促进产业优化升级。要统一认识、集中力量，把结构调整作为产业发展的中心工作，放在战略位置切实抓紧抓好，并贯穿于"十一五"工作的始终。要跟踪电子信息技术、产业与市场的发展、变化，按照其发展规律与变化，推动产品结构、企业结构和地区结构的调整、转型与升级。要按照数字化技术与三网融合的发展趋势，抓好新一代移动通信、数字电视、新型显示器件等重大工程与技术标准的建设，培育数字化音视频、高性能计算机及网络设备等信息产业群，加快发展一批附加值高、量大面广的信息终端和产品。

（二）提高自主创新能力，夯实产业增长的技术基础。要通过电子发展基金、集成电路研发专项资金等手段，并引导更多社会资金，按照中央领导指出的"举全国之力，在核心技术、关键元器件的研发和产业化方面不断取得突破"。继续加大对软件、集成电路和关键元器件的资金投入，集中支持新一代通信与网络、数字电视等重大工程与标准的建设。要将支持领域向产业两端倾斜，在新型材料上加大研发投入，研发有毒有害材料的替代产品，从源头提升产业的创新性和环保水平；扶持关键专用设备发展，在引进基础上加强吸收创新，争取部分领域取得突破。发展创业投资和产业融资，为企业技术研发提供更大的资金支持。

（三）促进大企业国际化经营，培育本土跨国公司。将扶持大企业发展贯穿于各项工作中，开展大企业国际化经营试点，争取国家从促进重点行业发展上对部分大企业予以政策扶持，为其分担跨国经营的探索性成本。加大电子发展基金扶持力度，争取国家为大企业研发设立专项。在符合国家政策基础上，争取扩大大企业出口全额退税的产品范围。及时跟踪汇率机制和金融改革的变化，为大企业争取更灵活、便捷的外汇政策。在援外及国际合作项目上，争取国家信贷扶持大企业对发展中国家的投资。

（四）深入实施科技兴贸战略，加快转变外贸增长方式。争取国家援外资金扶持海外通信工程，推动电子制造业和通信运营业、电视、娱乐等服务行业合作拓展国际市场的模式。落实胡主席关于扶持发展中国家5项举措的措施，争取国家信贷支持电子信息产业与发展中国家的合作项目，促进通信、家电等优势企业在发展中国家投资及对其产品出口。扶持软件外包，联合有关部门出台鼓励政策措施帮助企业增强软件外包能力。积极参与国际组织及多双边有关产业合作的谈判，争取国家在部分重要地区增设信息技术官员，为电子信息产品出口和企业"走出去"提供更专业的服务。联合有关部门建立产业应对贸易摩擦的协作机制，增强国际规则运用的水平，健全产业监测和预警机制。

（五）扩大外资引进和产业集聚优势，提升在全球产业分工中的地位。为跨国公司创造更好的投资环境，鼓励和引导其在华加强研发和延伸加工环节，加快建设总部基地，真正在中国"落地生根"，巩固和扩大产业集聚优势，提升在全球产业分工中的地位。进一步引导外商投资与国内产业和经济社会发展有机结合，鼓励跨国公司参与西部大开发和老工业基地振兴，真正成为国内经济与社会的建设者和推动者。完善国家电子信息产业基地与园区建设，督促已挂牌地区在核心技术研发、产业链完善、配套服务等方面加大落实力度，同时引导中西部地区在发展特色产业和应用信息技术方面形成新的集聚优势。

（六）运用信息技术发展先进制造业，全面推动社会信息化建设。以发展先进制造业为切入点，提升国内重大技术装备的信息化水平和制造工艺的数控能力，加快发展汽车电子、机床电子、医疗电子等应用电子产品。抓好电子信息技术在农业机械设备、生产技术、农产品加工流通以及农村管理中的应用，发展适宜农村实际的信息终端设备和软件，为建设社会主义新农村做贡献。争取国家在普遍信息化方面设立财政专项，用于加大对农村和中西部地区的信息基础设施建设，为构建和谐社会奠定基础。

（七）加强行业调节与市场监管，争取更好发展环境。进一步跟踪国家改革方向，加强政策研究，争取更好的产业发展环境。推动18号文件的法制化建设，并争取国家扩大政策的实施范围和扶持力度。推动国家税制改革给予产业倾斜扶持，争取增值税转型率先在产业试点运行，扩大出口全额退税的电子信息产品范围，并为产业自主创新和转变增长方式争取更好的财税政策。跟踪人民币汇率机制改革的方向，引导企业适应新的调整，并争取通过外汇额度、境外融资等方面的试点为产业创造更为灵活便捷的金融环境。加强市场监管，发展循环经济，加快《电子信息产业污染控制办法》的宣传贯彻工作，通过资质认证、标准制定等在节约能源、保护环境上取得实效。

目　录

I　综　述

II　制　造　业

（一）全口径

（二）规模以上

（三）规模以下

Ⅲ 固定资产投资

Ⅳ 进出口情况

I 综　　述

2005 年电子信息产业主要统计指标完成情况

指 标 名 称	计算单位	2005 年	2004 年	增长%
产品销售收入	亿元	38417	30785	24.8
其中：规模以上工业	亿元	31010	25096	23.6
规模以下	亿元	3501	2909	20.4
软件产业	亿元	3906	2780	40.5
利润总额	亿元	1408	1242	13.4
其中：规模以上	亿元	1358	1196	13.5
规模以下	亿元	50	46	8.7
税金总额	亿元	556	461	20.6
其中：规模以上	亿元	541	447	21.0
规模以下	亿元	15	14	7.1
工业增加值	亿元	9011	7018	28.4
其中：规模以上工业	亿元	6700	5415	23.7
规模以下	亿元	804	651	23.5
软件产业	亿元	1507	952	58.3
年末从业人员	万人	759	628	20.9
固定资产投资	亿元	1468.2	1206.6	21.7
电子信息产品进出口总额	亿美元	4887.3	3884.3	25.8
其中：出口额	亿美元	2681.7	2075.0	29.2
进口额	亿美元	2205.6	1809.3	21.9
软件产品出口额	亿美元	35.9	28.0	28.2

2005年规模以上电子信息产业统计概况图表

电子信息产业主要指标与全国工业对比

单位：亿元

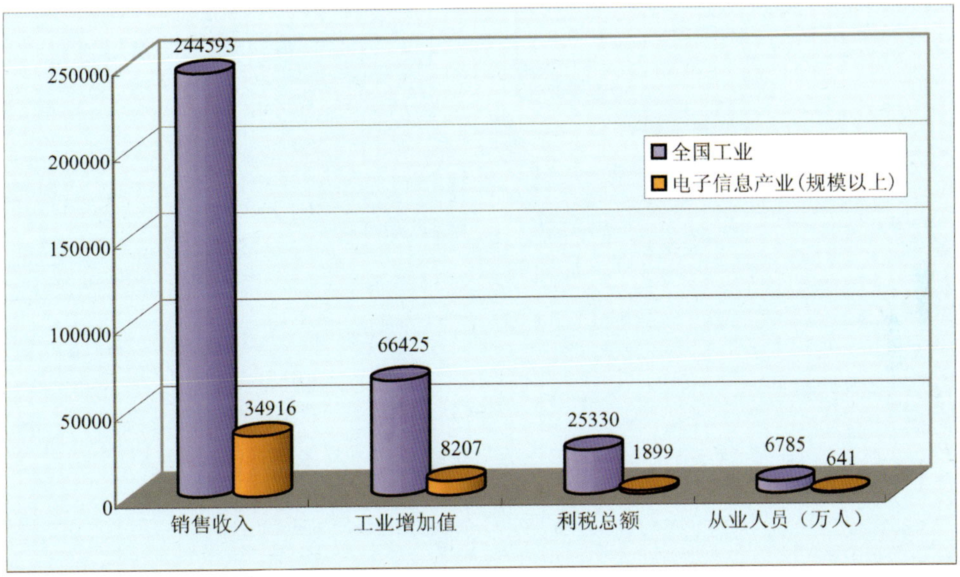

全国规模以上各工业行业完成销售收入比较

单位：万亿元

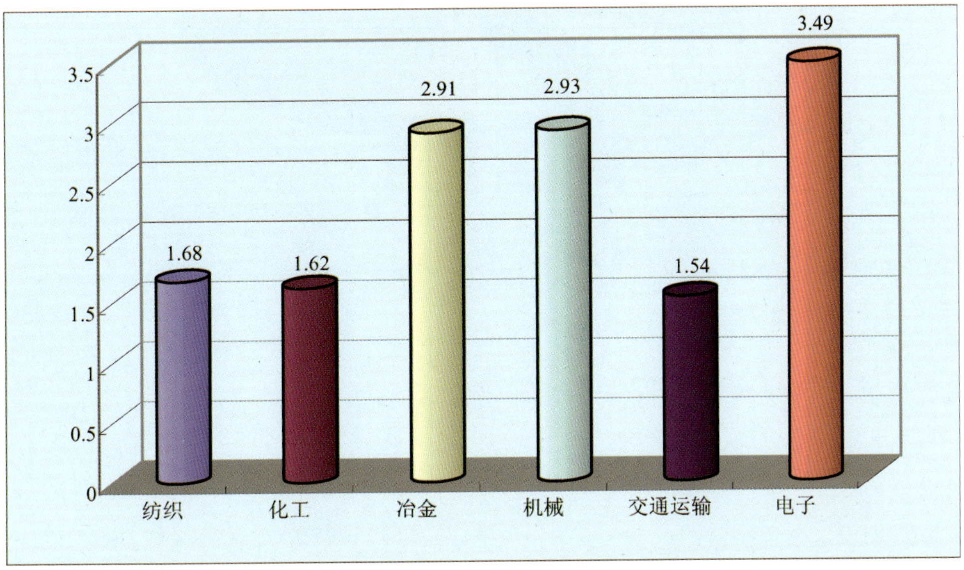

电子制造业四大类产品销售收入占全行业比重

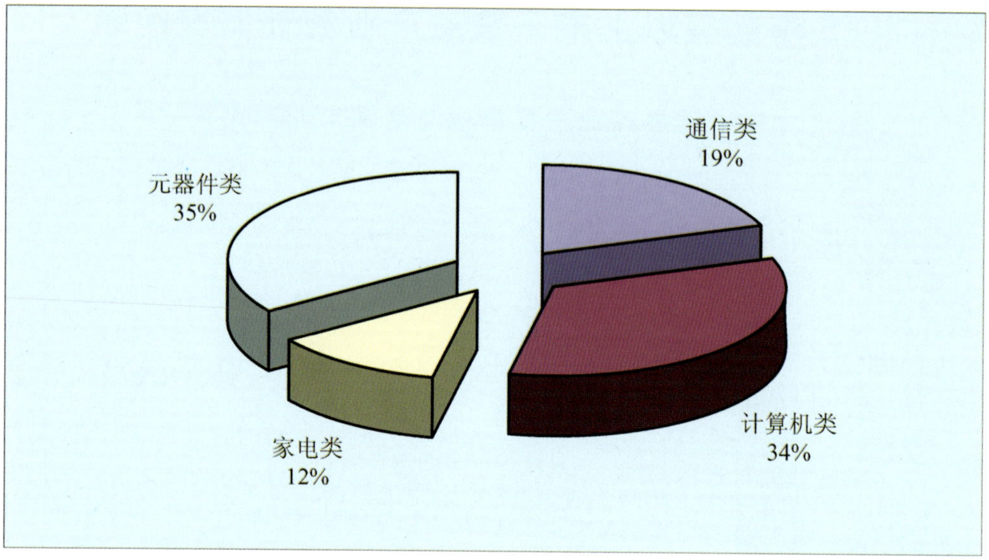

电子制造业各经济类型销售收入占全行业比重

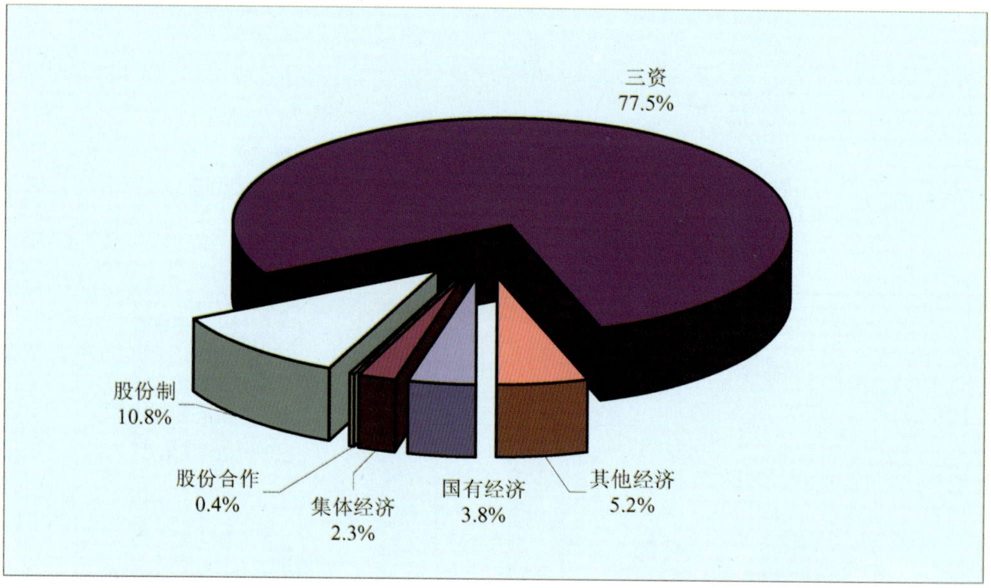

电子制造业各地区销售收入分布情况

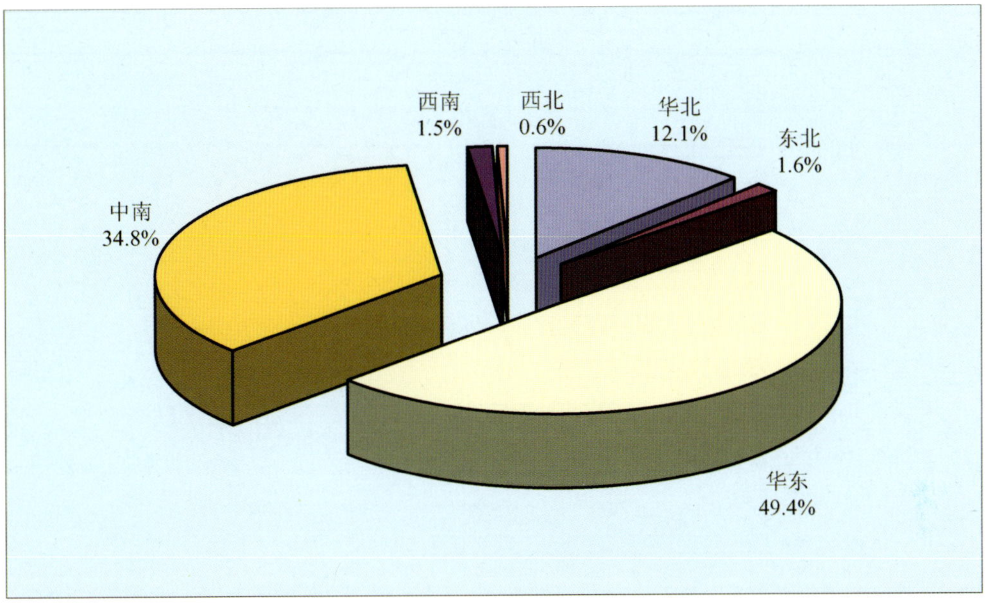

电子制造业销售收入前十名省市

单位：亿元

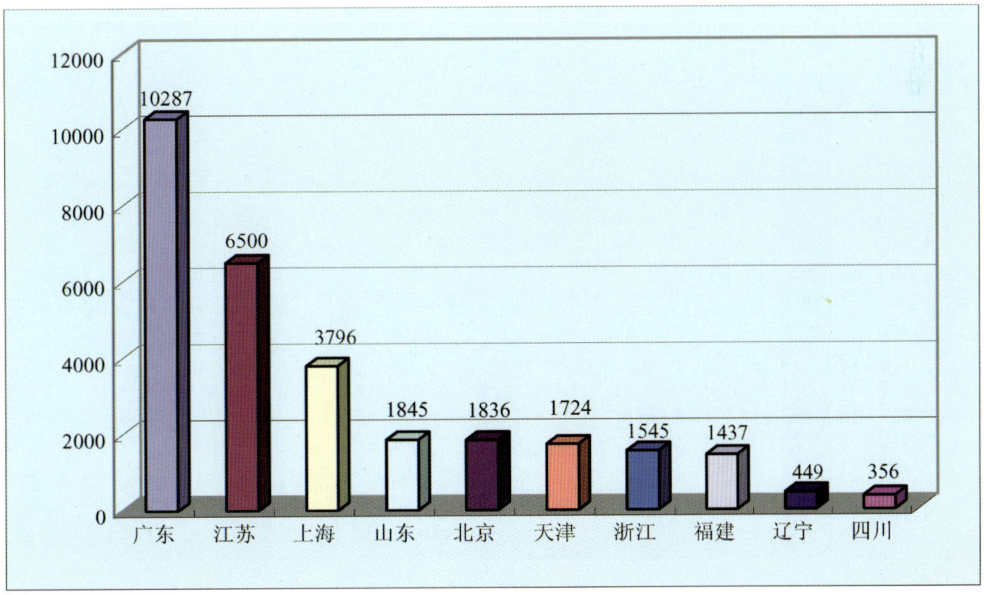

电子制造业各行业实现销售收入情况

单位：亿元

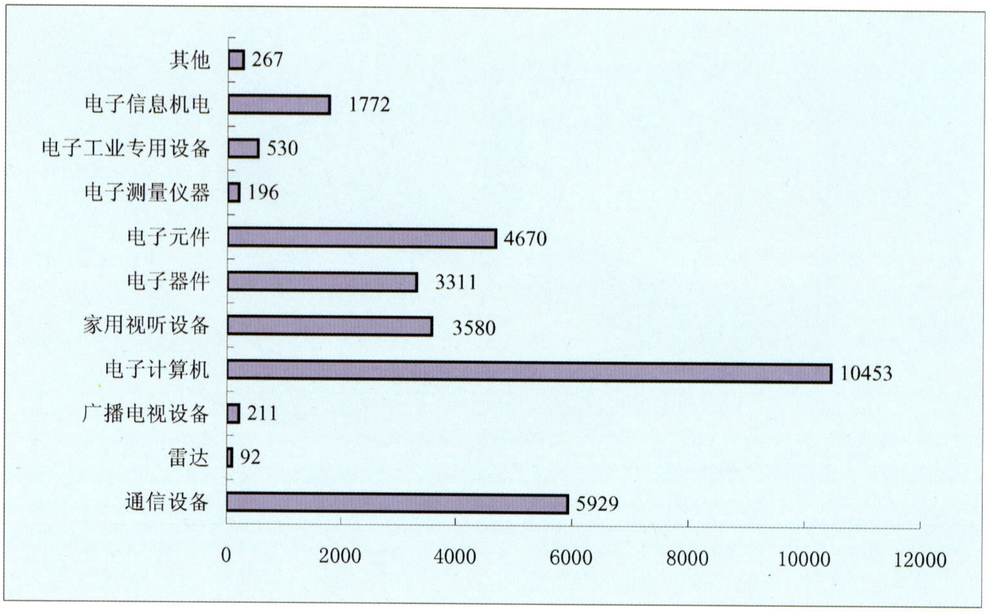

电子制造业各经济类型实现销售收入情况

单位：亿元

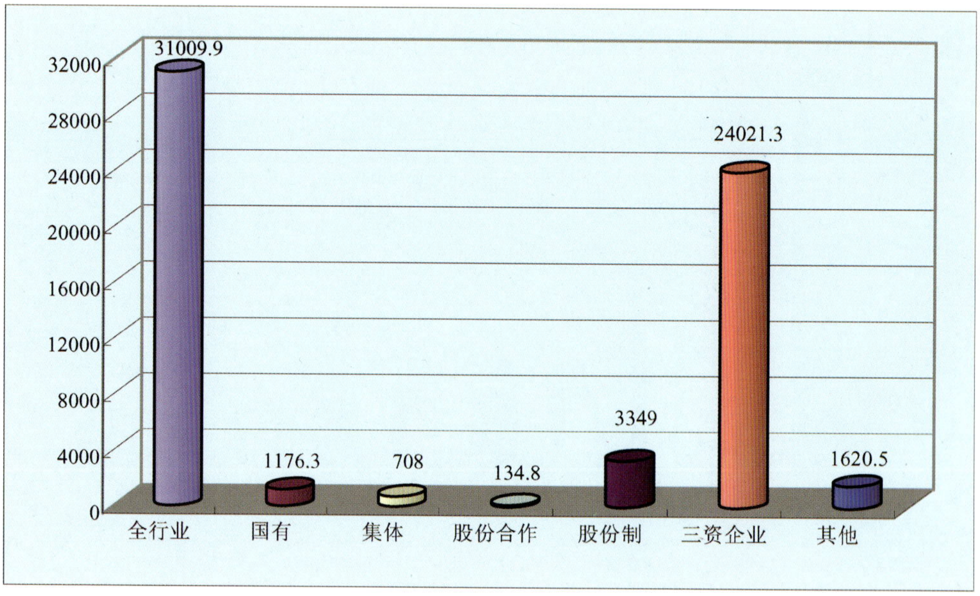

电子制造业各经济类型实现利税情况

单位：亿元

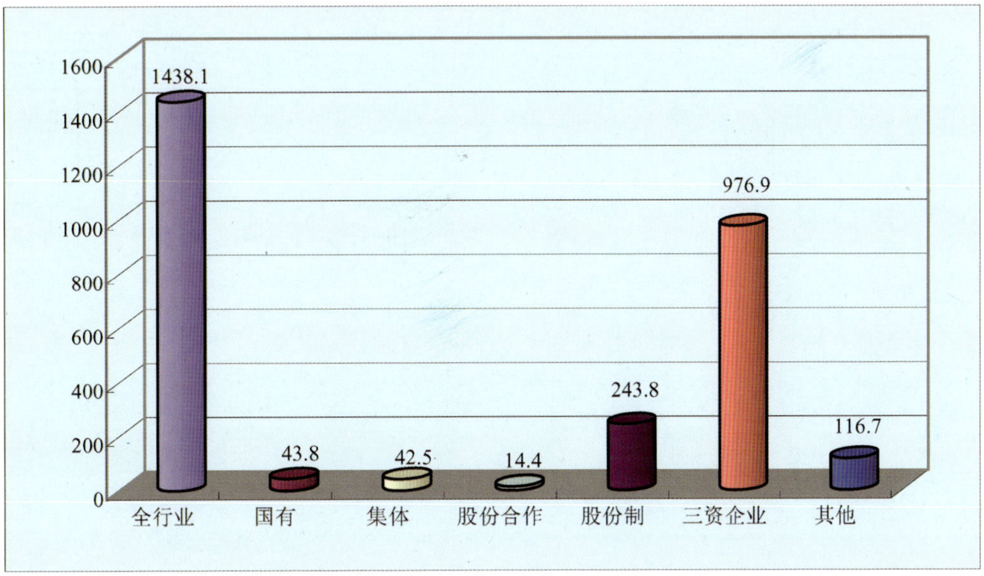

电子制造业各行业实现利税情况

单位：亿元

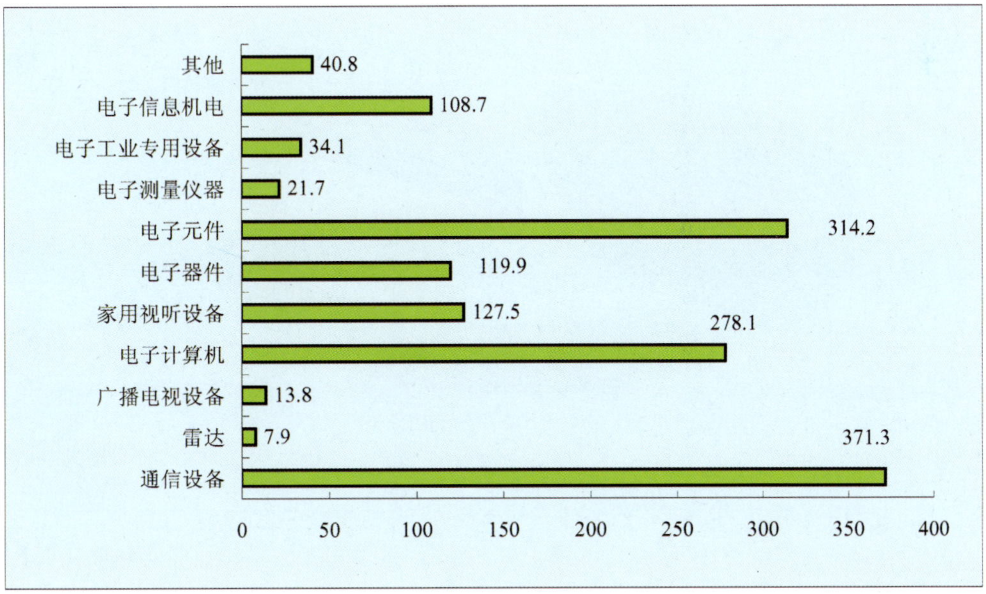

全国各工业行业累计完成固定资产投资比较

单位：亿元

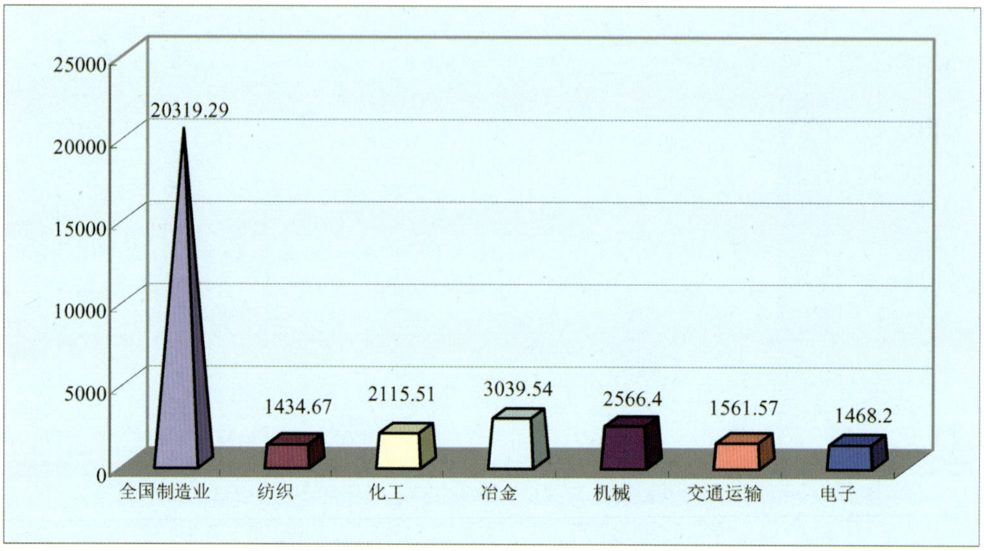

电子制造业固定资产投资资金来源情况

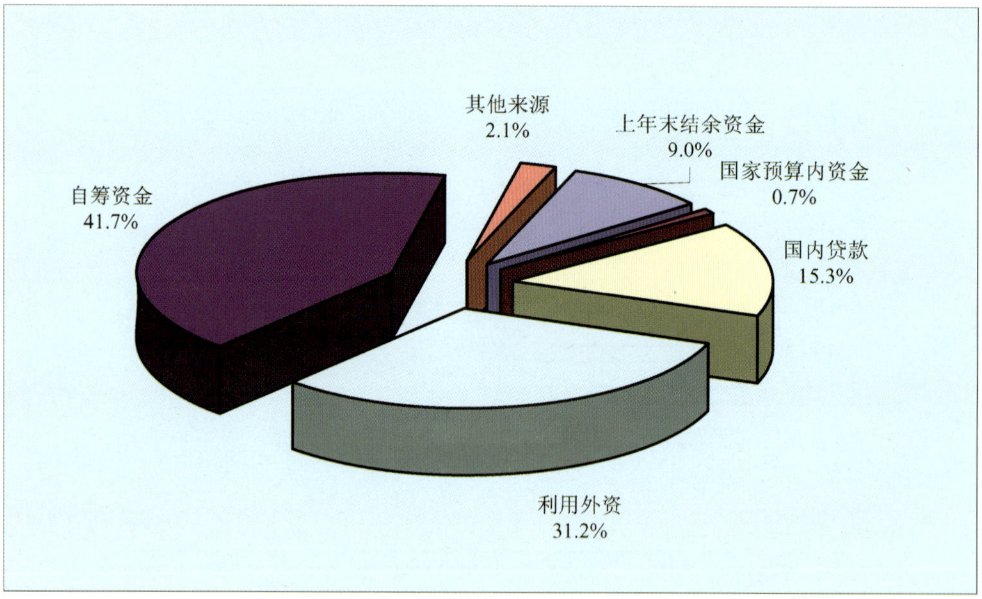

电子信息产业进出口与全国进出口对比情况

单位：亿美元

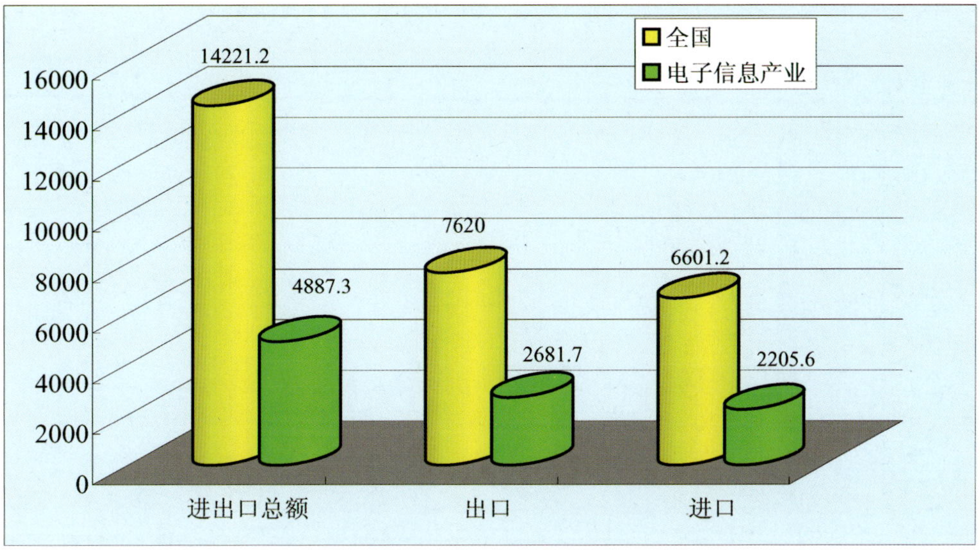

电子信息产业出口产品构成情况

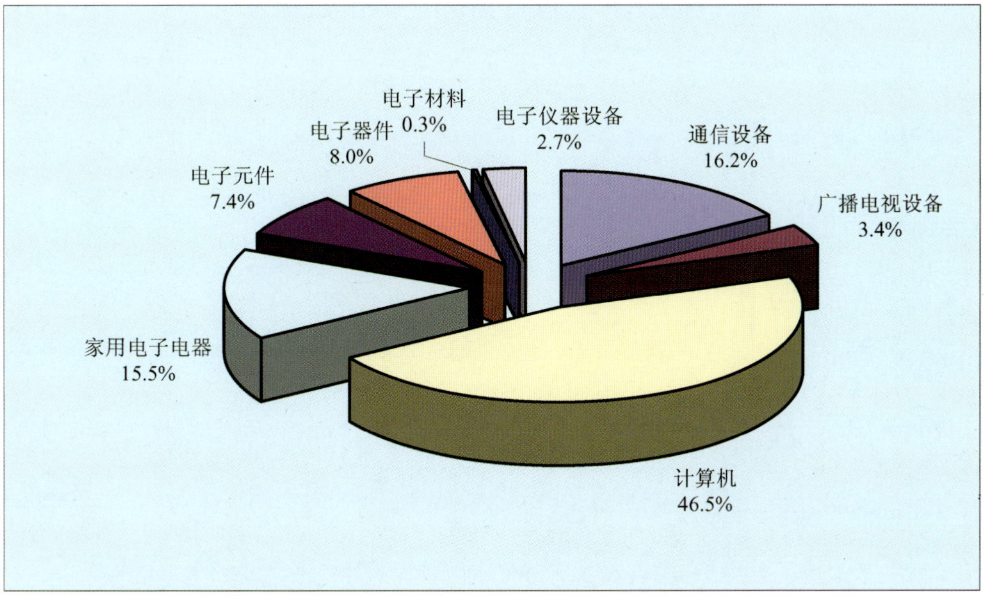

电子信息产业各经济类型企业出口情况

单位：亿美元

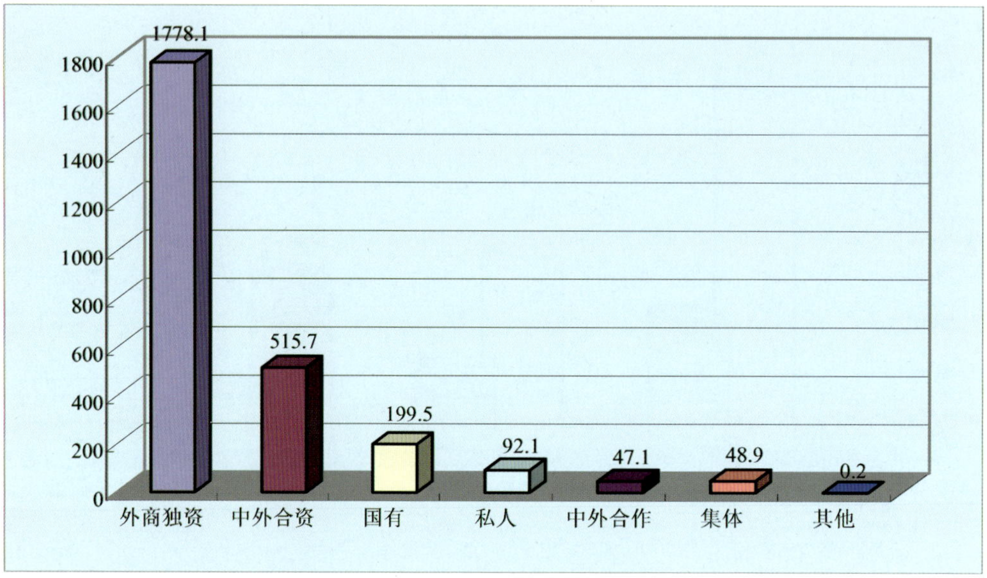

电子信息产业各贸易方式下出口情况

单位：亿美元

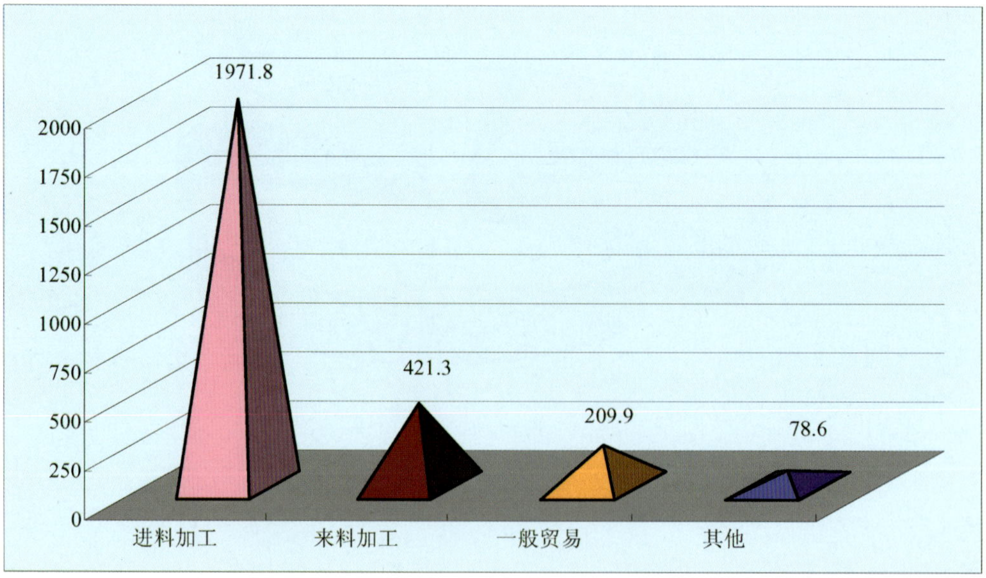

电子信息产业各经济类型企业进口情况

单位：亿美元

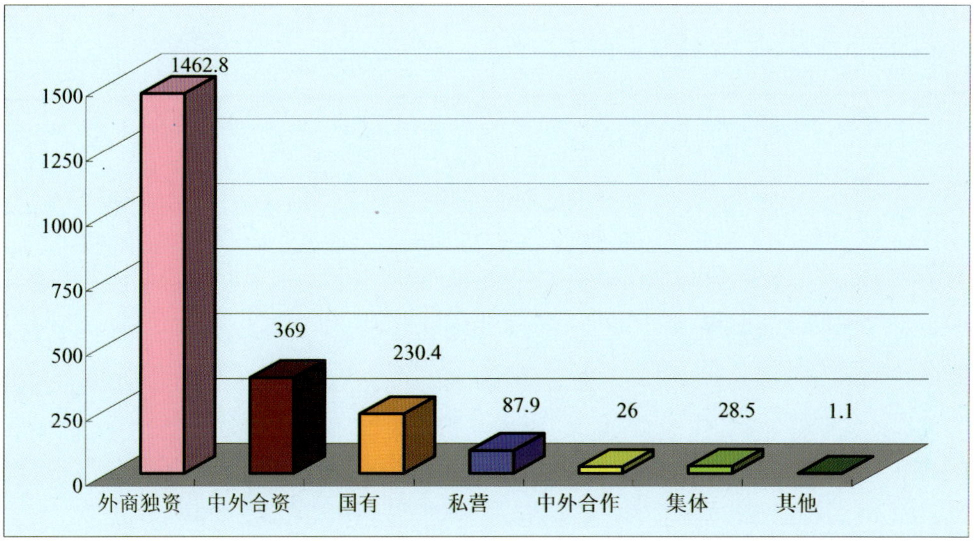

电子信息产业各贸易方式下进口情况

单位：亿美元

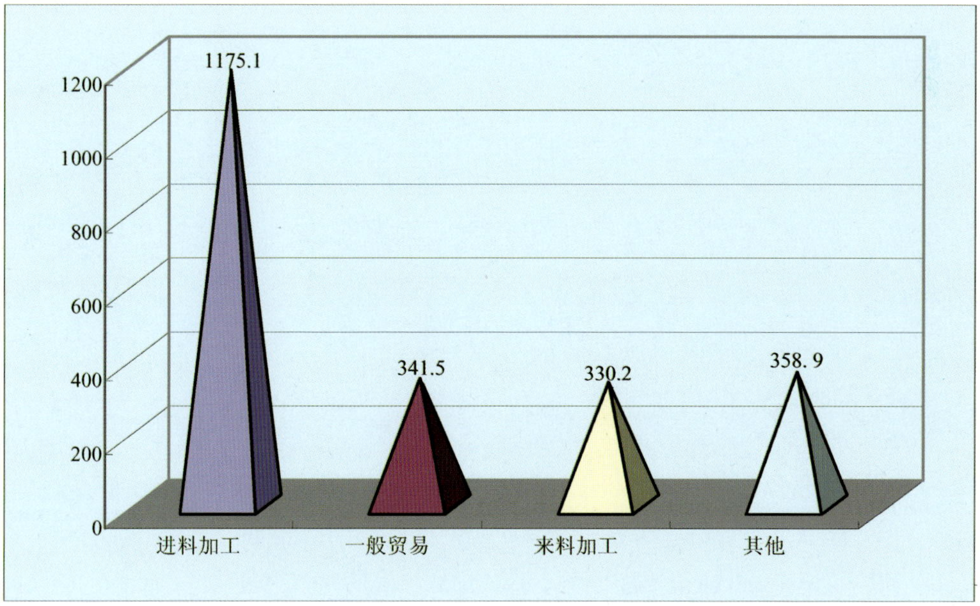

2005年电子信息产业经济运行公报

2005年，我国电子信息产业坚持以邓小平理论和“三个代表”重要思想为指导，深入贯彻落实党的十六大和十六届三中、四中全会及中央经济工作会议精神，以科学发展观统领全局，围绕建设电子强国目标，坚持以发展为第一要务，着力推进结构调整、自主创新和市场开拓，全行业经济运行保持平稳增长态势，规模继续扩大，效益逐步回升，知名品牌、优势企业和产业基地日渐形成，产业综合实力和国际化程度进一步提高，为国民经济和社会发展做出了重要贡献。

一、基本情况

2005年，我国电子信息产业经济运行状况良好，全年实现销售收入38417亿元，同比增长24.8%，其中软件及系统集成收入3906亿元，同比增长40.5%；工业增加值9011亿元，同比增长28.4%；利税1964亿元，同比增长15.3%；进出口4887亿美元，同比增长25.8%。

（一）发展速度平稳增长。2005年，电子信息产业在2004年高速增长的基础上继续保持平稳发展，每月增速均达20%以上。工业增加值占全国工业增加值的13.6%，增速超出全国工业平均水平12个百分点，对其增长的贡献率达到20.8%（见图1）。

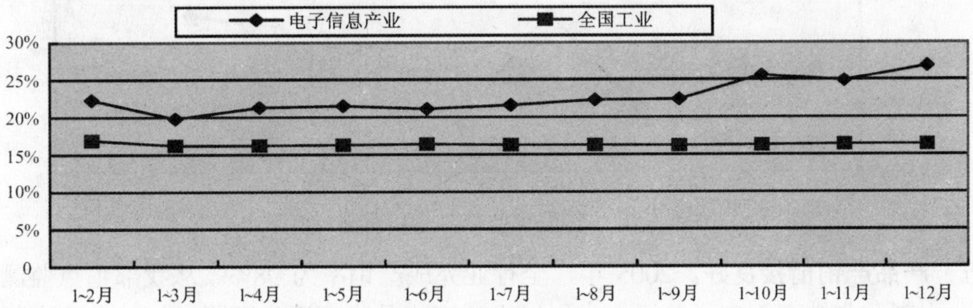

图1　2005年每月电子信息产业增速情况

（二）规模继续位居前列。2005年，电子信息产品制造业销售收入为3.45万亿元，规模在各工业行业中排名首位，其他各项经济指标也都名列前茅（见图2）。

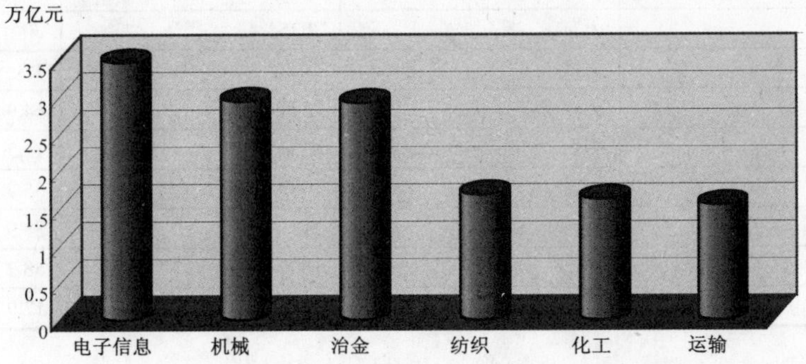

图2　2005年各行业销售收入情况比较

（三）**综合实力不断增强**。2005 年，我国电子信息企业数量快速增长，全行业企业数达 6.7 万个，其中制造业规模以上企业数 16007 个，规模以下企业数为 39816 个；软件企业 11448 个。企业经济规模继续扩大，全年电子百强营业收入达 8800 亿元以上，同比增长超过 15%，其中营业收入 100 亿元以上的企业超过 20 家（见图 3）。

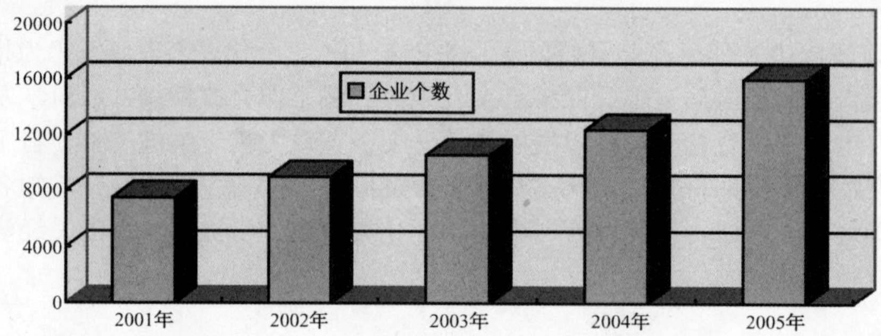

图 3　2001～2005 年规模以上制造企业数量情况

（四）**经济效益逐步提高**。2005 年，电子信息产业经济效益逐步回升，全年共实现利润 1408 亿元，同比增长 13.4%；完成税金 556 亿元，同比增长 20.6%；全行业亏损额占销售收入的比重为 0.8%，比上半年下降了 0.3 个百分点（见图 4）。

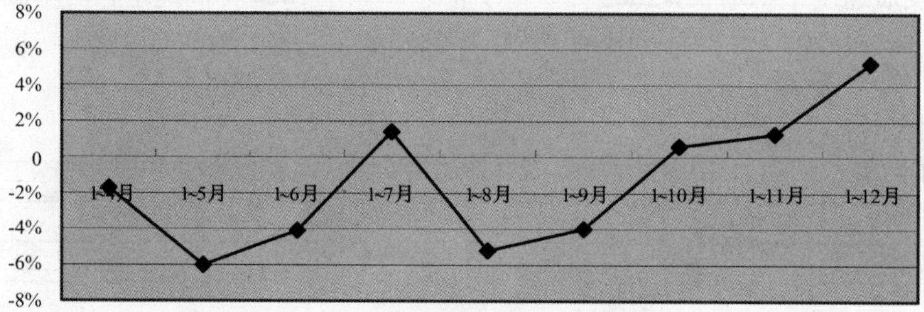

图 4　2005 年电子信息产业利润增长情况

（五）**产品产销衔接良好**。2005 年，全行业完成产销率为 98%。从我部重点监测的主要产品看，大部分产销率都在行业平均水平以上。产成品库存逐步下降，1～12 月全行业产成品库存 1438 亿元，同比增速为 10.5%，比上半年下降了 1.8 个百分点（见表 1）。

表 1　2005 年主要产品产量状况

产 品 名 称	单　位	生 产 数 量	同比增长%
移动通信手持机	万部	30354	30
程控交换机	万线	7720.9	1.3
移动通信基站设备	万信道	724.5	64.9
彩色电视机	万台	8283.2	11.5
微型计算机	万部	8083.8	35.3
服务器	万部	318	88.9
显示器	万部	16057.6	58.2
集成电路	亿块	265.8	12.9

（六）**出口继续排名首位**。2005 年，电子信息产品对外贸易继续保持快速增长，在全国

外贸出口中继续位列第一。全年电子信息产品进出口额达到 4887.3 亿美元，占全国外贸总额的 34.4%。其中，出口 2681.7 亿美元，占全国出口总额的 35.2%，增速达到 29.2%；进口 2205.6 亿美元，同比增长 21.9%，占全国进口总额的 33.4%（见图 5）。

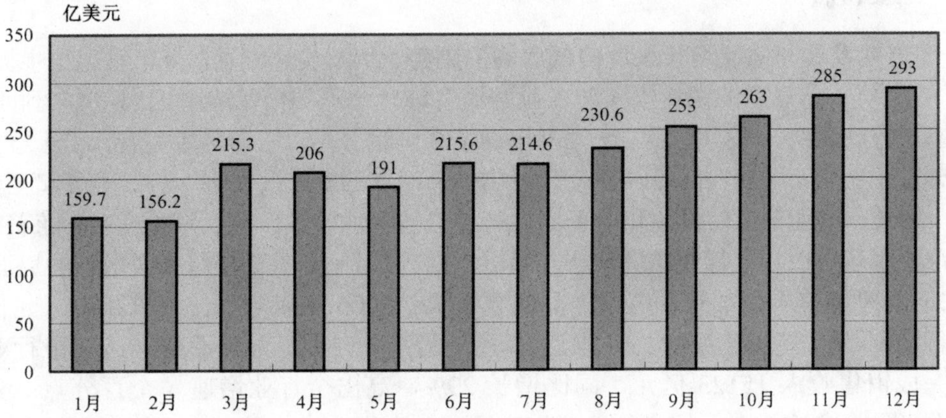

图 5　2005 年每月电子信息产品单月出口额

（七）**固定资产投资稳步增长。**2005 年，全行业 500 万元以上项目完成投资 1468 亿元，同比增长 21.7%，增速比 2004 年同期下降了 12.4 个百分点。三资企业仍是投资主体，其投资所占比重达 63.4%；内资企业投资增速上升，全年增长了 37.9%，比 2004 年增速高了 15.7 个百分点。投资领域集中于电子元器件行业，占全部投资的 55%，其中元件投资增长较快，速度达到 48.4%；器件投资则比 2004 年下降了 11.6%。东部地区占主导地位，东部 12 个省市完成投资 1230 亿元，占全行业投资总量的 83.8%；中部和西部增长加速，增速均超过 40%（见图 6）。

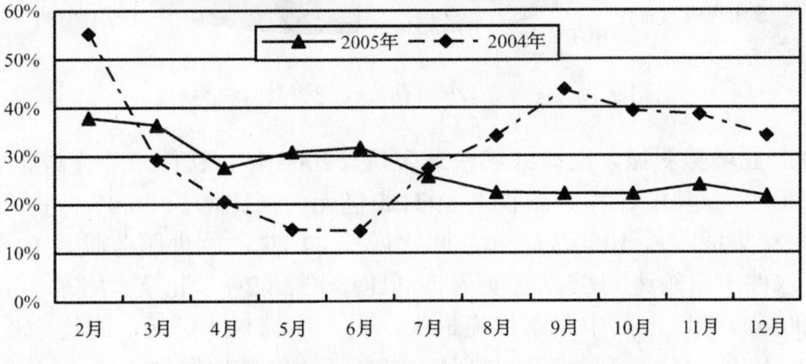

图 6　2005 年全行业每月累计完成投资增速情况

（八）**科技创新日趋深入。**新品开发稳步增长，全行业新品产值率为 20.6%，比 2004 年提高了 0.2 个百分点。企业研发投入和拥有专利数不断提高，全行业研发投入超过 800 亿元。电子信息百强企业研发投入占销售收入比重不断提高，有 15 家企业比重达 5%以上。

（九）**提供大量新的就业岗位。**电子信息产业在快速发展的同时，也创造了大量的就业机会。2005 年，全行业从业人员为 759 万人，其中制造业规模以上 551 万人，规模以下 120 万人；软件业 88 万人。从业人员素质不断提高，2005 年具有大专以上文化程度的占 28%，比 2004 年提高了 2 个百分点。

（十）**对 GDP 的贡献进一步增强。**2005 年，电子信息产业工业增加值占 GDP 的比重达到 4.94%，比 2004 年提高了 0.55 个百分点；增速超过 GDP 增速 18.5 个百分点，对 GDP 增长的贡献率达到 8.8%。

二、主要特点

（一）**产业发展与效益增长呈现前低后高的趋势**。从发展速度看，全年呈现稳步提高态势。前三个季度，电子信息产业销售收入和工业增加值每月增幅一直保持在 21%左右；到四季度后，二者增速均超过 24%，平均比前三个季度提高了 3 个百分点以上。从效益看，由于原材料成本上升、部分行业步入周期性低谷以及企业消化多余库存等多方面原因，从二季度起全行业利润开始呈负增长，特别是通信设备和电子器件行业效益下滑较快；进入三季度后，随着市场逐步景气和企业库存减少，全行业经济效益开始逐步回升，到 10 月份扭转了负增长的局面。

（二）**结构调整步伐加快，高端产品比重提高**。2005 年以来，计算机和电子元件行业以高出全行业平均水平的速度增长，成为拉动产业增长的主要力量。全年这两个行业规模以上企业完成销售收入 15123 亿元，同比增长 29%，高出全行业增速 4 个百分点；完成利润 482 亿元，同比增长 21%，比全行业增速高了 7.6 个百分点。随着企业不断加快新品开发和市场拓展的步伐，产品结构逐步升级，高端产品比重不断提高。液晶和等离子产品日益成为彩电行业的热点和增长点，二者全年生产增速均超过 200%；计算机行业中，笔记本电脑占微型计算机的比重接近 60%，比 2004 年提高了 5 个百分点（见图 7）。

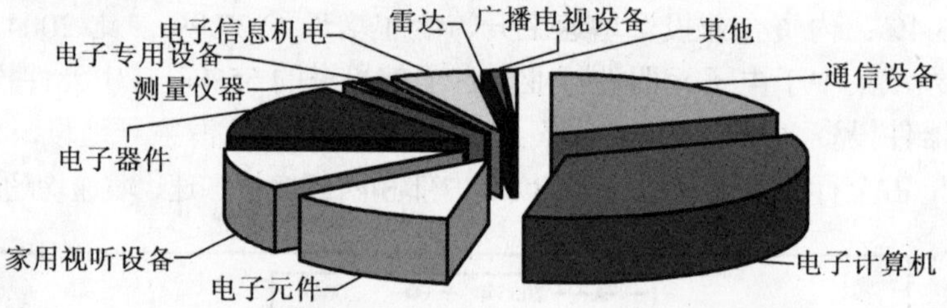

图 7　2005 年电子信息制造业各行业比重情况

（三）**软件产业增势明显，出口继续快速发展**。2005 年，软件产业完成销售收入 3906 亿元，同比增长 40.5%。其中软件产品收入 1931.5 亿元，同比增长 26.4%，占全部软件产业收入的 49.5%。系统集成收入 1059.3 亿元，同比增长 84.7%；软件服务收入 915.5 亿元，同比增长 201.9%。软件出口额达到 35.9 亿美元，同比增长 28.2%。北京、广东、上海、江苏仍是软件产业发展的重点地区，其中北京规模最大，收入达到 914 亿元，同比增长 42%；江苏增长最快，实现收入 416 亿元，同比增速高达 98.9%。软件基地发展迅速，11 个国家软件产业基地和 6 个国家软件出口基地产业发展快速，基地内的软件企业收入占全国软件产业销售收入的比重已达 3/4 以上（见图 8）。

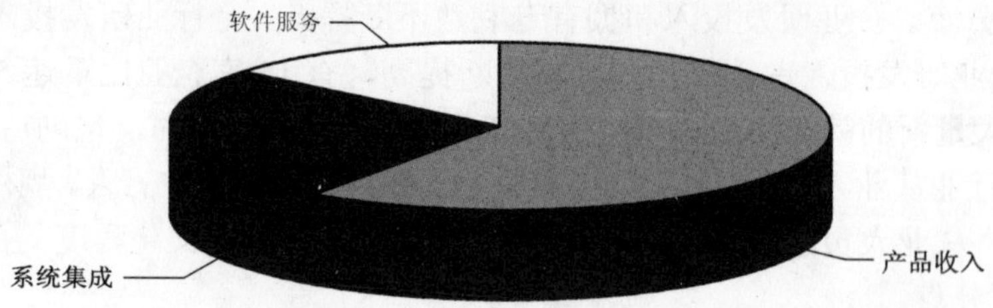

图 8　2005 年软件收入构成情况

（四）国际化程度进一步提高，三资企业地位日益突出。2005 年，全球电子信息产业向中国转移的趋势继续呈现，跨国公司在深化在华战略的基础上加强全球资源整合，其在华企业独资化及建设区域总部和研发中心的势头进一步显现。三资企业在电子信息制造业中的地位不断提升，全年共实现销售收入 24021 亿元，工业增加值 5026 亿元，利润 822 亿元，出口 2341 亿美元，分别占规模以上工业的 77%，77%，77%和 87%，均比 2004 年比重有所提高。与此同时，本土企业也加强了国际化经营的探索，通过跨国并购实现规模扩张，力图在全球范围建立起新的竞争优势。

（五）产业集中度继续提高，区域聚集效应日益显现。东部沿海地区仍是电子信息产业发展的主要区域，规模排名前八位的省市都在东部地区。特别是长江三角洲、珠江三角洲和环渤海三大区域，劳动力、销售收入、工业增加值和利润占全行业比重均达 80%以上，比 2004 年比重分别都有所提高。产业基地和园区建设进一步深入，9 个已挂牌国家电子信息产业基地的产业规模和利税总额占全行业比重均超过 3/4，产业集聚效应及基地优势地位日益显现。

三、值得关注的问题

（一）结构调整升级压力加大，效益增长明显滞后。结构性矛盾依然是制约产业发展的瓶颈，表现为产业结构不尽合理，软件和信息服务业比重偏低，集成电路产业整体水平还有较大差距，基础电子产品发展相对滞后，总体上处于全球产业链的中低端，行业整体效益不高。2005 年，部分行业因技术层次低、产能相对过剩、库存积压增多等原因导致效益大幅下滑，在结构升级上面临严峻的形势，特别是彩管行业，因平板显示技术的发展导致全行业萎缩，技术升级和资源整合的压力加大；本土手机行业也因产能相对过剩导致经济效益大幅下滑，也需要在结构升级上加大力度。

（二）自主创新能力薄弱，技术依赖的局面仍未改变。产业在核心领域和关键元器件开发方面仍亟待突破，产品和应用技术水平总体不高，以企业为主体的技术创新体系尚未形成，产学研用的技术合作及科技中介服务发展水平都有待增强。同时企业自主创新的能力和意识仍相对薄弱，依赖国外关键技术和元器件的局面仍未根本改变，知识产权与专利收费的压力不断增加，由此对企业生产经营的负面影响日趋突出。

（三）本土企业发展相对较慢，与外资企业的差距拉大。无论是发展速度还是经济效益，本土企业与外资企业的差距都在加大。特别是国有企业，2005 年其规模以上企业销售收入增速仅为 3.2%，远远低于三资企业 25.8 %的水平；利润为 47 亿元，比 2004 年同期下降了 50%以上，仅为三资企业利润的 1/20。同时还有一个值得重视的问题，三资企业的收入和利润增长与其对国内经济的贡献一直不成比例，且有加剧趋势。2005 年规模以上工业中，三资企业共缴纳税金 155 亿元，同比下降了 8%；国有企业缴纳税金 92 亿元，同比增长了 21%。其中三资企业税金与利润的比率不足 20%，低于全行业平均水平 14 个百分点以上。

（四）“走出去”步伐相对滞后，应对贸易摩擦能力差。本土企业国际竞争优势不强，从全球范围内参与国际竞争的层次和程度都不高，“走出去”的步伐相对产品出口明显滞后。尽管目前很多企业在国际化经营、跨国并购、对外投资方面进行了积极的探索，但也暴露出如国际经营经验不足、资金人才短缺等方面的问题，其中因并购带来的国际债务问题，也影响了产业整体效益的增长。同时，产业面临的贸易摩擦日趋加剧，国内产业整体应对的意识与能力都有待加强，特别在利用国际规则与惯例保护产业利益方面仍较为薄弱。

四、面临形势

2006 年是“十一五”的开局之年，电子信息产业面临一些新的发展形势。

（一）有利条件

（1）党的十六届五中全会通过了《关于制定国民经济和社会发展第十一个五年规划的建议》，要在“十一五”时期提高自主创新能力，加快转变经济增长方式，促进以电子信息为代表的先进制造业和高新技术产业发展，并建设相应的财税制度、加快增值税转型和内外资税制统一、促进创业投资等，将为产业发展营造良好的外部环境。

（2）国家建设社会主义新农村，推动“三农问题”解决，增加农民收入和农村信息基础设施投入；同时继续采取扩大内需、提升传统产业和促进区域协调发展的措施，都将为电子信息产业带来新的市场机遇。

（3）第三代移动通信建设步伐加快，数字电视相关标准即将陆续颁布，“数字奥运”建设工作不断深入，都将为电子信息产业发展注入新的活力。

（4）技术升级与业务融合的趋势加快，信息技术在各行各业中的运用日趋深入，新的应用电子产品不断涌现；信息服务业快速发展，三网融合趋势日益突出，各种业务创新不断深入，将为电子信息产业发展带来新的增长点。

（二）不利因素

（1）面临的国际竞争加剧。我国周边地区及墨西哥、巴西等发展中国家日益重视电子信息产业发展，不断加大招商引资力度，日益对我国产业发展形成巨大的竞争压力；而且随着我国产业成本优势逐步弱化，国际投资和产业转移可能出现新的分流。

（2）贸易摩擦日趋增多。发达国家运用反倾销、反补贴和保障措施、技术性贸易壁垒及知识产权措施的做法日趋频繁，引用国内法（如反垄断法）等引起的贸易纠纷和产业争端也将呈增加态势，对我国产品出口和产业发展造成不利影响。

（3）投资增速放缓可能影响产业发展的后劲。随着国家加强宏观调控，在土地供应和投资信贷审批上日益严格，导致固定资产投资增速出现放缓趋向，将影响下一步产业发展的后劲。

（4）能源和原材料供应紧张制约产业的增长。全国煤电油运供应形势紧张，影响了产业的规模扩张；钢材及其他原材料价格持续上升，加大了电子信息企业的生产成本，从而限制了产业的效益增长。

总体上看，2006 年我国电子信息产业面临的机遇仍大于挑战，但因不确定因素增多导致形势日趋复杂，要加快结构调整和自主创新，加大政策扶持和市场引导力度，才能确保产业继续保持健康、协调、快速发展。

经济体制改革与经济运行司

2006年电子信息产业经济运行调控目标及工作要点

2006年是实施“十一五”规划的开局之年。电子信息产业经济运行工作，要继续以邓小平理论和“三个代表”重要思想为指导，认真贯彻落实党的十六大和十六届五中全会精神，全面贯彻落实科学发展观，按照中央经济工作会议和全国信息产业工作会议的部署，着力推进结构调整和战略转型，促进经济增长方式转变；着力推进技术业务创新，增强产业核心竞争力；抓住电子信息产业经济运行的宏观调控和经济调节两大主线，做好市场监管、运行调控、经济调节、统计分析与信息引导；积极主动解决经济运行中出现的新情况、新问题，全面推进全行业平稳、健康、协调发展。

一、2005年经济运行回顾

（一）发展速度平稳增长

2005年，电子信息产业在2004年高速增长的基础上继续保持平稳发展，每月增速均达20%以上。工业增加值占全国工业增加值的13.6%，增速超出全国工业平均水平12个百分点，对其增长的贡献率达到20.8%。

（二）结构调整步伐加快，高端产品比重提高

2005年以来，计算机和电子元件行业以高出全行业平均水平的速度增长，成为拉动产业增长的主要力量。全年这两个行业规模以上企业完成销售收入15123亿元，同比增长29%，高出全行业增速4个百分点；完成利润482亿元，同比增长21%，比全行业增速高了7.6个百分点。企业不断加快新品开发和市场拓展的步伐，产品结构逐步升级，高端产品比重不断提高。液晶和等离子产品日益成为彩电行业的热点和增长点，二者全年生产增速均超过200%；计算机行业中，笔记本电脑占微型计算机的比重接近60%，比2004年提高了5个百分点。

（三）产品产销衔接良好

2005年，全行业完成产销率为98%。从我部重点监测的主要产品看，大部分产销率都在行业平均水平以上。产成品库存逐步下降，1～12月全行业产成品库存1438亿元，同比增速为10.5%，比上半年下降了1.8个百分点。

（四）出口继续排名首位

2005年，电子信息产品对外贸易继续保持快速增长，在全国外贸出口中继续位列第一。全年电子信息产品进出口额达到4887.3亿美元，占全国外贸总额的34.4%。其中，出口2681.7亿美元，占全国出口总额的35.2%，增速达到29.2%；进口2205.6亿美元，同比增长21.9%，占全国进口总额的33.4%；实现贸易顺差476亿美元，占全国贸易顺差总额的46.7%。

（五）软件产业增势明显，出口继续快速发展

2005年，软件产业完成销售收入3906亿元，同比增长40.5%。其中软件产品收入1931.5亿元，同比增长26.4%，占全部软件产业收入的49.5%。系统集成收入1059.3亿元，同比增长84.7%；软件服务收入915.5亿元，同比增长201.9%。软件出口额达到35.9亿美元，同比增长28.2%。软件基地发展迅速，11个国家软件产业基地和6个国家软件出口基地产业发展快速，基地内的软件企业收入占全国软件产业销售收入的比重已达3/4以上。

（六）固定资产投资稳步增长

2005年，全行业500万元以上项目完成投资1468亿元，同比增长21.7%，增速比2004年同期下降了12.4个百分点。三资企业仍是投资主体，其投资所占比重达63.4%；内资企业投资增速上升，全年增长了37.9%，比2004年增速高了15.7个百分点。投资领域集中于电子元器件行业，占全部投资的55%，其中元件投资增长较快，速度达到48.4%；器件投资则比2004年下降了11.6%。东部地区占主导地位，东部12个省市完成投资1230亿元，占全行业投资总量的83.8%；中部和西部增长加速，增速均超过40%。

二、2006年经济运行形势

展望2006年，我国电子信息产业面临的机遇与挑战并存。

（一）面临的有利因素

——**全球经济继续保持平稳发展，据IDC预计2006年全球经济增长将达到3.5%。**随着经济全球化深入发展，生产要素流动和产业转移步伐加快，国际投资逐步复苏，有利于我国电子信息产业吸引外商投资并参与国际分工、竞争与合作。

——**国内发展环境日趋完善。**党的十六届五中全会明确提出要全面贯彻落实科学发展观，坚持加快转变经济增长方式和提高自主创新能力的原则，推动以电子信息为代表的先进制造业和高新技术产业发展，并建设相应的财税制度、加快增值税转型和内外资税制统一、促进创业风险投资等，将为产业发展营造良好的外部环境。

——**信息技术升级换代将孕育新的机遇。**信息技术在向数字化、网络化、智能化转型，新一代通信、数字电视、集成电路、平板显示及新材料等技术日趋成熟；计算机体系结构和软件技术将出现重大变革，信息技术各门类间界限日趋模糊，三网融合趋势明显，新业务和新产品不断涌现，这些都将成为拉动产业持续发展的新增长点。

——**全球产业调整转移带来新的机遇。**高新技术产业和现代服务业向我国转移步伐加快，跨国公司依托在华战略对其全球化战略不断深化升级，在中国境内建立地区总部和研发中心的势头日益突显，投资领域逐步向产业两端发展，这有利于扩大产业的国际地位。各类新兴的信息服务业务快速发展，也为电子信息产业带来新的发展机遇。

——**通信运营业的发展继续拉动电子信息制造业增长。**中国移动通信集团、中国网络通信集团公司被国家奥组委正式确定为2008年奥运会通信服务合作伙伴，这将进一步增强通信运营基础设施建设的力度，为通信设备制造业提供有利市场空间。

（二）经济运行面临的困难与问题

——**面临的国际竞争日益加剧。**国家间的竞争日益加剧，在产业发展和招商引资上，目前我国周边地区及墨西哥、巴西等国在发展信息产业和吸引外商投资的力度不断加大，逐步对我国产业优势提出挑战，产业转移和国际投资可能出现新的分流。跨国公司在产业竞争中的主导地位日趋明显，跨国公司通过收购合并、战略联盟等多种形式在全球范围内统一配置资源和主导核心技术，建立起新的竞争优势，对我国企业造成的竞争压力日益加大。本土企业跨国经营的压力和动力不断增强，跨国并购和对外投资的探索行动增多，对全球资源配置和技术掌控的话语权争夺日趋激烈。

——**国际贸易摩擦对产业发展的影响逐步加大。**目前我国电子产品出口占全球电子产品市场份额不断提高，且贸易顺差仍在继续加大，美、欧为抑制其经济减缓速度将采取一系列措施减少其贸易逆差，引发对我国的贸易摩擦不断增多。一是针对我国的反倾销调查增加很快；二是利用技术法规变化、产品认证、标准提高、增加环保要求等非关税措施限制我国产品出口；三是个别企业欲借高额专利收费对市场进行垄断；四是一些国家贸易保护主义抬头，采取各种“保障措施”限制进口中国产品等。

——**资源与环境约束日益增强。**2006 年国内市场资源紧张、原材料和能源价格上涨仍不会有大的缓解，同时劳动力成本上升、核心技术短缺，导致企业进入市场的技术和投资门槛降低，国内市场将更加拥挤、竞争更为激烈。同时，环保日益成为社会发展的热点问题，提高产业在环境保护上的水平成为一个紧迫的课题。

还要看到，我国电子信息产业面临着一些亟需解决的问题：结构性矛盾依然制约产业的发展，自主创新能力仍有待提高，产业增长的方式相对落后；本土企业实力不强，与跨国公司差距拉大，国际化经营和应对贸易摩擦的能力亟需增强；现代产权制度尚未完善，体制因素制约依然存在，政策扶持力度仍需加大。

三、2006 年主要行业发展预测及全行业调控目标

（一）经济运行调控指导思想

2006 年电子信息产业经济运行工作，要以邓小平理论和“三个代表”重要思想和党的十六大精神为指导，以科学发展观统领全局，抓住电子信息产业经济运行的宏观调控和经济调节两大主线，积极务实地推动电子强国建设，把增强自主创新能力作为调整产业结构、转变经济增长方式的中心环节，发展循环经济，提高资源利用效率，开拓国内外市场，提升企业的国际竞争力；做好市场监管、运行调控、经济调节、统计分析与信息引导；积极主动解决经济运行中出现的新情况、新问题，推动全行业平稳、健康、协调的全面发展。

（二）经济运行调控目标

1．主要经济效益指标

工业增加值：11000 亿元，同比增长 22%；

销售收入：46600 亿元，同比增长 21%；

其中：软件与系统集成收入 5000 亿元，同比增长 28%；

利税：1850 亿元；

出口：进出口目标与国家增长15%的目标一致，不断改善贸易结构，为国家贸易收支平衡做贡献。

2. 主要产品调控目标

手机：34000万部，其中出口25000万部；

PC：9800万部，其中出口5800万部；

彩色显示器：19800万部，其中出口16000万部；

彩色电视机：9100万部，其中出口4800万部；

集成电路：340亿块。

四、2006年经济运行调控措施及工作要点

（一）做好经济运行协调工作，提高经济运行质量

（1）做好全行业经济运行综合协调工作。加强经济运行的宏观调控，做好全行业的总量控制，不断实现总供给和总需求的平衡。进一步做好主要电子信息产品国内外市场容量的调研和预测，以市场为导向，发挥调控目标的指导作用，合理配置资源，不断推动产业平稳、健康、协调发展。

（2）做好全行业经济运行分析、研究工作。进一步完善经济运行监测体系，建立健全产业预警机制，时时跟踪、分析、预测全行业经济运行情况及走势，重点研究产业发展中的突出问题，提高快速反应突发事件的能力，及时协调解决全行业产销之间的矛盾，不断提出产业发展的措施建议，促进产业结构快速调整。

（3）进一步完善全行业统计制度体系，建立统计法规执行检查制度，提高行业统计分析水平。加强全行业月度、年度、重点企业、软件产业及固定资产投资的统计、调查、分析和监测，进一步强化政府信息导向作用，指导全行业的经济运行工作。

（4）继续做好我国机电产品的进口国际招标、评标，进口许可的审核、审批，以及电子信息产品加工贸易单耗标准的制定工作，进一步保障我国产品市场公平竞争的正常秩序，不断促进全行业健康、协调发展。

（二）促进大企业国际化经营，培育本土跨国公司

（1）进一步落实《关于加快推进电子信息产业大公司战略的指导意见》，继续推进大企业国际化经营试点工作，争取国家对部分大企业以财税、金融、人才等方面的政策扶持，为其分担跨国经营中的探索性成本。

（2）在符合国家政策基础上，争取扩大企业出口退税的产品范围。及时跟踪汇率机制和金融改革的变化，为企业争取更灵活、便捷的外汇政策。在援外及国际合作项目上，要争取国家信贷扶持大企业对发展中国家的市场开拓。

（3）加强对电子信息百强企业的指导和培训，借鉴国外成功经验，引导和鼓励企业在研发能力、资本运作、品牌建设、人才培养等方面下功夫，帮助其增强国际化经营能力。整合各方面的资源，为企业搭建实施大公司战略的平台。

（4）积极推进电子信息百强企业各项工作。做好2006年第20届电子信息百强排序揭晓工作。以20周年活动为契机，为企业做好品牌宣传工作。深入企业调研，积极做好电子信息百强排序指标体系的修改完善工作。

（三）推动信息产业“走出去”，加快转变外贸增长方式

（1）推动国际合作，促进信息产业走出去。落实关于扶持发展中国家发展的五项举措，争取国家信贷支持海外通信与信息化工程，推动电子制造业和通信运营业及电视、娱乐等服务行业合作拓展国际市场。

（2）联合有关部门出台鼓励政策措施，从出口信贷扶持、促进企业合作、建设公共平台等方面帮助企业增强软件外包能力，加强海外市场专业服务体系建设，促进服务与产品的联动出口。

（3）支持企业实施“走出去”战略，推动大企业国际化经营步伐，培育基于本土并在全球具有重要影响力的跨国企业。从出口退税、研发资金、援外项目等方面对企业予以扶持，鼓励其加快国际化经营和开展跨国并购。

（四）加强国际合作，开创产业经贸发展的新局面

（1）加强国际合作，积极做好 WTO 后过渡期有关工作。积极参与国际组织及多双边合作的谈判，联合有关部门建立产业应对贸易摩擦的协作机制，提高企业和行业协会规避和应对贸易摩擦的意识和能力。

（2）适应入世形势和产业发展实际，调整关税价格管理工作思路。积极做好电子产品关税税目税率调整、电子产品关税税目转换准备工作。通过关税调节来支持企业自主创新，提高国内核心技术的研发水平，推进高新技术国产化进程。

（3）进一步深入实施科技兴贸战略，加快转变外贸增长方式，增强自主创新能力，夯实出口增长基础。在继续做好吸引外资工作的基础上，不断改善投资环境，促进外资结构转变，推动产业健康发展。

（五）加强行业调节与市场监管，争取更好的发展环境

（1）积极推动国家税制改革对电子信息产业倾斜扶持，争取增值税转型率先在产业内试点，扩大出口全额退税的电子信息产品范围，为产业自主创新和转变增长方式营造更好的财税政策。

（2）密切跟踪人民币汇率机制改革的方向，及时引导企业适应新的调整，并争取通过外汇额度、境外融资等方面的试点为产业创造更为灵活便捷的金融环境。

（3）加强两税并轨影响研究，根据我国电子信息产业外资企业集中的特点，制定应对预案，在政策出台时及时有效应对，继续跟踪增值税转型政策研究，为产业争取最有利的政策环境。

（4）加强市场监管，加快《电子信息产业污染控制办法》的出台宣传和贯彻工作。继续会同有关部门开展移动电话机市场秩序专项整治行动。推进产业技术标准制定工作，积极鼓励骨干企业参与行业、国家、国际标准的研究制订工作。

（5）进一步加强产业安全工作，关注国内外电子信息产业发展的最新动态和国际市场竞争态势。进一步扩大电子信息产品监测范围。推进安全立法，制定相关符合我国国情的产业发展和产业配套的法规法律体系，为产业发展创造良好环境。

（六）扩大财政资金引导作用，提高产业自主创新能力

（1）加大对核心技术研发的支持力度。加大对关键领域的技术研发支持，引导更多社会资金，加大对软件、集成电路和关键元器件等的研发投入，构建自主创新的技术基础。

（2）加大对大公司的扶持力度。突破原先在支持项目和资助金额上的限制，并争取国家财政设立专项扶持资金。

（3）促进产业结构优化升级。围绕经济社会发展和信息化建设的需求，加快培育和发展新的增长点。加大对共用技术研发的扶持力度，促进公共技术平台建设。

（七）以制度建设为突破口，发挥财政基金的杠杆作用

（1）进一步修改完善电子发展基金管理办法和相关规定，研究制定创业投资的管理办法和实施细则，建立一套科学合理的指标体系，提高每个基金支持项目的资金使用效益。

（2）配合有关部委出台促进软件产业和集成电路产业发展的鼓励政策。继续争取扩大集成电路研发专项资金规模，完善专项资金和项目的管理。

（3）不断推动地方和社会资金的配套投入，促进国内外融资合作，发挥国内国外两个市场、两种资源的作用，为电子信息产业创造更好的投融资环境。

（八）强化财务管理和审计监督，为产业发展保驾护航

（1）继续贯彻落实相关财经法规，积极推进财政国库集中收付改革。加强对财政国库集中收付的管理和监督力度，研究制定《信息产业部财政国库管理制度改革试点资金支付管理规定》。

（2）积极做好决、预算工作，提高全面预算管理水平。做好年度决算和预算工作，结合各单位的实际情况，研究制定《信息产业部全面预算编制指导意见》，积极推进所属单位的全面预算管理。

（3）加强审计制度规范建设，提高内审工作的水平和质量。加强财务管理水平和审计监督力度，贯彻执行《信息产业部行政事业单位内部审计规范》，积极开展对直属单位应收账款、对外投资等专项审计调查。

（九）贯彻落实科学发展观，积极建设节约型政府

（1）加强对行业安全生产工作的指导，做好《电子信息产业安全生产管理规定》的宣传和贯彻工作。按照安全监管职能的要求，继续加强对行业和所属中央企业的安全生产工作的监管力度，积极营造行业安全有序的运行环境。

（2）贯彻落实科学发展观，积极推进资源节约型、环境友好型社会的建设工作。按照王部长在《关于做好电子信息产业近期资源节约工作思路的请示》指示：建设节约型社会与各行各业都有密切关系，关键在于抓好落实，要与转变经济增长方式，调整结构，研究制定产业发展政策等相结合，靠机制创新。进一步抓好落实工作，积极推动产业资源节约和综合利用工作。

经济体制改革与经济运行司

"十五"电子信息产品出口回顾及2006年出口工作思路

2005年，是"十五"的最后一年，在党中央、国务院的领导下，我国电子信息产业的竞争力不断增强和产业规模不断壮大，随着"科技兴贸"、"走出去"等战略的实施，电子信息产品出口继续保持快速增长态势，对拉动我国外贸出口增长和保持外汇收支平衡都发挥了非常重要的作用。2005年进出口额4887.3亿美元，同比增长25.8%。其中出口额为2681.7亿美元，同比增长29.2%，高于全国外贸出口增速0.8个百分点，占全国外贸出口额的35.2%，对全国外贸出口增长的贡献率达36%，拉动全国外贸出口增长28.4个百分点中的10.2个百分点。

回顾"十五"，电子信息产品出口成效显著，特点突出；"十一五"期间，要进一步采取有效措施，保持出口持续稳定增长，改善贸易结构，促进产业发展。

一、"十五"期间我国电子信息产品出口成效显著

（一）出口持续快速增长，五年翻两番多

"十五"期间，电子信息产品出口年均增速高达35.3%。2000年，电子信息产品出口551亿美元，2003年突破千亿美元，达到1421亿美元，2005年达到2681.7亿美元。2005年与2000年相比，五年内翻了两番多（见图1）。

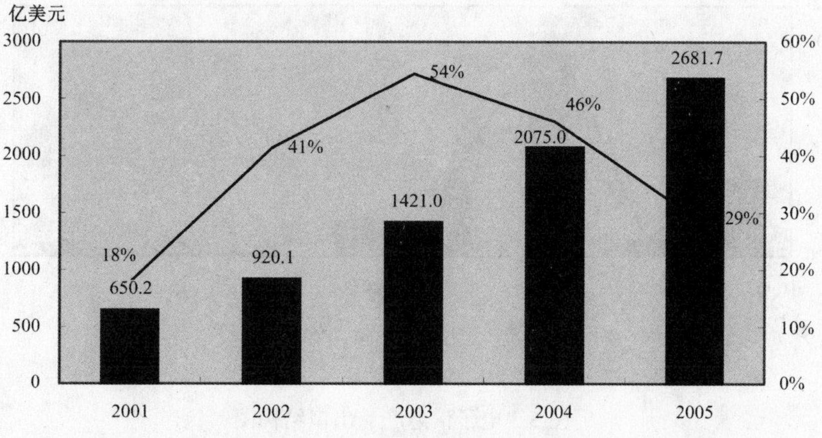

图1　电子信息产品出口增长情况

（二）拉动外贸增长，占全国外贸比重不断上升

电子信息产品出口增速持续高于全国外贸出口增速，对全国外贸出口增长的拉动作用非常明显，占全国外贸出口额的比重显著提升。电子信息产品出口额占全国外贸出口的比例从2000年22%提高到2005年的35.2%，提高了13.2个百分点。电子信息产品出口已成为拉动全国外贸出口增长的主要力量，2005年对全国外贸出口增长的贡献率达36%（见图2）。

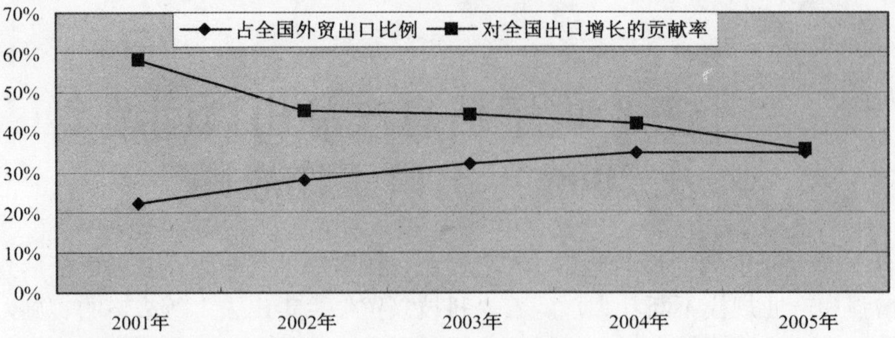

图 2　电子信息产品出口占全国外贸出口比例及对全国出口增长拉动情况

（三）产品更新快，出口产品结构发生显著变化

随着我国出口电子信息产品的技术含量和水平迅速提升，产品更新换代紧跟国际市场变化，改变了过分依赖低技术含量的家用电子电器产品出口的局面。如图 3 所示，计算机类产品出口所占比例从 2000 年的 31.8%增加到 2005 年 46.5%，所占比例增加 14.7 个百分点；通信类产品所占比例从 2000 年的 12.4%增加到 2005 年的 16.6%；而家用电子电器产品出口所占比例从 2000 年的 21.9%下降到 2005 年的 15.5%。“九五”期间，出口产品主要是收录放像机、彩电等消费类电子产品，而显示器、程控交换机、打印机增速较慢。目前，显示器、打印机、手机、程控交换机、移动通信设备、网络设备、液晶电视等产品出口都保持较高的增长速度，出口额迅速增长，其中笔记本电脑、手机、液晶显示器 2005 年出口额均超过 100 亿美元。

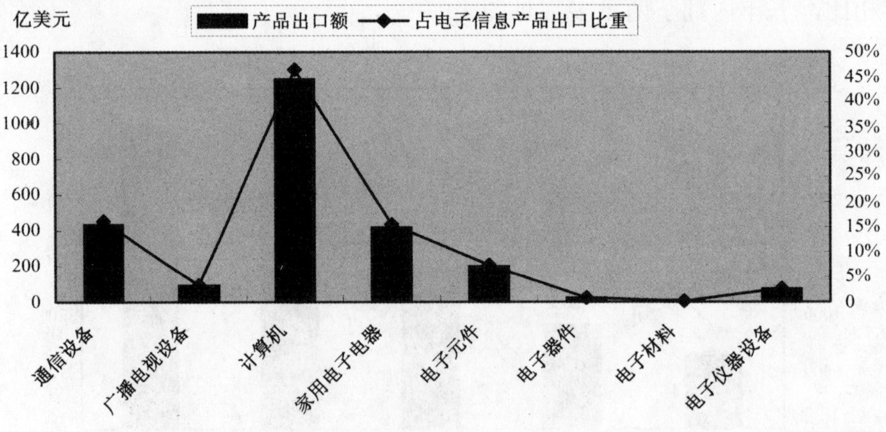

图 3　电子信息产品出口结构图

（四）进出口贸易一直保持顺差，为国家外汇储备增长做出积极贡献

“十五”以来，我国电子信息产品出口一直保持顺差，并且逐步成为我国对外贸易顺差的主要来源。2005 年，电子信息产品对外贸易顺差 476.1 亿美元，与 2000 年相比，2005 年顺差增长了 37 倍（见图 4）。

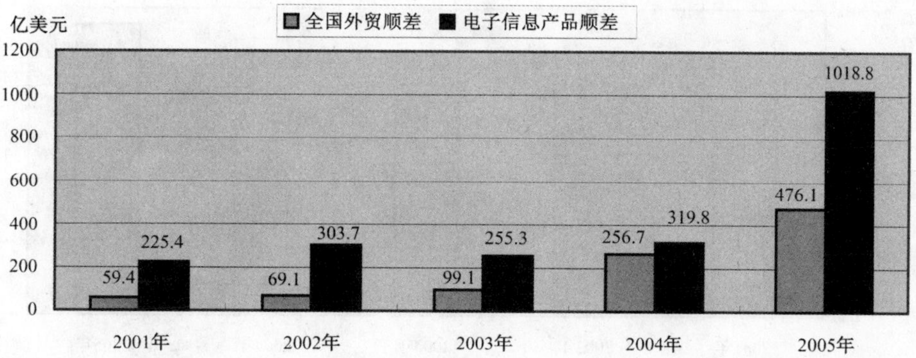

图 4　电子信息产品出口占全国外贸出口顺差比例增长情况

二、我国电子信息产品出口呈现的主要特点

（一）加工贸易是出口的主要贸易方式

电子信息产品加工贸易主要以进料加工和来料加工为主。其中进料加工占出口总额的70%以上，来料加工占出口总额的15%左右。进料加工所占比例从2000年的70.1%上升到2005年的73.5%；来料加工所占比例从2000年的19.7%下降到2005年的15.7%；一般贸易所占比例从 2000年的8.4%下降到2005年的7.8%。但随着2004年国家出口退税政策的调整，来料加工贸易增速开始加快，进料加工和一般贸易增速有所下降。2000年来料加工增速为20.1%，2005年增速达37.4%，增速上升了17.3个百分点；2000年进料加工增速为50.1%，2005年仅为28.1%，增速下降了22个百分点（见图5）。

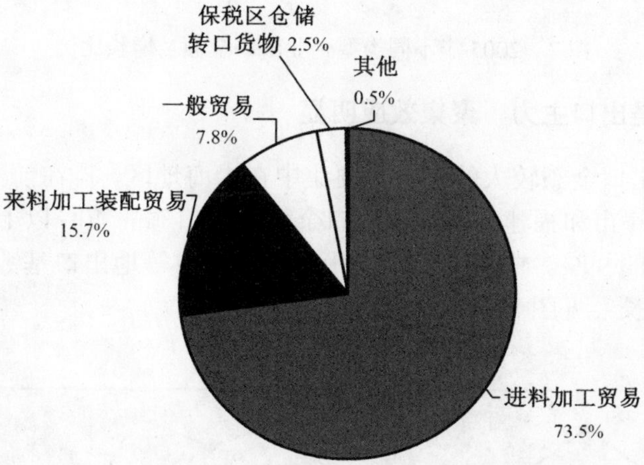

图 5　2005年电子信息产品出口主要贸易方式所占比例

（二）外商独资企业、民营企业出口所占比例不断提高

随着我国投资政策的不断完善，越来越多的外资企业进驻中国，5年累计吸收外资超过1000亿美元。三资企业出口所占比例从2000年的76.8%上升到87.3%，提高了10.5个百分点，其中外商独资企业出口所占比例不断提高，从2000年外商独资企业出口所占比例的43.9%，上升到2005年的66.3%，提高了22.4个百分点（见图6）。

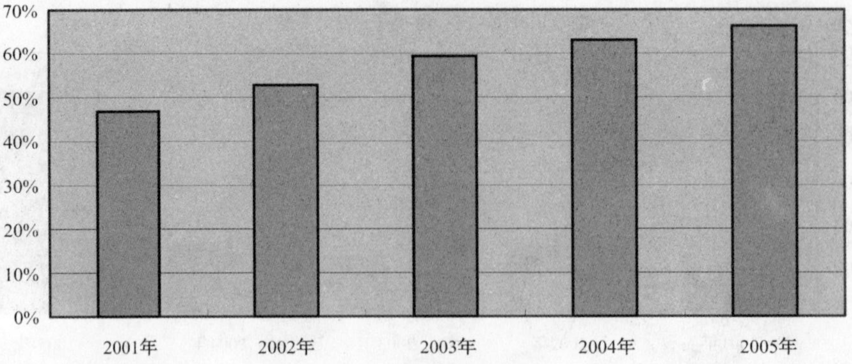

图 6　外商独资企业出口所占比例

另一方面，民营企业出口所占比例也不断上升，增速不断加快。2000 年民营企业出口所占比例为 0.27%，2005 年达 3.4%，所占比例比 2000 年上升 3 个百分点。2005 年民营企业出口额达 92.1 亿美元，增速为 42.9%，高于平均增速 13.7 个百分点（见图 7）。

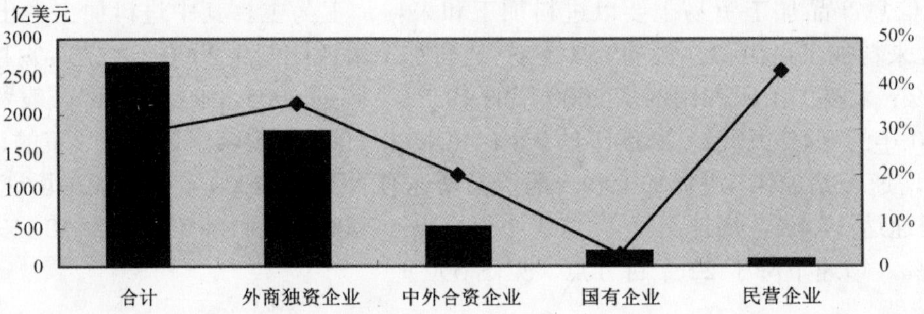

图 7　2005 年不同类型企业出口金额及增长比例

（三）沿海地区是出口主力，聚集效应明显

“十五”期间，出口金额较大的省市主要集中在沿海地区。排在前五位的省市是广东省、江苏省、上海市、天津市和福建省，累计出口金额占出口额的 40%以上。排在前十位的省市出口金额约占出口额的 99%。中西部地区的山西、内蒙古等地出口基数较低，在“十五”期间，出现较高幅度增长（见图 8）。

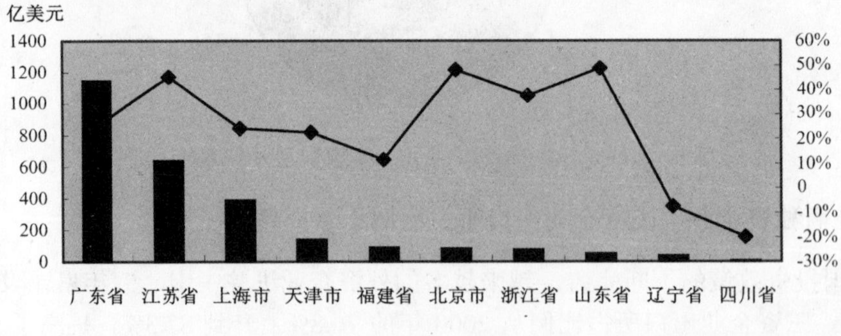

图 8　2005 年我国电子信息产品出口主要省市及增速

（四）出口市场集中

中国香港、美国、日本一直是我国电子信息产品出口排在前三位的国家和地区，占出口总额的60%以上，出口产品主要以通信类和计算机类产品为主。前十位的国家和地区出口额占总额的80%以上，2005年排在第四位到第十位的国家和地区分别是荷兰、德国、韩国、新加坡、中国台湾、英国和马来西亚。韩国、日本、马来西亚等国是我国电子信息产品的主要进口国。美国、欧盟是我电子信息产品贸易顺差的主要来源，对日本、韩国、马来西亚、印度尼西亚和我国台湾地区则有较大的贸易逆差（见图9）。

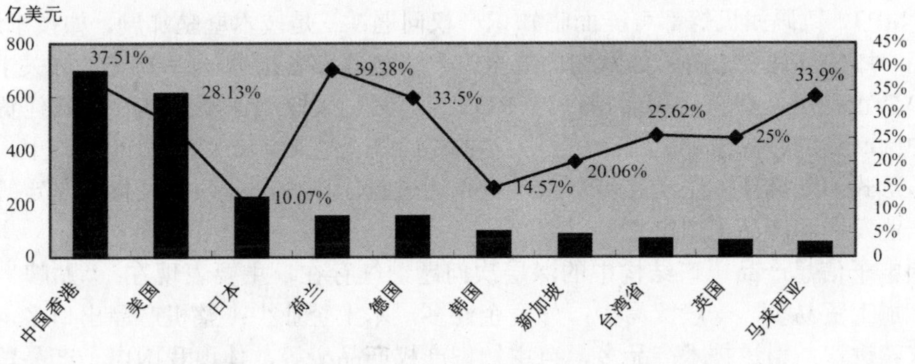

图9　2005年对主要出口国家和地区出口额及增速

三、“十一五”和2006年面临形势

2006年，是为“十一五”规划奠定基础的关键一年，电子信息产品出口工作面临新的国内外形势，总体上有利，特别是国内良好的发展环境和各项政策措施将为电子信息产业发展和产品出口发挥积极的推动和促进作用；但也应该看到，电子信息产品出口仍面临很多新的问题和深层次的矛盾，亟需要解决。

（一）产业发展面临较好的国际市场和经济环境

全球经济增长明显加快，电子信息产品贸易迅速增长，为产业发展提供了有利的环境。电子信息产业在较长时期内仍将是最具增长潜力的领域，3G、数字电视、网络家电、半导体、软件将继续引领产业的发展，一些数字网络等新的经济增长点将不断涌现，为我国电子信息产业在新一轮全球竞争中争取有利的发展地位提供重要机遇。

国际竞争和跨国公司全球化战略调整将继续推动国际电子信息产业投资布局继续向我国转移，跨国公司依托在华战略对其全球化战略不断深化升级，从销售本地化、制造本地化，不断转向技术、人才本地化，使产业结构、产品结构和企业结构都发生了重大变化，加快了产业升级，有利于促进人才、技术、资金、设备等生产要素在各国间的流动与配置，促进我国电子信息产业提高技术水平和综合竞争能力，提高出口产品的竞争力。

（二）国内产业发展环境不断改善

市场经济环境不断改善，宏观调控措施取得明显成效，我国经济保持平衡增长，且潜力巨大。“落实国家中长期科学和技术发展规划”，建立电子信息产业自主创新体系，提高竞争力，具有自主知识产权、自有品牌产品出口将明显增长。“十一五”期间，数字奥运、3G和数字电视标准都将进入实质性阶段，为我国电子信息产业发展创造了巨大的市场。

（三）电子信息产品出口面临的问题与矛盾增多

我国已成为全球电子信息产品的贸易大国，表现出强劲的国际竞争力，导致国际产业格局的结构性变动，不仅与发展中国家的出口产品形成正面竞争，而且与工业化国家之间的竞争也越来越多，必然会面临各种阻挠和挑战。

一是针对我国的反倾销调查快速增加，自 1995 年以来，中国成为全球遭受反倾销最多的国家；二是跨国公司对我国电子信息产品征收高额专利费，继 DVD 之后，手机、彩电、计算机、MP3、数码相机等都可能面临知识产权问题；三是技术壁垒加剧，如技术法规变化、标准提高、增加环保要求等，如欧盟的《报废电子电器设备指令》（WEEE）、《关于在电子电器设备中禁止使用某些有毒物质指令》（ROSE）；四是采取“保障措施”及其他贸易保护措施限制中国产品的趋向愈加突出。值得关注的是，国外在限制产品出口的基础上，对我国产业的打压形式不断翻新，层次逐步深入，特别通过打压国内产业政策及标准制定等方面限制了我国产业发展和产品出口增长。

我国电子信息产品出口结构中的深层次问题继续存在，主要表现在：“贴牌”多，自主品牌少；加工贸易多，一般贸易少；外资企业多，本土企业少；整机产品出口多，核心部件少，多依赖进口；引进技术产品多，自主知识产权产品少等，体现我国电子产品贸易结构的不均衡性特征，需要不断深化产业结构调整工作。

四、2006 年电子信息产品出口预测

预计 2006 年电子信息产品出口增速为 15%，贸易结构有所改善。

五、2006 年出口工作思路

2006 年是“十一五”第一年，各项工作开好头，对实现“十一五”的目标非常重要。为促进电子信息产品出口保持稳定健康发展，提出如下工作思路。

（一）继续积极推进出口协调工作

充分利用科技兴贸联合工作机制和全国技术性贸易措施部际联席会议工作机制，及时协调解决产业发展和产品出口中的有关问题，帮助企业解决遇到的困难。对影响产品出口和产业发展的国内外政策调整进行认真研究分析，及时提出工作思路，供决策部门参考。

（二）积极推进扩大电子信息产品出口全额退税范围

针对已经提出的 56 个税号产品建议方案，积极推进有关部门尽快研究落实。2006 年，还将根据产业发展需要，结合产业结构变化，适时提出扩大出口产品全额退税范围的建议，为产品出口争取更好的政策。

（三）加强自主创新，优化产品结构

通过电子发展基金、集成电路研发专项资金等手段，支持软件、集成电路、关键元器件和新型材料及生产设备的开发，增强出口企业的技术创新能力，促进产业与贸易结构的优化

升级。抓好新一代移动通信、数字电视、下一代网络、新型显示器件、集成电路、软件等重大工程和技术标准的实施，加快发展一批量大面广、技术层次较高的信息终端产品，培育新的出口增长点。扶持软件外包，联合有关部门出台鼓励软件外包的政策措施，完善国际市场渠道，促进服务与产品的联动出口。加强信息技术在社会经济各领域的应用，加快发展汽车电子、机床电子、医疗电子等应用电子产品，提高传统产品出口的技术含量和附加值。

（四）加强国际合作，引导信息产业“走出去”

引导企业提高出口产品附加值，优化出口产品结构。健全“走出去”政策和服务体系，为企业开拓国际市场创造有利条件。推动企业以境外投资建厂、工程承包及制造业、运营业联手“走出去”等多种方式，逐步扩大“走出去”的领域和范围。引导企业坚持按国际通行规则办事，提高拓展国际市场和应对贸易摩擦的能力。抓好北京科博会、深圳高交会、青岛青博会等高科技展会，有效发挥其桥梁与平台作用，推动电子信息产业国际合作和贸易发展。

（五）加强产业预警工作

产业预警一方面要加强对产品进口、产业发展状况和国内产业竞争等方面监测分析；同时，针对产品出口情况进行有效的监测分析，提前判断发生反倾销和其他贸易保护措施可能性，及时研究有关对策措施，尽可能减少此类事件发生。

（六）提升外资引进水平，引导产业良性聚集

积极有效利用外资，切实提高利用外资的质量，着重引进先进技术、管理经验和高素质人才，鼓励跨国公司在华设立研发中心，促进国内产业优化升级，促进产业良性聚集，提升在全球产业分工中的地位与层次。联合有关部门做好反盗版、保护知识产权等方面的工作，为外商创造更好的投资环境。

（七）促进大企业国际化经营，培育本土跨国公司

加强对电子信息百强企业的指导和培训，借鉴国外成功经验，引导和鼓励企业在研发能力、跨国经营、资本运作等方面下功夫，并从政府采购、重大专项、电子发展基金、对外合作项目、人才培训等方面对大企业予以倾斜扶持，鼓励其加快国际化经营，参与国际标准制定和国际技术联盟。开展跨国经营试点，对部分大企业予以财政、税收、金融、人才等方面的特殊政策扶持，为其分担跨国经营的探索性成本，并从通关、质检、外汇和人员出入境方面提供便利，培育基于本土并在全球具有重要影响力的跨国企业。

经济体制改革与经济运行司

2005 年我国电子信息产业固定资产投资评述

2005 年，我国电子信息产业固定资产投资整体保持稳定增长的态势，500 万元以上项目累计完成投资 1468.2 亿元，同比增长 21.7%，增速与 2004 年相比放缓了 12.4 个百分点，投资的主体结构、行业结构和地区分布均有所调整，资金的来源结构也出现了不同于往年的特点，预计将对 2006 年全行业的总产出和结构产生一定的影响。

一、投资运行特点

（一）全年投资增速稳中有降，在全国制造业中所占比重下降

2005 年全年中，电子信息产业累计完成固定资产投资的走势呈现出稳中有降的局面，特别是进入下半年以来增速明显下降，从年初的 37.9%下降为 1～7 月的 25.1%，1～12 月增速进一步下降为 21.7%，与 2004 年同期相比低 12.4 个百分点。

同时，与全国制造业相比，2005 年电子信息产业累计完成投资的增速低于全国制造业投资增速 16.9 个百分点，在全国制造业投资中所占的比重从 2004 年的 8.2%下降为 7.2%，下降了 10 个百分点（见图 1）。

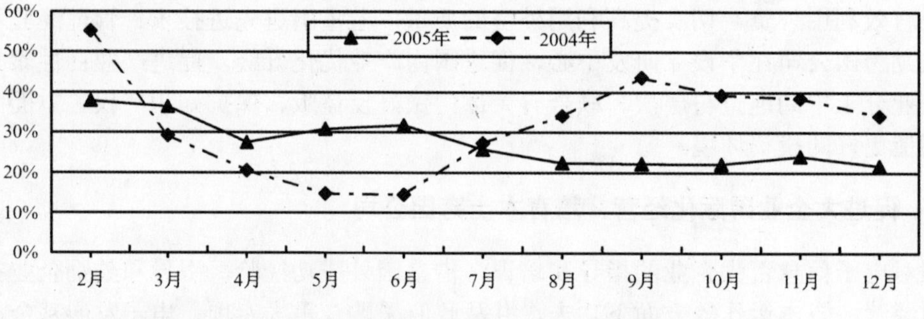

图 1　2005 年全行业累计完成投资增速情况

（二）外商仍是投资主体，但投资增速明显下滑；内资企业投资增速稳步上升

2005 全年中，各经济类型企业的投资表现出不同的趋势：一是，内资企业投资由上半年的平稳增长，发展到 8 月份开始明显加速，1～12 月内资企业累计完成固定资产投资 537.2 亿元，同比增长 37.9%，比 2004 年同期提高了 15.7 个百分点；二是，港、澳、台商企业投资由上半年的超高速增长，到 6 月份增速逐步下降，1～12 月累计完成固定资产投资 326.5 亿元，同比增长 24.1%，但仍高出全行业投资增速 2.4 个百分点；三是，外商投资（不含港、澳、台企业）年初开始增速不断下降，从 4 月份以来就一直在低于全行业增速的低位水平运行，1～12 月累计完成固定资产投资 604.4 亿元，同比仅增长 9.1%，低于全行业投资增速 12.6 个百分点，低于 2004 年同期 30.6 个百分点（见图 2）。

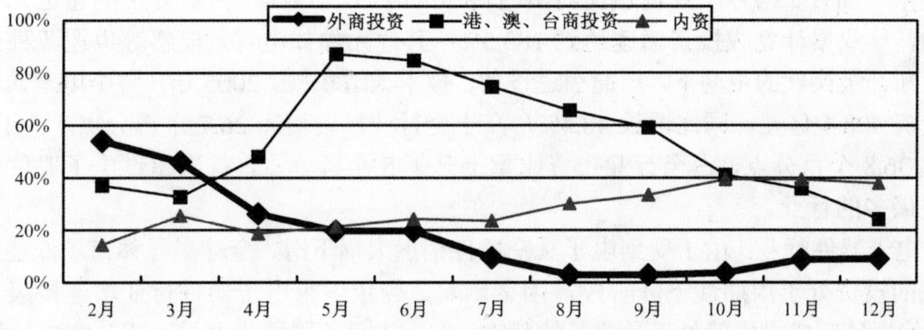

图 2　2005 年各经济类型企业累计完成投资增长情况

由此，2005 年我国电子信息产业投资的主体结构与 2004 年同期相比：内资企业投资所占比重上升了 4.3 个百分点，成为拉动全行业投资增长的主要力量；港、澳、台企业投资与 2004 年基本持平，仅上升了 0.4 个百分点；外商投资所占比重则下降 4.7 个百分点（见表 1）。

表 1　2005 年各经济类型企业累计完成投资比重变动情况（%）

	2004 年	2005 年	比 重 变 动
内资企业	32.3	36.6	4.3
港、澳、台商企业	21.8	22.2	0.4
外商投资企业	45.9	41.2	-4.7

（三）电子工业专用设备、电子元件、通信设备及家用视听行业投资增长较快，电子器件行业投资下降严重

由于受到市场热点变化和行业结构调整的影响，2005 年全行业的资金投向出现了新的变化：其中电子工业专用设备、电子元件、通信设备业及家用视听四个行业投资增长较快，增速均超过 45%，在全行业投资中所占比重共上升了 9.3 个百分点，达到 50.4%；而电子器件行业的投资同比下降了 11.6%，在全行业投资中所占比重下降 10.3 个百分点，是 2005 年投资下降最为严重的领域。

下面，分行业来看。

（1）通信设备制造业：由于受到奥运会临近、3G 发展时机趋于成熟等有利因素的推动，以及 2005 年手机核准制实施、新增手机生产企业较多等因素的影响，通信设备制造业 2005 年以来投资增长一直较快，全年累计完成投资 137.7 亿元，同比增长 47.3%，高于全行业投资增速 25.6 个百分点，高于 2004 年同期增速 32 个百分点。

（2）家用视听行业：近年来，随着平板电视在市场上的热销以及数字电视时代的临近，传统家用视听行业不断掀起对平板和数字产品的投资热潮，2005 年家用视听行业累计完成投资 63.8 亿元，同比增长 46.2%，高于全行业投资增速 24.5 个百分点。其中对家用影视设备投资超过亿元的项目共有 13 个，8 个为与平板或数字产品相关的投资项目。

（3）电子元件行业：受到市场需求、行业周期变化等因素的影响，2005 年以来电子元件行业中对部分产品的投资加速。如电力电子元件产品在电力能源紧张、各地出现强大的电力基础设施建设冲动的情况下，2005 年累计完成投资增长了 90.6%；而印刷电路板业正处于行

业周期性景气回升、国际产业链加快向国内转移的时期，2005 年内新开工的超亿元投资项目明显增加，行业累计完成投资增速达到 183.5%；其他元件如电容、电感等也在各种消费类整机产品不断升级换代的带动下，厂商引进设备、技术改造积极。2005 年，整个电子元件行业累计完成投资 408.4 亿元，同比增长 48.4%，高于全行业投资增速 26.7 个百分点，高于 2004 年同期增速 36.8 个百分点，占全行业投资比重上升了 5 个百分点，首次超过电子器件行业成为完成投资最多的行业。

（4）电子器件行业：由于受到电子真空器件销量大幅下滑、全球半导体市场低迷以及集成电路行业的投资处于周期性下降阶段等因素影响，今年以来电子器件行业增速持续下滑，从 8 月份开始累计完成投资就处于负增长的状态，1～12 月下降更为严重，累计完成投资 400 亿元，同比下降 11.6%，占全行业投资比重由 2004 年的 37.5%下降为 27.2%，下降了 10.3 个百分点，成为全行业投资下降最为严重的一个行业（见图 3 和表 2）。

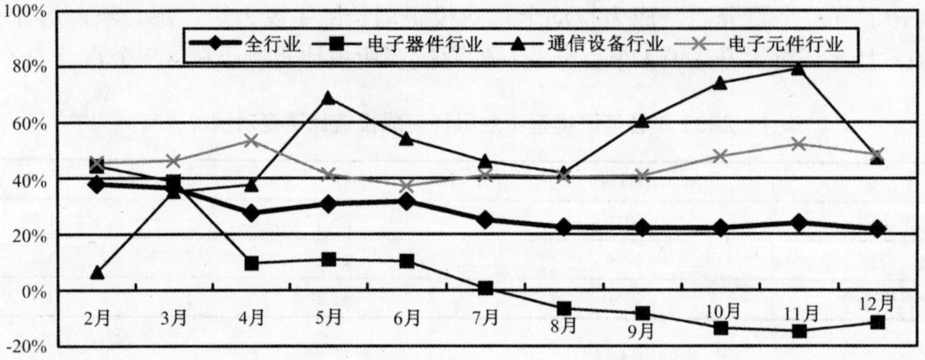

图 3　2005 年部分行业累计完成投资增长情况

表 2　2005 年各行业累计完成投资比重变动情况（%）

	2004 年	2005 年	比 重 变 动
通信设备制造	7.7	9.4	1.6
电子计算机制造	10.6	10.8	0.2
家用视听设备制造	3.6	4.3	0.7
电子器件制造	37.5	27.2	-10.3
电子元件制造	22.8	27.8	5.0
测量仪器行业	1.5	1.6	0.0
电子工业专用设备	6.9	8.9	1.9
电子信息机电行业	6.8	7.7	0.9
其他	2.4	2.3	-0.1

（四）从地区结构看，中西部地区投资加速，东部地区投资增长较慢，但在全国总投资中仍占绝对优势

2005 年，东部 12 个省市累计完成投资 1230.4 亿元，同比增长 17.5%，分别低于 2004 年同期和全行业投资增速 14.1 和 4.2 个百分点，但占全国投资总量仍达到 83.8%；而中部地区和西部地区投资增速分别达到 45.6%和 57.3%，分别高于全行业投资增长 23.9 和 35.6 个百分

点，占全国投资总量分别为 10.7%和 5.5%。

分省市来看，占全国总投资量 24.2%和 19.9%的投资大省江苏和广东省，投资增速分别达到 42.3%和 30.9%，保持了较快增长；河北、辽宁、广西、重庆、云南等省市投资增速超过 100%；而北京、上海、天津三个投资较为密集的地区，2005 年则出现了较大负增长（见表 3）。

表 3　2005 年累计完成投资规模最大省市投资增长情况（%）

排　序	省　市	同比增长	比　重
1	江苏	42.3	24.2
2	广东	30.9	19.9
3	上海	-37.7	8.3
4	山东	48.0	8.1
5	浙江	29.1	5.3
6	北京	-23.8	5.1
7	辽宁	127.3	3.4
8	天津	-17.8	3.3
9	四川	85.6	3.1
10	福建	20.0	3.0

（五）从资金来源情况看，来自国内贷款和外商投资的资金增长缓慢，自筹资金仍是企业主要资金来源

2005 年，全行业本年累计到位资金 1724.9 亿元，同比增长了 26.4%，整体到位情况较好。其中，资金的三个主要来源：除自筹资金部分继续保持 33%的较快增长速度外，国内贷款和利用外资部分的增长都明显放缓。一是来自国内贷款的资金 222.4 亿元，同比增长 18.6%，低于 2004 年同期 27.5 个百分点；二是利用外资 537.6 亿元，同比增长 8.2%，低于 2004 年同期 24.1 个百分点，其中，外商直接投资部分 455.9 亿元，同比仅增长 1.5%，低于 2004 年同期 33.4 个百分点。来自国内贷款和利用外资的资金增长放缓，一方面是由于电子信息产业今年整体利润下降，在国家实施宏观调控、银行银根紧缩背景下，银行将本行业归为高风险行业，贷款谨慎；另一方面，则反映出外资企业大规模向中国转移制造业的时期已经结束，在其他发展中国家的竞争下，外商投资越来越趋于理性。

二、2006 年投资形势展望

2006 年，国内外环境总体上有利于我国电子信息产业仍保持平稳较快发展的态势，预计全行业固定资产投资将继续保持稳定增长，但由于存在较多不利因素的影响，增速回升可能性较小。

（一）2006 年，促进电子信息产业固定资产投资继续稳定增长的有利因素

（1）从国际环境来看，世界经济增速虽然可能有所放缓，但有望继续保持增长势头。从国内环境看，2006 年是“十一五”规划的开局年，各地进行“十一五”建设的积极性较高，经济预期乐观。

（2）从产业环境来看，目前正值党中央倡导以科学发展观指导产业发展，鼓励自主创新的新时期，我们产业面临着从“大”向“强”转化的关键阶段，整体产业环境都有利于全行业加快淘汰落后生产能力，建设以高新技术为基础的新型产业，相应的投入必然增加。

（3）2005 年新开工项目及计划投资额增加较多，预计将有力地促进 2006 年全行业投资总额的扩大。2005 年的本年新开工项目 2182 个，比 2004 年新增加了 601 个，而 2004 年新增的新开工项目仅 115 个；同时，新开工项目的计划投资总额为 1502.6 亿元，同比增长了 30.2%，高于 2004 年同期 3 个百分点。

（二）2006 年，可能会对全行业投资带来不利影响的因素也比较多，值得引起注意

（1）2005 年以来，全行业利润率下调，将影响到 2006 年企业的投资能力和投资预期；

（2）2006 年国家将继续实施宏观调控的措施，土地、资金等重要要素的供给可能继续受到限制，能源、原材料紧张情况还将持续；

（3）内外资税制统一、人民币利率调整压力以及针对中国出口的贸易壁垒和摩擦的增多，都将继续影响到外商投资的增加；

（4）2003 年到 2005 年电子信息产业的固定资产投资增速都超过 20%，近 3 年开工的固定资产投资项目大部分将在 2006 年前后形成生产能力，而我国市场上的需求并没有明显增加，新增生产能力将加剧部分行业供给过剩的局面，企业投资难以回收；

（5）行业内有盈利前景的新经济增长点不多，产业内投资空间难以寻找，这也将加剧电子信息产业固定资产投资增长的下滑。

经济体制改革与经济运行司

2006年第20届电子信息百强企业运行分析

依据企业2005年营业收入排定的第20届电子信息百强企业，经企业申报、地方行业主管部门推荐、信息产业部审核和各方面的支持，今天正式揭晓。联想控股有限公司以年营业收入1082亿元的业绩五年之后重返电子信息百强企业之首，海尔集团公司（1039亿元）、京东方科技集团股份有限公司（548亿元）分列第二、第三名。列第四至十名的企业分别是：TCL集团股份有限公司、华为技术有限公司、美的集团有限公司、海信集团有限公司、上海广电（集团）有限公司、熊猫电子集团有限公司、北大方正集团有限公司。

本届电子信息百强企业新入围有16家，其中格力电器（重庆）、震雄铜业集团等15家首次入围（长虹再次入围）。与此同时，因重组等原因有16家企业出围。百强企业基本特点如下：

一、骨干企业持续稳定增长，综合竞争力再上新台阶

从1987年至今，电子信息百强企业排序工作已连续进行20届。二十年来，百强企业规模明显扩大，入围标准持续提高。本届百强企业营业收入合计9642.5亿元，比上届增长18%，是二十年前83倍，年均增长26.2%；营业收入标准从上届的11.7亿元升至14.7亿元，而第1届入围底限仅4000万元，增长了36倍。

二十年来，优胜劣汰、有进有退的动态评选机制营造了良性竞争氛围，使百强企业排序成为透视行业发展态势的窗口、培育本土大公司的平台。二十年前第一届百强企业第一名销售规模仅有5.76亿元，十年前，长虹成为第一家突破百亿元大关的企业，一年前，海尔首先迈上千亿元台阶，到本届百强企业，营业收入跨入百亿元门槛的企业已达到22家，其中，超过1000亿元的有2家，超过500亿元的有4家；前10家企业营业收入都超过了250亿元，合计5264.2亿元，占百强企业营业收入总额的54.6%，集中度明显提高。

2005年，尽管遭遇了国内外环境变化和竞争加剧的挑战，在全行业和乃至百强企业总体利润下降的情况下，仍有部分骨干企业实现了效益的持续提高，体现了较强的竞争力。华为、联想控股、中兴通讯、海尔实现利润额均超过10亿元；海信、北大方正、深圳华强、广东格兰仕、创维、清华紫光等企业利润增速超过了营业收入增速；华为、广州无线电、河北晶龙实业等11家企业利润率都在10%以上。

多年来，百强企业行业地位依然突出，影响力与日俱增。

（一）主要产品销售主力军。百强企业一直是我国主要电子产品，尤其是消费类电子产品产销的主力军。百强企业2005年销售程控交换机3404万线，占全国比重为44.1%；彩电6722万台，占全国的83%；电冰箱1312万台，占全国的44%；空调器2762.6万台，占全国的41%。

（二）电子产品出口的骨干。本届百强企业完成出口交货值2458亿元，比上届增长32.5%。出口交货值超过百亿元的企业有8家，比上届增加6家。其中联想控股115亿元，同比增长18.5倍；华为173亿元，同比增长103%；熊猫电子集团147.4亿元，同比增长63%。出口交货值前10名企业合计完成1266.7亿元，占百强企业出口交货值总额的51.5%。

（三）全行业上缴税金大户。本届电子信息百强企业上交税金 289 亿元，比上届增长 7%，占全行业的 64%。上交税金超过 10 亿元的企业有 6 家，比上届增加 1 家，其中华为 49.3 亿元、中兴通讯 25.2 亿元、海尔 24.5 亿元、TCL15.8 亿元、美的集团 13.5 亿元和联想控股 12.9 亿元，六家合计上缴税金 141.3 亿元，占百强企业的 49%。

二、自主创新能力明显增强，结构性调整又见新成效

2005 年，党中央国务院提出建设创新型国家的目标，要建立健全以企业为主体、产学研相结合的技术创新体系。各级行业管理部门进一步加强对产业创新与发展的支持力度，信息产业部与国家开发银行签订开发性金融合作协议，5 年 500 亿元支持信息产业创新发展。

作为电子信息产业创新主体的百强企业，自主创新意识进一步增强，不断加大对创新的投入力度。本届百强企业 2005 年研发经费投入 356.3 亿元，比上届增长 15%，比 2000 年增长 1.4 倍，研发投入强度（研发经费占营业收入比重）达到 3.7%，比 2000 年提高 0.4 个百分点，大大高于全行业平均水平。海尔、华为、中兴通讯、TCL、联想控股研发经费都在 15 亿元以上，分别达到 45.7 亿元、44.6 亿元、19.6 亿元、19.5 亿元和 15 亿元，分别比 2000 年增长一倍以上。研发投入占企业营业收入超过 5%的企业有 22 家，前五位企业分别为东软集团（22.5%）、彩虹集团（20.1%）、江西省电子集团（9.8%）、四川九洲电器（9.7%）、华为技术有限公司（9.3%）和中兴通讯（9.1%）。

百强企业一直在实践“十一五”规划《建议》提出的要求：即“以自主创新提升产业技术水平，把增强自主创新能力作为调整产业结构的中心环节”，并取得了突出成就，成为行业的典范。

在知识产权方面，得益于各级政府部门的强力支持，百强企业以技术创新促进了产业技术结构层次的提升。华为、中兴通讯等国内技术领先型企业专利申请方面进展非常快，使我国信息技术领域国内专利申请的增长速度、申请数量都已经超过国外专利申请总量。2005 年，华为、中兴通讯申请的 PCT 专利分别居发展中国家企业的第 3 和第 9 位，华为首次跃居全球第 37 位，正努力成为全球技术创新的先锋。

在关键技术的重大项目方面，百强企业坚持有所为有所不为，从整机向关键部件和核心技术上游突破，加快从加工装配为主向自主研发制造延伸，促进了产业结构升级。在平板显示领域，京东方、上广电的第五代 TFT-LCD 项目成功投产，目前正在整合资源进行第六代线的研究和论证。在集成电路领域，继厦华电子推出“炎黄一号”高清电视显示器控制芯片后，海尔推出数字电视“中国芯”，海信开发出视频处理芯片“信芯”，长虹也开发出“虹芯”。

可见，百强企业开发重大产业技术，制定重要技术标准，增强科技成果转化能力，逐步构建起自主创新的技术基础。

三、接轨世界促进发展转型，国际化经营迈向新阶段

首先，进一步与国际接轨，实现发展的转型。为落实科学发展观，积极应对当前国际产业节能、环保、安全的发展趋势，适应我国“十一五”期间转变经济增长方式和建设资源节约型、环境友好型社会的目标。行业管理部门加强执政能力建设，与时俱进调整评价标准，引导百强企业实现科学发展，增强在开放条件下促进发展的能力。百强企业率先垂范，通过自主创新，将经济效益和社会环保责任合二为一。针对欧盟两条指令，海尔加强网络家电技

术、废旧家电回收研究，目前建立起国内第一家废旧家电回收示范基地；从2005年开始，康佳先后对生产线进行了无铅化改造，创维则召集500多家国内供应商签订“绿色供应链协定”，逐步推行零铅工程。上述举措已取得初步成效。

其次，强化战略联盟与国际合作，为应对跨国公司的先发优势和知识产权垄断挑战，在各级政府的支持下，以百强企业为主体的各种标准联盟、战略联盟不断完善。2005年，海尔、华为等企业成立AVS产业联盟，对内规范市场，对外增强国际竞争力，在“政府支持国家标准产业化、国际化”的创新上，逐步探索出新的路子。百强企业还进一步加大了与国外一流公司的联盟，推动了产业的扩大开放和合作合作。

第三，产品出口结构升级，“走出去”层次不断提高。本届百强企业中，有近三分之一的企业国外收入占总收入的一半以上。在国际化经营中，从低端产品到高端产品、从产品出口到技术输出，从发展中国家拓展到发达国家，从市场、资本国际化到知识产权国际化，百强企业逐步取得了与一流跨国公司同场竞技的资格。2005年，厦华电子出口平板电视86万台，占全球平板电视的4%；华为3G突破了欧洲市场，率先在荷兰、葡萄牙等18个国家和地区实现商用；联想整合后逐步挺进韩国、日本市场，在全球进行新一轮布局。

第四，国际化经营进入多元化、多目标阶段，百强企业成为引领中国企业打造世界级品牌的先锋。为应对贸易壁垒，康佳2005年提出海外扩张新战略；厦华电子继续推行“高技术、高质量、高端市场”的“三高策略”，以高端产品战略应对国外的反倾销。为推进品牌国际化，联想成为国际奥委会顶级赞助商，并在今年的都灵冬奥会上得到了更多的认可，在国际舞台上全方位展示了自己的实力；海尔携手全球最有影响力的NBA宣传自己的高清电视，极大提高了在美国的品牌形象和声誉，更加快了海尔全球化品牌战略全面实施的步伐，也提升了中国电子信息企业的国际知名度。由世界品牌实验室公布的2005年度“世界品牌500强”中，上榜的四家中国本土企业有三家是电子信息百强企业，分别为海尔（89位）、联想（148位）和长虹（447位）。

四、提升特色基地园区建设，开创区域协调发展新局面

按照“十一五”规划提出的主体功能区发展思路，当前我国正由省份经济向区域特色经济转变。早在1986年，电子行业就提出发展规模经济、进行基地建设的决策，二十年来，以百强企业为重要载体的基地建设取得重要成就，企业集群效应初步形成，产业配套环境日益完善，上下游产业链不断延伸。虽然从本届百强企业总部所在地区分布来看，珠三角有23家，环渤海25家，长三角28家，合计占企业数76%，但这些企业产值却有很大一部分来自中西部，TCL先后在内蒙、河南和四川建立起生产基地，海尔扩大了在贵州、湖北等地的布局。随着区域合作程度不断提升，百强企业日益成为产业区域梯度转移的重要力量，促进了贸易自由化、市场一体化和生产过程一体化，由此提升了企业素质，改善产业组织形态，优化了资源配置的效果，有力地促进了我国电子信息产业区域特色基地、园区建设和区域协调发展。

五、自主创新支撑效益转变，百强企业站在历史新起点

当前，国际产业竞争的方式从以价格争市场、以规模求生存，更大程度地转向以技术创效益，以创新促发展，以大企业为主体的持续的技术开发与创新能力，对一国产业国际竞争

力的提高正发挥着越来越大的作用。二十年来，尽管我国百强企业取得了长足发展，但与全球一流跨国公司还有很大的差距，大部分企业技术积累不足，创新能力不足以支撑高额盈利，盈利能力不足以支持持续研发投入，研究开发不足以支持市场应变，市场应变能力不足以支持国际化经营，尤其是自主创新薄弱、效益不断下降、发展受制于人制约了进一步做大做强。

在 2005 年全国科技大会上，党中央明确提出要“把掌握信息产业核心技术的自主知识产权，作为提高我国产业竞争力的突破口”，赋予了电子信息产业更重要的使命；同时，自主创新也是建设电子强国的必然选择，是实现电子信息产业由大到强转变的出发点和落脚点。

面向未来，电子信息百强企业站在一个新的历史起点上，作为我国本土电子信息产业的骨干和中坚力量，只有以技术创新实现“重点跨越，引领未来”，把自身发展成为创新型企业，才能扭转增收难增效的局面，适应当今国际市场以寡头垄断竞争为主的格局，从而在建设创新型国家的过程中发挥出重要作用。

经济体制改革与经济运行司

附表

2006年（第20届）电子信息百强企业名单

单位：万元

综合排名	企业名称	营业收入	利润总额	上缴税金	出口交货值	研究与发展经费支出	信息化投资总额
1	联想控股有限公司	10818936	205167	129178	1151959	150000	40000
2	海尔集团公司	10393583	131950	245016	1073875	456500	10200
3	京东方科技集团股份有限公司	5481378	–6706	42646	832637	92589	9028
4	TCL 集团股份有限公司	5214954	–118090	158251	958467	195000	33670
5	华为技术有限公司	4696689	514966	492789	1733430	474807	0
6	美的集团有限公司	4249790	77600	135194	1455682	133600	12700
7	海信集团有限公司	3337730	62065	71408	370162	143215	17352
8	上海广电（集团）有限公司	2930206	–46674	29770	1556317	100596	3516
9	熊猫电子集团有限公司	2812324	62535	87121	1474498	34773	2228
10	北大方正集团有限公司	2588093	85024	39374	86928	126936	7100
11	中兴通讯股份有限公司	2157592	160581	252324	926443	195954	4278
12	四川长虹电子集团有限公司	1811903	26267	43301	295416	86347	1566
13	深圳华强集团有限公司	1565625	48989	49873	1099055	30352	780
14	长城科技股份有限公司	1509102	62186	22869	1237403	35836	689
15	广东格兰仕集团有限公司	1352682	46253	13161	456674	20270	1362
16	深圳创维－RGB 电子有限公司	1306057	15208	78887	158351	49252	432
17	浪潮集团有限公司	1258725	24698	35617	72847	67233	7518
18	上海贝尔阿尔卡特股份有限公司	1201069	54645	52632	465026	91232	10751
19	惠州市德赛集团有限公司	1172899	48901	26146	753870	50674	1371
20	康佳集团股份有限公司	1161277	6000	31626	156433	58917	2850
21	广州万宝集团有限公司	1073799	57438	44069	309687	25800	1800
22	惠州市华阳集团有限公司	1035712	48640	11004	662838	4530	1585
23	清华同方股份有限公司	982708	22691	21480	112262	51669	4795
24	宁波波导股份有限公司	907536	–43041	26846	350733	15044	3015
25	大连大显集团有限公司	903355	–25786	15452	506091	9136	0
26	深圳市赛格集团有限公司	887221	4048	27167	536385	2044	709
27	厦门华侨电子企业有限公司	880457	4333	2828	389761	33180	1500
28	上海飞乐股份有限公司	721421	85188	15009	296778	28857	5772
29	深圳桑达电子集团有限公司	697080	11806	32332	270473	3622	1120
30	青岛澳柯玛集团总公司	673650	–369	12004	32155	35100	183
31	比亚迪股份有限公司	660349	70052	33187	463333	39722	2306
32	侨兴集团有限公司	571198	14986	10967	26855	2614	593
33	亨通集团有限公司	536394	13200	14729	9000	10073	900
34	万利达集团有限公司	533685	21747	11482	342981	7809	1729
35	福建省电子信息（集团）有限责任公司	512965	13909	13759	93232	11855	0
36	许继集团有限公司	512925	38334	15829	6104	26359	530
37	华东电子集团	511890	12975	7981	151968	20476	112

续表

综合排名	企业名称	营业收入	利润总额	上缴税金	出口交货值	研究与发展经费支出	信息化投资总额
38	上海宏盛科技发展股份有限公司	510369	9085	1475	498755	619	25
39	永鼎集团有限公司	510287	30564	14397	8250	12568	856
40	彩虹集团公司	510126	−87000	1224	185685	102713	215
41	河南新飞电器（集团）股份有限公司	446749	12513	15800	37588	17000	6000
42	格力电器（重庆）有限公司	435383	11266	6282	0	0	0
43	浙江浙大网新科技股份有限公司	433561	11468	10002	9612	14741	0
44	上海华虹（集团）有限公司	426172	19007	10542	196690	26402	2040
45	长白计算机集团公司	420853	3583	4431	244886	4400	165
46	河南安彩集团有限责任公司	411131	−22535	14907	97998	19859	545
47	中国华录集团有限公司	376516	−640	6770	258709	18000	300
48	大恒新纪元科技股份有限公司	363853	7842	14591	10822	17647	400
49	江苏中天光缆集团	356100	40532	15981	2400	18961	500
50	江苏宏图高科技股份有限公司	350947	4210	6058	41830	17547	4211
51	浙江富春江通信集团有限公司	350913	9715	8380	0	10808	500
52	通光集团有限公司	350080	20916	19317	5000	8800	760
53	清华紫光股份有限公司	341144	3753	4677	804	6761	198
54	富通集团有限公司	323267	12213	4721	7279	10972	1630
55	震雄铜业集团有限公司	315945	8700	4973	6280	7800	125
56	广东东菱凯琴集团有限公司	312315	10525	12823	301875	12110	1125
57	汇源集团有限公司	280055	13421	5551	0	3000	0
58	东软集团有限公司	280000	20000	15450	51000	63000	0
59	横店集团东磁有限公司	274897	28685	12123	123767	11041	780
60	武汉邮电科学研究院	267040	2711	27406	32005	14651	886
61	七喜控股股份有限公司	264750	12038	3280	14115	4126	1326
62	四川九洲电器企业集团	256393	24358	10187	65618	24840	604
63	中国四联仪器仪表集团有限公司	256014	14441	14865	21259	4283	600
64	中国振华电子集团有限公司	253086	10139	7541	69927	3533	158
65	航天信息股份有限公司	252526	37424	7574	0	7736	0
66	长飞光纤光缆有限公司	251393	5689	6765	19799	711	0
67	上海金陵股份有限公司	250840	24995	5504	88202	8030	3200
68	上海飞乐音响股份有限公司	246544	17040	7203	82929	3201	1987
69	宁波韵升股份有限公司	228167	9922	5517	190242	4820	720
70	中国乐凯胶片集团公司	222365	4591	11213	41735	6211	0
71	咸阳偏转集团公司	221175	−8862	2200	84577	6500	1000
72	宁波兴业集团	220889	6040	2298	20107	75	20
73	华润微电子（控股）有限公司	220208	11926	9291	54395	9145	7108
74	江苏双登集团	213279	23603	13912	5478	13479	902
75	华伦集团	209265	8869	8876	0	7580	1197
76	铜陵精达铜材（集团）有限责任公司	206041	8513	4873	5000	1875	580
77	广州无线电集团有限公司	204168	50503	13923	19284	15896	313

续表

综合排名	企业名称	营业收入	利润总额	上缴税金	出口交货值	研究与发展经费支出	信息化投资总额
78	中冶赛迪工程技术股份有限公司	200725	13448	5166	0	7380	0
79	天津通信广播集团有限公司	197668	3148	3186	698	2399	400
80	西湖电子集团有限公司	194541	5841	5976	71373	5043	2922
81	江阴新潮科技集团有限公司	194489	13688	9883	71086	6960	17480
82	深圳市新天下集团有限公司	192425	11847	26037	1073	5195	950
83	广州金鹏集团有限公司	189057	992	2983	22120	12816	420
84	北京华旗资讯数码科技有限公司	184600	1796	1689	6150	3800	560
85	江西省电子集团公司	183890	9379	6703	42855	18000	800
86	南通富士通微电子股份有限公司	177407	5786	1621	152701	10600	719
87	哈尔滨光宇集团股份有限公司	175804	16768	10110	20384	355	700
88	辽宁无线电二厂（集团）	168500	8951	3095	90212	2860	21
89	广东生益科技股份有限公司	165960	22592	5582	117954	557	592
90	南天电子信息产业集团公司	164912	2186	8152	2670	3445	200
91	正海集团有限公司	164831	8960	10198	3066	0	0
92	泰豪集团有限公司	163493	8634	3534	3976	6743	1356
93	烟台首钢东星（集团）公司	158532	6316	15828	2182	3972	0
94	上海自动化仪表股份有限公司	155260	5979	6542	5571	3123	1822
95	威海北洋电气集团股份有限公司	154660	7495	3692	86549	7834	560
96	重庆新泰山电线电缆有限公司	152365	3707	2600	5931	7213	103
97	深圳市航盛电子股份有限公司	150000	7243	5280	5502	4885	1260
98	宏安集团有限公司	148006	16187	13723	0	4015	0
99	河北晶龙实业集团有限公司	147309	31142	7052	72030	0	0
100	山东中创软件工程股份有限公司	146550	2765	1592	3078	3750	870

2005年我国手机产业发展评述

2005年我国手机产业在出口和内需的拉动下，继续呈现快速增长态势，产销衔接良好，出口继续大幅度增长。根据我司快报数显示，2005全年共生产手机30354万部，销售30386万部，同比增长分别达到30%和31.9%，出口2.28亿部，同比增长56%。

一、2005年手机产业发展的主要特点

（一）我国作为全球手机制造基地的地位进一步巩固

随着我国移动通信运营业的快速发展，手机产业规模继续扩大。2005年，全行业手机产量30354万部，同比增长30%，销售30386万部，同比增长31.9%。其中：GSM手机生产27412万部，同比增长28.9%，销售27442万部，同比增长30.9%；CDMA手机生产2942万部，同比增长41.8%，销售2943万部，同比增长42.4%。与此同时，我国手机用户新增5860万户，用户总数为3.934亿户，手机普及率迅速上升，2005年每百人移动电话拥有量为30.3部，比2004年增加4.4部。据IDC的数据，2005年全球手机出货量为8.25亿部，我国境内生产的手机约占36.8%，比2004年提高了1.7个百分点。我国作为全球手机制造基地的地位进一步巩固。

（二）手机出口继续保持快速增长，成为拉动产业发展的主要力量

2005年，我国手机出口2.28亿部，同比增长56%，出口金额达206.35亿美元，同比增长45.7%；同期，我国进口手机1267万部（套）（其中97%为生产配套用成套散件），同比下降0.6%，进口金额11.93亿美元，下降19.2%。2005年实现顺差194.42亿美元，同比增加67.57亿美元。2005年全行业手机出口量占销售比重为75%，比2004年（63.3%）提高了11.7个百分点。

我国手机产品出口依然主要依靠外商投资企业的力量。2005年，外商投资企业的出口占全国出口总量的94.2%，其中有6家企业全年出口量超过了1000万部，比2004年增加了2家企业，占全部出口总量的66%。其中，摩托罗拉公司出口6155.9万部，同比增长84.4%，占销售比重85%；诺基亚出口3275万部，同比增长12.5%，占销售比重51.2%；索爱普天出口1744万部，同比增长62.1%，占销售比重81.3%；西门子出口1385万部，同比下降3.3%，占销售比重97.9%；天津三星出口1130万部，同比增长72.4%，占销售比重57.6%；杭州摩托罗拉出口1350万部，同比增长169.5%，占销售比重95.8%。

国内品牌手机企业“走出去”战略取得实质性突破。2005年，国内品牌手机企业继续加强开拓国际市场的力度，出口数量突破了1000万台，全年出口达1321万部，同比增长106.2%。波导公司继续是国内品牌手机企业出口的领先者，他们通过启动双品牌战略加强国际市场的开拓力度，通过与海外运营商合作的方式加快进军海外市场的步伐，取得了较好的成绩。2005年波导出口手机量达到605万部，同比增长79.2%，占国内品牌手机企业出口的46%。和黄3G与中兴通讯签署了批量采购3G WCDMA手机合同，此举标志着中兴通讯成为全球的3G终端供应商。

从近几年的行业发展情况看，我国手机出口比例逐年增加，对手机产业发展的拉动作用逐渐增强（见表 1）。

表 1　2000～2005 年手机生产、出口情况表

单位：万部

	2000 年	2001 年	2002 年	2003 年	2004 年	2005 年
产量	5257	8397	12000	18644	23175	30367
出口	2275	3968	6329	9534	14604	22800
比重%	43.3	47.3	52.7	51.1	63	75

（三）产品市场格局进一步调整

随着日趋激烈的市场竞争，大部分企业都在积极采取应对措施，不断调整企业营销战略，使 2005 年我国手机市场又出现了新一轮的格局变化。

外资企业的国内市场份额进一步提高。国外品牌手机生产企业凭借其强大的资本和技术优势，在充分掌握国内市场情况后，一方面加快新品推出速度，抢占市场；另一方面在产品上全线出击，全面覆盖高、中、低档产品，并加大了在中低档产品上对国内企业的竞争。2005 年随着部分外资企业市场份额的快速上升，外资企业的市场份额达到了 59.4%，比 2004 年提高了 3.9 个百分点。其中：诺基亚国内市场份额达到 25.8%，比 2004 年提高了 10.8 个百分点，摩托罗拉国内市场份额达到 8.7%，三星国内市场份额达到 6.9%，索爱国内市场份额达到 3.3%，这四家排名前四位的外资企业的国内市场份额达到 44.7%，超过全部国产品牌国内市场份额。

国内品牌手机企业市场份额继续下降。2005 年国内品牌手机原有竞争优势逐渐丧失，增长乏力，主要原因是：在渠道、价格和熟悉本土市场情况等原有竞争优势日渐弱化后，资本、技术等方面的缺陷就成为制约我国国内品牌手机企业进一步发展的主要因素，主要表现在：产业扩张太快、新款手机上市速度较慢、产品质量问题较多、企业利润下降甚至亏损等。由于这些原因造成国内品牌手机企业国内市场份额继续下降，由 2004 年底的 44.5%下降到 40.6%。从排名前三家的国内品牌企业看，2003 年其内销总量占国内市场份额的 31.6%，2004 年下降到 22.5%，2005 年则降到 17.5%。

生产集中度进一步提高。我国手机的产业规模进一步扩大，生产向优势企业集中。2004 年前十家企业生产量占全行业的 72.9%，销售占 72.8%。2005 年生产集中度进一步提高。按同比口径计算，前十家企业的生产、销售分别占全行业的 78.7%、78.4%。

（四）国产品牌手机开始进入移动定制手机市场

2005 年广东移动向 TCL 采购 Q515 手机，成为首批入选广东移动的五款定制机型之一，同时 TCL 的另一款机型 758 也已进入广东移动定制产品库。中国移动向波导公司采购 S198、S610、V69 等多款手机。国产品牌手机进入移动定制产品库，打破了洋品牌对中国移动定制机型的垄断，同时表明部分国产手机在品质上取得了实质性的进步，达到了国际水准的质量水平。

（五）新手机企业结盟抢市场

2005 年，创维移动、国虹通讯、大显泛泰、万利达四家手机新军宣布将在采购、售后服

务、研发、生产、销售等多方面结成联盟，共享各方资源，以实现降低成本、增加利润的目的。通过结盟的方式可以统一向上游供应商采购原材料，降低采购成本，而售后服务方面，则采取建立联合服务点，以完善各自的服务网点，降低售后成本。

（六）市场竞争更加激烈

2005 年，国内手机市场竞争依然激烈。一方面，原材料、能源、劳动力成本上升，另一方面手机结构性和阶段性过剩导致国内手机市场价格继续走低，企业利润空间不断被压缩；外商投资企业继续加大对低端市场开拓力度，将进一步压缩国产品牌手机的市场空间，国产品牌手机生产企业举步维艰。

（七）产品更新加快

随着移动通信新业务的不断推出，手机功能的不断增强、外壳的不断翻新，促使各生产企业不断推出适应市场需求的新品种，手机更新周期进一步缩短，前几年出现的靠一款手机使企业摆脱困境的局面将不复存在。

（八）资金短缺，制约国产手机企业的发展

由于国家严格控制银行的信贷规模，银行对企业的贷款发放控制更加严格和谨慎，特别是对手机行业。由于资金的不足，使一些企业的资金链发生了问题，不得不退出手机行业。

（九）我国在 3G 领域实现技术突破

继 TD-SCDMA 网络技术标准之后，中星微电子公司成功研发出手机芯片“星光移动二号”，该芯片在 3G 时代的手机音乐、手机动画处理方面取得了突破性进展。东南大学与东大通信公司联合研制的 Noah3000 手机芯片，通过了包括通话和数据业务传输在内的系统测试，结果表明该芯片各项性能指标均达到了 WCDMA 国际标准要求。这标志着我国已具备了开发世界移动通信领域三大标准的所有核心技术的能力。

（十）渠道商开始介入手机定制业务

随着 2004 年运营商介入终端销售领域推出定制手机后，2005 年国内最大的专业手机渠道商中域电讯继厂家直供与买断经营之后，推出了手机单品针对性定制，手机渠道商介入手机价格的制定，这种产销模式及分销链条的变化，可以把品牌优势与价格优势结合起来，更好地促进市场需求。

二、2006 年我国手机产业所面临的机遇与挑战

——手机核准制为手机产业的发展带来一次新的机遇与挑战。2005 年 2 月，国家发改委颁布了《移动通信系统及终端投资项目核准的若干规定》政策，标志着我国实行了多年的手机牌照审批制的结束。一年来共核准新的手机企业 20 家（不含原手机企业增加品种），使得一些经济实力强、研发能力强的企业得以进入移动通信领域，这些企业的进入虽然使得市场竞争更加激烈，但有实力的国内品牌企业的进入也增强了国产品牌手机企业的整体竞争实力。

——移动运营业从 2G 向 3G 的过渡转移将给国内品牌手机企业带来新的机遇。2006 年国家将积极务实地推动第三代移动通信（3G）的发展，3G 网络的建设，移动通信产业又将

迎来一个几年期的高速发展期；同时 3G 时代新的游戏规则将发生深刻变化，产业链条上的各环节将更为复杂和多样。终端厂商与移动运营商、设备供应商、内容提供商、金融服务商、无线接入商等各种群体的联系将更为紧密，作为手机厂商来讲，其核心竞争能力将增加一项重要指标，那就是对相关上下游资源的整合能力，在这方面国产品牌手机将有较大的优势。

——手机销售渠道的变革为企业带来新的机遇和挑战。随着 3G 时代的到来，销售模式将发生深刻变化。中国移动和中国联通为了推广新业务，加强自身在整个产业链中的地位，加强和最终用户的联系，应对未来新进运营商的冲击，将更多介入手机销售领域。而伴随着 3G 牌照的发放，新进移动运营商面临着迅速发展用户的压力，也将采取类似中国联通 C 网初期的策略，通过终端补贴甚至入网送手机等优惠手段来发展用户。移动运营商的规模采购和捆绑销售将快速演变为一种重要的销售方式。

——国内品牌手机生产企业仍面临自主创新能力不强、供应链不完善、国际市场开拓能力不强等问题，在出口方面还面临国际跨国公司在知识产权上的诉讼等不确定因素。

2006 年，我国手机产业将面临机遇与挑战并存的发展环境，一方面经济全球化趋势深入发展，全球范围内的结构调整步伐加快，发达国家制造能力加速向发展中国家转移，有利于我国更好地参与国际分工与合作。据 IDC 测算，2006 年全球手机市场将增长 5%，这将进一步拉动我国手机产品出口的增长。另一方面，2006 年我国国民经济将继续保持平稳较快增长的态势，我国城市化进程的加快和人们收入的增加、消费结构升级的加快，为手机产业的发展提供了良好的市场需求环境，国内市场对手机的消费仍将保持旺盛需求。手机功能和设计的不断变化，将加快手机的更新换代，推动市场的进一步增长。同时，通信新技术的应用，将手机应用的内容不断丰富，会吸引更多的手机用户，无论是城市这个成熟市场还是农村这个新兴市场，都将有较快的增长。2006 年国内新增移动用户将继续保持 4800 万户左右的水平，随着手机品种不断增多、功能进一步增强以及价格不断下降，手机更新率将继续提高，预计 2006 年国内手机更新率将由 2005 年的 30%～40%提高到 40%～50%。因此，2006 年我国手机产业将继续保持快速、健康、协调发展，预计全年全国手机产量将达到 3.4 亿部，其中出口 2.5 亿部。

经济体制改革与经济运行司

2005 年我国彩电产业发展评述

我国彩电产业经过 20 多年的发展，已成为世界上最大的彩电产品生产和销售大国，彩电产量占到世界产量的 50%以上。2005 年，彩电产业发展已进入一个新的历史变革期，CRT 彩电市场需求放缓，新型平板电视进入市场扩张期。在这样的形势下，我国彩电企业克服了电子材料涨价、煤电油运紧张、出口退税率下调、劳动力成本上升和境外反倾销等诸多不利因素的影响，积极调整产品结构，努力降低生产经营成本，拓展新的国际、国内市场，继续保持了平稳发展态势，取得了良好业绩。

一、2005 年产销情况

2005 年，我国彩电产业共生产彩电 8283.22 万台，同比增长 11.5%；销售彩电 8044.7 万台，同比增长 10.69%；出口彩电 3974.65 万台，同比增长 43.36%，出口金额 505084.52 万美元，同比增长 57.55%。从 2000 年以来的彩电生产、销售和出口情况来看，我国彩电产业自 2003 年以来增速开始逐年回落，但至今仍保持了两位数的增长，经受住了行业发展波动的考验（见表 1 和表 2）。

表 1　2000～2005 年我国彩电产品生产、销售情况

年　份	生　产（万台）	增　长（%）	销　售（万台）	增　长（%）
2000 年	3843.4	8.93	4055.9	15.98
2001 年	3952.2	2.83	4018.5	-0.92
2002 年	5200.0	31.57	5260.0	30.89
2003 年	6521.0	25.4	6500.0	23.57
2004 年	7328.8	12.0	7268.0	11.82
2005 年	8283.22	11.5	8044.7	10.69

表 2　2000～2005 年我国彩电产品出口情况

年　份	出　口（万台）	增　长（%）	出口金额（万美元）	增　长（%）
2000 年	1028.9	81.6	111486.19	76.33
2001 年	1162.8	13.0	140641.93	26.15
2002 年	1881.80	61.83	213895.01	52.08
2003 年	2277.15	21.01	255641.15	19.52
2004 年	2772.48	21.75	320593.99	25.41
2005 年	3974.65	43.36	505084.52	57.55

二、发展特点

（一）平板电视的快速增长成为新的经济增长点

2005年被家电业界称做“平板电视年”。平板电视在我国经过一段时间的市场培育期，平板电视的概念已深入人心，技术日见成熟，成本大幅降低，现已进入快速增长期。从我部监测的重点彩电生产企业的数据来看，近几年平板电视生产、销售和出口均呈现高速增长态势（见表3和表4）。

表3　2003～2005年我国平板电视出口情况

年　份	出　口 （万台）	增　长 （%）	出口金额 （万美元）	增　长 （%）
2003年	220.4		18520.64	
2004年	319.05	44.76	77180.5	316.73
2005年	753.38	136.13.	238983.2	209.64

表4　2003～2005年我部重点监测企业平板电视生产、销售增长情况

年　份	生产增长 （%）	销售增长 （%）
2003年	318.3	312.9
2004年	215.3	211.6
2005年	418.6	425.4

（二）平板电视城市市场份额首次超过传统CRT彩电

2005年以来各平板电视生产厂家平板电视价格大幅度下降、新产品纷纷亮相，抢占市场份额。2005年的“五一”黄金周前后，夏普降价30%后，随即飞利浦、索尼、东芝等品牌集体跟进，海信30多款平板全线降价，TCL30英寸液晶降至8000元以下。在两三个月内，液晶、等离子彩电价格跳水的降幅以千元为单位，降价幅度最大，次数也最集中，几乎每星期都要下调1000元左右。根据有关市场调查公司对全国200个城市的彩电销售情况调查数据显示，平板电视的零售额比例逐月上升，到2005年5月份已经超过CRT电视，以零售额计算的市场份额达到53%。

（三）彩电企业进入新一轮竞争高潮

目前我国彩电产业进入一个结构调整的重大战略机遇期，彩电企业都在积极寻找合作伙伴，以谋取进一步发展。TCL、长虹、康佳、创维等各大彩电企业都与国外的大公司进行深层次的合作。TCL与Genesis公司成立数字视频联合实验室，又与法国汤姆逊公司电视机事业部合并成立了TTE公司。创维集团与日本精工爱普生株式会社结成战略联盟，合力拓展三片液晶背投电视市场。美国TI公司与康佳、长虹和创维建立了良好的技术合作关系，这种与国际技术巨头合作结盟的策略有利于我国彩电企业的技术提升。同时，国内企业之间的合作步伐也在加快。长虹分别与上海朝华科技、中远物流、广州金发等5家企业签下战略合作协

议。通过合资、结盟、建立战略伙伴等各种合作形式，在技术研发、渠道营销等方面取得优势，这是国内彩电产业的一个新起点，表明了我国彩电企业之间正从传统单一的市场竞争关系逐步转变为竞争与合作的协调关系。

（四）加大研发投入，彩电制造的核心技术取得突破

我国彩电企业在产品同质化和市场竞争日趋激烈的形势下，纷纷跟踪国际先进技术，加快数字高清电视、平板电视的科研攻关和新产品的开发进程。长虹、海信、厦华、康佳、创维、TCL、海尔等多家公司投入了大量资金和人力资源建立了光学及微显示技术研究所，并已经成功地在市场上推出了三片式 LCOS 背投电视。海信为平板电视专门建立的实验室总投入已超过 1 亿元；厦华最近几年在高端电视的研发投入也接近 2 亿元；康佳已经拥有相当齐全的液晶电视产品线；创维也将投巨资研发单片式 LCOS 背投电视，建立单片 LCOS 光学引擎及整机的生产基地。

海信开发成功了“信芯”芯片，价格比国外同类产品便宜 5 美元左右，可用于包括 CRT 电视、液晶电视、等离子电视等视频播放媒体终端的控制芯片，结束了我国彩电生产依赖国外芯片的历史，探索由生产制造商向技术专利商过渡，成为中国最大的芯片供应商。

（五）出口转向高端，彩电产品迎来新的发展机遇

2005 年，我国彩电出口回到了快速增长轨道。1～12 月，我国出口彩电 3974.65 万台，同比增长 43.36%，出口金额 505084.52 万美元，同比增长 57.55%，其中 CRT 彩电出口 2564.29 万台，出口金额 223016.2 万美元，下降 1.62%；液晶彩电出口 729.08 万台，出口金额 210279.25 万美元，同比增长 237.97%；等离子彩电出口 24.3 万台，出口金额 28703.95 万美元，同比增长 91.84%。平板电视的出口数量占全部出口数量的 18.95%，但出口金额却占了全部彩电出口金额的 47.32%，出口一台平板电视的价值约相当于 3.6 台 CRT 彩电的价值。我国彩电出口能够恢复较快增长，主要得益于我国主要彩电企业不断开拓国际市场。TCL 集团在世界十多个国家和地区建立了销售公司或商务代表处，在越南和印度设立彩电制造基地，大力开拓海外市场，为集团的国际化打下基础。康佳集团的彩电也远销澳大利亚、印度、俄罗斯等 60 多个国家和地区。其他企业也加快了开拓新兴国际市场的步伐，它们到俄罗斯、东欧、非洲等地举办或参加国际展览。这推动了我国彩电业与国外彩电业之间的交流与合作，从而打破了国际新贸易保护主义对我国彩电出口的限制。

（六）行业自主协调发展能力加强

目前我国彩电的产业规模和企业规模已位居世界之首，企业已经完成了从分散到集中的转变，开始走向国际化。针对我国彩电企业国际市场经验不足、彼此过度竞争、国外反倾销、技术贸易壁垒、知识产权保护、配套金融物流薄弱等诸多问题，2005 年上半年召开了我国彩电产业历史上第一次由全体骨干企业首脑参加的电子视像行业北京高峰会，成立了中国视像协会国际市场协调委员会，国际市场协调委员会将着力研讨、制订本行业在国际市场上的行为自律规范，打造中国彩电民族产业链及国际市场声誉，发挥中国制造优势。促进对各会员企业海外资源的整合，以避免重复建设、控制海外投资风险，克服知识产权、反倾销和贸易壁垒等各种海外贸易障碍。还决议成立了技术标准、知识产权、国内市场三个协调委员会，这有利于通过和谐竞争的方式，共同面对和解决中国彩电产业在各个专业领域的各种问题。

三、2006 年发展展望

2006 年我国彩电产业发展面临的政策环境、市场环境、产业环境、技术环境将继续变好。

一是我国国民经济将继续保持快速增长，城镇居民收入增长较快，农民收入逐年增加，市场购买力必将持续增长。

二是我国城镇化进程加快，城镇人口比例加大，新增商品住宅在 2500 万套以上，为彩电产品提供了广阔的市场空间。

三是企业竞争渐趋理性，市场秩序日益规范，有利于企业进一步扩大生产和销售。

四是国内企业规模不断扩大，品牌优势正在形成，质量效益不断提高，研发水平日益提高，新产品不断推向市场。

五是我国高清数字电视标准的即将出台和 2008 年奥运会的临近，都会刺激我国彩电产品市场的增长。

六是我国彩电产品在国际市场的影响力日益增强，出口仍将保持两位数以上的较快增长。

综上所述，预计 2006 年我国彩电总量增长仍将保持在 10%以上的速度，高端彩电的市场份额将进一步上升。

经济体制改革与经济运行司

2005年我国电子计算机产业发展评述

2005年我国国民经济继续保持平稳增长的态势，为我国计算机产业的快速增长奠定了良好的基础。2005年我国电子计算机产业规模进一步扩大，继续保持快速发展。

一、2005年我国电子计算机产业发展特点

（一）产业规模继续扩大，居全行业之首

2005年我国电子计算机产业实现销售收入10453亿元，同比增长26.6%；完成出口交货值7989亿元，同比增长28.7%，分别占到电子信息产业制造业比重的33.7%和43.4%，规模连续三年位居全行业之首（见表1）。

表1　2003～2005年计算机行业完成销售收入情况

单位：亿元

销售收入	2005年	2004年	2003年
全行业（规模以上）	31009	24127	17167
电子计算机行业	10453	8257	5796
比重%	33.7	34.2	33.8

（二）产品产销率保持较好水平

随着国内信息化程度的不断加深以及企业对市场的良好预测与分析，2005年电子计算机行业销售库存比为2.2%，比全行业平均水平低2个百分点。2005年从我部监测的重点企业情况看，台式PC的产销率除1～4月份外其他各月均超过100%，而笔记本电脑产销率除1～2月份外均低于台式PC（见表2及图1）。

表2　2005年微型计算机分产品产销情况

	生产量（万台）	销售量（万台）	产销率%
微型计算机	8083.8	7881.7	97.5
台式PC	3518.9	3525.9	100.2
笔记本电脑	4564.9	4382.3	96.0

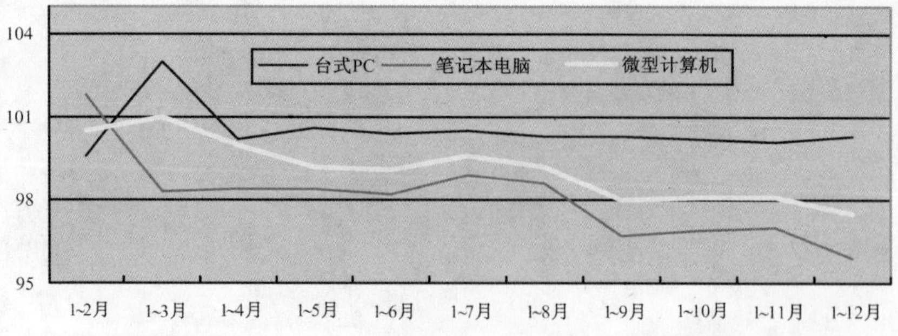

图1　2005年台式PC、笔记本电脑、微型计算机产销率情况

（三）大屏幕液晶显示器和大容量硬盘逐步成为台式机发展方向

2005 年台式机市场掀起了“液晶潮”，目前台式机市场上标配液晶显示器和标配 CRT 显示器的比例大约已经达到了 7∶3，如神舟台式电脑于 2005 年全线标配 LCD；联想的家用电脑系列除极个别机型外，标配也已经全面采用液晶显示器。

（四）台式 PC 发展增速放缓，笔记本电脑占微型计算机的比重不断扩大

2005 年台式 PC 产量增速仅为 9.1%，低于微机平均增速 26.2 个百分点。随着笔记本电脑与台式 PC 价格的不断接近，笔记本电脑越来越成为个人消费者的首选。2005 年笔记本电脑产量为 4564.8 万台，比 2004 年净增 1814.9 万台，笔记本电脑占微机的比重 56.5%，比 2004 年提高了近 11 个百分点（见表 3）。

表 3　2003～2005 年笔记本电脑产量占微机总产量的比重变动情况

年　份	2005 年	2004 年	2003 年
微型计算机（万台）	8083.8	5974.8	3170
笔记本电脑（万台）	4564.9	2750	1287
笔记本电脑占微机比重%	56.5	46.0	40.6

（五）市场竞争更加激烈

2005 年计算机市场竞争更加激烈，企业为保住市场份额，不断调整竞争策略。

一是不断推出个性化产品。随着计算机市场的日趋成熟，各厂商为满足不同需求消费层而不断推出个性化产品。比如海尔推出了润眼笔记本电脑，东芝、联想等厂商推出的安全笔记本电脑，华硕推出的可以看电视的宽屏笔记本等。

二是价格竞争也进一步激烈。在国内市场，大多国外品牌以降价为手段进一步扩大市场份额，2005 年戴尔推出 5999～6999 元的低端笔记本电脑，惠普、东芝、宏基和华硕也紧跟将价格降到 5999 元。在国际市场，台式 PC 平均出口单价从年初的 644 美元下降到 617 美元，下降了 27 美元。

三是市场格局不断调整。2005 年国内计算机市场格局不断调整，个别传统家电行业如海尔、LG、TCL、夏新等企业纷纷进入笔记本电脑市场，而原有的南方高科、京东方等企业却被迫退出市场。

（六）国内市场需求有所增加，出口增速放缓

2005 年全行业共出口微型计算机 4758.5 万部，同比增长 57.7%，比 2004 年下降了近 20 个百分点；全年出口金额 336.2 亿美元，同比增长 42.7%，比 2004 年下降了 31.4 个百分点。其中生产的笔记本电脑中用于内销的比例从 2004 年的 8%提高到 9.5%，而台式 PC 中的 82.3%用于内销，比 2004 年提高了近 10 个百分点（见表 4）。

表 4　2003～2005 年台式 PC、笔记本电脑出口情况

	2005 年	2004 年	2003 年
出口—生产比（%）	58.9	67.2	38.3
出口金额（亿美元）	336.2	235.1	135
其中：笔记本电脑出口金额（亿美元）	299	207.7	113.1
增速（%）	43.9	83.6	413.7
台式 PC 出口金额（亿美元）	37.1	27.4	22
增速（%）	34.9	24.6	55.5

（七）地区集中度进一步增强

我国微型计算机产地主要集中在江苏、上海、广东三个省市，三个省市生产的微机共计 6836.4 万台，占全国 PC 总产量的 84.6%。从大的区域分布看，东部地区 PC 产量为 8066.5 万台，约占全国 PC 总产量 99.7%，而中部和西部地区的份额都不到一个百分点。

（八）计算机产业对外资企业的依赖程度进一步增强

2005 年计算机产业三资企业实现销售收入 9783 亿元，占该行业比重的 93.59%，比 2004 年提高了 0.62 个百分点，对计算机产业的贡献率达到 95.9%；实现利润 220.7 亿元，占该行业比重 93.7%，但在上缴税金方面，三资企业却呈负增长，2005 年完成税金 32.1 亿元，同比下降 13.2%（见表 5）。

表 5　各经济类型计算机企业主要指标完成情况

电子计算机制造	销 售 收 入	利 润 总 额	税 金 总 额
	比重%	比重%	比重%
内资企业	6.41	6.26	24.74
港、澳、台商投资	23.86	18.02	36.19
外商投资	69.73	75.72	39.07

四、2006 年计算机市场发展预测

2006 年在我国国民经济继续保持平稳发展的环境下，随着人民收入水平的增长和生活水平的不断提高，将进一步刺激消费者对电子产品的需求及更新换代，预计我国计算机产业有望继续保持较快发展。同时，随着我国信息化建设的不断深化，社会信息化水平不断提高，信息化已经渗透到社会生活和经济发展的各个方面，电子政务稳步推进，教育信息化不断升级，农业信息化建设深入发展都将为我国计算机产业的发展提供广阔的发展空间。

经济体制改革与经济运行司

2005 年我国集成电路产业发展评述

2005 年，我国集成电路产业在国际市场增长缓慢的环境下，依靠国内市场需求的拉动，仍然保持了较快发展的良好势头，全年完成产品销售收入 1199.9 亿元，增长 58.4%。目前我国集成电路产业已初步形成了设计业、芯片制造业及封装测试业三业并举、比较协调的发展格局，出现长江三角洲、京津地区和珠江三角洲三个相对集中的产业区，建立了多个国家集成电路产业化基地。制造业的技术工艺已进入国际主流领域，设计和封装技术接近国际水平。

一、基本情况

2005 年，我国共生产集成电路 265.78 亿块，同比增长 25.68%；销售 265.77 亿块，同比增长 28.22%；出口 216.09 亿块，同比增长 33.18%，金额为 137.54 亿美元，同比增长 30.71 %；进口 753.7 亿块，同比增长 20%，金额为 810.24 亿美元，同比增长 34.87%。从 2002 年以来的我国集成电路生产、销售和出口情况来看，自 2002 年恢复正常增长以来，一直保持了两位数的快速增长，经受住全球行业发展波动的考验（见表 1～表 3）。

表 1　2000～2005 年我国集成电路生产、销售情况

年　份	2000 年	2001 年	2002 年	2003 年	2004 年	2005 年
生产（亿块）	33.92	33.23	96.31	124.1	211.47	265.78
增长（%）	37.95	-2.03	189.83	28.85	70.4	25.68
销售（亿块）	42.16	32.58	88.8	124	207.28	265.77
增长（%）	70.55	-22.72	172.56	39.64	67.16	28.22

表 2　2000～2005 年我国集成电路出口情况

年　份	2000 年	2001 年	2002 年	2003 年	2004 年	2005 年
出口数量（亿块）	40.4	33.02	55.93	110.98	162.26	216.09
增长（%）	-3.48	-18.27	69.38	98.43	46.21	33.18
出口金额（亿美元）	19.72	16.89	22.46	59.67	105.23	137.54
增长（%）	4.36	-14.34	32.98	165.69	76.36	30.71

表 3　2000～2005 年我国集成电路进口情况

年　份	2000 年	2001 年	2002 年	2003 年	2004 年	2005 年
进口数量（亿块）	205.47	200.56	261.09	469.15	628.17	753.7
增长（%）	18.8	-2.39	30.18	79.69	33.9	20
进口金额（亿美元）	95.2	103.84	140.37	401.61	600.78	810.24
增长（%）	26.35	9.08	35.18	186.1	49.59	34.87

二、主要特点

（一）技术创新取得新的突破

目前集成电路技术创新环境已有了很大改善，各地集成电路产业园建设及当地政府出台一系列鼓励创新的政策起到良好的作用，集中反映为集成电路设计业领域自主创新的产品种类增多，技术水平大大提高。

CPU 芯片：已有“方舟”、“龙芯”、北大众志等为代表的国产 CPU。

音视频芯片：北京海尔集成电路设计公司的“爱国者 3 号”数字电视解码芯片；中星微电子的“星光”系列音视频解码芯片等大量国内具有自主知识产权的产品研制成功并投向市场，标志着我国集成电路自主创新设计水平已经开始步入世界先进行列，海信和长虹投资开发的视频处理芯片，成功应用到国产整机上。

通信芯片：2004 年我国首颗 TD-SCDMA 多模核心芯片在上海展讯通讯公司诞生，该芯片采用 0.18 微米数模混合工艺，集模拟基带、数字处理和电源管理三项功能于一体。由复旦大学、清华大学、凌讯科技联合研制的我国具有自主知识产权的数字高清晰度地面传输移动接收系统专用芯片——“中视一号”通过技术鉴定。芯片规模达到了百万门级，技术水平达到国际先进水平。

应用类专用芯片：苏州国芯公司开发了用于税控收款机的专用芯片 CCM3118，并完成了从芯片、开发系统、嵌入式操作系统以及样机的一套完整的解决方案。由清华同方、中国华大等设计单位研制开发的具有自主知识产权的第二代 IC 卡身份证芯片完成了生产定型，并于 2004 年 3 月起在上海、深圳、北京等地试用。

（二）产业结构不断优化

2005 年以来，我国集成电路产业结构趋于合理，封装业在整个集成电路产业链总值中的比例下降，比重已降到 50%以下，而 IC 设计业、IC 制造业发展迅猛，比例在不断增大。2005 年我国 IC 封装测试业收入同比增长约 20.3%，IC 设计业和 IC 制造业的收入分别同比增长约 60.8%和 54.5%。封装测试在产业链总值中占 45.3%，较之 2004 年的 51.8%有下降；IC 设计业和 IC 制造业的产值分别占到 17.5%和 37.2%。尽管 IC 封装测试业仍是 IC 产业链中的“老大”，但三者结构已逐步向国外先进标准靠拢，产业结构趋于合理。

（三）企业规模不断扩大，技术水平迅速提高

我国集成电路制造技术水平经历了 2000 年的 0.35 微米 8 英寸制造线的建设，到 2004 年中芯国际北京 12 英寸线建成投产，少数先进生产线的制造技术已提升到 0.18 微米乃至 0.13 微米。国内封装企业，在先进封装形式的开发和应用方面也取得了显著成果。设计企业的业务活动已经从芯片设计扩展到系统解决方案、知识产权（IP）的交换交易、IC 设计服务、测试，直到产品营销。一批企业已具备 0.13 微米～0.25 微米的设计开发能力，可自主设计开发几百万和上千万门水平的集成电路。

经过不断的积累和开拓，我国半导体企业正在走上发展壮大之路。中芯国际已跃居全球第四大芯片代工厂，华虹 NEC 已成为全球第七大芯片代工厂；大唐微电子等一批设计企业正在向 1 亿美元销售额的目标迈进；南通富士通、长电科技等封装测试企业都正在努力向世界先进水平靠拢。

三、面临问题

（一）资源利用率有待提高

经过多年发展，特别是 2000 年以来全球集成电路产业向华转移，目前我国 5 英寸以上的集成电路生产线已有 20 多条，还有 12 英寸的在建生产线，已经形成了月加工晶园约 40 万片以上的能力。如何利用好这些已有的集成电路生产线，使我国集成电路产业得到充分的协调发展是摆在我们面前的严峻问题，要摆脱盲目上生产线，跟潮流之风，理性地分析集成电路产业链各个环节的特点，以市场应用为导向充分利用好现有的集成电路产业资源。

（二）芯片与整机脱节

我国目前整机生产能力已达到年生产手机 3 亿多部，彩电 8000 多万台，但这些整机所用的芯片基本上为国外产品所垄断，导致我国近几年平均每年进口集成电路达 800 亿美元以上。设计、生产大量的消费类芯片是急需解决的问题，要突破设计的芯片整机厂商不用、而整机厂商需要的芯片又没法设计出来的矛盾局面。要像中兴、华为那样以自己设计的芯片占领程控整机领域，要创造一个设计、生产、整机应用的相互融洽的集成电路发展环境。

（三）制造技术以代工为主业、缺乏自我品牌

我国内地晶圆制造业的发展，除了早期与美国贝尔、阿尔卡特、摩托罗拉，日本 NEC 等合资建厂并从事生产外，近年来的发展主轴是以提供晶圆代工生产为重点，自主品牌相对较少。在晶圆代工产业发展方面，除了中芯国际、台积电之外，还包括和舰、宏力、华晶、先进与华虹 NEC 等，共有 7 家建设或量产中的晶圆代工厂商。2004 年，有 7 家 8 英寸晶圆厂正式投入量产，若包括小尺寸代工的 1 家 4 英寸厂、3 家 5 英寸厂及 1 家 6 英寸厂，总代工产能规模估计将可达到 290 万片以上的 8 英寸晶圆水平。

（四）创新能力较弱

我国集成电路创新能力较弱，主要表现在大生产技术开发能力和产品设计开发能力弱，生产技术和高档产品主要靠引进，高级设计人才和工艺开发人才缺乏。

（五）产业链整体弱小、支撑业发展滞后

近几年，我国集成电路产业发展最快的是制造业，但集成电路辅助行业的实力（包括半导体材料、芯片封装、芯片配件、先进封装、专用设备制造等）还相当弱小。集成电路生产线设备、仪器和材料主要依靠进口的局面尚未改变，制约了企业的技术升级换代步伐。因此，我国集成电路产业链整体仍有待完善。

四、发展展望

2006 年我国集成电路的发展将面临更好的产业发展环境，政府支持力度将进一步加大，新的扶植政策有望尽快出台，支持研发的专项基金将会增多，国内市场空间广阔，我国集成电路产业仍将保持一个较快的发展速度，占全球市场份额比重将进一步增大。

一是我国抓住全球产业调整转移带来的机遇，现已成为世界电子产品生产大国，如年产

手机约 3 亿部、计算机约 8000 万台、彩电约 8000 万台、电话单机约 1.7 亿部等，整机制造产能的扩张必将拉动我国集成电路市场持续增长。

二是我国政府扶持集成电路产业的优惠政策逐步得到落实，各级政府对集成电路产业的重视为产业和市场的发展创造了一个有利的外部环境。

三是产品技术不断升级换代，随着我国芯片制造生产线的迅速扩建，集成电路工艺技术不断升级，电子整机产品的性能不断增强、无线及多媒体等新功能的不断增加、存储容量的不断增大，这些都将成为集成电路市场增长的一个重要驱动力。

四是创新应用不断涌现，新兴市场日趋成熟，数字家庭市场、3G 市场、汽车电子市场的兴起，将成为拉动集成电路市场增长的重要动力。

经济体制改革与经济运行司

2005年我国电子元件产业发展评述

2005年，受我国宏观经济形势的影响，我国电子元件产业继续保持快速增长，但增幅较2004年同期有所回落。电子元件外贸出口形势好转，外需进一步拉动了电子元件产业的发展，使电子元件贸易逆差增长速度大幅下降。外资企业的不断扩张、民营企业的蓬勃发展使我国电子元件产业经济总量持续扩张。

一、2005年电子元件产业发展特点

（一）销售收入继续快速增长

2005年，受外贸出口“低开高走”的拉动影响，2005电子元件产业发展速度表现为二、三季度逐季递增，四季度达到巅峰。这主要由于2005年国际手机大厂新机种集中于下半年大量出货，四季度尤其畅旺，因此全年电子元件产业保持了较快速度发展。根据对国内3770家电子元件主要生产企业（不含敷铜板、铝箔等上游原辅材料生产企业）调查显示，我国电子元件主要生产企业累计完成销售收入4684.62亿元，同比增长22.8%，但全年销售收入增长速度比2004年同期回落8.16个百分点。

销售收入同比增长的企业有2522家，占3770家企业的66.9%；销售收入同比增长超过50%的企业有763家，占被调查企业总数的20.24%；销售收入超过1亿元的企业有954家，其销售收入占总数的82.94%，电子元件产业的规模效应逐渐显现。

产品销售收入增长较快的行业依次为印制电路板、光电线缆、电声器件、接插件、控制继电器，其同比增长分别为39.01%、29.06%、26.52%、23.37%、18.39%。过去中国台湾是世界印制电路板、接插件等产品的主要生产基地之一，近几年中国台湾已将70%的产能移至大陆并继续扩大生产能力，因此2005年，这五类产品尽管受铜涨价影响较大，但高速增长的外贸需求仍拉动了PCB、光电线缆、电声器件、接插件的快速发展（见表1）。

表1　2005年电子元件各行业销售收入比较

序号	行业名称	企业数（个）	销售收入（亿元）	同比增长（%）	利润总额（亿元）	同比增长（%）
	合计	3770	4684.62	22.80	253.47	19.81
1	综合性企业	50	226.14	18.26	6.010	–11.18
2	电容器	331	245.58	17.18	8.523	10.38
3	电阻电位器	126	65.57	7.16	4.198	2.58
4	磁性材料与器件	258	168.48	15.05	10.453	–7.98
5	电感器件	102	79.88	17.05	4.497	15.18
6	电子变压器	261	222.15	11.55	5.642	–28.80
7	混合集成电路	8	2.21	–5.68	0.126	44.60
8	电子陶瓷及器件	59	31.43	–5.31	2.070	–9.20

续表

序号	行 业 名 称	企业数（个）	销售收入（亿元）	同比增长（%）	利润总额（亿元）	同比增长（%）
9	压电晶体器件	121	69.72	9.32	3.512	45.62
10	控制继电器	65	68.92	18.39	5.59	11.22
11	接插件	466	519.86	23.37	41.65	15.77
12	微特电机	365	457.34	15.73	17.05	0.69
13	电声器件	359	271.09	26.52	16.93	33.89
14	印制线路板	340	762.12	39.01	54.65	67.89
15	光电线缆	534	1035.79	29.06	45.71	32.39
16	敏感元器件及传感器	116	70.01	8.41	7.78	1.81
17	电池	209	388.33	16.05	19.06	–2.23

（二）收入、效益同步增长

2005 年，尽管电子元件产业受到了原材料、燃料、运输费用大幅提价所带来的成本提高和某些产品降价的负面影响，但通过改善经营、加强管理、加速流通，电子元件企业经过第四季度的最后冲刺，终于获得了收入、利润双丰收（见表 2 及图 1）。3770 家企业完成利润总额 253.47 亿元，同比增长 19.81%，但与 2004 年同期相比，下降了 19.04 个百分点。利润总额高速增长的行业有 PCB、压电晶体器件、混合集成电路、电声器件、光电线缆，其同比增长分别为 67.89%、45.62%、44.6%、33.89%、32.39%。

表 2　2005 年电子元件销售收入、利润总额发展趋势

年　月	2005 年 1～6 月	2005 年 1～9 月	2005 年 1～12 月
销售收入同比增长（%）	15.87	19.78	22.8
利润总额同比增长（%）	0.013	7.6	19.81

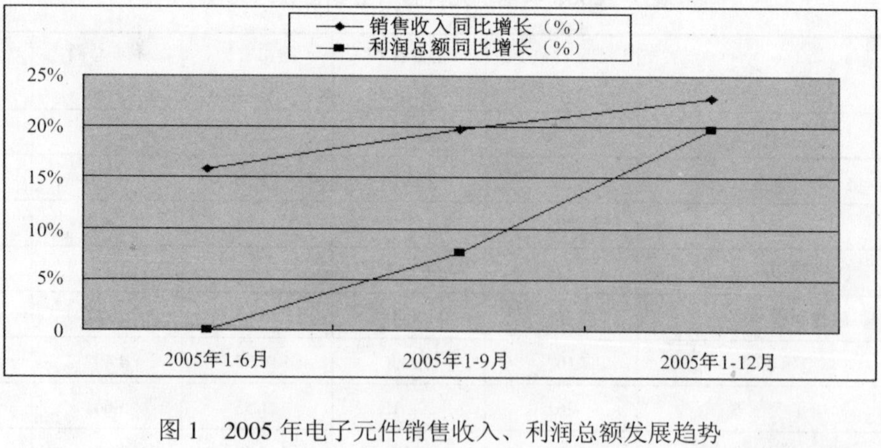

图 1　2005 年电子元件销售收入、利润总额发展趋势

利润总额下降或呈微幅增长的行业有电子变压器、电子陶瓷及器件、磁性材料与器件、电池、微特电机、敏感元器件及传感器。究其原因，一方面，原材料成本上升，产品本身又降价，两头挤压；另一方面，这几类产品 2005 年出口额同比增幅均未超过 10%，因此受外贸出口拉动的力度不足以抵消成本上升所带来的不利影响，因此企业效益无法好转。印制电路板、光电线缆、电声器件、接插件等产品价格虽有小幅上涨，但上涨幅度并没有原材料来的大，同时由于外贸出口拉动较大，出货量很大，将成本上升吸纳。

（三）内资企业对国家财政收入贡献度最大

2005 年，内资企业销售收入、利润总额、税金合计分别为 1591.41 亿元、78.34 亿元、47.07 亿元（见表 3），占电子元件全行业的比重分别为 33.97%、30.91%、62.29%，其中非公有制经济在电子元件行业中发挥着越来越重要的作用，民营经济的迅速崛起正在成为一大亮点。

三资企业由于投入大而获得较高的销售收入，又因国家政策和生产高档次的产品而获得较高的利润，其销售收入、利润总额在全行业中所占比重分别为 66%、69.03%，但其税金合计为 28.48 亿元，仅占全行业的 37.69%，远远低于其销售收入、利润总额所占比重，并且其税金合计的同比增长大幅度下降，为-10.59%，而内资企业无论是销售收入还是上交税金均快速增长，增速分别为 23.9%、14.72%，其对社会尤其是对国家财政收入的贡献度越来越大（见表 3）。

表 3　2005 年电子元件内外资企业经济指标比较

经 济 类 型	企业数（个）	销售收入		利润总额		税金合计	
		亿元	同比%	亿元	同比%	亿元	同比%
内资企业	1899	1591.41	23.90	78.34	16.27	47.07	14.72
三资企业	1871	3093.21	22.24	175.13	21.46	28.49	-10.59
合　计	3770	4684.62	22.80	253.47	19.81	75.56	3.82

目前外资企业享有地方政府给予的种种优惠政策，内外资企业的不平等待遇严重制约了内资企业的发展。因此，我们期待政府尽快给内外资企业一个公平的政策、市场和服务环境，使得内外资企业可以在同一个游戏规则下展开公平竞争，从而步入一个新的历史发展阶段。

（四）外贸出口继续快速增长

2005 年，在“科技兴贸”战略的推动下，我国电子元件产品进出口继续保持高速增长势头，实现了三个突破：一是全年进出口额首次突破五百亿美元，达到 566.23 亿美元，比 2004 年同期增长 20.69%，占全国外贸的比重达到了 3.98%；二是全年出口首次迈上两百亿美元台阶，达到 233.08 亿美元，同比增长 22.85%；三是我国电子元件贸易逆差增幅大幅下降，比 2004 年度减少 37.17 个百分点。

1. 外贸出口稳步增长

2005 年，我国电子元件产品进出口贸易延续了往年“低开高走”的趋势。一、二、三季度呈增长态势，第四季度达到高峰，全年保持快速增长态势。电子元件 15 大类 65 小类产品进出口贸易总额为 566.23 亿美元，较 2004 年同期增长 20.69%。其中，出口创汇 233.08 亿美元，同比增长 22.85%；进口用汇 333.15 亿美元，同比增长 19.23%。

从小类产品来看，2005年，我国印制电路板、光电线缆、电接插元件三类产品出口增长最快，其出口额同比增长分别为39.72%、39.28%、39.06%；另有七类产品出口平稳增长，即电声器件、电感器件、混合集成电路、电阻电位器、电容器、电控制元件、石英晶体器件，出口额同比增长分别为22.7%、16.45%、15.53%、15.06%、15.05%、13.02%、12.24%；还有两类产品即电子变压器和镉镍蓄电池出口额较2004年度均有不同程度的下降（见表4）。

表4　2005年1～12月电子元件产品海关进出口量值表

序号	产品名称	出口额		进口额		顺差额
		万美元	±%	万美元	±%	万美元
1	电容器	150342.91	15.05	440835.29	14.72	−290492.38
2	电阻电位器	53592.01	15.06	127018.87	6.91	−73426.86
3	磁性材料与器件	72983.56	9.68	52003.77	8.79	20979.79
4	电感器件	101533.75	16.45	117868.9	19.06	−16335.15
5	电子变压器	112471.56	−3.79	70917.42	−7.93	41554.14
6	混合集成电路	81144.43	15.53	668113.64	17.68	−586969.21
7	压电陶瓷器件	2596.41	−16.64	4492.3	−6.58	−1895.89
8	石英晶体器件	71031.84	12.24	140790.56	11.68	−69758.72
9	电控制元件	38580.12	13.02	34808.14	9.90	3771.98
10	电接插元件	298585.49	39.06	499432.74	32.93	−200847.25
11	电声器件	381656.75	22.70	144633.33	29.40	237023.42
12	微特电机	234081.16	9.03	187853.75	6.18	46227.41
13	光电线缆	159971.09	39.28	158308.12	14.31	1662.97
14	印制电路板	533816.35	39.72	657038.65	29.53	−123222.30
15	镉镍蓄电池	38438.07	−6.69	27376.78	−9.65	11061.29
合计		2330825.5	22.85	3331492.26	19.23	−1000666.76

2005年，出口金额超过20亿美元的电子元件产品有四类，按出口金额大小依次为印制电路板53.38亿美元、电声器件38.17亿美元、电接插元件29.86亿美元、微特电机23.41亿美元，出口额合计为144.81亿美元，占电子元件出口总额的64.91%，进一步显示出上述四类产品在电子元件出口贸易中的强势地位。

2. 贸易逆差增幅下降

我国历来是中低档电子元件产品的制造及出口大国，2005年出口金额继续增加。但从进口来说，由于我国电子制造业继续保持高速发展，对于电子元件的需求也持续增加，造成电子元件的进口大量增加，尤其是国内企业难于涉足的高新技术产品。大量进口的电子元件中，很多是外资企业在国内投资设厂生产的，根据中国电子元件行业协会信息中心的调查，部分外资企业在国内生产且内销的产品在海关统计中体现为进口，这无形中增加了电子元件进口额，同时相应减少了电子元件出口额，从而扩大了电子元件贸易逆差额，如果去掉这部分进口额，那么电子元件贸易逆差额比实际要小得多。中国加入世贸后，关税水平的降低也促进了进口的增加，使得部分国外产品更具价格竞争力，进一步挤压了内资企业的生存空间。

“九五”前四年，国内电子元件进出口贸易顺差三次、逆差一次，逆差仅仅0.5亿美元，2000年逆差激增至14.5亿美元。自2000年以来，我国电子元件外贸出口逆差居高不下，且进口增幅总是大于出口增幅，导致逆差额大幅上升（见表 5 和图 2），2004 年电子元件贸易逆差增幅高达 48.73%，2005 年电子元件外贸出口增幅高于进口增幅，使逆差增幅大幅下降，比 2004 年度减少 37.17 个百分点，这种态势将有效遏制我国电子元件产品多年来贸易逆差增长的趋势。但是，只有当国内企业在高技术产品领域形成竞争力，才能真正改变我国电子元件进出口贸易格局。

表 5　2000～2005 年电子元件贸易逆差走势

年　份	2000 年	2001 年	2002 年	2003 年	2004 年	2005 年
贸易逆差（亿美元）	14.49	29.68	42.85	60.31	89.70	100.07
增幅（%）		104.83	44.37	40.75	48.73	11.56

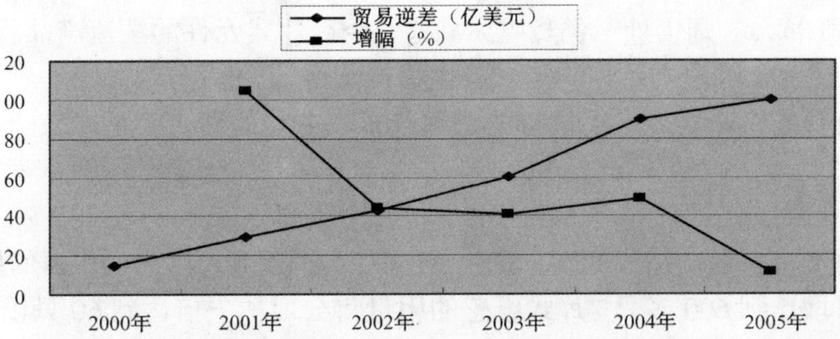

图 2　2000～2005 年电子元件贸易逆差走势

3．进出口产品结构分析

进口产品结构不变，混合集成电路仍为首需。与 2004 年相比，电子元件进口产品结构格局基本不变，各类产品进口金额占总额比例也基本保持稳定。混合集成电路、印制电路板、电接插元件、电容器四类产品分列进口金额最大的前四位，分别占进口总额的 20.05%、19.72%、14.99%、13.23%，这四类产品合计占进口总额的 68%，是进口的重点产品。另外，包含电容器在内，与手机、数码相机、笔记本电脑大量配套的其他几类新型元器件尚需大量进口，因此，以上这些产品是构成我国电子元件贸易逆差的主要来源。

与此相反，劳动密集型产品如电声器件、微特电机、电子变压器、磁性材料与器件四类产品仍为出口的重点产品，2005 年，该四类产品实现贸易顺差分别为 23.7 亿美元、4.62 亿美元、4.16 亿美元、2.1 亿美元，多年来一直保持顺差。

4．进出口形势预测

2006 年我国电子元件外贸发展有利因素主要有：一是 2006 年国内经济将保持较快增长，继续为外贸稳定发展提供良好条件；二是经过多年的投资与发展以及外资的大量进入，我国出口产品结构不断升级，出口产品竞争力明显提升；三是受国内需求降温影响，近年投资形成的生产能力使国内市场供给过剩，迫使企业扩大出口。根据商务部调查，2005 年下半年供求基本平衡的商品只占 28.7%，而供过于求的商品占 71.3%，其中 73 种家用电器中 87.7%的商品供过于求，只有加速出口才能有效缓解国内过度竞争的格局。

不利因素主要有：一是 2005 年 1019 亿美元的顺差规模将成为我国外贸持续发展面临的主要问题，无论国际、国内都将采取措施施加影响；二是人民币汇率机制的调整及人民币升值将成为影响2006年进出口的重要因素。

综合以上因素，2006年我国对外贸易的发展环境基本上是有利的，但制约因素有所增加，预计2006年全年电子元件外贸进、出口将增长20%左右。

二、电子元件产业重点产品分析

（一）片式元件

2005年，受国际经济环境的影响，我国片式元件进出口贸易活跃，电容器出口额为15.73亿美元，同比增长15%。其中片式陶瓷电容器出口额为5.53亿美元，同比增长23.69%；片式钽电解电容器出口额为1.47亿美元，增幅高达70.46%；片式电阻器出口额为1.57亿美元，同比增长25.51%。2006年第一季度电阻器市场价格基本与2005年第四季度持平。日本厂商已逐渐停止生产0603以上尺寸的产品或退出电阻领域，目前0402尺寸片阻已成为市场需求主力，而排阻部分，则仍处于供货吃紧状态。今后片式元件的主流产品将由0603逐渐向0402甚至0201过渡，对片式元件的需求量也将持续增长。

随着手机新功能不断增多，手机与消费类电子、电脑的结合将是未来的两大趋势，手机将比PC更具发展前景，手机将取代PC成为技术竞赛的一个新舞台。为应对这种变化，小型化（0201尺寸）、集成化、高频、高容的电子元件将被广泛应用，而且随着贴装密度的增加，片式元件的使用量将大量增加，3G手机上MLCC、Chip-R、片式电感器的用量将激增，将由平均300多只增长到600多只，片式电感的用量将会增加一倍达到60只以上，这将给电子元件供应商带来新的商机。预计2006年全球片式电阻器将增长10%，多层陶瓷电容将增长12%～18%。

（二）印制电路板

继2003年PCB市场复苏以来，PCB工业持续出现强劲增长。2005年，340家PCB生产企业完成销售收入762.12亿元，同比增长39.01%；实现利润总额54.65亿元，同比增长高达67.89%；出口53.38亿美元，同比增长39.72%。需求主要来自通信市场对于PCB的持续需求。中国台湾地区最大的30家PCB生产商中有70%的企业已在大陆设厂并扩大生产能力，因此，2005年PCB尤其是柔性PCB的产值增长较快，如生产柔性PCB的企业常州宇宙星电子制造有限公司、苏州维信电子有限公司、深圳市中兴新宇软电路有限公司、厦门弘信电子科技有限公司等企业2005年产值增幅均超过200%。预计2006、2007年我国PCB产值平均增长率将超过25%。

（三）连接器

2005年，我国电接插元件产值519.86亿元，同比增长23.37%；出口额29.86亿美元，同比增长39.06%，其中连接器呈现快速上升态势，出口额13.89亿美元，增幅高达66.81%。由于中国台湾电脑及连接器的主要厂商已移至大陆生产，因此连接器的需求主要来自PC市场。在开关元件方面，开关的出口总额达到6.3亿美元，与2004年相比增长了24.25%，微型开关和触摸开关是其中增幅最快的。开关元件的大量需求来自便携式设备如手机、MP3播放器和数码相机等市场的增长。随着通信产品、GPS和娱乐系统等应用的增长，2006年电接插元件制造业将会继续出现强劲的增长势头，产值增幅将超过22%。

三、发展电子元件产业的建议

（一）创自主品牌，掌握核心技术

在中国加入 WTO 后，外国企业越来越多地以专利这把利剑阻挡中国企业做大做强。由于我国与发达国家在技术创新和研发能力上的差距，使我国企业形成对外技术的“依赖症”，这是中国企业研发投入偏低的恶果。中国要成为世界级制造强国，就应当充分重视自主品牌的培育和保护，增强企业的技术开发和创新能力，向自主品牌要竞争力，向技术创新和自主品牌要利润。

（二）调整产品结构，提升产品档次

我国是世界信息产业制造中心，需要大量的电子元件产品与之配套，但目前我国生产的电子元件多数为中低档产品，与电子整机配套的高档产品尚需大量进口，如与手机、数码相机、MP3、笔记本电脑等产品配套的新型元器件。因此，企业应按照市场的需求调整产品结构，提升产品档次，才能获得较大的利润，实现真正意义上的可持续发展。

（三）积极应对 RoHS 指令

2006 年 7 月 1 日即将生效的“欧洲的电子电气设备指令”（WEEE）和“关于在电子电气设备中禁止某些有害物质”的规定（RoHS），以及即将颁布的《电子信息产品污染控制管理办法》，将会给企业带来了新的挑战。产品成本将会上升，一些弱小企业将会面临倒闭的危险，而提早积极应对的企业将会获得新的机遇。这两项指令短期内可能会使我国电子元件产品出口量下降，但从长期来看，有利于推动我国电子元件制造业技术进步和产业升级，确保电子元件产业可持续发展。

总之，电子元件产业经历了连续几年的高速增长期后，2005 年进入了平稳增长期。2005 年的电子元件产业可以说是波澜不惊，这也应和了电子元件产业处于产业链最上游的特点。但由于 2005 年全球电子类产品消费整体增长，所以电子元件产业厂商的日子还是“芝麻开花节节高”，2006 年一季度电子元件市场将会明显优于 2005 年一季度表现，预计较 2005 年四季度高峰业绩也仅会小幅滑落，全年将以 20%的速度稳步发展。

中国电子元件行业协会

2006 年第 19 届电子元件百强分析

2006 年第 19 届元件百强显示：综合排名三甲的企业是上海飞乐股份有限公司、亨通集团有限公司、永鼎集团有限公司。上届元件百强中有 17 家淡出今年的排行榜，其中有连续多年的老牌元件百强企业福建通达集团有限公司，其 2005 年度实现销售收入 7 亿元，由于其电子元件产值比例太小而未能入围。本届新入围的电子元件百强中，深圳市顺络电子有限公司、西安科耐特科技有限责任公司、中电科技德清华莹电子有限公司等企业如只按销售收入排序是不可能进入第 19 届电子元件百强的，但由于其盈利能力较好，按综合实力才得以入围第 19 届电子元件百强。最突出的是深圳市顺络电子有限公司，其销售收入在本届元件百强中虽是倒数第一，仅 10015 万元，但由于其盈利能力、可持续发展能力较强，其利润总额的排名为第 41 名，从而使综合排名拉升至第 78 名。本届电子元件百强主要呈现出以下特点：

一、电子元件百强企业总体规模继续扩大

2005 年，受我国宏观经济形势的影响，我国电子元件产业继续保持快速增长，外资企业的不断扩张、民营企业的蓬勃发展使我国电子元件产业经济总量持续扩张。本届电子元件百强企业 2005 年实现销售收入 842.6 亿元，比上届电子元件百强净增 106.2 亿元，同比增长 14.42%。

本届电子元件百强销售收入超过 10 亿元的企业有 26 家，比上届增加 7 家。电子元件百强企业整体处于一个平衡成长时期，只有部分电子元件百强企业增长缓慢。销售收入同比增长超过 10%的企业有 76 家，但仍有 9 家企业的销售收入为负增长。销售收入同比增长超过 50%的企业有 13 家，其中佛山市承安铜业有限公司、杭州富生电器有限公司、瑞声声学科技股份有限公司、深圳市宇阳科技发展有限公司连续两年主营业务高速发展。受 2005 年国内军品需求的拉动，我国军工企业整体形势乐观，2005 年，贵州航天电器股份有限公司（销售收入同比增长 114.2%，下同）、西安创联电气科技（集团）有限责任公司（81.79%）、中国振华（集团）新云电子元器件有限责任公司（69.45%）、沈阳兴华航空电器有限责任公司（64.53%）均保持了高速发展态势（见表 1 及图 1）。

表 1　近十年元件百强企业主要经济指标变化表

指标 \ 年度	1996 年	1997 年	1998 年	1999 年	2000 年	2001 年	2002 年	2003 年	2004 年	2005 年	平均增长速度
销售收入（亿元）	166.2	229.1	246.8	310.2	437.6	467.2	462.4	585.6	736.4	842.6	19.76
出口创汇（亿美元）	7.51	10.50	11.50	16.06	21.95	20.19	21.90	30.05	31.9	40.57	20.61

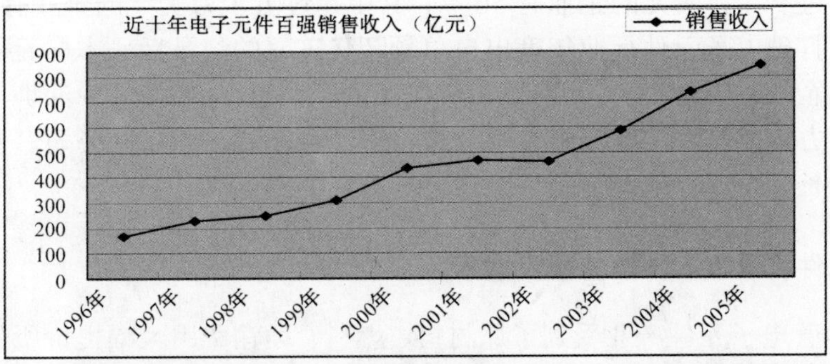

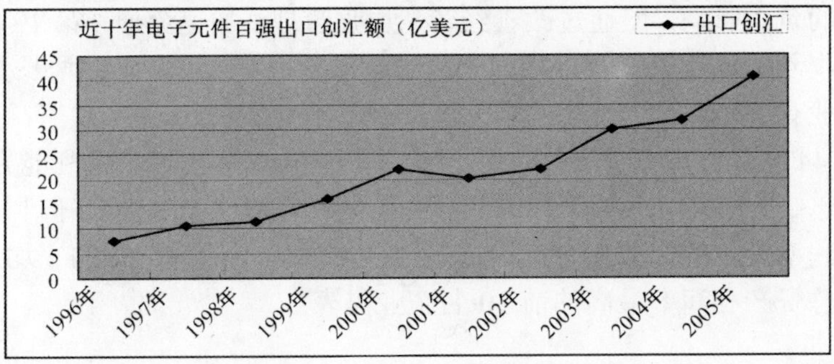

图 1　近十年电子元件百强销售及出口情况

二、电子元件百强外贸出口稳步增长

2005 年，在“科技兴贸”战略的推动下，我国电子元件产品进出口继续保持高速增长势头，实现了三个突破：一是全年进出口额首次突破五百亿美元，达到 566.23 亿美元，比 2004 年同期增长 20.69%，占全国外贸的比重达到了 3.98%；二是全年出口首次迈上两百亿美元台阶，达到 233.08 亿美元，同比增长 22.85%；三是我国电子元件贸易逆差增幅大幅下降，比 2004 年度减少 37.17 个百分点。

第 19 届电子元件百强 2005 年出口总额 40.57 亿美元，同比增长 27.18%。本届元件百强中 92%的企业有产品出口，其中出口总额超过 1 亿美元的企业见表 2。

表 2　2005 年度出口创汇前十名

名　次	企 业 名 称	出 口 额（万美元）	出 口 额（同比增长%）
1	厦门 TDK 有限公司	33397	19.45
2	天津真美电声器材有限责任公司	23903	80.69
3	上海飞乐股份有限公司	22715	57.82
4	NEC 东金科技（厦门）有限公司	21986	3.08
5	上海京瓷电子有限公司	19305	24.41
6	爱普科斯（中国）投资有限公司	17320	9.32
7	开平依利安达电子有限公司	15406	32.55
8	横店集团东磁有限公司	15280	5.48
9	广东生益科技股份有限公司	14073	18.81
10	广州宏仁电子工业有限公司	10252	12.99

出口总额超过一千万美元的企业有 56 家，其中超过五千万美元的企业有 21 家。继 1999 年广东风华首次打破电子元件行业年度出口总额超亿美元的纪录后，本届元件百强出口总额超过一亿美元的企业有 10 家，同比增长 30%以上的企业有 27 家，其中深圳市得润电子股份有限公司、珠海方正科技多层电路板有限公司、宁波科宁达工业有限公司、佛山市承安铜业有限公司翻番增长。出口有效地带动了电子元件产业的发展。

三、电子元件百强收入、效益同步增长

2005 年，尽管电子元件产业受到了原材料、燃料、运输费用大幅提价所带来的成本提高和某些产品降价的负面影响，但通过改善经营、加强管理、加速流通，第 19 届电子元件百强企业终于获得了收入、效益双丰收，共完成利润总额 66.14 亿元，同比增长 19.83%。利润总额同比增长的企业有 77 家，利润总额同比增长超过 100%的企业有 12 家；利润总额同比增长超过 30%的有 44 家。但是经营规模大的企业并不意味着有较好的盈利能力，如广东风华、富通集团、广州宏仁、NEC 东金科技 2005 年销售收入均超过 10 亿元，但利润总额均为负增长，其总资产利润率最大的为 4.05%，远远未达到本届电子元件百强的平均水平 9.78%。本届电子元件百强总资产利润率最高的前 10 名企业见表 3。

表 3　电子元件百强总资产利润率前 10 名企业

序　号	法 人 单 位	销 售 收 入（万元）	总 资 产 利润率%
1	杭州富生电器有限公司	37304	87.91
2	宝安区沙井新岱电子厂	32261	32.92
3	金龙机电有限公司	35228	27.48
4	西安科耐特科技有限责任公司	10050	25.73
5	深圳市顺络电子有限公司	10015	24.72
6	宁波天波港联电子有限公司	15980	23.45
7	贵州航天电器股份有限公司	29487	23.30
8	太阳神（珠海）电子有限公司	19745	21.28
9	常州华威电子有限公司	41341	20.74
10	瑞声声学科技控股份有限公司	107374	20.16

因此电子元件百强企业如何提高盈利能力、防止利润下滑，实现持续、稳定和快速增长是摆在企业面前的重要任务。

四、电子元件百强企业地区分布

第 19 届电子元件百强企业分布在 18 个省市，比第十八届增加一个省即新疆自治区，元件百强企业主要集中在浙江、广东、江苏、福建四省。其中浙江省 29 家，广东省 21 家，江苏省 17 家，福建省 7 家，产业聚集效应非常明显，见表 4 及图 2。经过 20 余年的改革开放，浙江、广东、江苏民营经济迅速成长，除外资或外资控股的合资企业外，民营经济实力已经达到了很高的水平，成为当地经济的重要组成部分。

表 4　第 19 届电子元件百强不同地区企业分布表

省　市	浙江省	广东省	江苏省	福建省	京津地区	上海市	其他 10 个省市	合　计
企业数	29	21	17	7	5	3	18	100

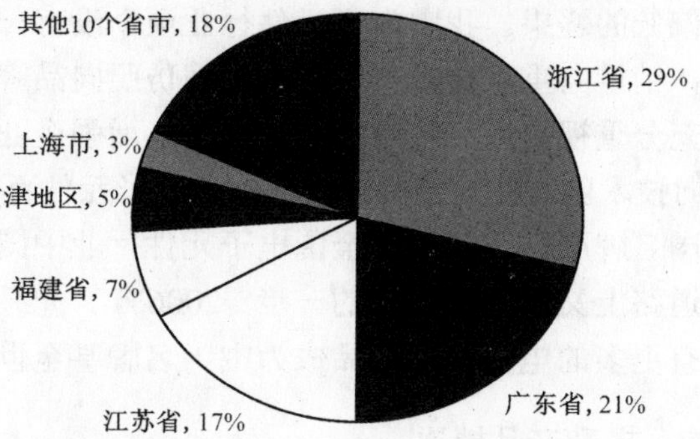

图 2　电子元件百强地区分布情况

五、电子元件百强企业行业分布

从行业分布上看，除综合性生产企业外，电子元件百强主要集中于光电线缆、PCB、电容器、电声器件。其中，光电线缆行业有 12 家，实现销售收入 266.59 亿元，占本届元件百强销售收入的 31.64%，是产值贡献最大的行业；其次是 PCB，有 10 家企业上榜，实现销售收入 80.58 亿元；再次是电容器行业，有 16 家，实现销售收入 83.27 亿元，是上榜企业最多的行业。

表 5　第 19 届电子元件百强企业销售收入行业分布

行 业 类 别	企业数（个）	销售收入（万元）	行 业 类 别	企业数（个）	销售收入（万元）
综合	14	1881867	压电晶体	3	46926
电容器	16	832666	控制继电器	5	228214
电阻电位器	5	145411	接插件	5	144284
磁性材料	6	480870	微特电机	6	269446
电感器件	1	10015	电声器件	9	728382
电子变压器	4	117813	印制电路板	10	805785
电子陶瓷及器件	4	68004	光电线缆	12	2665929

六、做强做大电子元件百强的建议

本届电子元件百强企业的总体规模较上届有较大提高，但真正做强的企业还不多。企业做大，只意味着投入大，在资产、规模或销售收入以及市场占有率等方面排名在前；而企业做强，意味着绩效表现和成长能力具有竞争力，主要通过总资产利润率、销售收入和净利润的成长指标来体现核心竞争力、盈利能力、运转效率等经营管理的能力。由此可见，大不等于强，企业做大容易做强难。要保证企业在激烈的市场竞争中立于不败之地，不仅要在做大上下功夫，更应在做强上投入更多的精力。

（一）创自主品牌，掌握核心技术

在中国加入 WTO 后，外国企业越来越多地以专利这把利剑阻挡中国企业做大做强。由于我国与发达国家在技术创新和研发能力上的差距，使我国企业形成对外技术的“依赖症”，这是中国企业研发投入偏低的恶果。我国电子元件行业至今没有一个国际知名品牌，这就要求全行业应从重视产量、销量向重视品牌转变，从品牌仿照向品牌创造转变。中国要成为世界级制造强国，就应当充分重视自主品牌的培育和保护，增强企业的技术开发和创新能力，向自主品牌要竞争力，向技术创新和自主品牌要利润。电子元件百强企业中，“东磁 DMEGC 牌”磁性材料被评为中国名牌产品，实现了全国电子元件行业中国名牌零的突破，标志着东磁在成长为国际名牌的道路上又踏出了坚实的一步。2006 年，光纤光缆产品已被列为中国名牌推荐目录。我们期待有更多的电子元件产品成为中国名牌甚至世界名牌。

（二）调整产品结构，提升产品档次

我国是世界信息产业制造中心，需要大量的电子元件产品与之配套，但目前我国生产的电子元件多数为中低档产品，与电子整机配套的高档产品尚需大量进口，如与手机、数码相机、MP3、笔记本电脑等产品配套的新型元器件。这在很大程度上制约了企业的竞争能力和发展潜力。因此，企业应按照市场的需求调整产品结构，提升产品档次，首先占领国内高端市场，继而向国际市场发展，为企业做强开辟新的途径，从而获得较大的利润，实现真正意义上的可持续发展。

（三）实施“走出去”战略，培育国际性跨国大企业

改革开放以来，中国通过“引进来”，积极参与经济全球化，在新一轮全球产业分工中赢得了一席之地，成为经济全球化的一个受益者。随着中国经济技术发展水平的提高，这种被动式的国际化和外向型已经不能适应新的形势。国家外向型经济模式正在由“引进来”战略，转向“引进来”与“走出去”相结合的战略。即通过跨国公司投资重组中国资源的同时，中国企业也要走出去重组国际经济资源。厦门宏发电声有限公司等一些中国电子元件企业已成功地在海外建立研发生产基地，瑞声声学科技在中国香港上市，深圳东阳光亦即将在中国香港上市。这些企业在实施“走出去”战略的过程中，提高了民族品牌的知名度，并取得了良好效果。

（四）积极应对 RoHS 指令

2006 年 7 月 1 日即将生效的“欧洲的电子电气设备指令”（WEEE）和“关于在电子电气设备中禁止某些有害物质”的规定（RoHS），以及已经颁布的《电子信息产品污染控制管理办法》，将会给企业带来新的挑战。产品成本将会上升，但提早积极应对的企业将会获得新的机遇。这两项指令短期内可能会使我国电子元件产品出口量下降，但从长期来看，有利于推动我国电子元件制造业技术进步和产业升级，确保电子元件产业可持续发展。

“电子元件百强”评选工作自 1988 年开始，至今已历时十九届，这一活动已经成为中国电子元件行业协会倾力打造的年度经济活动。在信息产业部的帮助、指导和业内人士的大力支持下，中国电子元件行业协会将进一步完善“电子元件百强”评选标准，加强审查力度，并通过此项活动，提升中国电子元件百强企业在国内外的知名度和影响力，提升整个电子元件产业的总体水平和国际竞争力。

经济体制改革与经济运行司

中国电子元件行业协会

附表

2006年第19届中国电子元件百强

综合排名	企业名称	产销收入（万元）	销售收入名次	利润总额名次	总资产名次
1	上海飞乐股份有限公司	536776	1	1	1
2	亨通集团有限公司	536394	2	4	2
3	永鼎集团公司	474624	3	5	5
4	通光集团有限公司	350812	5	3	11
5	横店集团东磁有限公司	276015	8	7	4
6	富通集团有限公司	311365	7	13	3
7	广东生益科技股份有限公司	165959	13	8	9
8	浙江富春江通信集团有限公司	350913	4	20	7
9	厦门TDK有限公司	321731	6	17	10
10	开平依利安达电子有限公司	157077	16	6	14
11	瑞声声学科技控股份有限公司	107374	22	2	12
12	爱普科斯（中国）投资有限公司	162043	14	12	13
13	华伦集团	209265	9	23	8
14	上海京瓷电子有限公司	190428	11	24	17
15	无锡晶石电子有限公司	159780	15	18	24
16	浙江飞虹通信集团有限公司	101299	26	9	23
17	宁波市向阳集团有限公司	122070	19	11	32
18	江苏中联科技集团有限公司	112635	21	16	30
19	厦门宏发电声有限公司	101396	25	15	27
20	天津真美电声器材有限责任公司	206866	10	30	31
21	广州宏仁电子工业有限公司	103326	23	34	15
22	天通控股股份有限公司	64625	36	21	18
23	依利安达（广州）电子有限公司	82687	29	22	28
24	北京七星华电科技集团有限责任公司	60933	40	25	20
25	广东风华高新科技集团有限公司	142000	17	63	6
26	东莞生益电子有限公司	102282	24	26	36
27	西安创联电气科技（集团）有限责任公司	71076	33	27	26
28	浙江华达通信器材集团有限公司	115917	20	45	22
29	NEC东金科技（厦门）有限公司	180254	12	43	34
30	新疆众和股份有限公司	57348	42	29	21
31	成都宏明电子股份有限公司	47888	48	10	35
32	浙江长城电子科技集团有限公司	140209	18	38	46
33	宁波双林汽车科技有限公司	55145	43	28	33

2006年第19届中国电子元件百强

续表

综合排名	企 业 名 称	产销收入（万元）	销售收入名次	利润总额名次	总资产名次
34	国光电器股份有限公司	72514	32	49	25
35	厦门法拉电子股份有限公司	39930	51	19	38
36	南通江海电容器有限公司	76998	30	36	43
37	中山市大洋电机有限公司	83049	28	32	51
38	安徽铜峰电子（集团）公司	70730	34	60	19
39	贵州航天电器股份有限公司	29487	61	14	44
40	信华科技（厦门）有限公司	54897	44	33	54
41	北京·松下电子部品有限公司	72521	31	44	59
42	宁波科宁达工业有限公司	51230	46	40	48
43	浙江天乐集团有限公司	62858	37	59	39
44	中国振华（集团）新云电子元器件有限责任公司	35370	56	35	45
45	深圳市得润电子股份有限公司	62846	38	51	52
46	欧姆龙电子部件（深圳）有限公司	67815	35	66	42
47	北京吉乐电子集团有限公司	58030	41	73	29
48	珠海方正科技多层电路板有限公司	30440	60	39	47
49	潮州三环（集团）股份有限公司	36385	54	47	53
50	南阳金冠集团有限责任公司	52818	45	100	16
51	深圳市宇阳科技发展有限公司	38283	52	52	58
52	南京金宁电子集团有限公司	50582	47	79	37
53	常州华威电子有限公司	41341	50	37	77
54	北海银河电子有限公司	22974	75	50	41
55	江苏宝骊集团有限公司	61076	39	72	57
56	金龙机电有限公司	35228	57	31	80
57	浙江天屹网络科技股份有限公司	28358	64	69	40
58	江门市粉末冶金厂有限公司	47073	49	82	49
59	深圳凌嘉电音有限公司	29264	62	56	65
60	江苏江佳电子股份有限公司	25166	73	48	64
61	佛山市承安铜业有限公司	89480	27	75	85
62	厦门信达电子有限公司	35479	55	78	56
63	旺诠科技（昆山）有限公司	17128	86	42	63
64	横店集团浙江英洛华电声有限公司	33741	58	61	73
65	天津六〇九电缆有限公司	28756	63	77	55
66	浙江凯文磁钢有限公司	22182	76	46	76

2006年第19届中国电子元件百强

续表

综合排名	企业名称	产销收入（万元）	销售收入名次	利润总额名次	总资产名次
67	大连太平洋多层线路板股份有限公司	26237	70	70	61
68	横店集团联宜电机有限公司	25371	72	54	81
69	杭州富生电器有限公司	37304	53	58	100
70	四川华丰企业集团有限公司	25141	74	90	50
71	沈阳兴华航空电器有限责任公司	20872	79	74	62
72	宝安区沙井新岱电子厂	32261	59	62	97
73	合兴集团有限公司	25375	71	81	66
74	浙江嘉康电子股份有限公司	15621	94	53	72
75	唐山晶源裕丰电子股份有限公司	16761	88	76	60
76	湖南科力电机股份有限公司	27418	67	67	91
77	江苏银羊电子有限公司	26646	68	88	71
78	深圳市顺络电子有限公司	10015	100	41	87
79	太阳神（珠海）电子有限公司	19745	81	57	92
80	宁波碧彩实业有限公司	21162	78	86	67
81	南通同飞电容器有限公司	28208	65	99	68
82	益阳资江电子元件有限公司	19004	82	64	86
83	四川永星电子有限公司	13779	95	68	69
84	南京电声股份有限公司	21174	77	93	74
85	浙江汇港电器有限公司	16625	90	65	89
86	浙江东晶电子股份有限公司	12184	96	71	78
87	宁波福特继电器有限公司	26398	69	89	90
88	杭州日月电器股份有限公司	11602	97	83	70
89	西安科耐特科技有限责任公司	10050	99	55	96
90	湖北东光集团有限公司	17981	84	96	75
91	扬州升达集团	17761	85	91	79
92	海门市三鑫电子有限责任公司	27800	66	97	95
93	浙江省诸暨市五峰电容器有限公司	20189	80	84	94
94	江苏宝通电子科技股份有限公司	16989	87	87	84
95	四川九洲线缆有限责任公司	18017	83	98	88
96	南京依利安达电子有限公司	16036	92	85	82
97	宁波天波港联电子有限公司	15980	93	80	98
98	中电科技德清华莹电子有限公司	10228	98	92	83
99	福建福日电子配件有限公司	16685	89	94	93
100	深圳市海光电子有限公司	16452	91	95	99

2005年我国电子专用设备产业发展评述

2005年是"十五"计划的最后一年，我国电子专用设备产业继续保持了产、销和经济效益同步增长的态势。与"九五"末（2000年）相比，我国电子专用设备产业十五末的总产值、销售收入、利税总额和出口交货值分别增长了95.1%、81.8%、130%和122%，而职工人数减少了33%。

2005年国产电子专用设备迅速占领了我国新兴的太阳能电池生产设备的市场，同时一批具有自主知识产权的高科技的设备也相继问世，这些成绩也为2006年行业的发展打下了坚实的基础。

一、基本情况

根据行业内85个企事业单位的统计，2005年我国电子专用设备产业完成的各项主要经济指标见表1。

表1　2005年我国电子专用设备产业各项经济指标完成情况表

序号	主要经济指标	单位	2004年	2005年	同比增长
1	总产值（现价）	万元	408228.0	473879.1	16.1
	其中：设备单位		355679.0	411982.3	15.8
	工模具单位		52549.0	61896.8	17.8
2	工业增加值	万元	132020.0	141099.1	6.9
	其中：设备单位		112133.0	119967.6	7.0
	工模具单位		19887.0	21131.5	6.3
3	销售收入（不含税）	万元	390751.0	449062.5	14.9
	其中：设备单位		345186.0	389715.8	12.9
	工模具单位		45565.0	59346.7	30.2
4	税金总额	万元	27346.3	29373.8	7.4
	其中：设备单位		21522.9	25623.3	19.1
	工模具单位		5823.4	3750.5	–35.6
5	实现利润	万元	33961.6	37304.7	9.8
	其中：设备单位		29158.4	33796.8	15.9
	工模具单位		4803.2	3507.9	–27.0
6	出口交货总值	万元	23929.9	31256.9	30.6
	其中：电子专用设备		10486.0	12177.1	16.1
	电子工模具		197.4	5837.7	2857.3
	其他产品		13246.5	13242.1	0.0
7	行业职工总人数	人	29785	29162	–2.1
	其中：工程技术人员		6330	5965	–5.8

续表

序号	主要经济指标	单位	2004 年	2005 年	同比增长
8	行业固定资产原值	万元	364324.0	342177.1	-6.1
	其中：设备单位		288400.0	295953.0	2.6
	工模具单位		75924.0	46224.1	-39.1
9	行业固定资产净值	万元	228099.0	228556.3	0.2
	其中：设备单位		184490.0	207853.0	12.7
	工模具单位		43609.0	20703.3	-52.5
10	新产品完成项目	项	419	533	27.2
	其中：电子专用设备		305	417	36.7
	电子工模具		17	32	88.2
	其他产品		97	84	-13.4

二、2005 年运行特点

（一）产、销、利税继续保持增长，但利税增速有所减缓

2005 年，行业总产值、工业增加值、销售收入、利税总额和实现利润分别比 2004 年同期增长了 16.1%、6.9%、14.9%、8.8%和 9.8%，但利税增长速度比 2004 年减少了 3.5 个百分点。利税增速减缓的主要原因是由于具有自主知识产权的技术含量高的产品开发慢，同时 2005 年原材料和能源、运输费用价格的继续上涨导致大部分老产品利润空间缩小。

（二）行业内前十名单位销售收入、利税总额、实现利润、出口交货值继续占到全行业的一半以上

如表 2 所示，2005 年电子专用设备产业前十名销售收入总额为 26.7 亿元，占全行业的 59.5%（2004 年为 50.2%），2005 年前十名销售收入比 2004 年的前十名增长 33.6%。

2005 年行业前十名完成利税总额 3.32 亿元，占到全行业利税总额的 49.8%，比 2004 年前十名利税总额减少 3%。2005 年行业前十名实现利润 2.09 亿元，占全行业利润总额的 56%，比 2004 年前十名利润增长 12.1%。

2005 年行业前十名出口交货值为 2.15 亿元，占到全行业出口交货值的 68.7%，比 2004 年前十名出口交货值增长 12.6%。

江苏苏净集团公司仍然位居行业榜首，北京七星华创电子股份有限公司 2005 年上缴税金和实现利润分别达到 2571 万元和 4600 万元，在行业中是最高的。

表 2　2005 年电子专用设备行业销售收入前十名（不含亏损单位）经济运行情况

单位：万元

2004 年序号	2003 年序号	单位名称	销售收入	利税总额	实现利润	出口交货值
1	1	江苏苏净集团有限公司	54553	6271	4125	1036
2	2	北京七星华创电子股份有限公司	40600	7171.1	4600	6560
3	5	铜陵三佳电子（集团）有限责任公司	32461	3448	1821	7940
4	3	西北机器厂（709 厂）	26553	2051	1431	1644

续表

2004年序号	2003年序号	单位名称	销售收入	利税总额	实现利润	出口交货值
5		四川丹甫制冷压缩机有限责任公司	25247	2717	1771	0
6	4	兰州瑞德实业集团有限公司	22063	3463	1544	2011
7	6	中国电子科技集团公司第45研究所	16745	1605	1439	1660
8	7	中国电子科技集团公司第2研究所	16558	1225	915	498
9		格兰达技术（深圳）有限公司	16222	3198	2020	0
10	8	中国电子科技集团公司第48研究所	15685	2082	1274	102.3
		合　计	**266687**	**33231.1**	**20940**	**21451.3**

（三）2005年半导体设备销售额继续较大幅度的增长，集成电路和电子整机装联设备仍然是行业发展的薄弱环节

2005年各类电子专用设备和电子工模具的销售情况见表3。2005年电子专用设备销售收入占设备生产单位销售收入总额的66.5%，比2004年提高了11.1%。2005年电子专用设备总产量为55658台，产销率为104.5%。

2005年我国半导体设备在太阳能电池市场需求的推动下，继续成为近年来行业内销售额增长最快的一类产品，与2004年相比增长了58.6%。同时也是2005年各类电子专用设备中销售额最大的产品，占电子专用设备产品总销售额的24.1%。但是，国产的集成电路芯片制造设备2005年仍然还在生产线上考核试用。

国产净化设备和试验设备，2005年走出低谷分别增长了 29.4%和 22.3%，市场占有率有了明显的提高。电子整机装联设备2005年虽然有了较大的增长，但由于我国表面贴装设备中的关键设备仍然需要依赖国外进口，所以我国电子整机装联设备的发展至今比较缓慢。

表3（1）　2005年各类电子专用设备销售情况表

产品类别	销售量（台或套）	比2004年增长%	销售总额（万元）	比2004年增长%
半导体器件和集成电路设备	4065	57.6	67184	58.6
电真空器件和光电器件设备	2688（15934米）	−46.7	26445	−15.7
电子元件和机电组件设备	2733	−37.6	55561	-13.6
空气、水净化和气体纯化设备及电磁屏蔽设备	17033	14.4	58294	29.4
气候环境模拟和可靠性试验设备	2943	17.9	22832	22.3
电子整机装联设备	1911	305.7	7458	112.2
电子通用设备	26791	60	40571	45.8
合　计	58164（15934米）	10.3	278345	19.4

2005年电子工模具销售收入占工模具生产单位销售收入总额的44%，比2004年提高了62.1%。

表 3（2）　2005 年电子专用工模具销售情况表

产品类别	销售量	比 2004 年增长%	产销率%	销售总额（万元）	比 2004 年增长%
电子专用工具	748 万件	432.4	92.5	6828.0	64.9
电子专用模具	1680 副	88.8	98.6	20152.0	194.8
合　计				26980.0	67.8

（四）2005 年出口继续快速增长

在 2004 年行业出口交货值快速增长的基础上，2005 年行业出口交货值继续保持了快速增长，达到 3.13 亿元，比 2004 年增长 30.6%。。其中，电子专用设备出口增长了 16.2%，但是电子工模具的出口下降幅度较大（-63.7%）。

（五）亏损企业的亏损额有较大的下降

2005 年亏损企业有 16 家，虽然与 2004 年持平，但 2005 年全行业亏损总额为 4733.7 万元，比 2004 年减少了 27.3%。

三、2006 年展望

（一）电子专用设备已经列入“十一五”国家发展专项，2006 年开始行业将得到国家重点支持，高科技新产品的开发将加快。

（二）2006 年国内外市场发展的热点电子产品给我国电子专用设备发展提供了机遇。

（1）太阳能电池生产设备 2006 年需求将继续保持快速增长态势。国产的太阳能电池片生产设备已经进入大生产线，2004 年设备销售额比 2004 年增长了一倍以上，并出口到日本等国。2004 年我国又通过了《可再生能源法》，将推动我国太阳能电池的开发和利用，随着一批新产品的投产，今年太阳能电池生产设备需求将继续保持快速增长的态势。

（2）无铅焊接设备今年将有较大发展。从 2006 年 7 月 1 日起欧盟将正式实施有关环保的 RoHS 指令，我国“电子信息产品污染控制管理办法”也将于 2006 年 7 月 1 日起施行，焊接设备无铅化将加速。

（3）国产集成电路前工序关键设备已经在大生产线上流片成功，今年有望进入集成电路大生产线。

（4）TFT-LCD 的迅速发展，将继续带动我国液晶显示器生产设备的发展。

（5）我国 LED 照明产品已经形成产业并具有巨大的应用市场，LED 生产设备已受到青睐。2006 年 LED 生产线的一些关键设备，如：MOCVD、全自动划片机、全自动粘片机等国产化将有所突破，并推向市场。

（三）2006 年我国电子信息产业增速将达 20%，全行业固定资产投资将继续保持稳定增长，今年国家又出台了相关政策鼓励使用国产设备，电子专用设备产业市场将有所扩大。

（四）外资研发机构开始在中国大陆落脚，今年将推动行业向高端产品发展。

（五）目前行业遇到的最大困难是缺乏能够开发具有自主知识产权产品的高科技人才，近年来已有企业引进国外专业人才，并展现了成果，促进了企业的迅速发展。

（六）市场需要的高科技产品开发缓慢，如集成电路芯片设备、SMT 自动贴片机、LCD 前工序设备等。这仍将影响今年行业经济效益的增长。

综上所述，2006 年全行业的工业总产值、销售收入和利税总额仍将继续保持态势，预计总产值、销售收入增速将保持在 10%以上，利税总额增速将低于 10%。

中国电子专用设备工业协会

2005年全国主要省市电子信息产业发展情况

北京市

2005年，北京市电子信息产业增长较快，销售收入达到2612.47亿元，其中制造业保持了平稳快速增长，成为北京工业的第一支柱产业，现有各类电子信息企事业单位1500多家，规模以上企业498家，产业门类涵盖了通信设备制造、电子计算机制造等11个行业。

一、基本情况

（一）2005年1～12月主要经济指标完成情况

2005年北京电子信息制造业产品销售收入达到1769.58亿元，同比增长51.3%；利润总额达到44.45亿元，同比增长4.8%；利税总额累计达到66.73亿元，同比增长7.0%；工业增加值达到258.70亿元，同比增长14.7%。出口稳定增长，1～12月出口交货值达到689.68亿元，同比增长92.15%。

2005年，北京软件产业销售收入为780亿元，出口3亿美元。

（二）2005年1～12月主要产品产量完成情况

1～12月同比增长的产品有：移动通信手持机，同比增长124.01%；程控交换机，同比增长12.4%；台式个人电脑，同比增长23.4%；显示器，同比增长15.01%，其中：液晶显示器，同比增长106.25%；电子元件，同比增长23.17%。

1～12月同比减少的产品有：笔记本电脑，同比减少3.40%；录像机，同比减少61.61%；彩色显像管，同比减少6.44%；集成电路，同比减少3.4%（见表1）。

表1　2005年全年主要产品产量完成情况

产品名称	单位	本月累计	2004年同月累计	累计增减（%）
移动通信手持机	万部	9313.49	4157.51	124.01
程控交换机	万线	3652.15	3718.2	12.4
移动通信机站	信道	3164387	160758	1868.41
录像机	万台	60.65	158.02	–61.61
台式个人电脑	万部	649.59	526.41	23.4
笔记本电脑	万部	13.61	14.09	–3.40
显示器	万台	577.80	499.39	15.7
其中：液晶显示器	万台	197.98	95.99	106.25
打印机	万台	71.76	63.06	13.8
彩色显像管	万只	983.14	1050.82	–6.44
电子元件	亿只	293.34	238.16	23.17
集成电路	亿块	12.75	13.20	–3.4
半导体分立器件	亿只	5.08	5.60	–9.32

二、经济运行特点

（一）外商与港、澳、台投资企业增长幅度较大

从各大主要外商投资企业情况看：诺基亚首信公司，在由诺基亚公司在国内四家合资公司合并后，2005 年生产手机 8948 万部（其中出口 4671 万部），销售收入将达到 440 亿元，利税总额达到 17 亿元。

2005 年，索爱普天移动公司已成为索尼爱立信全球供应中心。随着索爱普天公司销售定单的增加，公司全年各项经济指标一路攀升，2005 年全年手机产量达到 1858 万部（其中出口 1535 万部），销售收入达到 200 亿元，利税总额达到 8.6 亿元。

随着富士康集团在北京经济技术开发区的二期工程完工，主要为世界著名的手机企业进行代工生产，2005 年公司各项指标大幅上升，全年销售收入达到 74 亿元，利税总额达到 11 亿元。

中电通信科技有限责任公司主要产品为手机，2005 年手机产量为 430 万部，销售收入达到 51 亿元，利税总额 1 亿元。由一个严重亏损企业一跃而成为赢利企业。

（二）IC 设计类公司快速发展

中星微电子公司，以“国内设计—国外生产—国外销售”的独特发展模式迅速崛起，2005 年销售收入达到 4.8 亿元，利税总额达到 2 亿元。

中电华大公司也是快速发展的 IC 设计公司的代表，2005 年预计销售收入将达到 3 亿元，利税总额达到 0.49 亿元。

（三）软件产业继续保持较快增长

2005 年，北京市软件产业的全年销售收入达到 780 亿元，同比增长达到 46.6%。

（四）中小高新技术企业成长迅速

由于新产品开发成功，实现产业化，中小高新技术企业成长快速。例如华旗资讯数码科技公司的 MP3、USB 移动存储器，市场占有率接近 50%，销售收入增长迅速。2005 年预计销售收入达到 5 亿元，利税总额达到 0.07 亿元。

三、2006 年发展目标

2006 年，北京电子信息产业制造业预计销售收入将达到 1770 亿元，与 2005 年基本持平；工业增加值将达到 303 亿元，利税将达到 76 亿元。

（一）2006 年制造业主要经济指标目标

工业增加值	制造业 303 亿元
产品销售收入	制造业 1770 亿元
利税总额	76 亿元
出口交货值	709 亿元

（二）2006 年主要产品产量目标

移动通信手持机	8300 万台
程控交换机	3800 万线
移动通信基站	300 万信道
录像机	40 万台
台式个人电脑	650 万部
笔记本电脑	92 万部
彩色显示器	609.37 万台
彩色显像管	927.4 万支
电子元件	280 亿支
IC	13.2 亿块

（三）2006 年总体运营预测

2006 年北京市电子信息产业发展趋势不容乐观，北京市许多重点外商投资企业都预计 2006 年的各项经济指标将有所下滑，这对北京市电子信息产业整体的发展将会有一定影响。诺基亚首信、松下普天通信、JVC 电子、松下精密电容、乐金飞利浦、UT 斯达康等公司，都将出现不同程度的下滑，但是不会影响太大。

但同时，2006 年北京市电子信息产业的液晶显示器、集成电路等主要行业，以及中芯国际、京东方光电等骨干企业将快速增长，成为电子信息产业新的增长点。

四、2006 年发展思路

以科学发展观统领全局，继续扩大电子信息产业规模，提高产业聚集度，促进产业集群的发展；巩固知名品牌、优势企业和产业基地，充分利用国际资本市场，加强国际合作；促进优势企业"走出国门"，参与国际竞争，大力开拓新兴市场；扩大具有自主知识产权产品的出口，提高产品附加值。"十一五"期间，面向全球市场，在注重技术创新体系建设的基础上，加快建立和完善北京集成电路和数字高清电视两大产业链，打造国家集成电路产业园、计算机与网络产品产业园和通信产业园三大特色产业园，把北京建成一流的信息产业基地。

具体发展思路如下。

（一）技术创新战略

1．在现有基础上，实现由技术引进到技术创新的战略转移，加快具有自主知识产权的核心技术的研发和创新

集中人才、资金，提高创新能力，做大做强重点企业，采取多种措施，解决技术创新过程中的资金瓶颈，鼓励企业增加 R&D 投入；搭建技术创新的公共平台，建设包括社会化中介服务在内的区域创新体系；以高新技术园区为重要载体，优化创新环境。

2．走市场驱动型的技术研发模式

跨国公司具有核心技术的垄断优势。因此，我们高新技术产品的开发、生产再走多元化的发展道路，就很难与跨国公司等国际一流企业相抗衡。正确的选择是准确定位、走专业化

分工与协作的技术创新之路。以独特的核心技术占领市场，做大市场。

3．建设技术生根、技术外销型的高新技术产业园区

加强产学研联合，培育具有自主知识产权的核心技术，形成“两头在内，中间在外”的技术生根、技术外销型模式。

提升产业园区的运行机制，优化创业环境，形成信息通、市场通、法规通、配套通、物流通、资金通、人才通、技术通、服务通的一流发展环境。

（二）以龙头项目带动产业的发展

以京东方 TFT-LCD 5 代线项目带动北京数字高清电视产业链的发展；

以中芯国际大规模集成电路生产线项目拉动北京集成电路产业链的发展；

以诺基亚星网工业园建设完善北京移动通信产业链的发展；

以富士康手机生产线项目建设提升北京移动通信产业规模；

以联想基于闪联标准产品产业化项目建设提升北京计算机及网络产业链的发展；

以长电智源发光二极管生产线项目拉动北京半导体照明材料产业链的发展。

（三）以大企业为核心，形成产业联盟

以大企业为核心，在企业之间形成专业化分工与协作体系。通过创新网络建立技术、信息等各方面的交流，提高区域创新能力。

建立行业协会等中介机构。采取政府引导、市场化运作方式，大力发展服务型的出口代理商、生产力中心、技术信息中心、质量检测控制中心、开放性行业技术中心等集群发展机构。建立法律、会计、仲裁、信息咨询等方面的中介服务机构，发展和完善社会化服务体系和自组织体系。

加快信息咨询服务建设，建立多层次的公共信息平台；同时根据产业区职业特点，创办急需的劳动力教育培训机构，培养和创造高级生产要素。

（四）注重经济和社会的和谐发展

努力构建生态产业集群，促成产业发展的集群化和生态化。大量企业的集群，使集群内的经济要素和资源的配置效率得以提高，达到效益的极大化。在产业集群区域内，引导核心资源与核心产业，成为生态产业链中的主导链，以此为基础将其他类别的产业与之连接，组成生态产业网络系统。以最低的资源消耗支撑产业发展，走以生态工业为主导的经济可持续发展道路。通过经济活动的知识化转向和经济活动的生态化转向，减少经济活动中物质资源消耗和污染排放，保护日益稀缺的环境资源，提高环境资源的配置效率，实现经济建设与环境保护的协调发展。

五、2006 年发展重点

未来几年，北京将继续保持集成电路产业的技术领先优势，同时不断强化通信设备终端产品制造和计算机及网络产品制造已经具有的优势。此基础上，将重点培植 **TFT-LCD** 显示产业、数字电视产业、下一代互联网产业、智能交通和汽车电子产业、半导体照明材料产业及电子元件产业的发展。具体发展重点如下：

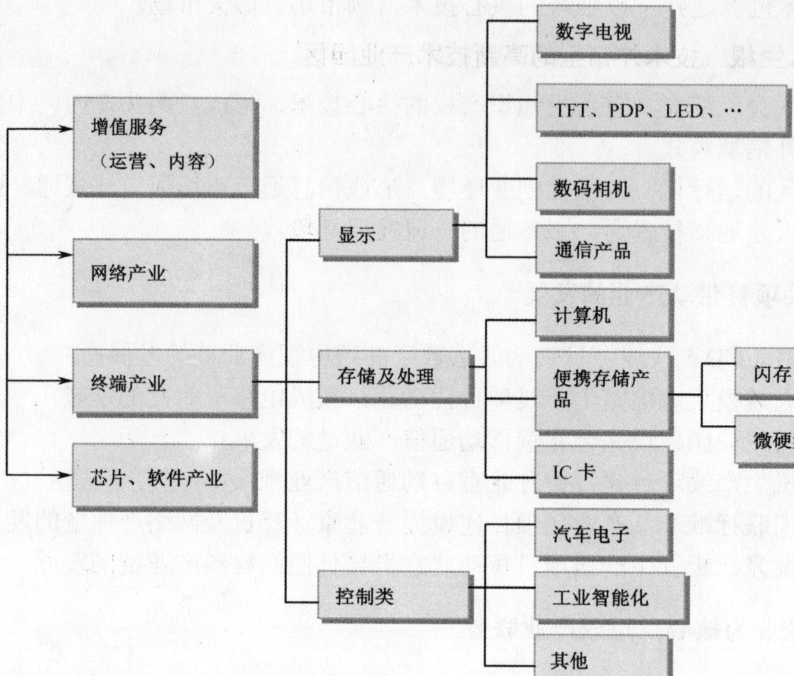

北京电子信息产业链

六、未来产业发展的政策与措施

（一）增强技术创新能力，加快成果产业化

根据国际上信息技术的发展趋势，引导企业的技术发展和技术更新的方向，指导制造业和软件的开发。

建立信息产业创业投资基金，引导企业加大对科研开发的投入，使企业成为技术创新的主体。

对集成电路、软件等重大产品的技术攻关和开发，要联合各方面的力量，促进各专业技术的融合，集中攻关，并尽快转化为生产力，以改变一代又一代重复引进的局面。

（二）利用各种渠道培养人才，建立人才竞争机制

提倡企业与高校联合培养专门人才，强化员工在职培训制度，不断提高职工队伍的整体素质。

根据行业的发展，不断调整企业人才结构。采取切实可行的措施，稳定技术队伍，并不断招聘高技术、高素质的经营管理和市场营销复合型人才，形成吸引人才的良好环境，建立人才竞争机制。

（三）拓宽融资渠道，加大资金投入

转变投融资机制，从依赖银行间接融资为主转向主要依靠国外金融市场的直接融资为主，加大投资力度，降低负债风险。

积极采用上市、组建股份制公司乃至个人参股等形式大力吸引社会资金，积极利用外资，拓宽投融资渠道，加大信息产业投资力度。

（四）面向国际市场，扩大电子产品出口

优化产品结构、企业结构和市场结构，多元化开拓国际市场，逐步提高国有企业，自主品牌产品和自有技术的出口能力。

加大计算机、通信、数字家电、集成电路及微电子组件、新型元器件等高附加值、高技术含量产品的出口力度，培育一批具有较强竞争力的国际名牌产品。

创造条件，支持国内有一定实力的企业走出国门。加强出口电子企业的技术改造和技术引进，重点扶持一批具有国际竞争力、规模化的出口基地和国际型综合大企业集团，参与国际竞争。

（五）提高国产装备在国民经济各领域的应用水平

加大国产装备（含软件）的开发力度，严格执行国家的政府采购政策，规范政府采购行为，规定凡是由政府财政出资购买的电子信息产品，必须坚持同等优先的原则。

（六）加强政府引导

根据北京市现有资源，加强政府引导作用，形成可持续发展的创新能力与产业化能力。重点培养核心企业的创新与持续创新能力。扶持配套产业发展。

（北京市工业促进局）

天津市

2005年，是全面完成“十五”计划的重要一年，也是天津实施“三步走”发展战略的关键之年。天津市电子信息产业在市委、市政府的正确领导下，认真贯彻和落实党的十六届四中、五中全会和市委八届八次、九次全会精神，深入学习邓小平理论和“三个代表”重要思想，牢固树立和全面落实科学发展观，与时俱进、开拓创新，紧紧围绕市委提出的“站在新起点、再创新优势、实现新跨越”的总体要求，积极应对产品大幅降价、原材料能源涨价、市场竞争日趋激烈、人民币升值导致出口产品成本上升等不利因素的影响，不断加大改革创新力度，产业结构不断优化，竞争能力不断提高，全面完成了年初制定的计划，实现了各项经济指标平稳增长，经济活力进一步增强。

一、基本情况

（一）生产规模稳步增长

全行业规模以上企业完成工业总产值1783.30亿元，同比增长19.10%，占天津全市规模以上工业总产值的26.33%；完成出口交货值1082.34亿元，同比增长24.05%，占天津全市出口总额的60%以上，全年软件产业实现软件收入（不含嵌入式软件）15.0亿元，同比增长7.9%。电子信息产业制造业工业总产值和出口交货值均创历史新高，继续保持第一大支柱产业和第一大出口行业的地位。

（二）主导产品产销两旺

2005 年全行业产销衔接良好，产品销售大幅度增加，全行业完成产品销售产值 1775.68 亿元，同比增长 18.63%，产销率为 99.57%，产销衔接良好。产销量增长的主要电子产品有：手机、程控交换机、电话单机、液晶电视机、等离子电视机、显示器、电子元件、半导体分立器件、集成电路等（见表 1）。

表 1　2005 年全年主要产品产销量完成情况

产品名称	单位	产量	增减（%）	销量	增减（%）
移动通信手持机	万部	6310	29.52	6292	29.04
程控交换机	万线	4	100	4	100
电话单机	万部	149	5.67	156	34.48
液晶电视机	万台	4	300	4	300
等离子电视机	万台	4	100	4	100
电子元件	亿只	1111.10	17.94	1074.79	17.93
显示器（含监视器）	万台	703	2.48	703	1.74
半导体分离器件	亿只	67.17	14.97	64.36	17.89
集成电路	万块	51958	55.51	52096	57.38

（三）经济指标增幅趋缓

2005 年，电子信息产业制造业共实现销售收入 1834.20 亿元，同比增长 24.45%；实现利润总额 143.15 亿元，同比减少 0.97%；上交税金总额 19.43 亿元，同比增长 21.67%。

二、经济运行特点

（一）产业增长趋缓，利润率有所降低

2005 年，天津市电子信息产业制造业在 2004 年高速增长，基数较大的情况下，继续保持增长态势，全年共完成工业总产值 1783.30 亿元，同比增长 19.10%，较 2004 年减少 19.24 个百分点，增长势头放缓。实现利润总额 143.15 亿元，同比减少 0.97%，利润率为 7.8%，比 2004 年降低 2.8 个百分点。

（二）产品结构调整步伐加快，高端产品比重上升

全行业把加快产品结构调整作为经济工作主线，根据市场需求，不断提高技术创新能力，增加产品技术含量，实现产品结构的优化升级。2005 年以来，由于受成本压力及价格竞争日趋激烈的影响，促使企业不断加快产品结构调整步伐，以保持行业利润率水平，同时产品消费需求的变化也带动了产品结构的升级以满足市场要求。如：彩电行业正逐步向液晶、等离子产品转移，从高端彩电市场构成看，背投电视的比重逐步下降，从 2004 年的 8%下降到今年的 3%，液晶、等离子电视生产大幅上涨，分别同比增长 300%和 100%。

（三）制造业经济增长主要依赖外资拉动

从工业总产值来看，2005 年，外商及港、澳、台投资企业共完成工业总产值 1658.96 亿元，同比增长 17.9%，占全市电子信息制造业的比重为 93%；完成销售收入 1710.57 亿元，同比增长 23.8%，占制造业的比重为 93%；实现利润总额 136.38 亿元，占制造业的比重为 95%。外向型经济仍然主导天津市电子信息产业。

（四）内资企业实现突破，生产显著提高

天津市内资企业面对外资企业在资金及技术上的优势和激烈的市场竞争，不断加大技术投入，生产技术及研发能力不断增强，由解困型转向发展型，呈现跨越式发展的态势。其中产值比同期增幅较大的企业有：通广集团公司完成产值 18.6 亿元，比同期增长 1.7 倍，光电集团公司完成产值 6.8 亿元，比同期增长 69.7%，中环天佳电子有限公司比同期增长 1.1 倍，609 公司比同期增长 76.3%，环欧半导体公司比同期增长 72.1%，安迅达公司比同期增长 71.9%，神光公司增长 51.5%，精通控制仪表公司增长 51.6%，中环计算机公司比同期增长 49.9%，中环天虹公司比同期增长 39%，真美电声公司比同期增长 37%，中环长城公司比同期增长 31%，中环高科公司比同期增长 23.3%，中环三峰公司比同期增长 21.7%。

（五）努力开拓国际市场，产品出口持续增加

随着全球电子信息产品市场的逐步转暖，天津市电子信息产品出口保持了良好的态势。2005 年共完成出口交货值 1082.34 亿元，同比增长 24.05% ，占全市工业出口总额的 60%以上，仍然是全市工业发展的中坚力量。出口创汇的主要产品有：手机出口 2887 万部，电话单机出口 156 万部，片式元件出口 214.93 亿只，半导体分立器件出口 52.59 亿只，集成电路出口 5.1 亿块。

（六）集成电路等优势产品发展迅猛

天津市集成电路产业增长较快，形成了以飞思卡尔强芯（天津）集成电路设计有限公司和天津南大强芯半导体芯片设计有限公司为设计，以飞思卡尔半导体（中国）有限公司、罗姆半导体（中国）有限公司、中芯国际集成电路制造（天津）有限公司为制造、封装的比较完善的集成电路上下游产业链。2005 年，天津市集成电路产量为 5.2 亿块，同比增长 55.51%，销量为 5.21 亿块，同比增长 57.38%，产销量均居全国前列，已成为我国集成电路产业的重要力量。

（七）软件产业继续快速发展，软件出口增长成为新亮点

2005 年天津市软件产业呈现平稳发展态势，软件出口增长成为新亮点，全年实现出口额 2283 万美元，同比增长 68.4%。随着增值服务，数据服务的快速增长，软件服务收入迅猛增长，全年实现 37923 万元，比 2004 年同期增长 41.2%。

三、产业增速减缓的原因分析

（一）主导行业——通信设备行业增长趋缓

2005 年，移动通信市场价格竞争日趋激烈，手机大幅降价，使以手机为主的通信设备行

业增长趋缓，全年实现工业总产值 969.06 亿元，同比增长 11.83%，占天津市电子信息产业制造业的 54.34%，是天津市电子信息产业的第一大行业，但增长速度与 2004 年相比回落了 46.49 个百分点。

（二）全行业固定资产投资总额减少

受国家宏观调控政策的影响，2005 年全年天津市电子信息产业规模以上企业共完成固定资产投资额 45.78 亿元，同比下降 12.9%。

（三）部分发展迅速的行业规模尚小

广播电视设备、电子元件、电子机电产品、电子专用材料等行业，虽然发展迅猛，增速强劲，但由于规模较小，目前还不能弥补和抵消主导行业下滑带来的影响。

四、未来发展的重点领域

（一）移动通信制造业

由于手机的生命周期越来越短，对整个手机产业链提出了优化整合的要求。目前，有越来越多的手机生产企业正在从大而全的完整产业链向产业细分演变，以求更快的响应、更细的管理、更好的服务和更低的成本。手机产业发展的趋势，不是传统的集生产、研发、销售于一体的企业，而是设计商、制造商和销售商高度的专业化分工。

天津市的移动通信产业园，已形成以移动通讯终端为主导产品的产业集群，产品包括手机、基站和对讲机等。摩托罗拉和三星已在园内设立了全球手机生产基地。

天津市的移动通信产业集中度高，供应链完善。目前，已经聚集了泓越（大霸）、富士康、鹏思特、三星高新电机、松下、西迪斯、通用半导体、亚光耐普罗等 200 多家代工和配套企业群。每年在天津开发区召开的国内手机配套会，更使天津市成为世界手机配套供应商的集散地。

（二）显示器制造业

全球平板显示产业在经过历时 5 年的设备投资及产业调整之后，现已取得了产业与产品结构性的变化。在产品结构方面，2004 年，TFT-LCD 显示器的产量首次超过了 CRT 显示器的产量。在产业发展方面，从上游关键原材料的生产、整机组装，到下游渠道经销商的整个产业链的资源争夺更加激烈；只有打造和巩固产业链优势，占有优质的资源，才能在未来显示器产业中占有一席之地。

同时，由于基于 3C 融合趋势日益凸显，以“显示为中心”、融合消费电子特征的新一代显示器产业链开始形成。未来的显示器产业与市场都面临产业链的变革与重组，只有那些适应产业融合趋势，把握市场拓新先机的企业才能脱颖而出。

天津市的显示器产业发展迅速，在 CRT 显示器领域处于国内领先地位。目前，已经形成了以三星显示器、三星视界、现代多媒体等跨国公司为核心的显示产业群，主要产品包括彩色显示管，彩色显像管、CRT 显示器和 LCD 显示器等。下一步，要扶持三星电子显示器和现代多媒体等企业的快速发展，引导显示器生产企业调整产品结构，扩大研发能力。同时，积极招商引资，吸引玻璃基板、驱动 IC、彩色滤光片等上游产品以及背光板、冷阴极管、薄膜 PCB 等中游产品的生产企业来天津市投资，打造较为完善的 TFT-LCD 产业链。

（三）新型元器件制造业

十五期间，受中国加入世界贸易组织和外资企业在华投资加大的影响，中国电子产品制造业继续快速发展。通信、家电等领域整机产品的产能产量迅速扩张，导致国内电子元器件市场需求迅速扩大，国内元器件厂商在一些高新技术产品，如集成电路、片式陶瓷电容器、精密连接器、多层线路板及柔性板等新型元器件产品上缺乏竞争力，难以应对国内的相关配套需求，因此这些产品进口都在快速增长。

新型电子元器件发展方向是高频化、片式化、微型化、薄型化、低功耗、响应速率快、高分辨率、高精度、高功率、多功能、组件化、复合化、模块化和智能化等。同时，产品的安全性和绿色化也是影响其发展前途和市场的重要因素。

天津市拥有国家首批片式元件产业园，片式钽电解电容器等多个产品的产量在全国遥遥领先，在片式元件生产方面处于国内领先地位。目前现有新型电子元器件生产企业近 20 家，其中龙头企业有三星高新电机，松下电子部品、罗姆半导体、西迪斯、安施电子和三和电机等，主要产品包括片式瓷介电容器、片式钽电解电容器、片式电阻等。

“十一五”期间，天津市将依托三星、松下、罗姆、西迪斯等现有企业，继续吸引国内外元器件类企业和研发机构来津投资，扩大产业规模，鼓励企业建立技术开发中心，尽快形成国内规模最大、水平最高的新型元器件的生产和开发基地。

（四）集成电路制造业

2005 年中，全球半导体产业景气指数已明显有从谷底翻身的迹象，未来五年，包括信息家电和无线网络等在内的新兴电子产品市场将高速增长，集成电路产业具有广阔的市场空间，加上亚太地区成为全球半导体产业最新成长动力的趋势明显，预计半导体产业景气周期将可延续到 2007 年，世界集成电路销售额将以年平均 15%的速度增长，2010 年将达到 6000～8000 亿美元。

专家预计，今后 10 年集成电路产业的发展仍将继续遵循摩尔定律，为了应对集成电路技术进步和降低成本的挑战，世界半导体工业的专业化分工迅速发展。目前，除了英特尔、AMD 这些芯片巨头仍然采用设计、制造一体化（IDM）模式外，全球半导体行业已普遍走向设计与制造分立运行的 F&F 模式，即 Fundry（代工）+Fabless（无生产线芯片设计）。从中国市场的情况来看，中国信息产业的持续快速发展也将为集成电路提供稳定的市场。预计未来几年仍将以年均 30%左右的速度发展，

天津市拥有国家首批集成电路产业园。十五期间，集成电路产业年均增长速度在 30%以上，基本形成了以飞思卡尔（天津）集成电路，罗姆集成电路设计（天津）有限公司和中芯国际集成电路制造（天津）有限公司为核心的较为完整的集成电路设计、制造、封装和测试产业链，集成电路产业单位产品的技术含量和附加值居全国领先水平，研发能力强大，成果显著，有着巨大的发展潜能。

尽管天津市在集成电路设计方面有重量级的公司和产品，但数量不够多。未来，天津市要继续吸引集成电路生产企业前来投资，做大产业规模，同时积极扶持集成电路设计业的发展，培育一批在国内有影响力的 IC 设计公司。

（五）数字视听产品制造业

由于数字视听产品在音、视频效果及信息的互动方面存在传统的模拟视听产品无法比拟的优越性，因此已迅速成长为全球性的消费热点。这几年，全球 MP3 播放器、DVD、数码相机等的产量连年翻番，增长势头非常迅猛。

个性化、时尚化和携带方便是数字视听产品的流行趋势，以 MP3、移动 DVD 和数码相机为代表的便携式数字视听产品已成为一种时尚，正在对人们的娱乐方式、学习方式和生活方式产生深刻的影响。

我国现已成为 MP3、DVD、彩电、数码相机的生产大国。据预测，到 2010 年我国数字电视及其相关产业将超过 150 亿美元，数字电视将成为国民经济新的增长点。可以说，中国的数字视听产业的发展前景非常光明。

天津市在数字视听领域具有较好的发展基础。目前，已经形成了以三星电子、通广三星、英保达、三星光电子、三星显示器、现代多媒体等跨国公司投资项目为核心的数字视听产业群，产业集中度全国领先，并且与其周边地区一道构建了数字视听产业全国最完善的供应链之一。主要产品包括：彩电、DVD、数码摄像机、数码相机、录像机、显示器等。下一步，应充分利用三星在该行业的优势地位，打造数字视听产品的国家级生产基地。

（六）汽车电子制造业

全球汽车电子产业正面临着快速增长的机遇。消费者对车辆需求的增加，网络在车辆中的高速发展，安全与防盗需求的增加，机械系统到电子系统的转换，以及动力总成方面性能的提高，正在迅速推动汽车电子产业的发展。2000 年，国外汽车采用电子装备在整个汽车制造成本中所占的比例超过了 23%。据预测，未来汽车电子产品占汽车的成本比例将达到 30～50%，据 Strategy Analytics 预测，从 2002 年到 2007 年，总体汽车电子系统市场的年增长率约为 6.7%，将从 2002 年的 1064 亿美元增长至 1472 亿美元。在未来的几年中，汽车电子的发展仍将主要集中在汽车网络、通讯系统、汽车多媒体、动力总成、底盘控制、安全系统以及车身控制方面。

到目前为止，绝大多数国外大型的跨国汽车电子企业已在中国设厂。为了进一步扩大在中国的市场份额，开发出满足中国汽车客户的产品，已逐渐由开始的 SKD、CKD 引进组装、生产发展到在中国建立大规模的研发中心，产品也从比较单一的高端市场，发展到几乎所有的汽车电子产品。

天津在汽车电子方面已经走在了全国前列。2004 年，中国电子报颁布的“中国汽车电子十大品牌企业”中，开发区的企业就占了一半。目前，区内已形成了以摩托罗拉、电装电子、富士通天、松下汽车电子开发、现代航盛等全球领先汽车电子厂商为核心的产业群，其主要产品包括车用电子控制燃油喷射系统、安全气囊、组合仪表、汽车音响、车用多媒体系统等等，2004 年产值超过 60 亿元。

未来，天津市将坚持三个层面的推进战略：优先吸引国际知名汽车电子制造企业及其配套企业，积极吸引国内外知名的汽车电子研发和设计机构，同时制定产业发展政策，带动天津相关产业发展。

五、2006 年发展措施及目标

（一）发展措施

2006 年，是“十一五”的开局之年，是滨海新区开发开放纳入国家整体发展战略，实现快速发展的关键之年。信息产业发展所面临的形势，仍然是机遇与挑战并存。我们必须时刻保持清醒的认识，紧紧抓住机遇，应对各种挑战，以科学发展观为指导，加强对天津市电子信息产业的行业管理工作，建立适应社会主义市场经济要求的行业管理体制和经济运行机制。坚持以人为本，坚持对内对外开放，强化技术创新和制度创新。紧抓滨海新区新一轮开发开放的历史性机遇，走集群化、国际化和依靠技术创新的持续快速发展道路，使电子信息产业持续保持天津市工业经济的第一大产业地位，为此我们将主要做好以下各项工作：

1．继续抓好信息产业基地和产业园的建设

2006 年，我们将积极建设好国家电子信息产业基地和产业园，出台《天津市国家电子信息产业基地建设管理办法》，大力发展 3G 手机、高端汽车电子产品、新型元件、大规模集成电路设计、生产、后封装及测试、光电通信设备和器件、高档 LCD、PDP 显示器、绿色储能电池、燃料电池、数字家电、软件及现代信息服务业，建成国家电子信息产业基地投资与项目管理信息平台、数据信息统计平台、招商引资与对外宣传平台及信息技术人才培养和培训基地。

2．加快自主创新步伐，提高产业竞争力

针对天津市信息产业存在着自主创新能力薄弱，关键技术水平由外资企业把持的局面，坚持将增强自主创新能力作为产业发展的战略基点和调整产业结构、转变增长方式的中心环节，加强产学研结合，加快行业共性技术、关键技术的开发和推广应用。加快建立以企业为主体，市场为导向，产学研结合的技术创新体系。围绕优势产业延伸产业链，完善和新建软件、光电子、生物芯片等一批专业孵化器和生产力促进中心。重点支持高端通用芯片、半导体照明等重大科技专项，争创国际一流水平，增强科技发展后劲和持续创新能力

3．加大招商引资力度，提高利用外资水平

一是扩大招商引资的区域范围。在继续增大对美国、日本、韩国引资的基础上，加强对西欧、中国台湾等国家或地区的资金引进力度。

二是在吸引外商、台商企业投资大型项目的同时，也要以优惠政策鼓励外商、台商投资中小型项目，增强天津市产品门类和配套能力。

三是鼓励外资企业在直接投资之外，通过兼并、风险投资、投资基金等多种方式参与天津市电子信息产业的结构调整以及国有企业的改革。

四是通过税收和政策引导，吸引跨国公司在天津市设立研发中心，促进行业关键技术和核心技术向天津市转移，同时引导本地企业与跨国公司建立联合研究开发中心，推动本市信息产业由价值链环节的低端向高端转移，提高利用外资的质量，进一步提升开放型经济的发展水平。

4．大力发展循环经济，推进循环经济示范区建设

按照国家环境保护和废旧电子信息产品回收、拆解的相关法规和条例的规定，以静海子牙环保产业园为基础，开展废旧印刷电路板、电子信息产品、家用电器等物资的回收拆解工

作，申报建设“国家废旧电子信息产品回收拆解示范基地”。

5．拓展企业投融资渠道，为企业发展提供资金保障

一是积极争取国家政策性贷款、财政债券等各类资金投入，充分利用市财政专项资金的支持政策，结合天津市正在实施的新一轮嫁接、改造、调整工程，通过重大项目贷款贴息等方式，引导企业进行技术改造和技术创新。

二是引导和支持有条件的企业通过上市（包括二板市场和境外股市）、借壳和买壳上市、吸引其他行业上市公司出资入股、发放企业债券，以支持企业多方筹集社会自由资金，用于项目建设。

三是建立科技风险投资基金，积极为电子信息企业利用国内外风险投资基金牵线搭桥，引导天津市风险投资基金投向电子信息产业重点项目。

四是引导企业提足用好技术开发费和折旧资金，增强企业自我积累、自我发展的能力。

（二）发展目标

2006 年，天津市电子信息产业发展总体目标为：销售收入达到 2380 亿元，其中电子信息产业制造业 2200 亿，同比增长 20%左右，软件和信息服务业 180 亿（不含嵌入式软件），工业增加值为 400 亿，出口交货值突破 1300 亿，利税总额达 200 亿。

（天津市人民政府信息化办公室）

辽宁省

一、基本情况

（一）主要经济指标完成情况

2005 年，辽宁省信息产业实现销售收入 743 亿元，同比增长 13.6%，其中电子信息产业制造业销售收入 540 亿元，同比增长 7.1%；软件业销售收入 203 亿元，同比增长 35%。实现利税 43 亿元，同比增长 7%；实现出口创汇 46.3 亿美元，同比增长 10.2%。

主要产品产量完成情况：完成电视机 605 万台，同比增长 49.7%；完成激光视盘机 293 万台，同比下降 7%；汽车音响完成 310 万台，同比下降 14.1%；微型计算机完成 26 万台，同比下降 85%；打印机完成 95 万台，同比增长 10.5%；手机完成 97 万台，同比增长 53.9%。

在软件企业认定和产品登记方面：累计登记软件产品 1654 个，认定并已通过年审的软件企业 558 家。通过系统集成资质认证的企业 47 家，2005 年全国软件企业 100 强中辽宁省有 6 家企业入围，列入国家规划布局内的软件企业 8 家，通过 CMM 评估企业 23 家，其中东软集团、大连海辉、大连华信、大连现代、大连艾森哲等 8 家企业通过了 CMMI5 或 CMM5 级评估，占全国通过此级别企业总数的一半以上。

（二）经济运行主要特点

（1）电子信息产业制造业主要经济指标呈现下滑和低速增长态势，经济效益不理想。从全年整体情况看，上半年增幅基本呈一位数增长，下半年增幅基本是呈下降的趋势。利润指标，在下半年基本上呈下降的态势。

（2）从产业区域看，除沈阳大幅下滑外，其他城市均有所增长。辽宁省电子信息产业制造业产品销售收入超10亿元以上的市局有：沈阳、大连、丹东、辽阳四个城市。其销售收入分别为57.9亿元、375亿元、18.8亿元、17亿元，四个城市销售收入之和占全省销售收入总额的86.8%，其他城市占13.2%；其中大连、丹东、辽阳为正增长，增幅分别为9.16%、8.04%、29.88%，沈阳市由于受三宝电脑（沈阳）公司停产的影响，销售收入下降53.85%。

二、2005年主要工作

（一）营造产业发展的良好环境

（1）营造政策环境。出台了《辽宁省人民政府关于加快全省信息产业发展的意见》（辽政发[2005]7号），从资金、融资渠道、基地建设、对外合作、税收、人才培养、环境建设等方面提出了切实可行的支持政策；会同省发改委发布了《关于设立省级信息产业基地的通知》，进一步为产业发展提供支持。

（2）营造市场环境。在促进老工业基地振兴的同时，扩大信息产业的市场份额和发展空间。组织召开了由省国税、地税、财政、质监等部门和税控产品生产企业参加的税控产品发展座谈会，推介我省生产的税控产品。

（3）营造投融资环境。与省政府金融办等部门在大连举办了辽宁省企业投融资洽谈会，共有30余家境内外投资公司、银行，近200家省内企业参加，为IT企业与境内外金融机构的交流合作搭建平台。

（二）抓重大项目，壮大产业基础

辽宁省市信息产业主管部门配合发改委，组织企业申报国家振兴东北老工业基地重点项目19项，总投资15.8亿元，其中争取国家投资1.6亿元；在省经委的支持下，落实省技术改造项目9个，总投资5.65亿元，其中贴息2033万元；落实省信息产业制造业项目22个，总金额3000万元。

（三）加大招商引资力度，促进国际化进程

（1）一批国内外知名IT企业在辽宁落户，加快了结构调整步伐。英属CANDO公司与沈阳市共同投资4.2亿美元生产8英寸0.25微米集成电路芯片；香港新恒基集团与香港国美集团联合投资20亿元在沈阳兴建“国美家电工业园”。

（2）微软、惠普、IBM、GE等24家世界500强企业落户辽宁，设立研发中心。飞利浦与东软建立合资公司、微软投资华信、海辉并购国内软件公司等进一步加速了我省软件产业的国际化进程。

（3）软件出口有了突破性进展，东软、华信已成为软件出口大户。全国出口前十名的软件企业，辽宁占有较大份额，已形成对日出口的重要基地。

（四）鼓励自主创新，提高企业核心竞争力

（1）初步形成了一批具有自主知识产权的产品，如第三代移动通信系统和CDMA移动通

信网信息侦听系统、发光二极管（LED）芯片、数控机床系统、汽车总线式仪表、集成电路设计及其专用设备、电子专用材料以及大型煤矿瓦斯安全监测与排放自动化成套系统等。

（2）软件企业自主创新能力的增强。以东软汽车导航系统、大连华畅第三代手机 3GPP 协议栈等为代表的软件产品已出口日本，今年大连华信战胜国际大公司又获得乌兹别克斯坦全国铁路财务系统国家信息化项目开发订单。

（3）实施品牌战略，鼓励自主创新。2005 年评选出包括东软 NetEye 防火墙系统在内的 20 个具有自主知识产权的优秀软件产品，并投入 1000 万元资金予以支持，极大的鼓励了辽宁软件企业争创名牌的积极性，进一步推动了软件企业自主创新意识。

（五）软件产业与传统产业的改造提升紧密结合

（1）在第三届中国软件交易会期间，组织 60 多家企业的 20 多种具有特色的软件产品参展，并分别举办了电子政务与网络安全、工业控制与嵌入式软件、行业应用软件产品三场优秀产品专场系列推广对接会，其中华日 X 射线实时成像检测系统等 12 个软件产品与微软等 30 个软件产品评为第三届软交会优秀软件的产品。

（2）召开冶金自动化对接会。会议得到了信息产业部、钢铁工业协会的重视，为打造鞍山冶金自动化产业基地奠定了基础。此次对接会，最终签署了《辽宁冶金自动化产业合作协议书》，10 家冶金自动化企业在协议书签字，承诺联合企业将实现资源共享，共同打造自动化产业品牌。

（六）加强园区建设，构筑产业发展平台

依托大连、沈阳、辽阳、阜新、锦州等市的高新区或开发区，打造特色信息产品制造业园区。大连光电通信产业园已吸引世界各地集成电路设计企业近 20 家，锦州汽车电子产业园也在建设中。

三、存在的问题

（一）国有及国有控股企业增速趋缓甚至下滑。辽宁省 IT 领域国有企业正处在改制和产业结构、产品结构调整时期，多年以来企业缺乏核心竞争力、缺少高附加值产品，结构性矛盾突出。

（二）目前电子信息产业制造业的增长主要是靠存量，即传统低端产品的增长来支撑，缺少新项目和大项目的拉动。产品结构以低端消费类产品为主，一些新项目和高端产品项目由于尚在洽谈和建设之中，对行业发展的拉动作用还没有显现。

（三）缺少自主知识产权产品，配套能力差。主要产品多数是加工出口产品，大多数企业不具备自主知识产权，没有自主创新能力，受制于人现象突出。重点产品本地配套程度低，仍然没有形成相对完整的产业链和产业集群。

（四）随着 IBM、惠普等国际大公司纷纷将研发中心落户辽宁，信息产业人才需求矛盾愈显突出。人才培养问题，仍将成为制约辽宁省信息产业未来快速发展的一个不可忽视的因素。

四、2006 年发展目标

2006 年电子信息产业发展的目标是：实现销售收入 890 亿元，同比增长 19.8%，其中电子信息产业制造业销售收入630亿元，同比增长16.7%，软件业销售收入260亿元，同比增长28%；出口51亿美元，同比增长11%。

主要产品产量指标：电视机计划为650万台，同比增长7.4%；激光视盘机计划340万台，同比增长16%；汽车音响计划390万台，同比增长25.8%；打印机计划130万台，同比增长36.8%。

（辽宁省信息产业厅）

上海市

在信息产业部和上海市政府的领导下，2005年上海信息产业领域坚持以邓小平理论和“三个代表”重要思想为指导，全面贯彻科学发展观，认真落实加强和改善宏观调控的政策措施，积极主动地适应国内外环境的变化，信息产业经济运行的稳定性逐渐提高，保持健康发展的良好势头，从高速扩张向稳步增长转换，继续成为拉动上海经济增长的重要力量，在上海经济发展中的地位不断提高。

一、基本情况

（一）信息产业经济发展保持良好势头，产业规模不断壮大

2005年，上海市信息产业工业销售收入和服务业经营收入合计完成5022.8亿元，比2004年同期增长24.3%。其中，信息产业制造业累计完成销售收入4106.0亿元，比2004年同期增长21.8%，高于上海市工业增速3.5个百分点，对全市工业增长的贡献率达到29.1%，拉动全市工业增速18.3%中的5.3个百分点，在上海六个重点发展的工业行业中继续保持领先（见图1）。

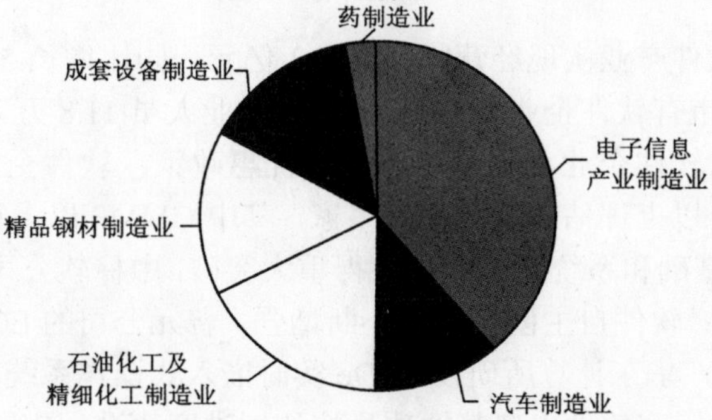

图1　2005年上海市六个重点发展的工业行业销售收入分布情况

2005年，信息服务业（含软件业）实现经营收入916.8亿元，比2004年同期增长37.1%。其中，软件业经营收入455.2亿元，比2004年同期增长50.3%（见表1）。

表 1　上海市信息产业工业销售收入和服务业经营收入完成情况

行　业	收入（亿元）	同比增长（%）
信息产业制造业	4106.6	21.8
信息服务业	916.8	37.1
其中：软件业	455.2	50.3

2005 年，上海信息产业实现出口 298 亿美元，比 2004 年同期增长 23.1%，占上海市全市出口 32.8%，其中微型计算机和集成电路成为出口主要产品。

（二）重点产品产销两旺，占国内市场份额稳定

笔记本电脑、打印机、服务器等产品占全国 1/3 以上比重。2005 年，上海市共生产移动通信基站 115 万信道，同比增长 99%，产销率达到 100.2%；笔记本电脑产量达 1644 万部，同比增长 106%，产销率达到 97.5%；服务器产量 308 万部，同比增长 1.3 倍，产销率达到 100.9%；液晶电视机产量 34.8 万台，同比增长 2.7 倍，产销率达到 102.6%（见图 2）。

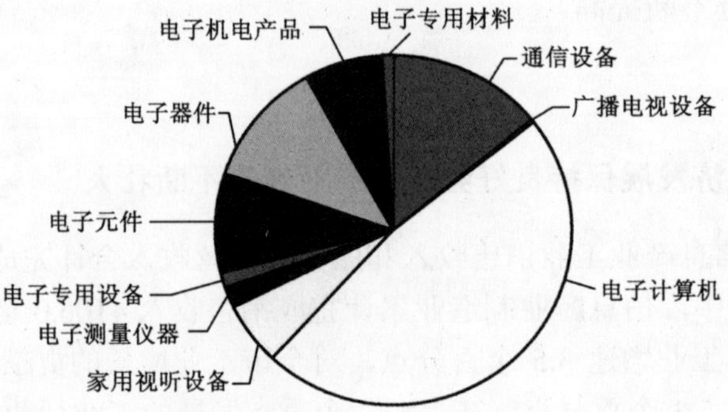

图 2　2005 年上海市电子信息产业各行业销售收入分布情况

（三）软件产业保持快速发展，成为推动信息产业结构调整的重要力量

2005 年，上海市软件产业实现经营收入 455.2 亿元，同比增长 50.3%，已连续五年保持 50%以上增长速度，全市有软件企业 1600 家，软件从业人员 11.8 万人；有 27 家企业被认定为国家规划布局内重点软件企业，享受国家特殊优惠政策；软件企业素质不断提高，通过 ISO9000 认证和 CMM3 以上评估的企业 300 多家，其中 CMM3 以上评估的企业有 56 家；软件产品链不断健全，在基础和系统软件方面取得重大突破，中标软公司的操作系统和 OFFICE 产品成功纳入政府采购；软件自主创新能力不断增强，普元公司的 EOS 构件平台在电信、金融等领域成功推广应用，华东计算所研发 ReDe 实时嵌入式操作系统获得“2005 年国家信息产业重大技术发明奖”；国家软件出口基地项目按计划进度建设，国家和市级软件产业基地配套服务体系不断健全，产业积聚效应明显。

二、2006 年发展趋势

2006 年是“十一五”的开局之年，打好开局基础是十分重要的，我们要开好局，起好步。坚持以邓小平理论和“三个代表”重要思想为指导，认真贯彻党的十六大和十六届五中全会

精神，坚持以科学发展观统领经济社会发展全局，保持宏观经济政策的连续性和稳定性，着力增加自主创新能力，着力推进经济结构调整和增长方式转变，着力提高经济增长质量和效益，实现上海信息产业持续快速协调健康发展。

2006年，国民经济发展所面临的国内外宏观环境总体向好，政府机制改革将会迈出更大步伐，中央和地方政府职能加速向公共管理和服务型转变，有利于完善宏观决策机制，为企业提供更加稳定和宽松的体制环境；从国内市场看，国民经济继续保持快速增长，经济发展的内在需求仍然较强，居民收入水平稳步提高，购买力继续提高。全球经济态势向好趋势明朗，美日欧经济增长稳健，美国经济预计将保持3%～4%的平稳增长；日本经济继续保持回升势头，逐渐进入第二个增长的“黄金时期”，对中国投资逐渐增加；欧盟也已出现经济复苏迹象，三大经济体的稳定增长将为出口增长提供较强的支撑作用，对信息产业的发展提供了良好的发展环境，更为信息产业、信息技术转移带来便捷的条件。

但是，2006年世界经济面临的不确定性依然较多，比如，国际政治经济形势的变化难以预料；高油价和全球利息上升阶段的双重压力使企业的运行成本和筹资成本提高；一些突发性事件和自然灾害难以预料和抗拒；国际市场贸易环境趋紧，贸易摩擦加剧，但总的来看，有利因素多于不利因素，对总体发展趋势持谨慎乐观。

2006年，上海信息产业根据十六届五中全会精神，根据上海市坚持科教兴市战略，实施两个优先（现代服务业优先，先进制造业优先）的总体要求，将进一步调整产业结构，提升产业能级，加快信息产业的发展。做好引导扶持服务工作，大力引进国内外投资，继续保持软件和集成电路两大核心产业的发展优势，积极发展信息服务服务业，推进企业自主创新，促进上海信息产业优化发展。

党的十六届五中全会为“十一五”规划的制定和实施勾勒了宏伟蓝图，在较好的形势下，我们要保持头脑冷静，坚持实事求是的态度，保持宏观经济的持续健康增长，2006年我们工作的总体思路是：全面贯彻落实十六届五中全会的精神，抓发展机遇的把握，加大力度促发展，确保上海信息产业发展的良好势头，把世博会和上海新一轮发展大讨论中形成的新思路转化为加快发展的新目标，把实施科教兴市战略的新要求转化为加快发展的新动力，确保2006年实现两位数增长目标，为上海发展做出新的贡献。

（上海市信息化委员会）

江苏省

2005年，江苏省电子信息产品制造业在省委省政府和信息产业部的领导下，努力克服年初增长速度大幅下滑等不利因素，扎实推进各项行业管理工作，使全行业销售及出口仍然保持了较快增长，产销及经济效益良好，全年实现销售收入达6500亿元，主要经济指标全面完成“十五”发展目标，为江苏省电子信息产业“十一五”的发展打下了坚实的基础。

一、基本情况

2005年，江苏省电子信息产品制造业共有规模以上工业企业2468家，全年完成销售收入6500亿元，同比增长42.4 %，占全省工业销售的20.2%；出口完成3900亿元，同比增长

42.3%，占全省外贸出口总额 39.2%；完成工业增加值 1500 亿元，同比增长 36.9%，占全省工业增加值的 18.6%；实现利税 280 亿元，同比增长 35.3 %，其中利润 215 亿元，同比增长 39.1%。2005 年江苏省电子信息产品制造业发展速度超过了全省经济的增长速度，对全省经济的发展起到了积极的拉动作用，继续在省内各工业门类中继续保持第一支柱产业的领先地位（见图 1 及图 2）。

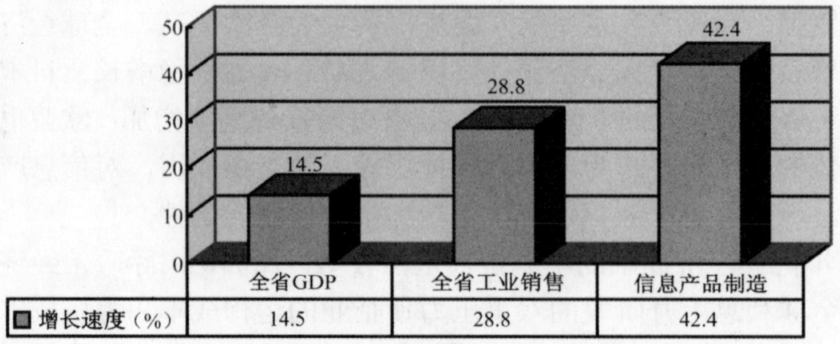

图 1　2005 年江苏省经济增长速度情况

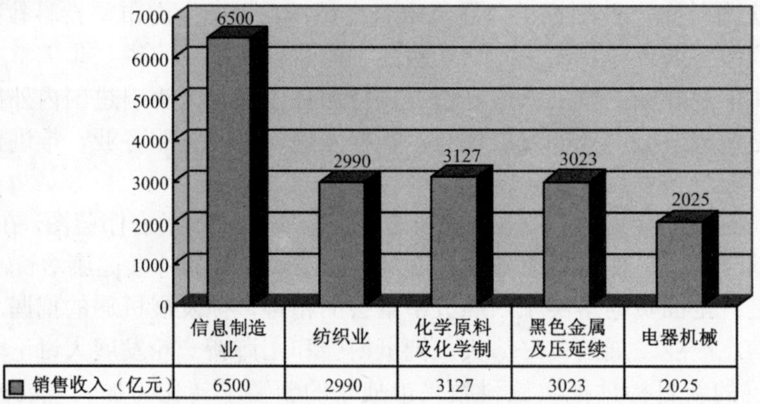

图 2　2005 年江苏省各主要工业销售收入情况

2005 年，根据省统计局提供的数据，江苏省电子信息产品制造业共有 29 家企业销售收入超过 50 亿元，其中 8 家企业超过 100 亿元，分别比 2004 年增加 9 和 1 家。按销售排序的前 100 家企业的销售收入 4213 亿元，工业集中度达到 64.8 %，比 2004 年提高 1.3 个百分点。10 家企业进入了全国电子信息百强企业排序，百强企业数与 2004 年相比持平。

2005 年，江苏省的 13 个省辖市中，苏州市完成销售 3657 亿元，同比增长 36.7%，继续在全省电子信息产业保持经济总量领先地位；排在第二的为南京市，全年完成销售 1054 亿元，同比增长 39.9%；第三为无锡市，完成销售 953 亿元，同比增长 48.2%。

在主要产品产量中，手机完成 2846 万部，同比增长 81.5%；程控交换机完成 97 万线，同比下降 27.6%；电话单机 249 万部，同比下降 2%；彩色电视机完成 404 万部，同比下降 7.6%；收录放机完成 96 万台，同比下降 3%；组合音响完成 108 万部，同比增长 0.9%；激光视盘机完成 698 万部，同比下降 28.8%；微机完成 2996 万部，同比增长 169.7%；显示器完成 8271 万台，同比增长 99.9%；打印机完成 36 万台，同比增长 200.0%；电子元件完成 1180 亿只，同比增长 21.0%；集成电路完成 82 亿块，同比增长 30.2%；彩色显象管完成 887 万只，同比增长 44.7%；半导体分立器件完成 326 亿只，同比增长 63.8%。

二、经济运行特点

（一）全行业经济增长前低后高

2005 年初，受宏观调控政策等多方面因素影响，江苏省电子信息产品制造业销售及出口增长速度大幅下滑。一季度销售增长、出口增长速度仅为 18.5%、23.8%，比 2004 年底分别下降 32 和 30 个百分点，形势较为严峻。到 2005 年底，江苏省电子信息产品制造业销售收入、出口扭转了年初增长速度大幅下滑的局面，全年销售出口呈现明显的前低后高特点，继续保持较快速度增长。全行业销售收入增长速度为 42.4%，出口增长速度为 42.3%，销售收入增长速度与三季度相比提高 3 个百分点，出口增长速度与三季度相比提高 6.1 个百分点，与上半年相比分别提高 8.1 和 20 个百分点，与一季度相比分别增长 23.9 和 18.5 个百分点，年初增长速度大幅度下滑的局面得到彻底扭转，利税增长速度达 35.3%，与销售收入增长速度基本同步，全行业发展态势较为良好（见图 3 及图 4）。

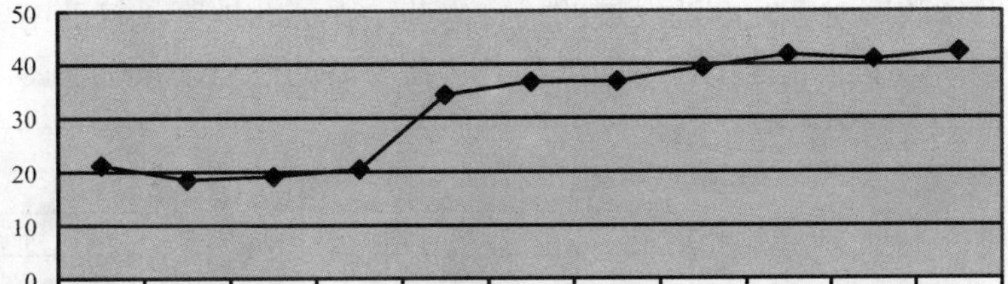

	2月	3月	4月	5月	6月	7月	8月	9月	10月	11月	12月
增长（%）	21.2	18.5	19.1	20.5	34.3	36.7	36.8	39.4	41.8	41	42.4

图 3　2005 年江苏信息产品制造业销售收入分月增长情况

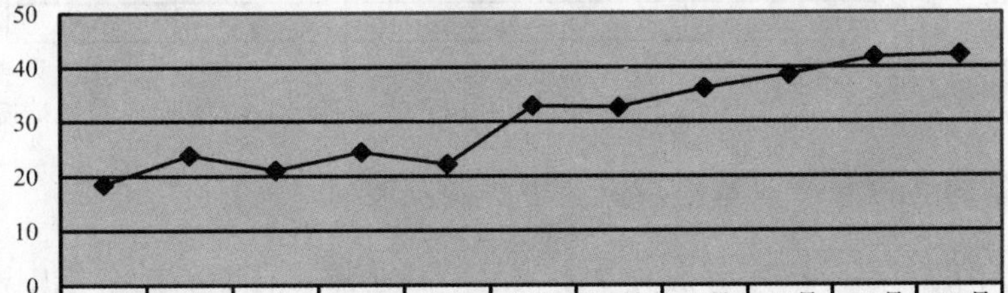

	2月	3月	4月	5月	6月	7月	8月	9月	10月	11月	12月
增长（%）	18.5	23.8	21.1	24.4	22.2	33	32.7	36.2	38.7	41.9	42.2

图 4　2005 年江苏信息产品制造业出口分月增长情况

（二）通信及计算机类产品快速增长

2005 年，江苏省手机完成 2846 万部，同比增长 81.5%；显示器完成 8271 万台，同比增长 99.9%；微机完成 2996 万部，同比增长 169.7%；打印机完成 36 万台，同比增长 200%，这些产品的增长速度列江苏省主要电子产品增长速度的前列，在微机产量中，高附加值的笔记本电脑约占 68%，通信及计算机类产品这些数字化产品的销售收入在江苏省全行业销售收入总量中占到 60%以上的份额，积聚效应十分明显，带动了行业中配套服务企业的发展，是江苏省电子信息行业的最大亮点，对江苏省电子信息产品制造业的发展起到了决定性的支撑作用。

（三）外向型经济快速发展

2005 年，江苏省外向型经济快速发展，共有规模以上外商投资企业 1091 家，比 2004 年增加 378 家，虽然受部分大企业加工方式的改变，使全省的销售收入总量受到不小影响，但江苏省外向型经济仍然保持了快速发展的势头，2005 年外商投资企业占江苏省电子企业总数的 44%，但全年完成销售收入 5352 亿元，同比增长 43.8%，在全省总量中占到 82.3%，比 2004 年同期提高 0.8 个百分点，在全省电子信息产业的发展中仍然起较强的主导作用。

（四）苏中、苏北产业发展势头迅猛

2005 年，江苏省苏中、苏北电子信息产业发展喜人，8 个市中有 7 个市的发展速度超过全省平均水平，其中苏南地区完成销售 6000 亿元，同比增长 38.4%，苏中地区 2005 年完成销售 435 亿元，同比增长 128.5%，超过全省平均 86.1 个百分点；苏北地区 2005 年完成销售 66 亿元，同比增长 69.6%，超过全省平均 27.2 个百分点；苏南地区完成销售 6000 亿元，同比增长 38.4%，低于全省平均水平。由于近年来江苏省苏中苏北地区交通等基础设施的进一步完善，加上省政府对苏北产业发展的扶持，苏中、苏北地区承接苏南电子信息产业转移的能力大大增强，苏中苏北地区自身的优势必将在今后的产业增长中显露出来（见图 5）。

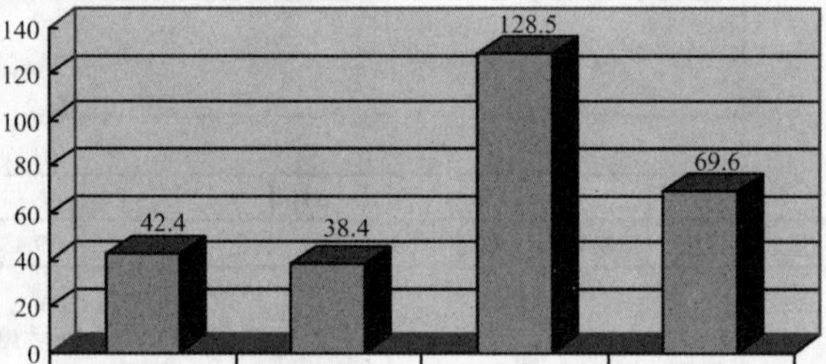

	全省	苏南	苏中	苏北
增长速度（%）	42.4	38.4	128.5	69.6

图 5　2005 年江苏省各地区电子信息制造业销售收入增长情况

（五）省内各信息产业基地错位竞争协调发展

经过几年的建设，江苏省现有 8 个信息产业基地，在全省的总量中占 80%以上，各信息产业基地除了在总量上台阶外，在产业特色上各有千秋，错位竞争的发展格局初步形成，有利于形成以产业链为纽带进行企业间配套，有利于企业进一步做大做强。如江宁开发区的移动通信及电力应用系统集成、新港及吴江开发区的平面显示产品、无锡新区的集成电路设计与制造、昆山开发区的笔记本电脑制造、苏州新区的计算机及外设产品制造、苏州工业园区的集成电路制造等，南京珠江路科技街已成为国内较有影响力的计算机类电子产品集散地，另外江苏省徐州在医疗电子仪器、南通在光纤生产制造、连云港在集成电路封装材料及水晶产业的发展都形成了本地区鲜明的特色。

三、当前需要重视的问题

（一）行业继续增长的压力增大

虽然近年来江苏省电子信息产业发展较快，但江苏省的产业基本上处于加工业的低端，产业增长的方式较为粗放，自主创新能力不强，受土地等资源制约的影响较大，加上我国周边地区对吸引外资的工作力度不断加大，外商投资已经开始分流，跨国公司的全球战略使我国的本土企业面临更大的竞争压力，走出去难度很大，国际贸易的摩擦纠纷不断，核心技术的缺乏使内资企业的发展前景不容乐观。

（二）宏观政策面的影响

江苏电子信息产业“十五”期间年均增长56.8%，尤其在2004年年初，江苏省电子信息产业受国际市场复苏的影响，销售及出口快速增长，增速均达到70%以上，连续大幅增长的主要原因是外企在江苏省每年有较大的投资而实现的。随着国家宏观调控政策的实施，土地资源审批的收紧，各地有一些项目落不了地。从 2004 年元月起，国家对企业出口退税率由17%调为13 %，致使企业收益下降4个点，目前在江苏省投资的企业大多是一个产品装备厂（车间），80%左右的产品以加工贸易的形式出口销售给母公司，再转销其他国家和地区。出口退税的下调无形中增加了企业的成本，因此从事进料加工的生产企业对现有出口贸易方式做出了调整。国家将对内资、外资企业统一税率进行改革，对江苏省电子信息产品制造业也会产生较大的影响。

（三）欧盟“两指令”对江苏省的影响

2003年2月，欧盟出台了《报废电子电气设备指令》和《关于在电子电气设备中限制使用某些有害物质指令》，规定了废旧电子电气产品的回收、处理、再利用以及禁止在电子电气产品中使用铅、汞、镉等6种有害物质，要求生产商及进口商、经销商在2005年8月13日后，负责回收、处理进入欧盟市场的废弃的电子和电气产品，并在2005年8月13日后投放市场的产品加贴回收标志。由于江苏省电子信息产业大进大出，两头在外，这两项指令不可避免对江苏省电子信息产品制造业产生较大的影响，必须认真加以研究。

（四）创新中小企业板市场，为中小企业成长服务

受国家调控政策影响，许多中小企业的流动资金普遍紧张，因资金原因使江苏省的部分本土大企业的生产也受到了很大影响。江苏省电子信息产品制造业中小企业占大多数，中小企业在创业及产业化过程中的融资是企业发展中必须迈过的门槛，当前国内面向中小企业的证券发行及贷款担保体系、风险投资的进入及退出体系建设均不健全，阻碍了企业的发展，希望改革当前股票发行的审批制为核准制，让更多的国内中小企业上市。国外一些大的 IT 企业如微软、雅虎公司，在成长过程中都得到了资本市场的支持，取得了快速发展，目前世界范围内的利用外资近80%是通过兼并收购方式来完成，由于我国证券体制原因，企业间的兼并收购目前无法进行，资源优化组合无从谈起，既不利于当前国有股份从一些竞争性行业退出，也不利于国内民营资本的进入及做大做强。近年来，国内一些有影响的互联网类公司如我国三大门户网站新浪、搜狐、网易以及携程网等均已设法在美国上市，这些新经济的增长点移师国外上市不但有利于国外资本对我国新经济增长点的切入和控制，也使国内的证券市场因优质资源的不断流失在市场活力上黯然失色，而国内民众更无法分享新经济增长带来的丰硕成果，面广量大的中小企业无法得到创业资金而难以快速成长。

（五）3G 及数字电视

2006 年，3G 牌照很可能发放，数字电视标准也将明朗，它将极大带动终端设备、网络传输设备的更新换代，对江苏省电子信息产品制造业和信息服务业也是一个良好机遇，我们要密切关注这些对行业发展有较大影响的举措，加强分析研究，力争江苏省能出现新的增长点。

四、2006 年发展目标

2006 年，江苏省电子信息产品制造业增长速度将比 2005 年有所减缓，预计全年实现销售收入目标 7600 亿元，比 05 年增长 16.9%；出口 4500 亿元，比 05 年增长 15.4%；工业增加值 1700 亿元，比 05 年增长 13.3%，利税 320 亿元，比 05 年增长 14.3%。

（江苏省信息产业厅）

浙江省

2005 年是全面完成“十五”计划，衔接“十一五”发展规划的关键之年，浙江省信息产业以“三个代表”重要思想和科学发展观为指导，按照浙江省“实现全面小康，继续走在前列”的总体要求，坚决贯彻中央宏观调控政策，深入实施省委提出的“八八战略”，坚定不移地坚持“以信息化带动工业化”发展战略，加快推进“数字浙江”建设，2005 年在全行业的共同努力下，克难攻坚，浙江省电子信息产业总体上继续保持较快发展，出口增长迅速，但经济运行的速度和质量均出现了不同程度下滑，尤其是经济效益下降比较明显。

一、基本情况

根据快报统计，2005 年浙江省电子信息产业实现销售收入 2450 亿元，同比增长 22.3%；工业增加值 474 亿元，同比增长 15.6%；实现利税总额 158 亿元，同比下降 4.2%，其中实现利润总额 101 亿元，同比下降 14.4%；完成出口交货值 770 亿元，同比增长 48.1%，从总体上看，2005 浙江省信息产业继续保持较快发展。

2005 年有 3 家企业销售收入超 100 亿元，有 9 家企业入选 2004 年度全国电子信息产业百强企业，26 家企业入选 2004 年度全国电子元件百强企业，入选企业数量继续保持全国前列，产业规模又上了一个新台阶。

二、经济运行特点

（一）信息产业规模继续扩大，销售收入保持较快增长态势

2005 年，全行业实现销售收入 2450 亿元，同比增长 22.3%，占浙江省工业销售收入比重达到 11%，其中雷达、计算机、家电产品、专用设备、电子器件、电子机电等行业销售收入增幅较大，有力带动了全行业的持续增长；全行业实现工业增加值 474 亿元，同比增长 15.6%，占浙江省工业增加值的 9.67%。

（二）出口继续呈现强劲的增长势头，出口产品结构得到了进一步优化

2005 年，全行业实现出口交货值 770 亿元，同比增长 48.1%，出口继续保持在高位增长平台，高于浙江省出口交货值增幅 19.5 个百分点，占浙江省工业出口交货值 13%；出口交货值约占浙江省电子信息产业销售产值的 41.7%，比 2004 年同期的 33.2%提高了 8.5 个百分点，表明对外出口依然是推动浙江省电子信息产业持续发展的重要力量，浙江省电子信息产业的外向依存度进一步提高。

一些重点出口产品如手机、笔记本电脑、电声器件、光电子器件、新型电子元件、集成电路、半导体器件等出口增长较快，特别是移动通信手持机对浙江省电子信息产业出口增长的贡献率不断增强，成为拉动浙江省电子信息产业出口增长的主要力量。全年累计出口手机 2113.3 万部，创汇 18 亿美元，分别同比增长 125.5%和 126.9%，手机的出口形势良好，手机出口市场份额不断攀升。

（三）软件产业继续快速发展，软件出口增长成为新亮点

全年软件产业实现销售收入 251 亿元，同比增长 24.9%，其中软件产品收入 61.9 亿元，同比增长 62.5%；系统集成销售收入 43.3 亿元，同比增长 14.7%；软件服务收入 20.2 亿元，同比增长 83.2%；实现增加值 82.5 亿元，同比增长 20%；实现利税总额 56.2 亿元，同比增长 21.9%，其中实现利润总额 37.6 亿元，同比增长 17.1%；实现软件出口收入 3.1 亿美元，同比增长 134.6%，其中软件外包出口额占软件出口额的 58.4%，增长迅速。一些重点软件出口企业如网新科技、虹软、东忠、大华、宏华、富士通等软件出口形势良好，带动了浙江省软件出口的快速增长。

三、存在的问题

（一）全行业经济效益受通信设备业的波动影响，下滑幅度偏大，亏损额增高，出现负增长

除通信设备行业外，2005 年全行业实现利润总额 72.9 亿元，同比增长 16.8%，其中计算机、广播电视、电子专用设备行业增幅在 30%以上，最高增幅达到 148.8%。但 2005 年浙江省通信设备业累计亏损 15.2 亿元，占全行业亏损额的 73.8%，利润同比下降 134.2%，拖累了全行业经济效益的提高，导致全行业 2005 年利润同比下降 14.4%，而产品结构调整需要一个过程。

（二）固定资产实际投资额增长回落明显

受国家宏观调控政策的影响，全年浙江省信息产业规模以上企业共完成固定资产投资额 92.3 亿元，同比下降 15.6%，比 2004 年同期增幅回落了 18.5 个百分点。投资增幅回落，总体上是国家宏观调控的应有效应，也是企业适应市场需求变化进行主动调整的结果，但是在目前的状况下，投资增长乏力影响了经济发展后劲，进一步影响了浙江省电子信息产业的快速发展。

（三）深层次结构性、素质性矛盾仍然突出

目前浙江省的电子产品很多核心技术还依靠国外，具有自有知识产权的产品偏少，在高

端产品市场上明显处于劣势。浙江省电子信息产业发展中长期累积的结构性、素质性矛盾依然存在，关键性、复合型人才资源短缺、企业自主创新能力不强等因素仍制约浙江省电子信息产业的快速发展。

（四）国际贸易保护措施的日益增多和汇率的波动，对产业发展带来不利影响

随着国际贸易保护措施和国际贸易摩擦不断增多，知识产权纠纷不断增加，国际市场竞争进一步加剧以及汇率的波动，使浙江省信息产业“走出去”面临许多新的不确定因素，在一定时期内对全行业出口和经济增长带来不利影响。

（五）资金、能源、原材料等要素资源的约束，影响全行业经济效益的提高

自从 2004 年国家实施宏观调控措施以来，一方面金融监管力度进一步加大，银行贷款发放趋紧，特别是部分银行对手机生产企业贷款发放十分谨慎。另一方面由于能源、原材料等生产资料价格继续上扬，造成企业生产成本增加，而大部分电子产品销售价格并不上扬，甚至下降，市场价格两头挤压影响了企业经济效益的增长。

（六）国外品牌对国内市场的冲击进一步加大

2004 年以来，国外手机制造商凭借核心技术上的优势，在高、中、低端产品对国产手机制造商进行全面挤压，国产手机的市场和利润空间被大大压缩。跨国公司在资金、新品、销售方式、市场拓展等方面不断加大在华扩张力度，通过“高端抢利润，低端占市场”策略，对本土企业形成明显挤压，2005 年国产手机行业几乎全线亏损。

（七）UT、东信和波导等大公司的销售和经济效益出现不同程度下滑，影响了全行业的增长

今年以来由于 3G 建设提上议事日程，国内小灵通业务扩容明显放缓，同时国内通信产业市场竞争进一步加剧，利润空间不断下降，因此，UT 公司虽然从 2004 年下半年开始就主动调整业务经营方向及战略，加大新产品新技术研发力度，积极开拓国际市场，谋求在国外市场取得突破，但经营业务调整所取得的效益跟不上国内市场业务下滑速度，造成生产销售效益三者同步下滑。东信公司的经营出现下滑在国内通信行业比较常见，一方面由于激烈的市场竞争导致赢利空间不断下降，另一方面新品研发速度不快及市场营销措施不到位等综合因素使企业发展受阻。而波导公司的国内市场业务发展情况也有下滑趋势。因此，通信制造业三巨头的业绩虽然影响了全省信息产业整体的快速发展，但公司自身是努力拼搏的，关键是与市场业务调整快、市场管理机制不够协调等客观因素相关。

四、2006 年发展趋势

（一）有利因素

从宏观发展环境看，当前经济全球化继续深入，全球范围内的经济结构调整步伐加快，经济增长继续看好，国际投资活跃，发达国家制造能力加速向发展中国家转移。以信息技术为标志的全球科技蓬勃发展，新技术新业务进一步融合，这些都有利于人才、技术、资金、设备等生产要素在国际间的流动和配置，有利于浙江省信息产业开展多种形式的国际经济技术合作；从国内情况来看，我国国民经济保持持续平稳较快增长，全社会对信息技术、网络和服务的需求不断增加；中央加强宏观调控，但有压有保，继续重点支持高新技术产业和现代服务业等领域的发展，这些都将进一步有利省信息产业的发展。

（二）主要不利因素

影响经济发展的不确定因素也有所增加，一是世界经济不稳定因素增多，对信息产业发展的影响不容乐观。全球范围内的国际竞争加剧，贸易摩擦和纠纷压力增大，国际贸易保护主义特别是反倾销和技术壁垒已成为电子信息产品出口的主要障碍；二是国家宏观调控政策继续实施，投资增速回落对企业发展后劲的影响将进一步显现；三是人民币升值将增强出口下滑和进口增加压力。人民币升值使我国电子产品出口的成本优势下降，利润率将进一步降低，削弱出口产品的利润空间；同时刺激电子产品进口增加，尤其是元器件行业，企业将面临国外元器件大量进入我国市场的压力，价格竞争不可避免。四是市场需求继续呈“疲软”状态；五是生产资料等制约经济健康发展的因素没有根本缓解，原材料、能源等生产要素供给紧张进一步突出，电力紧缺矛盾将在一定时期内继续存在，这些因素将制约着浙江省信息产业的快速发展。

综上所述，2006 年浙江省信息产业将继续保持较快增长，出口继续快速增长，经济效益将会进一步改善。

五、2006 年发展思路与重点

（一）发展思路

2006 年是落实“十一五”规划的开局之年。浙江省信息产业发展的指导思想和工作思路是：以邓小平理论和“三个代表”重要思想为指导，认真贯彻十六届五中全会精神，坚持以科学发展观为统领，坚持以信息化带动工业化，围绕省委提出的“八八战略”、“平安浙江”、建造先进制造业基地工作部署，以“数字浙江”建设为主线，以信息资源的开发利用为核心，以加快信息服务业发展为重点，大力推进信息技术在全社会的应用；突出自主创新，扩大对外开放，加快结构调整和经济增长方式转变，优化发展环境，推动“数字浙江”与信息产业的和谐发展，努力朝着信息强省的目标迈进，为浙江省经济社会的全面协调可持续发展，提前实现小康，构建和谐社会提供产业支撑和技术支撑。

（二）发展重点

1. 进一步增强企业技术创新能力，增强产业竞争力

坚持把提高自主创新能力作为加快产业发展、推进产业结构调整的中心环节来抓。加强行业技术创新体系建设，推进建立以企业为主体，市场为导向，高校和科研院所为依托，产学研相结合的技术创新体系和高新技术成果转化机制。坚定不移地实施标准和知识产权战略，继续支持有条件的企业参与标准和行业标准制定，开展有关标准和知识产权的培训。积极搭建各种合作与交流平台，促进引进消化与吸收创新。

结合“十一五”信息技术发展规划，发布技术发展导向或指导意见 ，引导和推动重点技术和产品的研发。充分发挥国家级产业基地（园区）、重点高校科研院所等省内现有创新资源，借助国际国内科研力量，鼓励企业参与，加强支撑浙江省信息产业发展的基础技术，引

领和带动产业发展的关键技术，积极发展汽车电子、嵌入式软件、Linux 软件，RFID 等技术和产品。精心组织实施国家和省重点科研、技术创新、新产品和产业化计划项目以及省有关专项，集中力量支持一批重点项目的攻关，力争在数字电视、下一代互联网等若干关键技术上取得原创性突破。

2．加大产业结构调整力度，促进经济增长方式转变

加快重点产业发展，根据数字化、网络化和智能化发展趋势，针对浙江省产业发展特点，进一步做大做强软件和集成电路产业。加强规划引导，落实有关优惠政策，扶持产业发展。在开源软件、信息技术公共服务平台、嵌入式软件、数字娱乐、电子商务等方向确定若干个重大项目，会同有关部门进行研发和产业化招标及重点攻关；推进软件外包业务，进一步推进产业国际化；鼓励企业加强技术创新和管理创新，提高软件企业综合竞争力。加大集成电路生产线引进力度，进一步完善集成电路产业链。以骨干企业为支撑，做大做强通信、计算机及网络产品、新型元器件及材料等优势产业，推进完善相关产业链。重点培育数字电视、数字化音视频、新一代移动通信、汽车电子、系列节能电子材料与产品、信息家电等信息产业群，使其成为新的增长点。

3．推进实施大公司战略实施，加强国家信息产业基地和产业园建设

积极推进实施大公司战略实施，继续开展优势企业排序和百强企业推荐工作，积极落实和认真研究扶持大公司大企业发展的政策措施，加强跟踪指导和服务，努力营造公平有序的竞争环境。主动帮助和指导企业解决发展中存在的问题和矛盾，主动为企业提供良好服务，推进重点企业做大做强并向园区集聚。

杭州湾信息产业基地建设是省先进制造业基地建设的重要组成部分。要继续推进国家软件产业化基地、国家集成电路产业化基地建设。深化国家信息产业基地和产业园的建设，进一步明确基地和园区发展定位，使各园区形成特色明显、错位竞争、互动发展的局面。

4．进一步扩大出口，加大对外开放力度，开辟对外合作与交流新领域

浙江省电子信息产业出口主要以加工贸易为主，2005 年进出口贸易高出低进的情况需要关注，进口的低增长有可能会进一步导致出口低增长。要继续落实好鼓励支持外贸的各项政策措施，鼓励企业采取各种有效措施扩大出口，进一步调整产品进出口结构，增加高端产品出口，实施出口市场多元化，回避反倾销风险和技术壁垒。

要强化招商引资工作机制，探索“以园区（开发区）招商引资为主体，以搭建招商引资平台为重点，以联动、发展、共赢为目标”的招商引资工作机制。积极拓宽利用外资的领域，突出选商引资，重点推进对软件、数字娱乐、动漫等信息服务业的招商引资力度，提升信息产业利用外资水平。推进国内引资工作和技术合作，积极参与做好浙江省引进内资和技术合作工作。

要继续深化与 IT 主要国家、港台日韩地区以及国际 IT 大公司的合作，拟与诺基亚联合举办移动应用创新国际高峰论坛。深化区域合作，落实长三角信息化合作协议，积极加强与东北、西部地区的合作。继续实施“走出去”战略，支持有实力的企业开拓国际市场。加强对外贸易预警和应对国外贸易壁垒的法律和信息服务，提高应对国际贸易摩擦的能力。

5．加强全行业指导和服务工作

建立和完善信息产业重点企业主要经济指标的监控、跟踪、分析和预警机制，加大对行业出现重大问题的研究，做到分类指导。及时发布经济运行信息，并就热点问题、难点问题深入研究，积极协调有关部门，为企业争取政策；密切关注和认真研究分析大公司的生产经营波动情况，及时向有关部门反映企业需要解决的困难和问题，加快改善全行业经济效益状况。

（浙江省信息产业厅）

福建省

2005 年是一个承上启下的重要年份，福建省信息产业在全国产业增长放缓、原材料价格上涨、产品价格下跌、显示产品结构调整、国际贸易摩擦加剧等不利条件下，广大干部职工克服困难、共同努力，保持了产业平稳增长，为福建省经济发展做出积极贡献。

一、基本情况

2005 年福建省信息产业（包括制造业和通信运营、软件及计算机服务等信息服务业）实现销售总收入 1923 亿元，比 2004 年增长 11%。信息产品制造业实现工业总产值 1554 亿元，按国家统计局新的发展速度计算，比 2004 年增长 22.2%；信息产品销售收入 1497 亿元，同比增长 10.1%；工业增加值 370 亿元，同比增长 8.5%；实现利税总额 111.6 亿元，同比下降 12.8%，其中税收 27.2 亿元，同比增长 11.9%；出口额 105.6 亿美元，同比增长 8.3%。

20 家信息产品制造业重点企业累计完成工业总产值 1116.4 亿元，比 2004 年同期增长 9.2%，占全行业的比重为 71.9%。产值超 100 亿元的有 3 家（戴尔、捷联、厦华），比 2004 年新增 1 家，超 10 亿元有 17 家，比 2004 年新增 3 家。在 20 家重点企业中，联想移动、日立数字媒体、南靖万利达生产增幅位居前 3 位，均超过 50%。

2005 年福建省软件产业总体保持较快发展态势，各项主要经济指标稳步增长。福建省软件产业共完成软件及系统集成销售收入 111.3 亿元，同比增长 29.1%。软件出口 2270 万美元，同比增长 41.9%。

2005 年，福建省完成通信业务收入 216 亿元，同比增长 12.2%。全年新增固定电话交换机 195 万门，总容量达 1866 万门；移动交换机容量 1574 万户，移动分组数据网容量 173 万户，移动短信中心容量 1674 万条。新增固定电话用户 133 万户，年末达到 1399 户。新增移动电话用户 172 万户，年末达到 1302 万户。年末福建省固定及移动电话用户总数达到 2701 万户，比 2004 年末增加 305 万户。电话普及率达到 76.9 部/百人。数据及多媒体用户 598 万户，新增 161 万户，数据及多媒体用户普及率达 17.0%。

2005 年，各类无线电台站总数为 90841 台。受理申请 1541 份，批准设台 10800 个，换发电台执照 17480 张，核发进口设备批件 153 份，抽检设备 2291 部，共立案查处违法案件 53 起，干扰案件 84 起。

二、经济运行特点

（一）产业增速比 2004 年有所放缓，产业支柱地位继续增强

2005 年福建信息产业完成增加值 593 亿元，占福建省生产总值（GDP）9.1%，比 2004 年提高 0.8 个百分点。信息产品制造业单月产值呈现先低后高的发展趋势，单月产值由最低

2 月份的 98.2 亿元逐步攀升到 12 月份的 151.2 亿元（见图 1），累计增长速度亦由最低 2 月份的 14.6%逐步攀升到 12 月份的 22.2%（见图 2）。信息产品制造业产业规模连续 10 年居福建省工业系统首位，工业总产值占福建省规模以上工业总产值的 19.1%，增长速度比福建省工业增速高出 1.4 个百分点。工业增加值占福建省生产总值（GDP）5.7%，比 2004 年提高 0.1 个百分点。

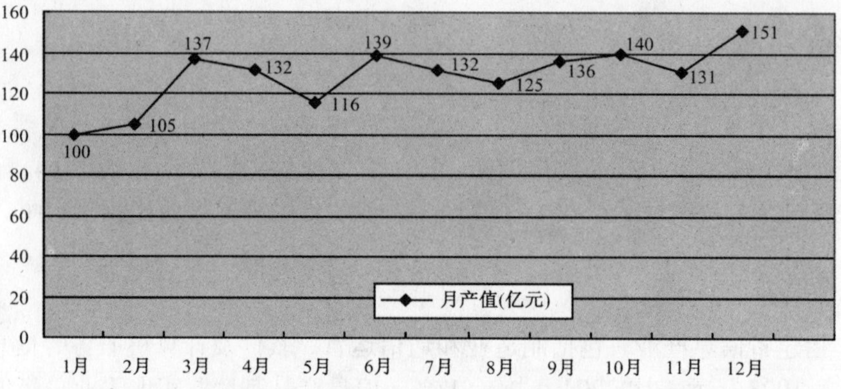

图 1　2005 年福建省信息产品制造业月产值增长趋势

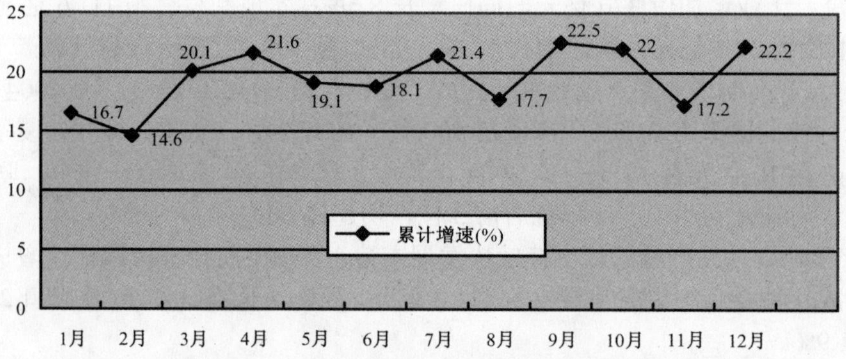

图 2　2005 年福建省信息产品制造业增长速度趋势

（二）主要产品产量大部分保持较快增长速度，信息产品市场竞争力有所增强

1～12 月福建电子信息产品累计产销率 98.6%，比 2004 年同期增长 0.2 个百分点，高出福建省工业产品销售率 1.14 个百分点。除传统显示器、显示管受产品结构调整保持低速增长外，彩色电视机、手机、计算机、激光视盘机、卫星电视接收机等主要产品产量均保持 15%以上的增长速度。厦华生产的平板电视已占领全球 4%的市场份额，联想移动生产的手机占有全国 6.7%的市场份额，跃居全部手机品牌第 4 位，国产手机第 1 位。

（三）从区域发展来看，各设区市产业呈齐头并进的趋势

福州、厦门两市的制造业产值占福建省 85%，比 2004 年下降 2 个百分点，显示周边地市的实力正在增强。漳州市信息产品制造业年产值首次突破 100 亿元，成为继福州、厦门之后第三个产值超百亿元的设区市；泉州、莆田产值亦都突破 40 亿元，泉州产值超过莆田，跃居第 4 位；漳州、泉州、莆田 3 个市共完成总产值 187.1 亿元，占全行业的比重由 2004 年 10.4%

上升到12%，说明漳州、泉州和莆田3个市产业规模不断壮大。南平、龙岩、宁德、三明亦都保持较快增长速度（见表1）。

表1 2005年福建各设区市信息产品制造业生产情况

地市名称	福州	厦门	漳州	莆田	泉州	南平	龙岩	三明	宁德
产值（亿元）	511	808.2	101	41.1	45	24.3	16.3	2.7	4.2
同比增长%	-1.8	15.3	26.2	39.7	26.6	25.6	47.0	79.9	60.8

（四）产品出口小幅增长，出口结构有所改变

2005年福建省电子信息产品出口105.6亿美元，占全行业工业销售收入的57.2%，占福建省外贸出口总额的30.3%，比2004年下降2.7个百分点，同比增长仅为8.3%，增幅低于福建省外贸出口10.2个百分点。全行业出口额上亿美元的企业有13家，集中在福州、厦门和漳州三地，出口额共计84.2亿美元，占全行业出口的80%，其中捷联、戴尔、灿坤出口额位居福建省前3位。厦华电子、日立数字媒体、夏新、万利达等公司出口增幅均超过50%，成为全行业出口的新亮点。产品出口结构有所调整，计算机类产品出口56.8亿美元，占全行业出口的54%，同比增长5.7%，增幅比2004年同期下降了43个百分点；元器件类产品出口18.6亿美元，同比下降5.6%；消费类产品出口12亿美元，同比增长33%，是2005年出口增长最快的产品，其中电视机出口超10亿美元，且有一半出口到美国。厦华彩电出口量稳居国内彩电企业首位，并首次被联合国采购用于办公设备。

（五）企业自主创新能力有所提高，品牌建设取得了显著成绩

万利达在全球首创“闪客”DVD、夏新电子全球首发WINCE IPTV液晶电视、厦华电子的“微晶神画”技术、厦门联创的“数字电视专用控制芯片”等，这些具有自主知识产权的产品产销两旺，成为福建省信息产品制造业新的经济增长点，从而提高福建省产品的竞争力。2005年福建省信息产业又有11项产品列入福建名牌产品，其中信息产品8项，软件产品3项。

（六）软件产业继续保持较快增长，出口形势良好

经过多年的发展，福建省的一批本土软件企业已成为具有一定经济实力与竞争能力的企业，并培育和形成了一批自主知识产权软件系统和产品，现逐步开始实施战略转型，向“从一省到全国”的阶段迈进，分别到北京、上海、杭州、武汉、西安、深圳、南京等地设立办事处或分公司，将福建省的优秀软件产品推向全国。2005年，福建省龙头软件企业增长速度明显高于福建省的增速，全省共有13家软件企业的收入超亿元，福州和厦门依然是软件企业的主要集聚地。全年软件出口突破2000万美元，其中福建富士通出口近千万美元，并与星网锐捷、榕基软件等公司强强合作，联合拓展日本、荷兰、中国台湾等国家和地区的外包业务，福建天晴数码有限公司自主开发的游戏软件成功打入美国市场，与福建富士通、厦门阿尔法、厦门掌通、厦门吉联等成为福建省软件出口的主力军。

（七）外资企业仍是行业增长的主力，民营企业发展势头良好

2005 年外资及港、澳、台投资企业实现产值 1368.9 亿元，占全行业产值 88%，同比增长 9.7%，仍是拉动行业增长的主力。民营企业实现产值占全行业产值 10%，交纳税金近 5 亿元，占行业税金总额的 18%，如万利达、飞毛腿、新威电子、神州电子等公司均保持高速的增长速度。这显示福建省民营企业正在步入高速发展时期。

（八）企业经济效益下滑，亏损面增大

2005 年福建省信息产业制造业实现利润 84.3 亿元，比 2004 年减少 10.3 亿元，同比下降 10.9%；规模以上企业亏损 108 家，比 2004 年同期增加 13 家。20 家重点企业中有 5 家企业亏损，骨干企业拉动能力有所减弱。企业“两金”占用率较高，应收账款净额和产成品库存分别增加 11.5%和 7.1%。

三、2005 年产业增速放缓的原因分析

（一）受信息产品周期效应影响，产品结构调整力度加大

自 2005 年起，液晶显示产品进入新一轮“液晶周期”，液晶显示产品呈上升趋势。据赛迪顾问调查数据，2005 年全国 CRT 显示器销量下降 12.2 个百分点，LCD 显示器市场规模达到 733.4 万台，同比增长 118.2%。LCD 各尺寸产品价格的大幅下降对于中国显示器市场形成强烈冲击，加速了 LCD 对 CRT 显示器的更替进程。作为福建省重点产品的显示器，2005 年产量仅增长 1.9%（其中 CRT 显示器产量下降 28%，LCD 显示器增长 53%），彩色显示管产量下降 29.5%，影响了福建省信息产品制造业的增长。就手机市场而言，自 2003 年国产手机达到 56%市场份额的顶峰以来，2004 年、2005 年连续下滑，市场份额下降到 40%左右，主要原因在于随着拍照手机、音乐手机、智能手机、多媒体手机等中高端手机的推广，国外品牌手机企业细分市场，在研发推出各式中高端手机的同时，大量推出低端手机，使国产手机物美价廉的优势弱化，国产手机企业普遍走入低谷，福建省的三个手机生产企业两个出现亏损。这些产品周期转换的影响，使福建省主要信息产品难以实现放量增长，影响到福建省信息产业的增长速度。

（二）企业自主创新能力薄弱，盈利能力滞后

近几年来，福建省信息产业虽然在自主创新能力方面有所提高，但企业研发投入偏弱，大部分核心技术和关键配套产品依赖国外和省外、软件产业发展相对滞后等不利的局面并未根本改变，截至目前，福建省信息产业企业国家级研发中心仅有 2 家，企业自主创新能力较为薄弱。目前，福建省信息产品制造业规模的高速扩张与企业盈利能力低下之间的矛盾越来越突出，呈现出信息产品国际、国内市场竞争力强，但产业结构优化能力、国际化能力和可持续发展能力弱的悖论。面对这种典型的粗放式经济增长方式，福建省信息产业唯有走自主创新的发展道路，才能使福建省由信息产业大省质变为信息产业强省。

（三）软件占信息产业的比重仍然较低，软件产业的发展还有待进一步推进

软件产业缺少大项目的引进和外资的投入，制约了产业的发展壮大，企业规模偏小，收

入百万元的企业占多数；市场带动作用较弱，市场对软件认识有待进一步提高，软件企业以项目为主的生存途径没有根本转变；软件人才队伍结构性问题突出，高端人才依然稀缺，引进难度加大。

（四）国际贸易摩擦加剧，人民币升值等因素影响了出口

加入 WTO 以后，国外在对我国信息产品提供优惠待遇的同时，也开始频频地利用反倾销、技术贸易壁垒和知识产权保护等非关税壁垒阻碍我国产品进入国外市场。据厦门海关消息，自 2005 年 8 月份欧盟《关于报废电子电气设备指令》（简称 WEEE 指令）实施以来，9 月份，厦门关区彩电出口欧盟增速大幅下降，出口 8.7 万台，仅增长 36%，远远低于前 8 个月平均每月 1.7 倍的增幅。欧盟另一个环保指令《关于在电子电气设备中限制使用某些有害物质的指令》（简称 RoHS 指令），也将于今年 7 月 1 日起实施，届时将使福建省出口产品受了更大的限制。由于人民币升值以及国外市场竞争激烈的影响，产品出口价格普遍下降，据福州海关的消息，福建省部分平板电视等出口平均价格分别不同程度地下降 10%到 25%。

（五）国际市场原材料价格上扬，生产成本增加

2005 年，国际市场原材料价格动荡不安，每桶原油价格多次突破 70 美元，信息产品必须的塑料化工产品和钢铁等金属产品价格也大幅度上扬，大大增加了信息产品的制造成本，同时由于各类信息产品价格不升反降（据赛迪顾问调查数据显示，2005 年，各种尺寸平板电视价格降幅在 20%～50%之间；计算机类产品价格也有所下降），既导致产品利润率降低，也遏制了企业扩产的积极性。

（六）企业发展的外部环境还不尽如人意，具有拉动作用的大项目、大企业落地少

前几年福建省信息产业保持较快增长，主要得益于“九五”期间建成的一批大型项目的产能的发挥，以及这些项目的增资扩产。但由于本省综合配套能力（包括元器件供应能力、科研和技术支撑能力、咨询服务能力、人才支持能力）较弱，加之在用地、金融扶持等方面尚没有更多灵活的政策措施，导致一些大项目、大企业未能如期落地，甚至一些企业出于发展战略布局、便于组织生产等方面考虑，将生产线外移，直接影响到福建省信息产品产量的增长。2005 年，福建省信息产品制造业和软件业销售收入约占全国的 4.6%左右，比 2004 年下降了 0.5 个百分点，仅占排名第一的广东省的十分之一，与长江三角洲、珠江三角洲和环渤海地区等信息产业先进区域尚有较大的差距。

四、2006 年发展目标

2006 年，福建省信息产业的主要预期指标为：信息产业增加值 690 亿元，同比增长 16.2%；信息产品制造业实现工业总产值 1800 亿元，同比增长 15.8%，销售收入 1730 亿元，同比增长 15.5%，工业增加值 410 亿元，同比增长 10.8%，出口额 120 亿美元，同比增长 13.2%。软件业 150 亿元，同比增长 36%。

（福建省信息产业厅）

山东省

2005年，山东省信息产业按照省委、省政府提出的"一二三四五六"的发展思路，以建设制造业强省、半岛制造业基地为目标，为把山东省建设成为全国重要的信息产品制造业基地，紧紧抓住国际产业结构调整及日、韩、台产业向我国转移、南方加工业向北方发展的战略机遇，积极实施"五大战略"，努力推进"八个创新"，壮大"三个一批"，加大招商引资力度，扩大固定资产投资，抓大项目，拉长产业链，发展产业群，建设产业园区，取得明显成效，产业继续保持持续、稳定、协调发展，呈现出速度快、效益好、后劲足的新变化。

一、基本情况

2005年，山东全省信息产业（含电子信息产品制造业、软件业、信息服务业）共完成产品销售收入和主要经营业务收入3167.4亿元，同比增长15.1%。

其中，电子信息产业（含电子信息产品制造业、软件业）共完成产品销售收入2824.5亿元，同比增长21.2%；增加值494.6亿元，同比增长23.3%；利税136亿元，同比增长21.3%，其中利润79.1亿元，同比增长21.7%。

（一）电子信息产品制造业

2005年，山东全省信息产业产品制造业企业总数612家，完成销售收入2621.9亿元，同比增长21.2%；利税120亿元，同比增长20.3%，其中利润70.9亿元，同比增长21%。2005年，山东全省电子信息产业销售收入超过百亿的企业有3家，分别是海尔、海信和浪潮，其中海尔集团销售收入超过千亿元，为1039.4亿元，海信333.8亿元，浪潮102.9亿元，超过50亿元的企业共有5家，比2004年增加1家，超过10亿元的企业共有25家。比2004年增加5家。

（二）软件业

2005年，山东全省软件企业完成主营业务收入202.9亿元，同比增长16%，软件收入合计128.5亿元，同比增长22.2%；软件企业利润总额8.2亿元，同比增长28.8%，税金总额6亿元，同比增长28.3%。

2005年，制造业企业中嵌入式软件销售收入141.2亿元，同比增长10.9%，嵌入式软件出口2.5亿美元，同比增长11.3%。以上山东全省软件企业软件收入与制造业企业中嵌入式软件销售收入合计为269.7亿元，同比增长16%。

2005年，山东省新增软件认定企业55家，累计共有317家；新增登记软件产品377个，累计达到1580个；新增软件著作权登记260个，累计达到880个。

截至到12月份，山东全省共有计算机信息系统集成资质认定企业64家，其中一、二、三、四级企业分别为5家、4家、32家、23家。

（三）主要产品销售情况

2005年，山东省彩色电视机销售1371万台，同比增长31.3%；微机销售169.1万部，同比增长 0.03%；服务器销售 9.5 万部，同比增长 6.3%；传真机销售 468 万部，同比增长 83.5%；打印机销售 212 万台，同比增长 24%；程控交换机销售 283 万线，同比增长 52.2%；移动通讯手持机销售 1058 万部，同比增长 5.8%；电子元件销售 112.6 亿支，同比增长 3.4%。

（四）出口情况

2005 年，山东全省电子信息类产品出口交货值共计 63.7 亿美元，同比增长 33.9%，占山东全省出口的 12.6%，占山东全省机电产品出口的 42.7%。主要大类产品中：消费类电子产品及零件类累计出口 6.4 亿美元，同比增长 127%；通信设备及零件类累计出口 18.6 亿美元，同比增长 96%；自动数据处理设备及部件、零附件类累计出口 13.8 亿美元，同比增长 111%。

2005 年，山东全省电子产品制造业累计出口过亿美元的企业有 12 家，过千万美元企业达到 71 家；威海三星、浪潮乐金、海尔集团，全年出口金额分别达 8.53 亿、8.22 亿、8.1 亿美元，占据山东全省出口企业前三位，占山东全省前 10 名的企业达 5 家。海信集团出口达到 3.5 亿美元，比 2004 年增长一倍以上。

（五）利用外资情况

2005 年，新批外商直接投资项目（包括通信设备、计算机及其他电子设备制造业与信息传输、计算机服务和软件业）共 498 个，同比增长 25%；合同利用外资 24 亿美元，增长 56%；实际利用外资 8.2 亿美元，增长 26.7%，占山东全省实际利用外资的 9.1%，超过山东全省平均水平 23.6 个百分点；全年累计新增投资在千万美元大项目已经达到 62 家。

二、经济运行特点

（一）电子信息产业保持较快发展，经济效益逆势上扬

今年以来，受国内外市场发展及宏观经济态势的影响，在全国信息产业增速及利润增长出现大幅回落的情况下，山东省信息产业产品仍保持了较高发展势头和经济效益增幅，集约化发展趋势明显。

（二）产业结构不断升级，高新技术产品产量大幅增加

以液晶、等离子电视为代表的高端彩电已经成为消费的热点和亮点，今年以来，山东省液晶、等离子电视的增幅达到 5 倍以上，产销率达到 96.5%；程控交换机、传真机的产量均有大幅增长；信息化智能化家电增长明显；光电子产品、计算机及零部件产品生产大幅增加。

（三）胶东半岛制造业基地建设成效显著

近年来，山东省信息产业积极适应产业发展趋势，着重培育产业聚集区，形成了以青岛为龙头的优势产业带。2005 年，青岛、烟台、威海三市电子信息产业完成销售收入 2356 亿元，占全行业的 84%，胶东半岛制造业基地的格局初步形成。

青岛继 2004 年被列为国家级信息产业基地后，2005 年，崂山高新技术开发区和黄岛经济技术开发区分别又被列为国家级通信产品产业园和家用电子产品产业园。齐鲁软件园作为国家十一大软件园之一，不断发展壮大，综合实力居全国前五位。烟台计算机及零部件、手机及配套件产业园、威海办公自动化设备及配套产品产业园等都已形成了较大规模。

（四）实施“大公司”战略成效突出，产业规模向优势企业集中

近年来，山东省电子信息产业积极实施“大公司”战略，在资金、政策等方面对骨干企业重点扶持，取得了显著成效。截至2005年底，全行业销售收入过10亿元的企业有 25家，过100亿元的企业有3家；海尔、海信、浪潮等八家企业进入全国电子信息百强企业，其中海尔集团连续三年蝉联全国电子信息企业百强之首。2005年，八家电子百强企业实现产品销售收入1614亿元，占全行业总额的57.1%，大企业的带动作用十分明显。

（五）电子信息产品出口强劲，成为产业发展的一大亮点

在“大公司”、“走出去”、“外向型”战略的指导下，今年以来，山东省电子信息产品出口强劲，有效的弥补了国内市场的不足，彩电、手机、打印机、集成电路与微电子组件等产品出口增幅巨大，一般在一倍以上，手机更是达到了三倍以上，成为产业发展的一大亮点。

重点企业中，威海三星、浪潮乐金、海信集团增幅分别到达了 82%、5 倍、1 倍。这些行业骨干企业出口的大幅增长有力得拉动了山东全省信息产品出口增长。

电子信息产品已成为山东全省出口产品的领头羊。2005年，山东全省全部出口企业前三位分别为威海三星、浪潮乐金、海尔集团，且三家企业都突破了8亿美元，形成了领跑山东全省出口的第一集团。共有5家电子信息企业位居山东全省出口前十位，占据半壁江山。

（六）外商投资迅猛增长，信息产业成为投资热点

今年以来，外商在山东省信息产业的投资步伐进一步加快，以我国台湾地区和日、韩等国家为主，尤其以中国台湾地区在山东省投资发展最为突出。特点是正在由过去以中小企业来山东省投资发展为主转向以大企业投资以及整个产业基地或园区向山东省转移为主，大项目多，投资额高，信息产业正成为外商在山东省投资的新热点。

2005年，在制造业各行业中，通信设备、计算机及其他电子设备制造业直接利用外资项目数、合同及实际利用外资金额各项指标均位列第一。在第三产业中，信息传输、计算机服务和软件业，增长速度惊人，合同利用外资以及实际利用外资金额增长分别达到 199%与325%。

新批投资、增资项目蕴含新的产业增长点，增长潜力巨大。2005年，有多个电子信息领域重大项目获批立项，如东营胜达光电项目，项目完成后，山东省将拥有国内少数几个液晶显示面板（TFT-LCD）生产基地，这将对山东省信息产业的发展具有重要意义。

三、存在的问题

（一）原材料价格普遍上涨，影响企业经济效益

2005年，相关材料大幅涨价，相关配套件价格也呈现出上升趋势。由于原材料的涨价原因，电视机等家电产品平均成本比2004年增长了13%～20%。另外煤电油的供应紧张、企业成本不断增高，影响了经济效益进一步提高。

（二）技术创新能力不强，缺乏核心技术

目前山东省电子信息产业链条短，配套能力低，高端产品少，中低档产品居多，产品的利润率和附加值比较低，企业产业研发投入不足，技术创新能力不强，缺乏自由知识产权的核心技术和产品，使我们的企业在高端市场上明显处于弱势，缺乏核心竞争力等因素仍制约着山东省电子信息产业的发展。

（三）国际贸易纠纷不断，反倾销、贸易壁垒等对电子信息产品出口的阻碍作用日趋明显

近年来，电子信息产业的外贸环境出现新的变化，我国不断遭遇国际贸易纠纷，主要表现为欧美国家针对我国的反倾销调查快速增加、技术壁垒加剧和收取高额的专利费用，在很大程度上抑制了山东省电子信息产品的出口，增加了生产运营成本，同时日本、韩国、意大利、澳大利亚、新西兰等国家也纷纷采取非贸易壁垒手段排挤和限制山东省电子产品出口和本地化生产。

（四）全省各地区经济发展不平衡

青岛、烟台、威海等沿海城市发展较快，生产、销售、经济效益同步增长，对全行业发展，特别是经济效益增长的拉动能力增强，而菏泽、莱芜、枣庄等地产业规模较小，发展速度慢，发展后劲不足。

四、面临的形势

2006 年是贯彻落实十六大“走新型工业化道路”,“优先发展信息产业”战略部署的重要一年。随着经济全球化趋势进一步增强和产业竞争的加剧，山东省电子信息产业面临着国内、国外巨大的发展机遇和挑战。

（一）当前机遇

从国际看，一是世界电子信息产业进入新的发展周期，自 2001 年开始的世界电子信息产业的调整期基本在 2004 年结束。二是电子信息产业开始新一轮产业转移。发达国家和地区的一些跨国公司在把生产基地向中国转移的同时，其关键部件生产、研发机构、营销网络也陆续向中国转移，有利于我国电子信息产业向生产工序前端和产业链上游延伸，提高产业竞争力。三是中国加入世贸组织后，将使中国与世界经济、产业和市场更加有机的融合，有利于我国电子信息产业加快“引进来”和“走出去”。

从国内看，一是在新的战略机遇期，党和国家对电子信息产业发展给予了高度重视，十六大明确提出“优先发展信息产业，在经济和社会领域广泛应用信息技术”,“坚持以信息化带动工业化，以工业化促进信息化，走新型工业化道路”，社会主义市场经济体制进一步完善，为信息产业提供了良好的发展环境和广阔的市场空间。二是国家实施西部大开发和振兴东北老工业基地战略，为山东省电子产品制造企业“走出去”发展创业提供了新的契机。三是我国 3G 技术的应用、二代互联网建设、数字电视的推广普及等为信息产业技术创新、产品换代、市场发展提供了良好的机遇和发展空间。

（二）面临挑战

一是世界经济发展和政治局势面临着更多不确定因素，产业风险增大。二是在承接新的产业转移过程中，我国面临来自印度、越南、拉美等第三世界国家的激烈争夺，同时也面临外资企业纷纷“独资化”的制约，招商引资难度加大。三是贸易壁垒、出口退税率下调，产品的出口难度加大。四是我国电子信息产业目前主要处于全球产业分工体系下游循环发展的状况短期内难以打破。五是产品竞争白热化，整个产业盈利能力不断下降。

机遇与风险同在，与挑战并存。抢抓机遇，迎接挑战，加快发展，是山东省电子信息产业做大做强，实现跨越式发展的必由之路。

五、2006 年发展思路、目标和重点

（一）发展思路和目标

全面贯彻十六届五中全会精神，以提高电子信息产业综合实力为目标，以强化提升自主创新能力和努力加大产业投入为着力点，重点发展计算机、通信、信息家电、新型电子元器件、集成电路、新型电子材料和软件七大产品系列，努力培植军工电子、信息系统集成等新兴产业；通过大项目带动、招商引资、产学研联合等多种形式，大力推进区域特色明显、产业链完善的产业聚集区建设。努力适应新形势，积极探索新的产业发展之路，使山东省电子信息产业继续保持持续、快速、健康的发展。

主要经济指标：完成工业增加值 560 亿元，同比增长 15%；销售收入 3300 亿元，同比增长 20%，利税 150 亿元，同比增长 15%，利润 90 亿元，同比增长 15%；出口交货值 600 亿元，同比增长 20%。

主要产品指标：手机 1250 万部，同比增长 10%，台式个人电脑 90 万台，同比增长 10%，彩色电视机 1560 万部，同比增长 20%，程控交换机 330 万线，同比增长 20%，传真机 600 万台，同比增长 40%，打印机 220 万台，同比增长 20%，半导体分离器件 90 亿只，同比增长 10%。

（二）重点任务

（1）大力推进电子信息产业基地和园区建设。结合“十一五”规划目标，以完善产业链、促进产业聚集为目的，加快建设国家（青岛）电子信息产业基地、国家（崂山）通信产业园和国家（黄岛）家用电子产品产业园；采取倾斜政策和得力措施，努力培植烟台计算机及配套件产业园、威海办公自动化设备及配套件产业园、烟台手机及配套件产业园和烟台电子信息产业基地的形成和发展，争取将以上 3 个产业园和 1 个产业基地申报为国家级产业基地和园区；按照大项目-产业链-产业园-产业基地的发展模式，通过招商引资、大项目带动、资源整合、加大投入等措施，努力建设以 TFT 为代表的新型显示器件、以晶圆加工为代表的集成电路制造等 2 个新兴产业聚集区，尽快形成特色明显的产业园区。

（2）加快培育产业创新能力，促进产业升级。根据山东省产业发展现状和信息技术发展趋势，2006 年努力突破集成电路、软件等核心产业，重点培育新型电子元器件及材料、软件、计算机及应用电子产品、通信及网络产品、信息家电等 5 大产业群。以企业为主体、市场为导向，进一步完善产业创新体系建设，以自主创新提升产业技术水平。采用产学研用相结合、

引进消化吸收和自主创新相结合的方式，加大投入，重点支持，争取和省发改委共同实施几个专项，力争在集成电路外围材料、光电子材料及器件、新型显示器件、电力电子器件、中高档片式元器件、行业应用软件、中间件、嵌入式软件、网络安全、高性能计算机、汽车电子、数字通信关键配套件、数字家电关键件等产品领域实现突破，全面提升产业自主创新能力和核心竞争力。

（3）抓大和促小相结合，培育产业带动力量。继续支持海尔、海信、浪潮等 8 家列入全国电子百强的大型企业集团做大做强，鼓励大企业走出去，实现跨国经营，06 年努力形成 3 家过百亿的企业集团；集中利用产业发展基金、软件基金等现有引导手段，争取新的扶持政策和国家及省各项专项资金支持，选择 30 家左右有一定规模和发展潜力的中小企业进行重点引导和扶持，促使他们尽快壮大规模，成为本行业的排头兵和产业“小巨人”，年底前争取使 10 家企业成为全国同行业第一，20 家企业进入全国同行业前三。在全面调研的基础上，年内出台“促进信息产业中小企业发展意见”，更好地指导中小企业发展，带动产业跨越发展。

（4）加大产业投入，积极培育产业新的经济增长点。努力拓宽产业投融资渠道，积极引导民间投资，搞好招商引资，推动现有企业的技术改造和新建投资项目的建设，重点支持出口创汇企业和民营企业发展，全年争取完成投资 180 亿元，为产业发展提供坚实保障；根据山东省产业发展特点，重点培植军工产业和信息系统集成两个新兴产业，努力突破集成电路产业。以部队信息化需求为导向，进一步加强军工电子产品研发和军工企业产品管理，提高山东省军品装备能力。进一步加强计算机信息系统集成资质认证工作，以资质认证促产业发展，提高系统集成产业的规模与水平。2006 年，军工产品产值达到 50 亿元，同比增长 30%。实现信息系统集成销售收入 70 亿元，增长速度 40%左右。以提高集成电路设计水平为重点，加快海尔、海信、浪潮、威海哈工大分校、山东大学、山东科芯 6 个集成电路研发中心建设，加大研发投入，建立科学有效的创新体系，在发挥山东省现有设计优势的同时，以合资合作等方式有选择地引进国外先进生产线，带动山东省集成电路发展。

（三）主要措施

（1）加强调研与法规建设，为行业发展创造良好环境。继续加强对全局性、战略性、方向性问题的研究，切实发挥政府“引导、规范、监管、服务”的职能。加强对行业的宏观指导与监督服务，形成依法行政、高效运转、配套完善的行业管理体系。

（2）加强自主创新，提高产业核心竞争力。坚持有所为有所不为，培育自主知识产权产品，着力在关健产品和核心技术上取得突破。健全政府支持、企业主导、产学研结合的技术研究和开发体系。建议省政府拿出部分引导资金，实施集成电路设计、电子新材料、嵌入式软件及系统等关键技术创新和产业化专项。增加企业研发投入，加速科技成果向产品的转化，增强核心竞争力。

（3）加大招商引资力度。创造“安商、亲商、富商”的良好氛围，注重统筹规划，注重有目的、有选择的招商和产业链招商，在引进外资、利用内资上实现大的突破。“走出去”和“引进来”相结合，通过战略联盟、直接投资等多种方式联合进入国际市场。做好大项目的招商工作，通过大项目的实施，带动山东省电子信息产业链的完善和电子信息产业基地的建设。

（4）抓大促小，提高产业整体实力。继续推进大公司战略。充分利用好发展资金的引导作用，建立扶持大公司发展的工作机制和联系制度。进一步搞活中小企业，使之向“专、精、特、新”方向发展。形成一批具有自主知识产权的产品，一批具有国际竞争力的大企业和一批知名品牌。

（5）实行人才战略，完善人才体系。加强对信息科技人才的培养和引进工作，重点引进既懂技术、又懂经营管理和市场营销的复合型人才。充分发挥山东省某些学科和技术领域的优势，加强对外信息技术人才的交流与培养，建立吸引人才、留住人才和使用、培育人才的新机制。

（山东省信息产业厅）

广东省

2005 年是“十五”计划的末年。“十五”期间，广东省信息产业围绕建设电子强省的目标，积极推进产业结构调整，提高自主创新能力，通过扶持实施关键领域重点突破项目，提升企业整体水平，打造区域品牌，努力开拓国内外市场，在国际化进程中不畏艰难，勇于探索，走出一条自我发展的新路子，使广东全省的信息产业保持稳健快速发展。

一、基本情况

2005 年广东省电子信息产业工业总产值比“九五”末（2000 年）翻了两番，五年平均增长 31%，高于广东全省工业增长水平，超额完成了“十五”计划预期目标（5500 亿元），电子信息产业工业增加值占全省 GDP 的比重由 2000 年的 2.8%提高到 2005 年的 8.1%。

2005 年，广东省电子信息产业整体呈现平稳增长态势。信息产业制造业（按大分类统计口径，以下同）有规模以上企业 3057 家，完成工业总产值 9586 亿元，同比增长 25.5%，完成销售收入 9351 亿元，产销率达 98%；出口交货值 7057 亿元，同比增长 28.4%；工业增加值 1755 亿元，同比增长 20.7%；对全省工业增长的贡献率为 24.9%。全行业资产总额 5635 亿元，固定资产净值平均余额 1096 亿元。资产利润率为 5.29%，高出全国同行业水平 0.47 个百分点。其中通信设备制造企业 330 家，完成销售收入 1708 亿元；电子计算机制造企业 465 家，完成销售收入 3820 亿元；电子器件制造企业 361 家，完成销售收入 871 亿元；电子元件制造企业 1084 家，完成销售收入 1399 亿元；家用视听设备制造企业 553 家，完成销售收入 1394 亿元。

二、经济运行特点

（一）技术创新取得实效，产业综合竞争力逐步提升

广东省政府在资金和政策方面加大对科技开发的投入，注重开发自有知识产权的技术。通过对关键领域重点突破项目的支持，促进广东省信息产业核心技术的发展，提升整个产业综合竞争力。华为技术有限公司和中兴通讯股份有限公司的数字集群系统，TCL 的数字移动通信终端，已实现从芯片到应用层的核心技术，拥有自主知识产权；广州广晟数码技术有限公司的“数字音频编解码算法”进入国际先进行列。2005 年度全行业有 55 个项目获得省科

学技术奖励，其中一等奖 4 项，二等奖 13 项，三等奖 38 项；华为技术有限公司的“以软交换为核心的 U-SYS 技术”获国家科技大奖；中兴通讯股份有限公司“GoTa 数字集群系统的若干关键技术”获信息产业部重大技术发明奖；华为技术有限公司的“Quidway 系列高端路由器”、东莞权智电子厂等研制的“掌讯通”、深圳艾立电子有限公司等研制的“智能图象信息处理方法及其在工业系统中的应用”获国家科技二等奖。

继被信息产业部授予珠江三角洲、深圳市两个国家级电子信息产业基地后，2005 年又有：国家（佛山）新型显示器件产业园、国家（惠州）数字视听产品产业园、国家（顺德）家用电子产品产业园三个特色产业园区被信息产业部授予国家级园区。这些基地和园区正发挥着其聚集效应。广东省进入全国电子信息百强企业行列的 25 家企业均坐落于两大基地中，2004 年实现营业收入 2573.5 亿元，利润 132.13 亿元，分别占全国第 19 届电子信息百强企业总额的 31.5%和 39.7%；21 家企业入选全国元件百强；深圳华强集团公司、惠州德赛集团公司等到 14 家企业进入“广东省大型企业 50 强”。

（二）产业产品结构进一步优化

广东省主要电子产品产量居全国前列。全年生产彩色电视机 4089 万台，占全国 49%；激光视盘机 7524 万台，占全国 72.5%；组合音响 5249 万台，占全国 96%；半导体分立器件产量在全国排行第一；移动电话、微型计算机、集成电路产量居全国第三位。通信设备、电子计算机、电子元件、家用视听设备、电子器件等五大制造业的销售收入居全国之首。

新产品研制成绩显著，其产值占全省新产品产值的 63.4%。PDP、LCD、可录电视机、多媒体移动终端等高端电子产品已大批量投入市场；片式元器件、锂离子电池已大批量进入手机、手提电脑配套领领域；广东省广业信息产业集团公司等 14 家企业被信息产业部授予税务收款机资质企业。数字程控交换机、微型电子计算机、半导体分立器件和集成电路电子元件等投资类、基础类产品的增长速度远高于消费类产品；手机和组合音响出现负增长。名牌产品不断增加，汕头市超声显示器有限公司的液晶显示屏等 6 种产品 12 家企业商标首获省名牌产品称号，中国长城计算机深圳股份有限公司的 Great Wall 笔记本电脑等 3 种产品 3 家企业商标首获中国名牌产品称号；华为技术有限公司生产的华为牌程控交换机首获中国世界名牌产品称号。主要出口企业的“零铅工程”全面启动；配置齐全的音视频设备抗扰测试系统、电子电器产品有害物质检验室/微量元素分析室在广东省电子电器产品监督检验所投入使用。

（三）国际化经营　拓展海外市场取得较大成果

广东大型电子信息企业经过多年的快速发展，企业竞争力显著提高，国际化经营能力增强，拓展海外市场的步伐加快，海外业务大幅度的提高成为广东信息行业发展的一大亮点。尽管面对人民币升值，在短期内对企业出口产品有一定负面影响，以及国际贸易争端加剧和市场竞争更趋激烈等不利因素，广东省信息产业企业努力克服重重困难，勇于探索，通过海外并购、合作等方式进入国际市场。

2005 年广东省信息制造业实现出口贸易总额 1144.5 亿美元，比 2004 年增长 24.87 %，占全国同行业出口贸易总额的 42.68%；其中出口贸易额较大的是：通信设备类产品 164 亿美元，同比增长 47.64%；计算机类产品 507.6 亿美元，同比增长 19.73%；家用电子电器类产品 250 亿美元，同比增长 26.47%；电子元件产品 100.5 亿美元，同比增长 15.07%。增长最大的是广播电视设备，同比增长132.8%。

TCL集团股份有限公司加大研发投入，在中国、美国、德国和新加坡四大研发中心的布局已完成；并通过海外并购的方式，2005年海外经营机构已由原来的14个增加至20个，基本完成全球新兴市场的战略布局，在彩色电视机方面紧紧抓住欧美彩色电视机市场复苏回缓和新兴市场出现爆发式增长的有利时机，在俄罗斯、泰国等主流国家均实现了40%以上的增长，海外销售收入达250亿元，首次超过国内市场的总收入。华为技术有限公司海外销售额占企业总销售额的比重由2004年的40%上升到2005年的60%，3G产品占全球5%的市场份额。中兴通讯股份有限公司与全球顶级营运商合作，基本完成对欧美高端市场的拓展。公司的宽带数据网络设备、3G手机、光传输设备、NGN等产品已批量进入欧美市场。其他重点企业如金鹏集团公司、德赛集团公司等，国际化经营取得了突破性的进展。

2005年DVD产品受欧盟两项环保指令和“国际3C联盟”专利费排查的影响，我国DVD出口9年来首次下降，但广东省惠州市DVD生产企业及时采取有效措施应对，出口一枝独秀，对比其他地区出口逆势上扬，出口额达6.9亿美元，同比增长3%。

三、存在的问题

（一）产业处于技术转型阶段，有待市场培育及消费结构升级的拉动

2005年广东省消费类产品继2004年步入调整期以来，2005年上半年主要产品加快升级换代，产品增幅下降较大，手机、组合音响等出现负增长，但下半年有所回升。如：消费类电子产品中的手机3G标准、数字电视标准仍未出台，小灵通手机市场销售高峰期已过，且面临着机卡分离的形势，以及彩色电视机平板化的趋势，使行业处于培育和推广阶段，大多数消费者持币待购。而同时，企业为适应市场发展，需及时调整产品结构，产品市场仍未形成规模效应。

（二）有相当部分企业技术创新能力不强，技术创新投入不足

这些企业长期以代理生产和销售其他品牌为主，没有自己的牌子，对外依存度高，企业根植性弱，竞争优势不突出，技术含量低，。

（三）上游原材料涨价，进一步压缩了企业的利润空间

2005年石化原材料一直维持在2004年底的高水平，钢材、塑料、有色金属等原材料价格一直居高不下，涨幅平均达50%；此外，因油料涨价，使运输成本增加（每个40英尺货柜运输成本提高10%），使生产成本大幅提高。2005年虽然全行业销售收入比2004年增加2123亿元，但利润总额却只比2004年增加44亿元。全行业亏损面达31%，亏损企业亏损总额为46.4亿元。

四、2006年工作要点

为解决产业发展中长期存在的缺乏核心技术和自主知识产权产品不多的问题，围绕着提高自主创新能力和提高消费类电子产品水平两大中心任务，积极开展相关工作，推动产业结构升级，增强持续发展后劲。

——加大力度建设公共技术创新平台

在资金、政策等方面加大支持力度，建设 Linux 公共技术支持服务中心、集成电路公共设计服务平台、嵌入式软件公共技术支持中心、软件中间件公共服务平台等行业性公共服务机构。

——实施数字家庭行动计划

为了抓住数字家庭发展机遇，抢占产业未来发展的制高点，与有关部门联合组织实施广东省数字家庭行动计划。

——集中精力推进液晶平板显示器件 TFT-LCD 项目建设

目前，以数字化、平板化和集成化技术为主导的新一轮产业升级和产业整合已经在全球范围内开始，为了抓住 TFT-LCD 产业和技术、把握光电子显示产品发展的主动权，将推进液晶平板显示器件 TFT-LCD 项目建设作为广东省“十一五”计划的重点项目。

——巩固国内市场，稳步推进国际化经营

充分利用各地的各种扶持政策，大力发展前景好、效能高、竞争力强的产品，鼓励企业做大做强。加大实施名牌战略的力度，引导企业坚持以质取胜，提高知名度，提高出口产品的技术含量和自有知识产权，充分利用好国内国外两种资源，正确处理好内源经济和外源经济的关系，促进企业快速发展。

（广东省信息产业厅）

四川省

“十五”以来，四川省信息产业认真贯彻党的十六大会议精神，以科学发展观为指针，在省委、省政府的正确领导下，在信息产业部的指导下，致力于壮大和发展信息产业，不断推动四川信息产业持续快速发展，进一步确立了支柱产业在四川省中的地位和作用，较好地完成了“十五”各项工作任务，为四川省经济和社会事业发展做出了贡献。

一、基本情况

（一）经济总量实现翻番

信息产业横跨二、三产业，主要由“三业一化”（电子及通信制造业、软件业及服务业、电信营运业及国民经济与社会信息化）构成。2005 年，四川省信息产业营业收入高达 671.7 亿元，是 2000 年的 2.1 倍，信息产业增加值 349.3 亿元，增速 20%，是 2000 年的 2.3 倍，“十五”期间年平均增长速度 18%。

（二）产业结构实现优化

2000 年四川制造业、软件业、电信运营业结构比例为 60∶4∶36；2005 年制造业、软件业、电信运营业结构比例为 43∶20∶37，制造业在获得发展的同时，软件业和电信运营服务业更实现了高速增长，产业结构向“软化”方向发展，更符合循环经济发展的要求。四川省信息产业制造业还吸引了包括英特尔、摩托罗拉、爱立信、西门子、联想、中芯国际在内的多家国际大公司来川投资，建立了研发、制造、服务等比较完善的信息产业链，极大地改善了四川信息产业制造业的产业结构。

（三）信息化建设成绩突出

四川在电子政务、旅游信息化、劳动和社会保险、商业领域、地区信息化建设等领域信息化、区域信息化方面，取得明显成效，在缩小地区差异、缩小数字鸿沟等方面取得积极成果。在信息技术改造传统产业，在大型设备制造、传统加工制造业信息技术改造等社会经济各方面取得了显著成效，提高了装备发展水平，增强了企业活力和竞争力。

（四）创新体系初步建立

以电子科大、四川大学、西南交大等知名学府为代表，四川省拥有信息类相关专业的高校十余所，拥有国家级信息类专业研究所 10 余家，国家级企业技术中心 3 家，省级企业技术中心 23 家。“十五”以来共获国家科技发明奖和国家科技进步奖 12 项，国家自然科学奖 7 项，省科技进步一等奖 11 项。累计获国家受理和公告的专利技术 1488 项。

（五）对外开放上新台阶

“十五”期间，一大批国内外知名企业落户四川。英特尔投资 4.5 亿美元的芯片封装项目签约落户成都，是四川信息产业对外开放新的里程碑。爱立信、思科、索尼、微软、联想等国际大公司纷纷来川投资，极大地提升了四川信息产业的国际化水平，奠定了强劲的产业发展后劲。四川也因此成为中国西部吸引国际电子信息大公司投资最多的省份。

二、经济运行特点

（一）以大行业的观念为指导，通讯运营业获得大发展

2005 年，四川省完成通信业务总量 440.8 亿元，实现营业收入 226.4 亿元，完成增加值 220.4 亿元，增长 22.1%。全年发展固定电话用户 208 万户，移动电话用户 175 万户，总数分别达到 1577.4 万户和 1689.7 万户，分别比 2000 年增长 1.72 倍、5.76 倍。年末电话普及率达 37.99%，比 2000 年年末增加 27.96 个百分点，其中，固定电话普及率和移动电话普及率分别达到 18.34%和 19.65%，分别比 2000 年提高 11.32 和 16.64 个百分点。“村村通电话”工程成效明显。互联网上网户数达到 302.59 万户，非话音和增值业务快速增长，目前已达业务总量的 21%。

（二）以产业和产品结构调整为核心，实现制造业的稳步发展

经过“十五”期间引进和自主发展，制造业的产业结构和产品结构得到优化。通过引进英特尔、中芯国际等企业，实现了集成电路生产从无到有；通过长虹公司的技术改造，数字视听产品从模拟到数字，从 CRT 到背投到平板显示，实现了数字视听产品的升级换代，并向着 3C 融合和信息家电和通信迈进；通过以中电科技集团 30 所为代表的一批企业的发展，信息安全产业形成从部件到整机到系统的完整产业链，正推进与通讯、IC 产业的融合；通过以乐山-菲尼克斯公司的技术改造，实现了片式元器件的规模化和国际化。通过“十五”期间的结构调整，四川省改变了多年来形成的以家电制造业、国有老企业为主的单一结构状况。

（三）以国家级软件产业基地（成都）为核心，软件产业实现了高速发展

软件业作为信息产业的核心组成部分，依托四川良好的人才基础及软硬环境，获得了超常规的发展。一是基础设施建设加快，国家级软件产业基地（成都）在已建成高新孵化园、天府软件园的基础上，加快了西部园区创新组团及西南片区基础设施建设，建立了国内领先的软件研发生产的公共技术平台、服务体系，大幅提升了四川软件产业的承载能力、服务水平；二是四川作为国家级软件产业基地聚集效应突出，微软、摩托罗拉、思科、爱立信、诺基亚、西门子、阿尔卡特、索尼、中兴通讯、华为、联想、新蛋、盛大、智乐、金山等国际公司在川设立软件研发机构，带动了四川省软件产业研发能力、生产服务水平整体提高；三是信息安全软件在巩固原有成果基础上，正努力推进与通讯产业、IC 产业的相互融合，形成密码、安全芯片、信息安全产品整机、信息安全应用软件、信息安全教育培训等完整的信息安全产业链，产品及服务占全国信息安全行业产值 23%；四是数字娱乐软件已成为中国数字娱乐软件产业聚集点，聚集了金山、盛大、智乐、腾讯等 30 余家数字娱乐企业，到年底有 30 多款产品投入运营，初步形成了网游和动漫、手机游戏、游戏运营服务的体系；五是在嵌入式软件和通讯行业软件方面成为了中西部地区的研发中心，聚集了西门子、阿尔卡特、爱立信、诺基亚、中兴通讯、华为等为核心的企业集群；五是软件外包业务开始起步，以四川四凯、成都颠峰等企业为代表的本土企业软件外包逐步成长。四川省通过认证的软件企业达 368 户，登记软件产品 1018 件。2005 年软件业实现销售收入 130.5 亿元，“十五”平均增长速度 60%；完成增加值 52.07 亿元，“十五”平均增长速度 60.1%。

（四）以应用为目的，信息技术应用和信息化建设取得显著效果

按照以信息技术改造传统产业，走新型工业化道路的要求，四川的信息技术应用日益普及，以东电、攀钢为代表的大型装备业，以丝丽雅、乐山电力、长虹等为代表的传统行业，以温江花木基地、伍田食品等为代表的农业行业，信息技术均得到广泛应用。在电子政务方面，四川电子政务基础设施初具规模，基本形成了以四川省电子政务外网、省电子政务内网（党政网）为平台，以省财政网、省社保信息网、省公检法信息网、金税网、省工商网、省统计网、省技监网等专网为业务支撑的覆盖全川的网络体系，电子政务应用取得实效，各级政府部门基本实现了办公自动化，部分实现了政府内部业务、对社会监管及公共服务的网络化信息化。在企业信息化方面，大力推广应用现代信息技术，五粮液集团、长虹集团、九洲等 13 户企业信息化试点工作经验逐步推广到四川省 93 户重点优势企业。在农业信息化方面，信息服务体系初具规模，四川省绝大多数市（州）县都建立了自己的农业信息服务中心，并在互联网上开通了农业信息网站，探索形成了一批有特色的农业信息化模式。在社会信息化方面，四川大学、西南交大、电子科大等 6 所高校经教育部批准开展了现代远程教育的试点工作。以“四川金旅工程”建设为中心的旅游信息化，带动四川省抢占西部旅游发展制高点，促进四川省从旅游资源大省向旅游强省发展。通过“十五”期间的发展，四川省已有信息系统集成资质企业 104 家，社会公众和企业使用信息化手段越来越方便和普及、应用的能力和水平也不断提高。

（五）以自主创新提升产业技术水平为目标，产学研相结合的技术创新体系不断加强

“十五”以来，通过技术进步和技术创新，四川省建立了从原材料、元器件、整机设备到系统网络和软件等专业门类比较齐全、具有相当规模和较高水平的科研生产体系，在航空航天、信息安全、新型电子材料等部分专业领域的研发技术和创新水平处于国内领先。目前，四川大中型企业拥有国家级企业技术中心 3 家，省级企业技术中心 23 家。国内外知名企业设立的研发中心不断增加，形成了摩托罗拉软件中心、微软技术中心、华为研究中心、联想研究院等在内的 10 余家国内外著名 IT 企业研发中心的聚集效应。四川省信息产业“十五”以来共获国家科技发明奖和国家科技进步奖 12 项，国家自然科学奖 7 项，省科技进步一等奖 11 项，累计获国家受理和公告的专利技术 1488 项。55 个项目获国家电子信息产业发展基金 7940 万元的无偿资助，24 个项目获得 1.5 亿元国家高技术专项资金支持。这些项目总投资累计超 25 亿元。

（六）以大开放为突破，招商引资上新台阶

积极创建充满生机和活力的软硬环境，为对外开放打下坚实基础。瞄准国内外大公司加大招商引资力度，吸引它们来川投资。“十五”期间，四川省信息产业进入了大开放促进大发展的崭新阶段，对外开放取得了跳跃式进展。英特尔、思科、索尼、微软、联想等国内外大公司纷纷来川投资和发展，据不完全统计，共计利用外商投资 20 多亿美元，成为西部吸引国际电子信息大公司投资最多的省份，极大地提升了四川信息产业的国际化水平。“十五”期间，四川信息产业出口工作上了新台阶，出口额由 2000 年的 1.4 亿美元，发展到 2005 年的 5.96 亿美元，是四川省出口的支撑行业。

三、2006 年初步工作安排

（一）工作思路

以邓小平理论和“三个代表”重要思想为指导，认真贯彻党的十六大和十六届五中全会精神，以科学发展观统领全局，坚持“三业一化”协调发展为第一要务，认真制定和实施“十一五”规划，以重大项目建设为依托，促进制造业、软件业、通信服务业及国民经济与社会信息化快速发展和加快以企业为主体的科技创新体系建立，确保信息产业在“十一五”期间继续保持持续快速健康发展。

（二）工作目标

2006 年，四川省信息产业营业收入预计完成 785 亿元，增加值完成 400 亿元。

（三）工作重点

1．以大开放促大发展，继续加强招商引资工作

重点完善和提升现有投资环境，提高服务水平和质量，促使近年来投资四川的一批企业尽快实现规模化生产和研发产品本地化。瞄准世界 500 强和国内信息产业 100 强企业，重点加强在核心产业、信息技术应用和信息化推进方面招商引资的力度，使四川信息产业向着结构更加合理，配套更加全面，产业发展相互更有支撑的方向协调持续健康发展。

2．加快重大项目建设，促进制造业结构调整，实现增产增量

加强对在建项目的跟踪服务工作，确保英特尔芯片封装测试、中芯国际集成电路生产、TCL 产业园、PSI 科技功率半导体封装测试厂年内投产；加快友尼森芯片封装项目、新光硅业千吨多晶硅项目、绵阳九洲软件园一期工程、长虹高端彩电技术改造项目、安捷伦无线通

讯测试项目、莫仕公司连接器项目等重大项目建设进度，争取年内完工。培育和发展新的增长点。抓好新一代数字视听产品、技术进步和产业升级等专项，提高电子发展基金所占的比重，加快发展一批高附加值、量大面广的信息终端和产品，培育和发展新的增长点。

3．加快国家级软件产业基地（成都）建设

把软件产业发展放在突出的位置，尽快提高软件业在全行业中的比重，进一步优化信息产业的整体结构。要继续落实发展软件产业的各项政策，引进国际国内软件企业和培育本土优势软件企业发展相结合，重点支持和协助华为、中兴、爱立信、西门子、阿尔卡特、诺基亚、联想、微软、新蛋科技、盛大网络、新加坡电信等企业在软件基地的建设，密切跟踪和加速促进世宏科技、松翰科技、科胜讯、SAP 区域中心、华为软件工厂、沪杭对日外包软件企业联盟、育碧软件、台塑网软件、IBM 软件外包中心等一批项目来川落户。以国家“金”字系列工程全面建设为契机，支持四川省信息系统集成企业的发展，充分利用软件公共技术平台，重点扶植软件外包和数字娱乐企业的成长，推动软件业合作与出口业务的快速增长。

4．加快信息化建设和对传统产业信息化改造

要充分发挥信息技术优势，在领域信息化、区域信息化，尤其是企业信息化中抢占先机。加快电子政务外网建设，推动电子政务外网网络资源、信息资源整合，提高政务服务水平和效率。加快对传统产业信息化改造，分类指导强力推进企业信息化，对大型企业主要是全面实现研发、生产、财务、销售、供应、客户关系管理、内部管理信息化，国有企业和国有控股企业率先进行，省级国有 6 户控股企业要全面铺开，总结经验，加以推广。中小企业信息化主要是促进电信运营商与软硬件供应商合作，搭建中小企业信息化公共技术和服务平台，为广大中小企业信息化改造提供技术和服务支撑。要总结前段时间企业信息化建设的经验，分地区、分领域开展推广应用工作，并从政策上给与尽可能的支持。

5．加强和完善科技创新体系，加速产业升级

一是各大企业要加大科研投入，建立创新体系。通过技术进步和技术创新，在产品开发、系统集成、信息处理与应用技术等方面取得新的突破，建立从原材料、元器件、整机设备到系统网络和软件等专业门类比较齐全、具有相当规模和较高水平的科技创新和科研生产体系。二是吸引国内外大公司在川设立基于芯片设计、嵌入式软件、第三代移动通信、信息家电、航空航天、自动控制、数字娱乐等的研发中心。三是争取国家支持的重大项目，促进重点实验室及技术中心的发展。四是促进自主创新能力，鼓励和支持企业参与标准制定、国际认证和专利申请。五是进一步促进科技成果转化，实现研发与生产的紧密结合。

（四川省信息产业厅）

河北省

2005 年，河北省信息产业广大干部职工按照年初确定的工作思路，深入开展“项目年”和“政策落实年”活动，河北省电子信息产业经济运行继续保持良好态势，出口显著增加，重点产品产销衔接较好，主要经济指标快速增长，经济效益保持较好水平。

一、基本情况

（一）主要经济指标

2005 年，河北省电子信息产业在统企业 322 家，比 2004 年增加 43 家，其中制造业 222 家，软件业 100 家；全行业从业人员总数 7.35 万人，其中工程技术人员 1.48 万人，管理人员 7005 人；固定资产原值 119.36 亿元，净值 61.89 亿元；资产负债率 46.3%。

2005 年河北省电子信息产业累计完成产品销售收入 192.65 亿元，增长 37.51%，其中制造业完成 167.55 亿元，同比增长 38.08%，软件业完成主营业务收入 25.1 亿元，增长 33.87%。全行业实现利税 27.95 亿元，增长 46.18%，其中利润 20 亿元，增长 51.86%。工业增加值 74.06 亿元，增长 38.4%，占河北省 GDP 的 0.73%，比 2004 年提高 0.13 个百分点。出口创汇 3.39 亿美元，增长 102.63%。完成固定资产投资 18.7 亿元，同比增长 31.5%；实际利用外资 8905 万美元，同比增长 20.5%，主要经济指标增速创“十五”以来最高水平。

（二）主要产品指标

重点监控的主要产品中，彩壳完成 1008.27 万只，同比下降 10.45%，销售 966.63 万只，下降 11.41%；单晶硅棒生产 1131 吨，增长 57.52%，销售 1004 吨，增长 34.22%，其中出口 786 吨；单晶硅片生产 1244 万片，增长 583.52%，销售 888 万片，增长 360.1%，其中出口 58 万片；汽车电子安全气囊生产 14.05 万套，增长 219.06%，销售 14.04 万套，增长 220.69%；医疗电子生产 8658 套，下降 11.40%，销售 8955 套，与 2004 年持平，其中出口 1215 套；致冷片生产 381 万片，增长 0.26%，销售 379 万片，下降 0.79%，其中出口 299 万片；石英谐振器生产 1.25 亿只，增长 11.95%，销售 1.67 亿只，增长 28.53%，其中出口 1.28 亿只；液晶显示器件生产 65 万标盒，增长 43.64%，销售 65 万标盒，增长 70.95%，其中出口 35.44 万标盒；程控交换机生产、销售均为 8 万线，增长 8.11%。

二、经济运行特点

（一）主要经济指标增速均保持在 37%以上。2005 年，河北省电子信息产业工业增加值、产品销售收入、利税总额和出口创汇增速分别为 38.4%、37.51%、46.18%和 102.63%。与 2004 年同期比较分别提高了 1.49、1.61、4.66 和 40.11 个百分点。四项指标增速与全国电子信息产业比较分别提高了 10、12.71、30.88、73.43 个百分点，与河北省入统工业比较分别提高了 15.5、8.46、19.51 和 78.62 个百分点。

（二）国有及国有控股企业成为拉动全行业增长的主要力量。2005 年，国有及国有控股企业完成销售收入 85.36 亿元，占河北省销售收入的 44.31%，同比增长 51.27%，高于全行业平均水平 13.76 个百分点；国有及国有控股企业销售收入大幅增长的原因主要是保定市企业的带动，2005 年保定市完成销售收入 43.22 亿元，增长 130.63%，其中国有控股企业完成 37 亿元，占河北省电子信息产业国有及国有控股企业销售收入的 43.35%，其中新入统的保定乐凯胶片集团公司完成销售收入 19 亿元。

（三）出口创汇高速增长。2005 年完成出口创汇 3.39 亿美元，同比增长 102.63%，高于全国电子信息产业 73.43 个百分点，高于河北省规模以上工业 78.62 个百分点，主要是保定、邢台、邯郸、承德和张家口市的拉动作用明显，如保定天威英利新能源有限公司、保定风帆股份有限公司、宁晋松宫半导体有限公司、邯郸国营汉光机械厂、承德克罗尼仪表有限公司、涿鹿中源单晶硅有限公司等。保定风帆公司出口创汇355万美元，同比增长76.62%，宁晋松宫出口创汇6081万美元，增长36.87%；邯郸汉光机械厂出口创汇870万美元，增长99.54%；承德克罗尼仪表公司完成97万美元，增长90.2%。新增出口企业中，保定英利新能源公司2005年出口创汇4977万美元，张家口涿鹿中源单晶硅有限公司出口创汇146万美元。

（四）重点民营企业保持稳定增长。2005年，列入省百家民营企业的12家重点监控企业共完成销售收入18.76亿元，增长16.31%，工业增加值16.58亿元，增长22.45%，利税5.27亿元，增长8.66%，出口创汇0.7亿美元，增长9.07%。12家企业中，石家庄久乐公司销售收入增速远远高于河北省平均水平，达178.04%；工业增加值增速高于河北省平均水平的有石家庄久乐公司和海湾安全技术有限公司，分别增长55.12%和43.41%；利税增速高于河北省平均水平的有石家庄久乐公司和河北四方集团公司，分别增长1230.48%和50.86%。部分企业出现了负增长，如石家庄永生华清液晶有限公司、沧州远东电子电路集团有限公司、河北南昊信息产业有限公司等。

（五）重点监控企业增速下滑。2005年，21家重点监控企业销售收入、工业增加值、利税和出口创汇分别完成78.62亿元、31.88亿元、9.5亿元和21761万美元，占河北省比重分别为42.09%、44.52%、34.42%和69.32%，同比分别增长15.41%、9.07%、-22.70%和52.30%，分别低于河北省平均水平17.99、24.76、60.51和35.72个百分点。这些企业中，宝石公司销售收入下降23.65%，利税下降183.8%，其中利润为-1.77亿元（2004年盈利2503万元），工业增加值下降64.25%；乐凯胶片公司利税下降68.79%（其中利润4200万元，下降85.59%，2004年同期包含股权转让投资收益，同口径比较利润持平）；冀雅公司利税下降269.2%，其中利润为-1354万元（2004年盈利245万元）；石家庄永生华清液晶公司销售收入下降7.02%、利税下降29.56%，工业增加值下降26.76%。分析重点监控企业增速下滑的主要原因：一是煤、电、油等能源和原材料价格持续上涨，企业成本费用增大，利润空间进一步缩小。二是受国家宏观经济的影响，企业流动资金紧张，中小企业贷款难度增加。三是市场竞争日益激烈，产品价格持续走低。四是产品结构调整及开拓市场等因素影响。

（六）产业聚集度进一步提高。“石-保-廊-唐-秦”信息产业带销售收入、工业增加值、利税和出口创汇分别为152.68亿元、59.46亿元、20.5亿元和2.43亿美元，分别占河北省信息产业的79.25%、80.29%、73.35%和71.68%，其中销售收入和工业增加值所占比重同比分别提高了5.08和0.87个百分点，产业聚集度进一步提高。

（七）各市完成情况

11个设区市中，发展较快的有保张家口市、保定市、廊坊市和邢台市，销售收入、工业增加值、利税和出口创汇四项主要指标保持高速增长，其中销售收入增速分别为180.25%、130.63%、101.24%和101.55%，工业增加值增速分别为130.56%、104.96%、118.52%和226.49%，利税增速分别为180%、89.3%、106.76%和269.15%，出口创汇增速分别为2685%、608.54%、118.63%和62.36%。11个市中，位次前移的有3个市，其中邢台市销售收入在河北省各设区市中居第5位，与2004年相比前移3位；保定市销售收入居河北省第2位，同比前移一位。廊坊市销售收入在河北省居第3位，同比前移1位。

（八）“十五”期间河北省完成情况

2005年，河北省信息产业完成产品销售收入192.65亿元，是“九五”末的2.85倍，年平均增速23.3%；工业增加值完成74.06亿元，是“九五”末的2.88倍，年平均增速23.56%；实现利税27.95亿元，是“九五”末的3.28倍，年平均增速26.82%，出口创汇3.39亿美元，是“九五”末的 6.07 倍，年平均增速 43.43%。主要经济指标中，产品销售收入、工业增加值、实现利税三项指标年平均增速分别比“九五”期间提高 10.2、8.56、10.82 个百分点，2005 年主要经济经济指标创“九五”以来新高，增速均在 37%以上。

三、存在问题

（一）产业规模小。2005 年河北省电子信息产品制造业完成工业增加值仅占河北省 GDP 的 0.7%，占全国电子信息产业制造业工业增加值的 0.82%。能够形成规模经济、带动行业发展的大公司、大集团少，年销售收入过 10 亿元的企业仅有宝石集团、乐凯胶片公司和风帆股份公司 3 家。

（二）产业结构不合理。电子整机类产品少成为影响河北省信息产业做大的重要因素。企业结构不合理，外资企业少，民营企业规模小，难以有效参与国际市场竞争。

（三）产业发展的大环境有待进一步改善。部分市县对信息产业在产业结构调整和经济增长方式转变中的作用重视不够。国家和省已出台的政策落实不到位，做大、做强信息产业的政策和法规有待继续完善。科研院所、大专院校技术成果在河北省产业化程度低，产业、人才、创新相互促进的环境还未形成。产业配套体系尚未形成，配套能力较差。

（四）人才匮乏。信息产业专门人才特别是高级人才、复合型人才、管理人才、技能型工人短缺。京津对河北省人才吸附力强，造成河北省人才流失较为严重。

（五）市场竞争进一步加剧。受国内外基础原材料、煤电油等能源涨价，劳动力成本不断上升等因素影响，市场竞争日益加剧，使企业利润空间进一步减小。

四、面临形势及 2006 年预测

“十五”以来，河北省信息产业厅在机构建设、环境优化、项目建设、资源整合、市场监管等方面做了大量工作，进行了积极探索，为今后的发展奠定了坚实基础。

（一）省委、省政府的正确决策，为河北省信息产业发展提供了有力保障。省委、省政府贯彻党的十六大精神，提出了“优先发展信息产业，广泛应用信息技术”，“以信息化带动工业化，以工业化促进信息化，走新型工业化道路”等战略举措，把优先发展信息产业作为带动河北省经济结构调整和传统产业优化升级的切入点，并将信息产业列为十大主导产业予以重点支持。省委、省政府领导对信息产业发展十分关注，白克明书记提出“信息产业发展要一步登天、抱大金砖”，季允石省长要求“以信息产业为先导，促进河北省产业结构优化升级，以信息化和制造业的紧密结合为切入点，推动河北省制造业的跨越式发展”。为加大协调力度，组建了省信息化工作领导小组及其办公室，省政府信息办与信息产业厅一个党组、合署办公，实现了信息化与信息产业管理机构的协调统一，大部分设区市也相继成立了相应的管理机构。组建了省信息产业投资公司，明确由信息产业厅负责业务指导，确定投资方向为信息产业和信息化，有效地发挥了政府资金对民间资本的带动和引导作用。省委、省政府先后出台了《关于优先发展信息产业的若干政策规定》、《电子政务建设总体规划》、《关于利用信息技术改造提升传统产业的指导意见》、《关于加强信息资源开发利用的指导意见》等 10 项政策文件。这些重大举措，为河北省信息产业发展创造了良好的外部条件，发挥了重要作用。

（二）环境建设的进一步优化，为信息产业拓宽了发展空间。信息产业发展已成为推进产业结构调整、促进经济增长方式转变、拉动经济快速增长的战略制高点，结合河北省实际，省委、省政府制定了一系列支持信息产业发展的政策措施。**在基地（园区）建设方面**，2 个信息产业聚集地、4 个软件园区、5 个特色产品基地、7 个信息技术转化中心的规划建设，延长了产业链，形成了产业群，有效地承接了国内外 IT 业大公司、大集团向河北省的转移，吸引了国内外 IT 人才到河北省投资创业。**在资金支持方面**，省政府将信息产业专项资金列入年度财政专项，截至 2005 年，省级信息产业专项资金和信息化专项资金累计投入 2.96 亿元，安排项目 221 个，带动社会资金投入 53 亿多元；争取国家各类专项 42 个，资金 1.36 亿元，为软件企业落实政策性退税 3 亿元，助推了产业发展和信息化建设。石家庄、张家口等市也安排了信息产业与信息化专项资金，对项目引进和建设起到了拉动作用。**在机制创新方面**，建立了环渤海五省市信息产业发展联席会议制度，有效地促进了信息产业的区域交流与合作。组建了河北省信息产业专家委员会，为科学决策提供了保障。

（三）重大项目的谋划建设，为信息产业跨越式发展聚集了能量。按照省委、省政府的要求，我厅把谋划建设科技含量高、规模实力强、市场前景好的大项目，始终作为工作的着力点，举河北省之力，扎实推进。“十五”期间，我厅在巩固与日、韩等国合作，拓宽欧美等地招商渠道的同时，抓住我国南资北移的有利时机，重点加大对内招商力度，积极与 IT 业大公司、大集团广泛接触、深入洽谈，了解他们的发展战略、投资需求，推介河北省政策、环境。通过各市、各部门的共同努力，河北省先后与中电科技集团、华为、中兴通讯公司、航天科工集团、京东方公司等全国百强电子企业全面展开战略合作，华为北方生产基地、中兴北方产业基地、中电科技集团石家庄信息产业基地、京东方（固安）移动平板显示基地、航天科工集团合作项目、保定天威英利公司多晶硅太阳能电池、宁晋晶龙集团单晶硅及太阳能电池、中信国安盟固利（廊坊）新材料生产基地等一批投资 10 亿元以上的大项目先后落地建设，累计投资金额达 140.16 亿元，建成后将实现销售收入 516 亿元。这些大项目的开工建设，为河北省信息产业发展增加了新的经济增长点，提供了强劲的发展动力。

五、2006 年总体思路及全年预测

总体思路：以邓小平理论和“三个代表”重要思想为指导，深入贯彻党的十六届五中全会和省委六届九次全会精神，全面落实科学发展观，坚持利用市场，整合资源，构筑平台，政策引导，以应用促进信息化建设，以项目建设带动信息产业发展，为加快河北省经济结构调整和转变经济增长方式作出贡献。

全年预测：继续坚持谋划信息产业大项目，河北省电子信息产业实现销售收入 231 亿元、工业增加值 89 亿元、利税 34 亿元，均比 2004 年增长 20%以上；完成固定资产投资 24 亿元，增长 30 %以上；利用外资 1 亿美元，增长 20%以上。

（河北省信息产业厅）

山西省

2005 年，在全国电子信息产业制造业增速减缓的大背景下，山西电子信息产业制造业逆势而上，继续保持快速增长态势，全行业经济效益明显提高。

一、基本情况

2005年，山西省电子信息产业制造业有企业40多家，从业人员1.5万余人，全年实现工业增加值3.2亿元，同比增长52.38%；实现产品销售收入16.3亿元，同比增长48.18%；实现利税总额0.54亿元，同比增长20%；其中，实现利润0.35亿元，同比增长216.67%；实现出口交货值11亿元，同比增长37.5%。

2005年，山西省电子信息产业制造业继续围绕装备类电子产品及系统、磁性材料及器件、新型电子元器件、数字化电子产品、通信产品等五大发展重点开展工作。同时，高度重视产业园区和企业信息化建设，整体发展形势良好。特别是钕铁硼磁性材料制造业发展迅速，钕铁硼磁体产量约占全国同期产量的30%，山西省已成为全国钕铁硼永磁体三大生产基地之一。目前，山西省可批量生产N系列、M系列、H系列、SH系列、UH系列、EH系列30多种牌子的产品，最高能生产N45高磁能级产品和33VH、30EH高矫顽力产品，性能达到或超过国内同行水平，产品的一致性、成品率也有明显提高，发展潜力巨大。

二、经济运行特点

（一）全行业经济总量继续保持快速增长。工业增加值增幅为52.38%，超过全国电子信息产业同期增幅23.98个百分点；产品销售收入增幅为48.18%，超过全国电子信息产业同期增幅23.38个百分点。

（二）全行业扭亏为盈，经济效益明显提高。利税总额、利润总额同步增长，利税总额增幅为20%，超过全国电子信息产业同期增幅4.7个百分点；利润总额增幅为216.67%，超过全国电子信息产业同期增幅203.27个百分点。

（三）全行业产销衔接良好。实现工业产品销售率96.67%，同比增长1.1个百分点，产成品存货同比下降了12.3%。

（四）一批重点建设项目相继投产，拉动全行业经济增长。2005年，运城恒磁科技有限公司总投资6490万元、年产2000吨高牌号烧结钕铁硼技改项目、山西京宇磁材材料有限公司总投资1793万元高性能钕铁硼项目等一批重点建设工程陆续投产，成为拉动全行业经济增长的主要力量。

（五）全行业出口继续保持快速增长，2005年实现出口交货值增幅为37.5%。

（六）电子元件及组件（磁性材料）制造业、通信传输设备制造业、光纤及电缆制造业是带动全省电子信息产业制造业发展的三大主要行业。

（七）国有经济仍是业内发展的主导力量，是全行业利税的主要来源。

（八）中型企业发展势头良好，经济效益明显提高，是全行业利润的主要创造者。

三、存在的问题

（一）政府管理职能缺位，缺少统筹规划和协调

山西是全国少数未设信息产业厅的省，客观上造成政府管理职能缺位。加之，全省电子信息产业制造业规模偏小，对全省经济发展拉动作用并不明显，其发展的重要性还未得到充分重视；

（二）企业技术创新体系尚未形成

企业技术中心尚未发挥应有的作用，企业高层次复合型人才和技术带头人缺乏，自主知识产权的产品较少，科研成果转化率偏低，以企业为主体、产学研用合一的技术创新体系尚未建立；

（三）企业组织结构不合理

企业大而全、小而全，没有形成专业化生产、社会化协作体系和规模经济，缺乏市场竞争力，大企业少而不强，中小企业多而不活，同时还沉积了一批应该退出市场的企业；

（四）企业所有制结构不合理

国有企业比重过高，非国有企业发展不足，企业管理体制和经营机制不完善，债务和社会负担沉重，管理水平不高，难以适应市场经济发展要求；

（五）电子产品国内市场国际化趋势日益突出，市场竞争进一步加剧

发达国家的跨国公司利用其在我国的合资企业、独资企业享受的超国民待遇，大力侵入中、低端电子产品市场，全方位挤压我国民族工业企业的生存空间，致使国内中、低端电子产品价格持续走低，产品利润空间被进一步压缩，山西省相关企业深受其害；

（六）全行业资金、煤、电、油、运供求紧张的状况仍未根本缓解

山西省国有电子信息产品制造企业资本积累和吸纳能力不强，逐步萎缩，民营电子信息产品制造企业欠发达，还不能及时填补国有企业退出所留下的产业空间。由于地理位置上的原因，山西省吸引外资的能力明显弱于沿海地区，产业融资渠道有限，产业风险投资体制、机制尚未形成，资金投入不足严重制约着行业业的发展。2005年，山西省信贷货币供应量增速下降过猛，贷款投放结构与省政府宏观调控的导向存在一定矛盾。银行贷款大客户化和长期化趋势严重，作为行业主体的中小企业融资困难，资金紧张。企业原材料、燃料、动力、运力购进价格涨幅较高，企业运营成本上升，赢利能力下降；

（七）全行业缺乏能带动自身可持续发展的优势产品、优势企业、优势项目、优秀企业家。

四、2006年发展形势

展望2006年，山西省电子信息产业制造业面临的机遇和挑战并存。

（一）有利因素

（1）世界电子信息产业制造业转移进一步加快和国家“中部崛起”战略的实施，为山西省电子信息产业制造业提供了良好发展的机遇。在新一轮世界电子信息产业转移过程中，山西省凭借稳定的政治环境、广阔的市场空间、丰富的低成本的劳动力和智力资源，将获取更多的发展资金，能进一步扩大产业的生产制造规模和能力，逐步形成规模经济和聚集效应，增强产业的核心竞争力。山西省电子信息产业制造业能充分利用中部地区明显的区位优势和综合资源优势，抓住中部崛起战略的机遇期，承东启西，发挥后发优势，实现跨越式发展。

（2）我国全面建设小康社会进入重要阶段，长远来看，电子信息产业制造业的市场空间更加广阔。2006年是我国“十一五”规划的开局之年，我国全面建设小康社会进入重要阶段。随着国民经济快速发展、居民消费结构逐年升级、产业结构调整和城镇化进程加快、经济和社会信息化的不断推进、对外开放的进一步加强，我国电子信息产业的市场空间将更加广阔。

（3）党和政府为山西省电子信息产业制造业创造了良好的发展环境。2006年政府机制改革将会迈出更大步伐，中央和地方政府职能加速向公共管理和服务型转变，有利于完善我国宏观决策机制，减少政府对市场的干预，为企业提供更加稳定和宽松的体制环境。2006年有望加快税制改革，企业所得税从生产型向消费型转变（由东北试点逐步向全国更大范围推广），有利于减轻地方和企业负担，对投资将有明显的刺激作用。2006年个人所得税起征点上调，将提高居民的购买力水平，同时全面免除农业税，这将增强农村市场的消费能力。2005年9月28日，国务院召开常务会议，讨论并原则通过《国务院关于加快振兴装备制造业的若干意见》。会议指出，装备制造业是为国民经济发展提供技术装备的基础性产业。大力振兴装备制造业，是贯彻落实科学发展观、走新型工业化道路、提高国际竞争力、实现国民经济全面协调可持续发展的战略举措。加快振兴装备制造业，要坚持市场竞争和政策引导相结合，引进技术和自主创新相结合，产业结构调整和深化企业改革相结合，重点发展和全面提升相结合。要选择一批对国家经济安全有重要影响，对促进国民经济可持续发展有显著效果，对结构调整、产业升级有积极带动作用，能够尽快扩大自主装备市场占有率的重大技术装备和产品作为重点，加大政策支持和引导力度，实现关键领域的重大突破。

山西省政府也高度重视山西省装备制造业的发展，将其确立为山西七大优势产业之一，组织制定和实施了《山西省整合提升装备制造业三年推进计划（2005～2007年）》，正在抓紧制定《山西省装备制造业十一五发展规划》，为山西省电子信息产业制造业的发展创造了良好的政策环境。

（二）不利因素

（1）市场环境发生变化，来自市场的约束成为主要矛盾。2005年，拉动山西省工业快速增长的钢铁、焦炭、电解铝、水泥等行业生产过剩的问题已经显现。山西省部分中小钢铁企业开工不足，水泥、电解铝生产企业处在亏损和微利边缘，部分企业拖欠设备款，严重影响了为其提供装备的机电企业的正常生产经营活动。2006年山西省煤炭主导产业（产量、价格）增长空间有限，冶金、焦炭等行业增长的不确定性增加，电力、建材等行业生产成本攀升，生产经营仍将比较困难。在国内市场环境发生变化的同时，山西省主要出口产品中煤炭、焦炭、金属镁均为负增长，2006年有可能继续延续今年走势，与这些行业相关的机电产品需求量将大大下降。国内外市场环境的这种变化表明，2006年市场需求不足将严重影响山西省电子信息产品制造企业的生产经营，部分行业、部分产品的总供求关系还有可能进一步恶化，甚至会出现大量的开工不足甚至停产现象，必须引起足够的重视；

（2）物价指数持续回落，山西省电子信息产业制造业面临通货紧缩的考验。2005年，随着钢材、焦炭、水泥等市场供求关系发生根本性改变，价格增幅开始回落。山西省工业品出厂价格持续下跌，到四季度末价格指数已回落到11.4%，低于2004年同期4.6个百分点，涉及机电产品品种之多都是近年罕见。2006年山西省物价水平仍将持续走低，这无疑会影响企业的对市场景气度预期和设备投资信心，降低居民消费愿望，“买涨不买落”的现象将使

2006年部分机电产品需求不足，山西省电子信息产业制造业面临通货紧缩的考验；

（3）要素供给发生变化，资金约束趋于增强。2005年，在资金供给方面出现了一些新的变化。突出表现是银行资金充足，金融部门慎贷、惜贷，资金约束趋于增强。截至12月末，山西省人民币贷款余额4187.8亿元，比上月减少21.4亿元，下降0.5%，新增贷款同比少增33.95亿元，山西省金融机构存贷差达2805.37亿元，存贷比为59.9%，特别是中长期贷款同比少增101.2亿元，技术改造贷款同比少增71.3亿元。从贷款结构看，新增贷款又主要集中在一些大项目和大企业，中小企业、民营企业贷款需求大，但很难得到贷款。2006年，受国家宏观调控政策的影响，金融部门为了控制自身风险，将继续慎贷、惜贷。在目前企业融资渠道还主要依靠银行贷款的情况下，银行信贷的持续收缩势必影响2006年的山西省电子信息产业制造业的经济运行；

（4）增支减利因素增加，产业结构急需升级。水、电、煤和燃料的供需成本、价格倒挂现象十分严重，生产企业上调价格意愿十分强烈。国家将启动资源价格改革，工业经济运行由低成本向高成本转变，这对山西省电子信息产业制造业自我消化能力、抵御风险能力、市场竞争能力提出了更高的要求。目前，山西省信息产业制造业企业经济增长方式粗放的问题尚未得到有效解决，高科技含量、高附加值产品偏少，结构调整和经济增长方式转变的任务依然很重，山西省信息产业制造业产业结构急需升级；

（5）发达国家利用知识产权保护，对后发国家形成强大的技术障碍。进入21世纪，知识经济和经济全球化影响日益加深，知识产权规则国际化日益明显，世界未来的竞争在某种程度上就是知识产权的竞争。发达国家和跨国公司通过实施知识产权及标准战略垄断市场，通过战略联盟、相互授权，共同组成技术壁垒，阻止更多公司进入，对后发国家形成了强大的技术障碍。我国电子信息产业技术水平与发达国家相比有很大差距，核心技术受制于人，未来发展面临巨大的挑战；

（6）我国入世负面效应进一步显现。“十一五”期间，信息技术协议框架内的所有电子信息产品关税都要削减为零，国内市场与国际产业和市场的融合将进一步加强。我国电子信息产业制造业在国内将会面临更多来自国际产业和市场的冲击，在国外还会面临发达国家以专利、环保、安全等非关税贸易壁垒形式设置的各种障碍。预计今后一段时期，民族电子信息产品工业企业将面临巨大的挑战。

五、2006年主要调控目标

综合考虑上述两种因素，将2006年山西省电子信息产业制造业经济运行主要调控目标确定为：实现工业增加值4亿元，同比增长25%；实现产品销售收入20亿元，同比增长22.7%；实现利税1亿元，同比增长85.19%；其中，实现利润0.4亿元，同比增长14.29%；实现出口交货值13亿元，同比增长18.2%。

六、2006年经济运行调控措施

（1）按照《山西省整合提升装备制造业三年推进计划》、《山西省装备制造业十一五发展规划》、《山西省电子信息产业十一五发展规划》整体部署，抓好重点行业、重点企业、重点产品、重大项目的组织和实施工作。

（2）继续做好经济运行监测分析和综合协调工作。及时掌握行业动态和重点企业的生产经营情况，加强经济运行的综合分析，准确把握经济运行态势，引导企业按市场需求和发展调整产品结构，促进山西省电子工业全面、协调、可持续发展。

（3）继续抓好行业企业的科技创新和科技进步工作，建立和完善以企业为主体的技术创新体系，提高产业核心竞争力。

（4）加快企业信息化建设和信息技术的推广应用。按照“分类指导、循序渐进、典型引路、带动全局”的原则，引导大中型企业加快信息化建设步伐，将推广和应用信息技术作为改进企业管理、推动传统企业技术改造、节能降耗、转变经济增长方式的重要手段。通过信息技术的应用，推动产业研究开发和设计水平的提高以及工艺技术的变革；通过电子商务特别是企业间的电子商务应用，推动营销、运输和服务方式的变革；通过信息产品与传统产品的融合，以及信息技术在新产品中的广泛应用，增强产品的信息技术的附加值。

（5）各企业要强化竞争意识和风险意识，创新营销方式，提高营销工作水平，进一步拓展市场空间。要以科学发展观统筹经济发展，积极推动结构调整，大力发展循环经济和清洁生产，努力提高产品科技含量和附加值。

（6）继续推动电子产品出口，支持企业开拓国际市场。

（山西省机械电子工业行业管理办公室）

吉林省

近年来，吉林省电子信息产业在吉林省委、省政府的正确领导和信息产业部的大力支持下，经过全行业广大干部职工的努力拼搏，全行业的经济运行工作取得了突破性的进展，促进和带动了传统产业的更新改造，在吉林省经济的快速发展中起到了推动作用。

一、基本情况

（一）2005年主要经济指标

经济指标或产品名称	单　位	2004年	2005年	增长百分比
信息产业增加值	亿元	84	110	31.0%
其中：电子信息产业增加值	亿元	25	33	37.5%
其中：电子信息产品制造业增加值	亿元	16	22	37.5%
电子信息产业销售收入	亿元	85	115	35.3%
其中：电子信息产品制造业销售收入	亿元	45	65	44.4%
电子信息产品出口交货值	亿元	4.5	6.0	33.0%
彩色电视机	万台	82.31	49.91	−39.36%
半导体分立元器件	亿只	7.1	10.6	49.13%
电子元器件	亿只	16.6	19.2	16.72%

到2005年末，吉林省信息产业共完成增加值110亿元，占全省GDP的3.3%，电子信息产业实现工业增加值33亿元，完成产品销售收入115亿元。在吉林省工业经济实现快速发展的同时，信息产业也保持了较高的增长速度。工业增加值占全省工业增加值的比重也由“十五”初期的2.1%上升到3%。

（二）经济运行特点

1．产业规模不断扩大

到2005年末，吉林省电子信息产品制造业（以下简称制造业）企业62户。其中，工业总产值在5000万元以上的企业21户，工业总产值在亿元以上的企业15户。产品主要包括光电子类、汽车电子类、电子元器件类、电子功能材料类和应用整机类等5大类产品48个主要品种。

2．产品结构得到优化

消费类电子产品特别是彩色电视机所占比重继续降低，一批具备吉林省优势的特色重点产品发展势头强劲。光电子、汽车电子及新型元器件等主要产品的生产实现快速增长。

3．产业基地集聚效应日益明显

吉林省规划建设的长春国家光电子产业基地、吉林省汽车电子产业基地和新型元器件产业园等产业发展平台日臻完善，企业及研发机构的聚集效应逐渐明显。

4．企业技术创新能力不断提高

吉林省在光显示、激光器及激光加工、光电医疗、光电子器件以及车载、车控类电子产品等领域，均取得了一些具有前瞻性和较广泛应用前景的科技创新成果，其中企业创新成果所占比重有所提高。

二、信息产品制造业分行业情况

吉林省信息产品制造业已经形成了以光电子、汽车电子和新型元器件等三大类产品为主导产品的产业发展格局。

（一）光电子产业状况分析

1．吉林省发展光电子产业的意义

充分发挥、利用吉林省在光电领域现有产业基础和科技、人才优势，通过发展光显示器件及其上下游产业链，建成国内一流、国际知名的国家光电技术培训、产品研发和生产制造基地，增加新的经济增长点，提高在吉林省经济发展中的科技贡献率。

2．产业发展优势

（1）具有明显的科研优势。吉林省在光电子研究领域拥有众多科研院所和大专院校。尤其是长春光机与物理研究所，在大型光电系统和成套技术装备研发方面为我国科技事业做出了突出贡献。长春理工大学是全国惟一一所以光电技术为主要学科的大学，在国防光电子、光电医疗仪器、光电监测仪器、半导体激光器等多个领域的开发研究上具有全国领先水平。吉林大学是全国学科门类最齐全的综合性大学之一，在集成光电子、新型半导体光电子器件、有机电致发光、光谱分析仪器等领域的研发上，都取得了一批具有相当水平的科研成果。此外，吉林省还拥有长春应化所、地理所、试验机研究所、汽车研究所、吉林省激光研究所等一大批实力雄厚的科研院所。其中长春市就拥有 3 个国家级光电子学科重点实验室，30 个省部级实验室，1 个国家级光学机械质量监督检测中心。

（2）具有明显的人才优势。吉林省在发展光电子产业方面，具有明显的人才优势。特别是省会长春市，是中国智力密集型城市之一。全市从事光电子技术及相关领域研究的两院院士 10 人，博士生导师 150 人，副教授以上的高级人才达 3000 多人；全市高等学校、科研单位和职业技术学校中，与光电子技术相关的学科达 35 个。

（3）具有明显的产业基础优势。由于省委、省政府的高度重视，吉林省的光电子产业呈现了结构调整加快、区位优势增强和与传统产业良性互动的发展态势。一是产业集聚效应显现，区位优势增强。二是产业特色明显，在光显示和能量光电子领域的相对优势基本形成。三是在技术优势与资金、市场等生产要素结合方面有所进步，科研成果产业化步伐加快，新项目、新产品成为产业发展的新亮点。四是基地成为国家支持的重点和中外投资商关注的热点。2004 年 6 月，长春市被国家批准为国家光电子产业基地后，国家在资金、政策上给予的支持力度增大，2004 年长春市通过基地向国家申报 20 个投资项目，获准 16 个，项目总投资 17.8 亿元，已经获国家 1.07 亿元贷款贴息和 2500 万元的资金支持。吉林省充分发挥在光电子产业所具有的科技、人才、产业基础和科研开发等方面的发展优势，这将有力的推动吉林省光电子产业的持续发展。

3．产业发展重点

今后一个时期，吉林省光电子产业重点要继续发展光显示产品和能量光电子即激光器件及其应用整机产品，要形成光显示器件和激光器件及其上下游产品产业链。上游产品，主要发展晶体材料、光学材料、光电子元器件、驱动电路等产品；中游产品，发展导光板、背光

源、显示模块等产品；下游产品，发展笔记本电脑、电视机、监视器、数码照相机、通信产品各类激光应用整机产品等终端产品。

积极拓展重点发展领域。在光电子器件与基础材料方面，重点发展激光器系列产品，光电编码器及光栅尺系列产品，光学材料与电致发光材料、光学镀膜材料等技术及产品。在光电仪器仪表及系统集成方面，重点发展激光调阻机、激光球焊机、光学望远镜、经纬跟踪仪、航天摄像装置、X 光数字影像仪、三维电视腹腔镜等光电设备及产品。

4．产业发展措施

一是要加强光电子产业基地发展建设的统一规划。二是要实施项目带动战略，促进技术与资金、市场的结合，下大力气抓好科技成果产业化。三是建立和健全产业投融资机制。四是要积极开展招商引资。

（二）汽车电子产业状况分析

1．吉林省发展汽车电子产业的意义

大力发展吉林省汽车电子产业对于提高汽车工业和电子信息产业的核心竞争能力，促进吉林省经济的快速发展具有重大意义。汽车电子产业基地的建设和发展是建设节约型社会，实现可持续发展的需要，也是带动吉林省信息产业快速成长的重要发展途径，将会成为吉林省新的经济增长因素。

2．产业发展优势

吉林省具有较强的汽车电子生产技术和产品研发能力，拥有雄厚的人才基础。拥有汽研、西门子、一汽启明、四平慧宇等一大批具备较强竞争能力的汽车电子研发生产企业。另外，由于地理的因素，吉林省汽车电子企业具有进入一汽集团的市场优势。

3．产业发展重点

吉林省在汽车电子产业发展方面，重点推进汽车电子产业园区建设，重点开发汽车电子控制产品，车载汽车电子产品，汽车设计用电子系统和产品。通过资源整合，解决汽车电子技术及产品及其市场的结合，推进汽车工业与电子信息产业形成互动发展的良好局面。

4．产业发展措施

吉林省汽车电子产业的发展，既要发挥市场竞争机制的作用，也要争取政府的积极推动。要营造良好的汽车电子产业发展环境；积极推进吉林省汽车电子国家产业园区建设，进一步加快支撑汽车电子产业发展的公共服务体系建设，努力培育一批汽车电子骨干企业。要探索和实施汽车电子技术及产品与汽车工业结合的有效机制。

（三）新型元器件产业状况分析

1．吉林省发展新型元器件产业的意义

发展新型元器件产业是发展电子信息产业的基础，吉林省在元器件方面有一定的相对优势，要继续在这一领域有所突破。

2．产业发展优势

经过多年的发展，吉林省在半导体大功率器件、片式电阻和片式电容的研发、生产上有了一定基础，同时还具有稀土永磁材料、固体激光材料及其应用产品的研发、生产能力，在半导体的器件开发领域也起步较早。华微公司生产的彩电用功率晶体管、节能灯用功率晶体管、PC 机箱电源用功率晶体管，四平吉华公司生产的厚膜电阻和车用传感器，在国内都占有较高的市场份额。其中 CRT 用晶体管在国内市场的份额最大，PC 机箱电源用晶体管是国内惟一能够生产的企业。这些都为建立和发展吉林省新型元器件产业基地奠定了较好的基础。

3．产业发展重点

“十一五”期间，吉林省发展新型元器件产业要继续重点推进吉林华微电子股份公司功率半导体器件、四平吉华高新技术有限公司新型片式元器件等项目建设。重点支持发展的产品包括：大功率半导体器件、固体激光器、发光器件、厚膜集成电路等电子器件产品；片式电阻、片式铝电解电容器、高压大容量铝电解电容器系列、传感器系列、半导体照明光源等电子元件产品和稀土永磁、激光材料、及电磁兼容产品。

4．产业发展措施

积极争取建设国家级新型元器件产业园。以长春市光电元件、吉林市半导体大功率器件与元件、四平市片式元件与传感器产业为依托，加大资金和技术投入，提高产品设计、开发能力，促进产品升级换代，进一步扩大企业生产规模。

三、存在的问题

吉林省电子信息产业发展存在的问题和困难，主要表现在以下几个方面：

（一）产业结构性矛盾依然突出。在产品结构方面，占据主导产品地位的仍是附加值较低的中低档电子产品。高技术含量、高附加值产品较少，优势名牌产品少。在企业结构方面，能带动和支撑产业的大型骨干或龙头企业少，外资和民营企业的数量及规模偏小，企业的经营、管理水平有待提高。

（二）技术和产品的研发创新能力不强。在科研成果产业化方面缺少推动科研成果转化的机制条件，吉林省人才、教育、科研优势没有得到充分的利用和发挥。企业技术创新能力较低，拥有自主知识产权的高科技产品较少。

（三）产业总体规模不大，产品市场竞争能力不强，行业内信息技术应用水平有待进一步提高。

（四）产业发展的投融资渠道不畅，既有资金总体投入不足的问题，也存在着资金使用效率不高的问题。缺少重大项目的战略投资者和发展中小企业的风险投资公司。

（五）法律法规尚不健全，有关产业政策和措施不能有效落实，不能满足产业发展和市场监管的需要。

（六）少数骨干企业业绩欠佳，如没有及时得力的措施，可能使部分相对优势有所减弱。

四、2006 年重点工作

（一）加强电子信息产业基地和园区建设

要贯彻落实信息产业部关于信息产业基地和园区建设的产业政策，建设以长春市为重点地区的光电子产业基地，以长春、吉林、四平、为重点地区的汽车电子产业基地；以吉林市、长春市、四平市为重点地区的新型元器件产业园区。

（二）实施项目带动战略，支持一批重大项目

坚持有所为、有所不为的原则，突出优势特色，重点支持一批市场潜力大、带动力强、

产业关联度高的电子信息产品制造业项目。优先发展光显示器件、激光器件及其上下游产品和汽车电子、新型电子元器件、电子功能材料等产品。

（三）创建和完善企业技术创新体系，增强综合竞争能力

企业要逐步加大对新产品研发的投入，加强技术研发中心的建设，建立以企业为主体、产学研相结合的技术创新体系；要加快掌握电子信息产品的核心制造技术，积极了解和参与国际、国内电子信息产品生产标准的起草和制定；要积极探索技术引进与自主开发相结合的发展模式，逐步形成自主发展的创新机制和创新能力。

（四）贯彻“引进来，走出去”方针，扩大开放

积极开展招商引资工作，有针对性引进国际国内的战略投资者，参与吉林省电子信息产业的发展建设。

充分利用国际国内两个市场、两种资源，大力开展外经外贸工作。支持出口企业通过跨国合作和跨国经营，提升企业在国际分工合作中的地位和水平。

（五）进一步加强信息产业人才队伍建设

加强人才队伍建设，是提升电子信息产业核心竞争力的关键。培养高素质信息产业人才是当前和今后一个时期的重点工作。要坚持以能力建设为核心，创新人才培养方式，创新人才工作机制，营造有利于人才脱颖而出的氛围。调整优化人才结构，培养和锻炼一支富有创新意识和贡献精神的高素质企业家队伍。

（六）为企业发展创造良好的市场环境

五、2006 年的工作目标和“十一五”规划

2006 年是实施“十一五”规划的第一年，也是振兴东北老工业基地和加快发展吉林省电子信息产业承前启后的重要一年。我们要认真学习贯彻党的十六届五中全会精神，以科学的发展观，指导和推进吉林省电子信息产业的快速发展。

吉林省电子信息产品制造业主要经济指标

（1）工业增加值：29 亿元　　同比增长 32%

（2）出口交货值：7.5 亿元　　同比增长 25%

（3）销售收入：　85 亿元　　同比增长 31%

预计到 2010 年，电子信息产品制造业销售收入将达到 237 亿元，年均增长 53%，完成增加值为 71 亿元，年均增长 45%。吉林省将建成全国重要的光电子、汽车电子产业基地和具有特色的国家级新型元器件产业园。

（吉林省信息产业厅）

内蒙古

2005 年，内蒙古自治区利用国内外信息产业梯度转移的机遇，充分发挥自治区的区位优

势、政策优势、劳动力成本优势和资源优势，积极进行招商引资，全面贯彻《自治区党委、政府关于大力推进信息化的决定》，做大做强自治区信息产业。目前，一些国内外 IT 知名企业已纷纷入驻内蒙古自治区，使信息产业成为自治区新的经济增长点，2005 年内蒙古自治区电子信息产业继续保持快速、协调、健康的发展态势，产业规模迅速扩大，经济效益大幅度提高。

一、基本情况

（一）**主要经济指标**：2005 年，内蒙古自治区电子信息产业实现销售收入 78.3 亿元，同比增长 53%，其中电子信息产品制造业实现销售收入 70．1 亿元，同比增长 55%，软件业实现销售收入 8．2 亿元，同比增长 67%。年末从业人数 13726 人，同比增长 116%。

（二）**主要产品产量**：彩色电视机 239 万台，与 2004 年基本持平；受国际、国内市场的影响 2005 年自治区手机产量由 2004 年的 206.5 万台，下降为 98.4 万部，降幅 52.4%；电子元件专用设备 981.5 万台。电容器 9.3 亿只，DVD 视盘播放机 347.7 万台。

二、分产业发展情况

（一）电子信息产品制造业

由于 2005 年国内外手机市场的影响，呼和浩特 TCL 移动通信公司受大很大影响，产量下降明显，经济效益严重下滑，但随着汉鼎光电、合谦电子的开工投产，促使一些上下游企业纷至沓来，产业聚集效应初步显现。2005 年内蒙古自治区信息产业呈现出前所未有的强劲发展势头，各项经济指标将有较大幅度增长。

此外，作为自治区本土企业的内蒙古银安科技开发有限责任公司在继液晶显示器、微型计算机研发、生产之后，又从中国香港地区引进三套韩国三星 SMT 自动贴片设备，结束了自治区内只有组装设备的历史，打破了区内所有的贴片部分必须委托区外企业加工的局面。公司在成为全国“第二代居民身份证阅读器”十家定点生产企业之一后，又增添了先进的智能卡生产线，实现了智能卡开发、封装、生产一条龙配套生产，成为区内首家生产智能卡的生产企业。该项技术已达到国内先进水平。公司参与了金税三期工程的建设，自主研发、生产税控收款机、税控器、税控打印机等产品，并获得信息产业部税控收款机和税控器生产资质，成为西部惟一一家具有税控产品研发、生产能力的企业。银安科技开发的集金卡、金盾为一体的“警务通”产品的研发已接近尾声。

（二）软件产业

近几年内蒙古自治区软件产业发展势头良好，企业竞争力有所增强，软件产品应用领域不断扩大，已覆盖电子政务、信息安全、金融、财税、商业、保险和各个行业的制造业企业，并建立起一定的产业基础。自治区软件园已于 2005 年被科技部批准为“国家火炬计划软件产业基地”，该基地 05 年实现销售收入 9.06 亿元，拥有一批基础较好的软件企业群。软件企业户数达 106 户。其中：已认定软件企业 18 家，从业人员 2000 余人。

目前，自治区软件企业开发出了一批拥有自主知识产权的软件产品。特别是蒙古语言文字信息技术软件的开发和应用，对内蒙古自治区乃至对国家来说都具有非同寻常的意义。并具有极大的发展前景。

近几年，经过自治区各方科研技术人员的不懈努力，已开发完成了我国少数民族第一个大型基础软件《蒙文 WPSOFFICE》等系列产品，并逐步向应用和产业化发展。在今后一个时期内内蒙古自治区将继续加大蒙古语言文字信息技术的开发力度，使自治区成为国内乃至国际最具实力和优势的蒙古语言文字信息技术产业基地。

三、存在的问题

一是内蒙古自治区的企业目前大部分属于加工型企业，有自主知识产权和高科技含量的企业较少，缺乏核心竞争力，生产的电子产品高端产品少，中低档产品多，产品的附加值和利润较低。

二是内蒙古自治区电子信息产业分布不均匀，产业主要分布在呼和浩特市、包头市和鄂尔多斯市，其他盟市产业规模很小或基本没有该产业。

三是产业投入不足，企业资金短缺。

四、2006 年工作思路

2006 年，内蒙古自治区将继续坚决贯彻自治区党委、政府出台《关于大力推进信息化的决定》和自治区党委、政府两个办公厅联合转发的《决定实施意见》，进一步提高对信息化和信息产业发展重要性的认识，加强宏观指导，加大招商引资力度，创造信息产业发展的有利环境。2006 年自治区继续坚持走有内蒙古特色的信息产业发展道路，实施项目带动战略，促进产业做大做强。努力实现“建设一个园区、打造两个基地、实施五大工程”（包头国家级软件园区，呼市电子信息产品生产基地、信息化技能人才培训基地，电子政务工程、企业信息化工程、农牧业信息化工程、城市信息化工程、信息网络安全工程）的工作目标，经过若干年的努力，争取使内蒙古电子信息产业成为自治区的支柱产业。

（内蒙古自治区政府信息办）

安徽省

2005 年，安徽省电子信息产业认真落实国家产业政策，紧紧围绕省委省政府提出的“抢抓机遇、乘势而上、奋力崛起”的要求，积极开拓市场，努力招商引资，促进企业技术创新，加快产业结构调整，全行业在 2004 年高速增长的基础上持续平稳快速增长，产业规模不断扩大，经济效益同步增长，受国家和行业大环境影响，增速比 2004 年有所放缓，但总体运行态势良好，2005 年各项目标任务全面实现，为“十五”划上了圆满的句号。

一、基本情况

截至 2005 年底，安徽省共有电子信息制造业企业 220 个，从业人员 4.7 万人；2005 年安徽省电子信息产业累计完成现价工业总产值 282.4 亿元，同比增长 34.3%；实现销售收入 256 亿元，同比增长 38.4%；工业增加值 65 亿元，同比增长 44.4%；利润总额 12.8 亿元，同比增长 34.7%；出口交货值 15 亿元，同比增长 53.4%。软件产业实现销售收入 21.9 亿元，同比增长 24.3%。

主要电子产品生产情况：彩色电视机累计生产 632.9 万台（其中自营机 332.6 万台，加工机 300.3 万台），同比增长 15.3%，产销率 99.2%；微型计算机累计生产 4.23 万台，同比下降 60.3%，产销率 92.2%；电子元件累计生产 93157 万只，同比增长 11.3%，产销率 98.7%；半导体器件累计生产 19998 万只，同比下降 35.4%，产销率 92.2%。

软件企业运行情况：2005 年安徽省软件企业实现主营业务收入 21.9 亿元，同比增长 24.3%；其中软件产品收入 8.8 亿元，同比增长 35.5%；系统集成收入 4.4 亿元，同比增长 15.6%；软件服务收入 1 亿元，同比增长 27%。增加值 6.3 亿元，同比增长 21.2%；利润总额 2.8 亿元，同比增长 3.7%；软件出口 717 万美元，同比增长 54.5%。主营收入超亿元的软件企业有 5 家，分别是科大讯飞、安徽四创、合肥美亚、合肥永信和安徽皖通。

二、经济运行特点

（一）产业规模继续扩大

2005 年，安徽省电子信息产业销售收入、工业增加值、利润总额等主要经济指标与 2004 年同期相比增幅均达到 30%以上，高于全国电子信息产业平均增长水平。年销售收入超亿元的企业达 56 家（其中软件超亿元企业 5 家），比 2004 年同期增加了 19 家，销售收入超 10 亿元的企业有四家，分别是铜陵精达铜材（集团）有限公司（31.6 亿元）、合肥海尔信息产品有限公司（22.8 亿元）、合肥海尔空调器有限公司（18.5 亿元）和安徽天康（集团）股份有限公司（10.5 亿元）。亿元企业的销售收入占全行业销售收入的比重达到 80.5%。

（二）产品结构进一步调整

2005 年安徽省投资类、消费类、元器件类三大类产品比重为 11:24:65，与 2004 年（12:26:62）相比元器件类产品比重有所上升，投资类和消费类比重进一步下降（见图 1）。

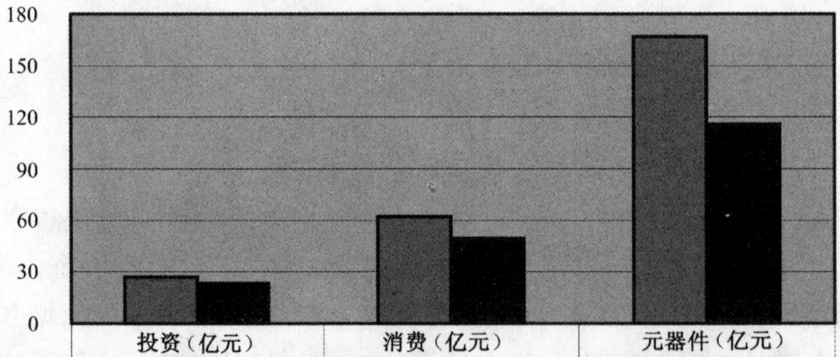

	投资（亿元）	消费（亿元）	元器件（亿元）
2005年	27.03	62.21	166.76
2004年	23.25	49.20	116.00

图 1　2005 年安徽省电子信息产业产品结构三大类变化情况

产品结构中占据安徽省电子信息产业前三位的是电线电缆、家电和电子元件，分别占全行业的比重为 54%、24%和 9%（见图 2）。今年安徽省电子线缆类产品产量继续上升，实现销售收入达 136.73 亿元，比 2004 年同期增长 47%。家电类产品主要是彩电，2005 年安徽省彩电产量 632.9 万台，其中合肥海尔生产彩电 271.6 万台，出口 80.9 万台，安徽康佳生产彩电 361.3 万台。随着数字高清等数条生产线的建成投产，安徽省彩电产品结构升级步伐加快，高端产品产能不断扩大，2005 年新增彩电生产能力 50 万台，年生产能力达到 730 万台，安徽省已成为国内重要的彩电生产加工基地。安徽省电子基础材料产品在全国具有一定的优势和特色，2005 年生产聚丙烯薄膜 8560 吨，同比增长 10%；金属化薄膜 3224 吨，同比增长 24%；薄膜电容器 41397 万只，同比增长 5.4%，电容器用铝箔 228 吨，同比增长 11%；半导体抛光片 768 万片，同比增长 2%；ITO 导电玻璃 1595 万片，同比增长 17%。

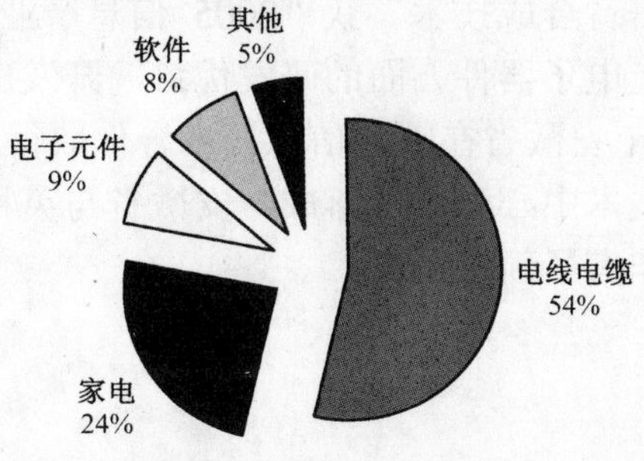

图 2　2005 安徽省电子信息产业产品结构情况

（三）经济效益稳步增长

今年以来，由于能源、原材料涨价，以及激烈的市场竞争，全行业经济效益有所下滑，利润率较低。在此大环境下安徽省电子信息产业却保持了逆势增长的良好局面，2005 年实现利润总额 12.8 亿元，同比增长 34.7%。安徽省电子信息产业利润率达到 5%，表明安徽省电子信息产业产品附加值有所提高。

（四）产业区域聚集度进一步加大

安徽省电子信息产业进一步向主要地市集中，2005 年合肥、巢湖、铜陵、滁州四市分别实现销售收入 90.3 亿元、54.0 亿元、46.5 亿元和 41.3 亿元，四个主要城市销售收入占全行业的比重达 90%以上。区域分布图如图 3 所示。

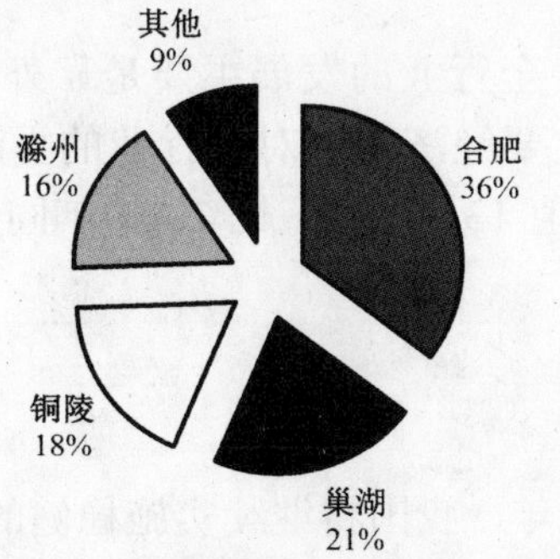

图 3　2005 年安徽省电子信息产业区域分布情况

（五）一批重点项目相继建成，产业发展后劲增强

2005 年安徽省电子信息产业完成基建和技改投资 30 亿元，同比增长 30%。合肥海尔信息产品有限公司的“高清数字电视产业化基地”项目，已完成一期投资 1.2 亿元；以数字液晶显示终端等为主导产品、一期投资达 3.8 亿元的安徽亿多科技股份有限公司已经完成基础工程建设；芜湖长信薄膜科技公司的“TFT-LCD 平面背光源玻璃”项目，一期切磨和镀膜生产线已经建成投产；铜陵电子材料产业园经过多年建设，被信息产业部首批认定为国家电子信息产业园，2005 年产业园内骨干企业实现销售收入达 40 亿元。

（六）企业科技创新能力不断提高

科大讯飞公司的“智能语音合成技术”获“2005 信息产业重大技术发明奖”，安徽华东光电技术研究所利用自身在光电子器件方面的研发优势，开发出具有国际先进技术水平的微型有源 OLED 显示器。2005 年安徽省在国际信息技术合作取得新的突破。微软在我国的第 6 家技术中心——“合肥微软技术中心”正式落成，安徽省与英特尔（中国）有限公司在信息产业与信息化建设领域的合作有了新进展。

三、存在的问题

（一）产业总量较小

安徽省电子信息产业近年来尽管发展很快，规模、效益高速增长，但总量仍很小，占全国电子信息产业的比重不到 1%，且安徽省只是在原有传统产业基础上的增长，几年来增长方式没有太多改变，缺少带动性强的大公司集团，缺少一批大投资项目的支撑，是发展的瓶颈。

（二）产业结构矛盾仍较突出

技术含量较低、处于产业链低端的产品占安徽省产业的比重仍较大。作为全行业增长最快的电子计算机业在安徽省却处于逐步萎缩状态。安徽省家电业的比重也有所下降，彩电企业虽总产量不断增加，但主要是增大了加工机产量，自营机比重进一步压缩，使销售收入等主要经济指标没有明显增长。

（三）外向型经济基础薄弱

从全国电子信息产业来看，全行业的发展主要是靠外向型经济的拉动。三资企业的销售收入、工业增加值和利润等主要经济指标对全行业的贡献率均超过 70%。而安徽省三资企业 2005 年实现现价工业总产值 13.3 亿元，比 2004 年同期增长 2.6%，仅占全省信息产业总产值的 4.7%。

四、面临的形势

2006 年是“十一五”开局之年，我国将继续实施稳健的财政政策和稳健的货币政策，坚持扩大内需的战略方针，采取有保有压的方针优化投资结构，推进经济结构调整和增长方式转变，国民经济将继续保持平稳较快发展。国家促进以信息产业为代表的先进制造业和高新技术产业发展的产业扶持政策，将为信息产业发展营造良好的宏观环境。

安徽省将借助“中部崛起”的发展机遇，大力实施工业强省战略，深入推进“数字安徽”建设，为信息产业的发展带来广阔的市场空间。省委、省政府高度重视信息产业，明确提出要积极发展信息产业，并且在资金上给予大力扶持，从 2004 年起设立了省信息产业发展专项资金，用于支持电子信息制造业、软件业和全省信息化建设，资金额度逐年增加，无疑安徽省发展信息产业的政策环境将进一步优化。

另一方面，2006年我国能源、原材料紧缺的矛盾依然突出，将会增加企业运营成本，削弱企业的利润空间。各省市都在积极制定相关政策和措施，促进信息产业发展，吸引产业的转移与辐射，产业竞争将进一步加剧。

总体预测，2006年安徽省电子信息产业经济运行情况将继续趋好。

五、2006年发展目标

2006年安徽省电子信息产业的目标：实现销售收入320亿元，同比增长25%，其中软件企业主营业务收入27亿元，增长23.3%；工业增加值80亿元，同比增长23.8%；利税总额23亿元，同比增长17.3%。

主要产品生产计划安排：彩电550万台、半导体分立器件24000万只、电子元件88340万只。

（安徽省信息产业厅）

江西省

“十五”期间，江西省电子信息产业实现了稳定、快速的发展，已经具有一定的产业规模和发展基础，产业体系不断完善，形成了门类比较齐全，具有特色的产业结构，整个产业呈现出较好地发展态势。

一、经济运行特点

（一）产业规模不断扩大，主要经济指标同步增长

江西省电子信息产品制造业取得快速发展，产业规模2004年首次越过百亿大关。2005年又取得了新的发展，工业总产值由2000年的35亿元增长到2005年的134亿元，销售收入由16.5亿元增长到64亿元，工业增加值由5.1亿增长到16.34亿元，利税总额0.52亿元增长到4.68亿元，“十五”时期平均增速分别达30.74%、31.14%、26.22%、55.18%。

（二）重点地区、骨干企业在行业发展中的作用越来越突出

江西省通过大力推动工业园区建设，调整产业布局和优化企业结构，产业集中度进一步提高，以企业为核心的产业集群和以产品为龙头的产业链正在形成，显现出规模和集聚效益。有2家制造业企业进入全国电子百强行列，有13家企业的销售收入过亿元，其中2家超10亿元。重点骨干企业的支撑作用非常明显，经济总量已经占到全行业的80%以上。南昌市电子信息产业（区域概念）在全行业中的地位越来越突出，制造业占江西全省的50%。江西省电子信息产业已经开始具有了与全行业集中发展相一致的特征。

（三）企业改革、改组、改造稳步推进

在国家政策的支持下，江西省企业改革、改组、改造稳步推进，企业结构逐步优化，形

成了多种经济成分并存发展的格局，股份制企业、民营企业、三资企业经济总量比重不断上升，2004年达到95.5%，制造业有两家企业在国内和中国香港创业版成功上市，迈出了在资本市场融资发展的步伐，企业的整体素质得到提高。

（四）产业结构和产品结构调整取得成效

通过大力调整产业结构，江西省形成了以电子元器件、视听产品、电子材料、应用软件为主的产业结构。光电器件、铝电解电容器、 电真空器件、电声器件、射频电缆、IC卡等产品产销量居国内同类产品前列；彩电，计算机，显示器、激光视盘机，电话机等整机产品的加工能力达到经济规模；电子铜箔等资源性产品的加工深度不断提高。整机产品数字化、网络化、智能化的趋势明显，片式、微型、多功能的新型元器件的比重不断增加，产品结构进一步向高技术、高品质、高附加值方向发展

（五）招商引资成果显著，投资力度有所加强，区域合作更加广泛

“十五”期间江西省电子信息产业开工建设了20多个项目，总投资20多亿元，是“九五”投资的4倍多。投资主要集中在数字视听、新型元器件、电子材料等领域，投资主体实现了多元化。数字微显投影电视（LCOS、LCD）、激光视盘机、显示器、无绳电话、半导体发光器件（LED）、电声器件、集成电路、电子铜箔等生产规模大、科技含量高、竞争能力强、市场前景好的重大项目相继建成投产。“十五”重点项目的建设，将为下一步的发展打下坚实基础，构筑起“十一五”发展的框架。招商引资的数量和质量不断提高，效果显著，外商独资企业开始进入江西，集成电路等技术和资金密集的项目落户南昌。引进来，走出去，国内外的大公司来江西省建立加工制造基地。江西省有实力的企业积极到省外投资建厂，设立研发机构，形成互动发展的态势，在更大范围内整合资源，总部经济、企校合作等多种合作发展的模式已初步形成。

（六）技术创新取得新成果，转化步伐加快，竞争力不断增强

现已有两家企业设立了博士后流动工作站，一家建立了国家企业（集团）技术中心和一家教育部材料发光材料与器件工作研究中心，南昌市是科技部批准建立的国家半导体照明产业化基地之一。清华、北大、浙大、昌大等高校在南昌的科技园区成为了科研成果转化和产业化的载体。LED外延片、片式器件、LCOS、LCD微显数字投影电视，高清晰度显示器、数字医疗仪器等产品的关键研发技术、生产工艺技术都有了新的突破，有的处于国际水平，形成了批量生产能力；随着集成电路等高技术项目的引进，在生产中越来越多的采用先进制造技术。

二、存在的问题

江西省电子信息产业虽然在“十五”期间发展较快，基本保持了与行业的同步发展，但与发达省市相比，无论在产业规模、竞争能力、研发投入、技术水平和管理水平等方面都存在较大差距，在全国电子信息产业和江西全省工业中的比重低，2005年销售收入仅占全国的0.21%，占江西全省工业的3.12%。

（1）产业规模小，发展不充分，产业回旋和调整的空间有限，特色不突出仍是产业发展的主要问题。

（2）布局分散。虽然产业集中度有所的提高，企业的协作，产品的配套，仍处于数量集合的初级阶段，还未真正形成符合产业发展要求的企业集群和产品链条，信息产业园区建设滞后，距离国家信息产业基地和园区的标准相差甚远。

（3）投入不足，利用外资水平不高，对跨国公司和国内大公司的吸引力不强，产业发展的软、硬环境亟待改善，行业招商引资的思路和方式没有取得突破。投融资市场渠道不畅，针对电子信息产业高投入、高收益、高风险的特点，建立风险投资机制，制定出政府引导资助办法，统筹和推动的力度不够，新企业发展和新项目启动的较困难。

（4）自主创新能力不强，具有自主知识产权的原创技术少、消化吸收能力和再创新的能力低，采用的先进适用的大生产技术不多；研发投入不足，以企业为主体，市场为导向，产学研相结合的技术创新体系尚未建立，人才缺乏，结构性矛盾突出，缺乏高层次、复合型领军人才，培养、引进和使用人才的政策措施落实不到位。

（5）市场开拓能力弱，缺少自主品牌和市场份额，代工产品过分依赖于大公司和品牌的拉动，受市场波动的影响较大，骨干企业和龙头产品的辐射带动作用不强，新品开发速度慢，适应不了市场需求热点的变化，外向程度低，电子整机和软件产品出口还处于起步阶段。

三、2006 年发展预期

2006 年是“十一五”开始之年，电子信息产业将进入新的发展阶段，信息技术飞速发展，应用领域越来越广泛，产业转移出现新特点，市场竞争更加剧烈，产业面临新的挑战和发展机遇。江西省委、省政府十分重视电子信息产业的发展，已将电子信息产业列入江西省六大支柱产业发展规划，把加快江西信息产业的发展，作为江西省实施以工业化为核心，以大开放为主战略，大力调整经济结构，实现江西在中部地区崛起目标的重要举措，

新的一年，江西省电子信息产业以邓小平理论和“三个代表”重要思想为指导，认真贯彻十六大和十六届五中全会精神，全面落实科学发展观，推进产业结构优化升级，以自主创新提升产业水平。按照江西省委、省政府提出的“以工业化为核心，以大开放为主战略”的地方经济发展战略和信息产业部提出的实现“由大到强”的行业发展思路，“加快发展、扩大规模、突出特色、提高质量”。立足现有基础，积极调整产业结构，整合生产要素，发挥比较优势。遵循产业发展的规律，抓住发展机遇，积极参与区域分工和合作，加大招商引资力度，主动地承接产业转移，做大产业规模。选择差异化的发展道路，积极发展有自主知识产权和相对优势的产品，形成产业特色。初步建立以企业为主体的自主创新体系，构建先进制造基础，提高竞争能力，实现江西电子信息产业的跨越发展。

江西省委省政府提出 2006 年江西工业生产要实现“三增长、两提高、一降低”的目标即工业增加值增长 20%、销售收入增长 30%、利税总额增长 25%，工业经济效益综合指数提高 10 个百分点、工业增加值占生产总值比重提高 2 个百分点，工业综合能耗降低 5 个百分点。我们结合江西省电子信息产业发展的实际情况，制定了江西全省电子信息产业发展预期目标：工业增加值 26 亿元，同比增长 24.46%，销售收入 120 亿元，同比增长 33.33%，利税总额 8.5 亿元，同比增长 25.93%，出口交货值 20 亿元，同比增长 27.96%。

（江西省信息产业厅）

河南省

2005 年是实施“十五”发展规划的最后一年，也是河南省信息产业继续保持健康、稳定发展的一年。全行业始终坚持以科学发展观为指导，紧紧围绕“振兴三业、推进一化”这个目标，以求真务实、开拓创新的精神，大力实施“以信息化带动工业化战略”务实推进信息化建设，强力促进产业发展。努力克服能源紧张，原材料涨价，产品大幅度降价等各种不利因素的影响，实现了河南省信息产业健康、稳定的发展，全面完成了“十五”发展目标，成为河南省工业中发展最快，效益最好的产业之一。

一、基本情况

（一）主要经济指标完成情况

完成工业总产值：4540386 万元　　增幅：30.95%

实现销售收入：2654142 万元　　增幅：23.78%

工业增加值：560730 万元　　增幅：13.05%

出口交货值：248493 万元　　增幅：28.9%

（二）主要产品产销情况（见表 1）

表 1　电子信息产品制造业主要产品产销情况

产 品 名 称	产　量	增　幅	销　售	增　幅
彩色电视机	176.7 万台	7.6%	176.7 万台	7.6%
家用电器	290 万台	21.4%	281 万台	18.1%
电子元件	65738 万只	8.5%	66525 万只	12.2%
半导体分离器件	48332 万只	28.1%	45102 万只	30.2%
彩色显像管玻壳	3652 万套	14.7%	3444 万套	11.4%
数字机顶盒	10 万部	104.1%	9.5 万部	106.5%

二、经济运行特点

（一）电子信息产品制造业持续快速发展，产业规模不断扩大

“十五”期间，河南省电子信息产业一直以高于河南全省经济增长 2 倍的速度快速发展，平均增速在 30%以上，工业总产值、销售收入和工业增加值年均增长速度分别为 30.5%、36.09%、29.07%。随着产业的快速发展，产业规模不断扩大，工业总产值由 2000 年的 124 亿元上升到 454 亿元；销售收入由 2000 年的 70.5 亿元上升到 265 亿元；工业增加值由 2000 年的 24 亿元上升到 57 亿元；总产值、销售收入和工业增加值在 2000 年的基础上分别翻了 1.83 番、1.88 番和 1.2 番。从主要产品的产能看，也出现了跨越式的发展（见表 2）。

表 2　主要产品“九五”、“十五”产能对比

产　品	2000 年产量	2005 年产量	增　长
彩色电视机	91 万台	170 万台	86.8%
彩色显像管玻壳	1718 万套	3652 万套	112%
无氧铜管	1.5 万吨	14.5 万吨	867%
抛光硅片	197 万片	286 万片	45.2%
单晶硅	30.6 吨	68.5 吨	123.8%
多晶硅		年产 300 吨建成投产	
家用电冰箱	108 万台	250 万台	131.5%
空调器	2001 年投产生产 0.7 万台	40 万台	
数字机顶盒	2004 年投产生产 1 万部	10 万部	
税控机	2004 年成建投产	20 万台生产能力	
计算机	1 万台	3.5 万台（10 万台能力）	

在改革开放的二十多年中，“十五”期间，河南电子信息产品制造业在快速发展的同时，产业规模实现了质的变化，产业规模取得了新的突破，为“十一五”的发展奠定了良好的基础。

（二）产品结构趋于合理，投资类产品比重大幅上升

长期以来，河南省电子信息产品制造业，主要是以消费类以及为其配套的彩管玻壳等元器件类产品为主，所占比重最高时达到 95%以上。通过“十五”的发展，投资类产品所占比重大幅上升，所占比重由 4.02%，上升到 23.21%，提高近二十个百分点，成为河南省信息产业快速发展的重要支柱。

（三）民营企业的高速发展，成为新的亮点

民营企业是“十五”期间涉足到信息产业的新兴力量，虽然组建的时间不长，但发展很快，成为河南信息产业新的亮点，是河南省信息产业快速发展的主力军。2005 年，民营企业实现销售收入 87.64 亿元，占全行业销售收入的 34%，增长幅度达 54%以上，有力的拉动全行业的快速发展，是河南信息产业一支生力军（见表 3）。

表 3　“九五”与“十五”主要民营企业情况对比

企　业	2000 年销售收入	2005 年销售收入
河南思达股份公司	1.27 亿元	8.2 亿元
新乡金龙公司	4.6 亿元	52.9 亿元
新乡环宇集团	2.4 亿元	13.1 亿元
新乡科隆公司	1.06 亿元	5.8 亿元
中安科技公司	2004 年投产	2.4 亿元
郑州汇科电子公司	0.19 亿元（2001 年）	1.32 亿元
郑州威科姆电子公司	0.58 亿元	1.4 亿元

（四）重点项目建设取得了新突破

与中国台湾晶湛公司合作投资 10 亿美元的集成电路芯片项目已奠基，这对于提升河南省产业档次有很重要作用，它打破了河南省在IC产业的空白局面；国内产量最大的年产300吨的多晶硅项目在洛阳投产，新增700吨的多晶硅项目已开工建设，这使河南省一跃成为全国最大的硅材料生产基地；台湾中显集团与金惠合作生产30万台笔记本电脑和闪存，彻底打破了河南省不能大批量生产电脑的局面，填补了河南省不能生产笔记本电脑的空白，标志着河南省已经开始批量生产高品质电脑整机；新飞、信易、欧丽和中信昊园4个企业取得了税控机的生产资质和许可证，并开始批量生产，这些项目的投产，从根本上改变了河南省 IT 产业结构，从而使河南省信息产业步入新的发展阶段。

（五）对外合作工作开创了新局面

积极加强与世界500强的IT企业合作，先后与微软公司联合成立了“河南微软技术中心”；与爱立信公司就电子政务及领域信息化签署了合作协议；与英特尔公司就共同推动河南信息产业和信息化发展签署了合作备忘录，并协助河南众诚公司实现年产15万台电脑。香港光大投资公司与南阳金冠集团合资的项目资金已经到位；韩国 TTI 公司与洛阳合资生产8英寸硅片的合作意向书也已签署；苏州旺宏科技公司在河南建立IC设计中心项目也正在与郑州大学进行洽谈；印度 MYSORE 大学与河南省3所大学签署了不同层次的软件人才培养合同，并促成了 MYSORE 大学与黄淮学院合作办学，“黄淮学院国际软件工程学院”已开始招生。

三、面临的形势和问题

从国内情况看，信息产业面临着更为广阔的发展空间。2006 年国家促进中部崛起战略开始启动，相关政策措施将要出台，在鼓励高新技术产业发展等方面将加大支持力度，这为地处中部地区的信息产业发展创造了良好的外部环境。此外，随着中央和省委关于扩大内需、改造传统产业、建设社会主义新农村等宏观经济政策的落实，使得全社会对信息产品需求不断增加，信息产业的市场空间逐步扩大。同时，随着“十一五”各行各业经济增长方式转变的加快，对信息产业提出了更高的要求，这些都是加快信息产业发展的有利因素和动力。

从省情看，河南省信息产业正面临着大好的发展机遇。随着河南省经济总量突破万亿元，河南省经济发展步入了一个新的平台。“十一五”要继续保持高速增长，单靠传统产业已经难以持续健康发展，必须大力发展以信息产业为代表的高新技术产业。为此，省委七届十次全会和省委经济工作会议都明确要求要加快发展信息产业，大力推进信息化，省十届人大四次会议，再次把信息产业列为优先发展的重点。这都为河南省信息产业发展创造了有利条件。但同时也要看到，河南省信息产业发展的大环境还不尽如人意，产业政策相对滞后，资金扶持力度不够，一定程度上还将制约产业的发展。

从行业自身情况看，河南省信息产业经过多年的发展，整体水平不断提高，具备了进一步发展的条件，也有了做大做强的可能。但也要清醒地看到行业发展存在的矛盾和问题。一是产业结构不尽合理，高新技术产业比重偏低，以企业为主体的技术创新体系尚未形成。

二是对外开放度和产业集中度不高，区位优势不明显，要实现跨越式发展将面临很多困难和问题。四是队伍整体素质不高，尤其是高层次、复合型人才严重缺乏，不能满足产业快速发展的需要，特别是我们在思想观念、行政能力、工作作风等方面还存在差距，运用科学发展观统揽全局、指导行业发展还有待提高和改进。

总的来看，河南省信息产业发展有许多有利条件，也面临很大压力。认真分析形势，保持清醒头脑，把握好行业发展的主动权，大力促进信息产业的快速发展。

四、2006 年调控目标和措施

2006 年是实施“十一五”规划的开局之年，也是河南省信息产业进入新的发展时期的奠基之年。根据省委、省政府的要求和全国信息产业工作会议精神，2006 年河南信息产业工作的总体要求是：坚持以科学发展观统领信息产业和信息化工作全局，大力实施“信息化带动工业化”战略，着力推进重点项目建设，培育新的经济增长点；推进产业园区建设，提高产业集中度，推进对外合作，提高产业外向度，推进信息化，加强信息技术推广应用；力争使河南省信息产业发展和信息化建设取得新进展，实现新突破，迈上新台阶，为中原崛起做出贡献。

2006 年河南省信息产业的宏观调控目标是：电子信息产业主要经济指标的增长速度达到 25%，努力争取 30%。为实现 2006 年调控目标，全面完成“十一五”发展规划奠定基础，2006 年抓好以下几个方面的工作。

（一）组织实施“十一五”规划重大专项。组织全行业的力量，全面启动和实施“810”工程（8 个百亿项目、10 个三十亿项目），创造条件，尽早开工建设，力争年内初见成效。为此建立大项目推进协调机制，分工负责、重点跟踪，强化服务、稳步推进。

（二）积极抓好四个国家电子信息产业园区建设。加强与安阳、许昌、新乡、郑州等 4 个市的沟通和协调，推动人员、资金、政策、项目进入四到位，实行产业园区建设目标责任制管理，加快产业园区建设。

（三）积极抓好对外合作项目的引进和落实，着力推进对外开放工作。对外合作工作重点要抓好两个方面：一是抓好已经签约项目的落实，突出抓好晶湛公司的集成电路芯片项目、洛阳多晶硅项目、金惠的电脑项目、日本明电舍在高新区的项目、世宏科技的 IC 设计研发中心等几个重点项目，力争 2006 年取得突破性的进展。二是围绕“十一五”规划中提出的 12 个对外合资项目，积极开展招商引资，力争谈成几个项目，开工几个项目。

（四）做好电子信息产品出口工作。引导企业调整出口产品结构，培育新的出口增长点；引导企业积极“走出去”，扩大产品出口。

（五）加强经济运行的协调、服务工作。重点跟踪大中型企业，开展调查研究，掌握、分析运行动态，协助企业解决运行中存在困难和问题；做好经济信息的整理和分析工作，提高经济运行分析质量，及时通报产业经济运行情况，做好预测、预警和信息引导，增强政府职能部门调控经济的效能，确保河南省信息产业健康、快速发展。

（河南省信息产业厅）

湖北省

一、基本情况

2005 年，湖北省电子信息产业保持了持续快速发展，产业规模（按不变价工业总产值计算）首次突破 500 亿元，居中部六省前列。但经济效益下降，实现利润出现负增长。

（一）主要经济指标完成情况

全年完成工业总产值 515.33 亿元，同比增长 37.65%，实现工业增加值 121.1 亿元，同比增长 19.33；实现产品销售收入 347.95 亿元，同比增长 13.35%；实现利税 17.9 亿元，同比下降 41.15%，其中实现利润 6.27 亿元，同比下降 57.5%。

从全国电子信息产业完成情况来看，湖北省实现产品销售收入、利税、工业增加值增幅分别低于全国平均水平 11.45、56.45、9.07 个百分比点（湖北省收入增幅为 13.35%，全国平均水平为 24.8%、湖北省利税同比下降 41.15%，全国平均水平为 15.3%、湖北省增加值增幅为 19.33%，全国平均水平为 28.4%）。但从产业规模看，湖北省居于中部六省的前列。

从湖北省十三工业部门来看，电子信息产业从规模上位居第七，从增长幅度上位居第四（见图 1），工业增加值发展速度高于湖北全省平均水平。

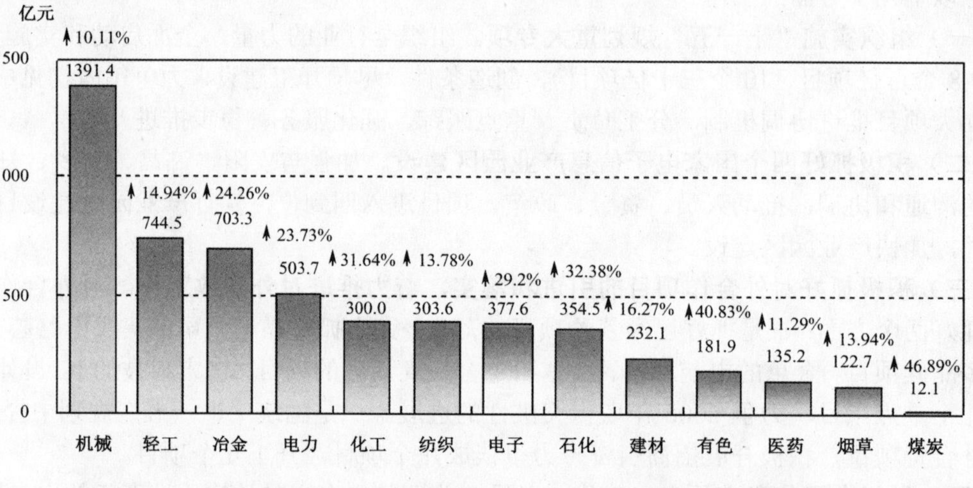

图 1　2005 年湖北省十三工业部门 1～11 月工业总产值完成情况

产业外向度有所提高。近年来湖北省电子信息产品出口持续增长，全行业出口创汇额从 2000 年的 1.1 亿美元增长到 2005 年的 4 亿美元，增长了 2.6 倍。

（二）各市经济指标完成情况

各市电子信息产业竞相发展，武汉市仍是产业发展的主要力量。2005 年武汉市完成工业总产值 308.11 亿元，为计划的 102.7%，同比增长 33.9%，拉动行业经济增长 20.84 个百分点，其他地市也完成或超额了年初下达的考核指标，经济总量占行业的比重逐年增大，由“九五”末期的 18.24%上升到“十五”末期的 40.21%，占比提高了 21.97 个百分点（见表 1 及图 2、图 3）。

表 1　2005 年各市生产计划执行情况

单　　位	工 业 总 产 值	(万元)					
	调控目标	奋斗目标	本月止累计	同期止累计	同比增长%	为计划%	为奋斗目标%
湖北全省合计	4800000	5000000	5153250	3743818	37.65	107.36	103.07
武汉市	3000000	3080000	3081127	2301056	33.90	102.70	100.04
襄樊市	240000	250000	250502	188433	32.94	104.38	100.20
荆州市	330000	340000	349530	255174	36.98	105.92	102.80
孝感市	230000	240000	246174	180723	36.22	107.03	102.57
黄石市	320000	335000	281807	250530	12.48	88.06	84.12
荆门市	35000	37000	56504	33055	70.94	161.44	152.71
宜昌市	260000	268000	300835	200420	50.10	115.71	112.25
鄂州市	83000	86000	86944	64782	34.21	104.75	101.10
黄冈市	13000	13000	18956	10137	87.00	145.82	145.82
十堰市	5500	5700	78289	4293	1723.64	1423.44	1373.49
随州市	330000	350000	364001	255215	42.63	110.30	104.00
仙桃市			6906				
天门市			6631				
咸宁通城			25044				

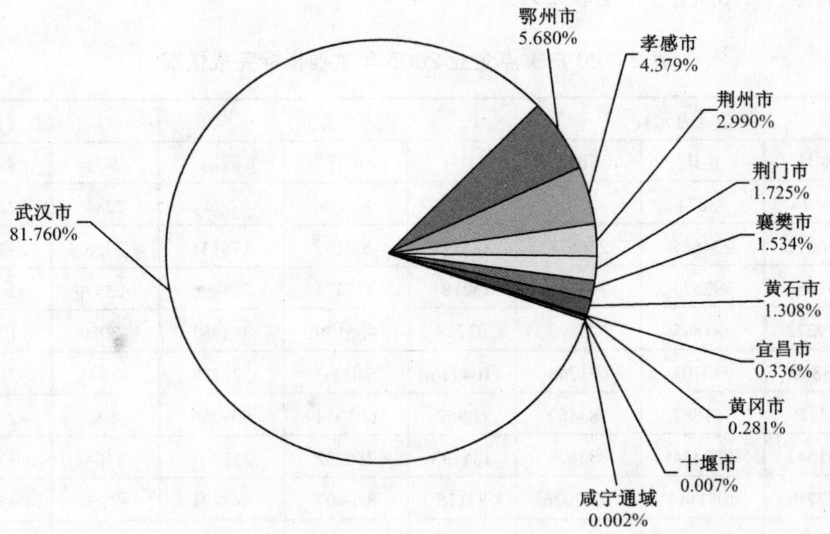

图 2　“九五”末期各市电子信息产业占行业的比重（%）

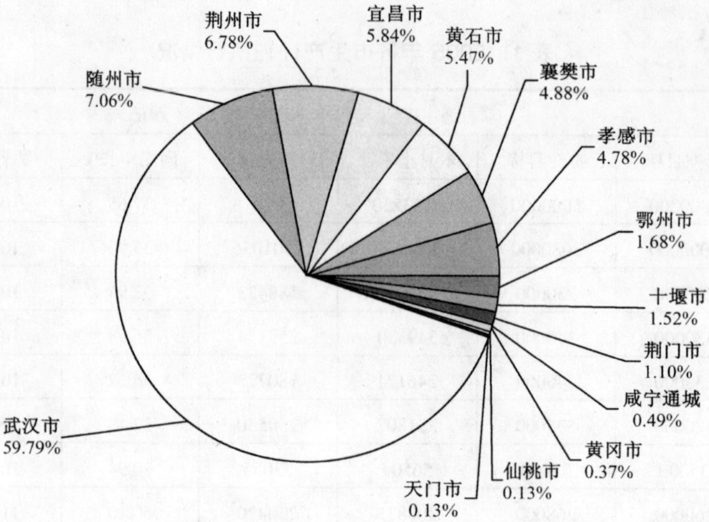

图 3 "十五"末期各市电子信息产业占行业的比重（%）

（三）重点企业和重点产品生产情况

行业 20 户重点企业，经济运行总体正常，但受市场、原材料涨价等因素的影响，多数企业今年赢利水平降低或出现亏损，特别是武汉 NEC 公司亏损加剧，由 2004 年亏损 6848 万元到今年亏损 118745 万元；随州波导公司由 2004 年赢利 9490 万元到今年亏损 6991 万元，影响行业整体效益水平的提高。20 户重点企业全年累计完成工业总产值 183.67 亿元，同比增长 37.3%，实现销售收入 142.46 亿元，同比下降 4.83%，实现利润盈亏相抵后，仍亏损 9.05 亿元，同比增亏 14.43 亿元（见表 2）。

表 2 20 户重点企业 2005 年主要指标完成情况

	产值（万元）			收入（万元）			利润（万元）		
	本月	累计	同期	本月	累计	同期	本月	累计	同期
1 月	93874	93874		82075	82075		2284	2284	
2 月	140811	234685	238678	123112	205187	178131	3426	5710	8378
3 月	157888	392573	364701	132184	337371	281996	−22379	−16669	8594
4 月	149272	541845	525893	97768	435139	382961	−3050	−19719	16406
5 月	98862	640707	631268	104926	540065	572728	−1874	−21593	33317
6 月	111180	751887	783450	60969	601034	609066	−954	−22547	33367
7 月	151547	903434	893879	185198	786232	757305	−14647	−37194	36946
8 月	147710	1051144	1027926	87175	873407	848421	−7950	−45144	43023
9 月	222301	1273445	1224506	142435	1015842	1010274	2411	−42733	59428
10 月	147256	1420701	1344054	93456	1109298	1107300	−1933	−44666	66316
11 月	173131	1593832	1535681	150455	1259753	1325878	−12824	−57490	65351
12 月	242822	1836654	1711702	164822	1424575	1496855	−33058	−90548	53772

主要产品优势明显，产销稳定增长（见图 4）。光纤、光缆生产今年虽有所下降，市场占有率仍位于全国第一，世界第三。化成箔材料生产、产销量位于全国第一。手机生产增长迅速，但规模太小，仅占全国生产总量的 2%左右（见图 5）。

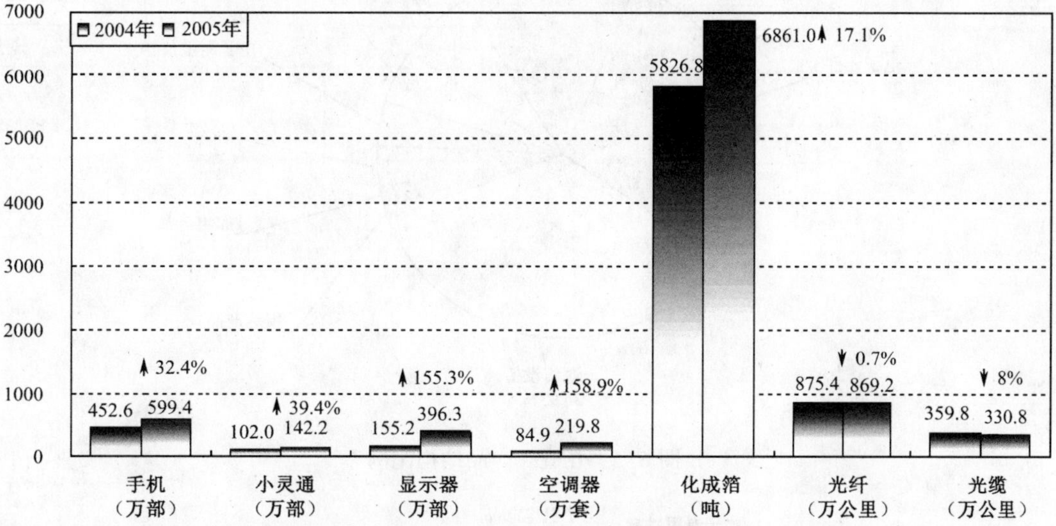

图 4　2005 年主要产品生产情况

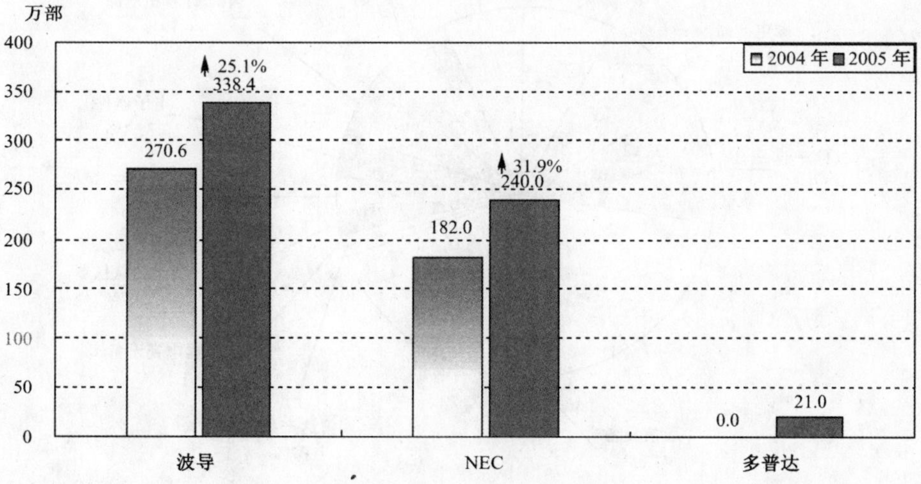

图 5　2005 年手机产品完成情况

（四）全行业产品结构情况

如图 6 及图 7 所示，通过“十五”以来的发展，湖北省产品结构发生了较大的变化，通信设备、家电产品占比增大，同时软件产业、电子专用材料产业有了较大的发展，分别占产业总量的 11.05%和 7.54%。

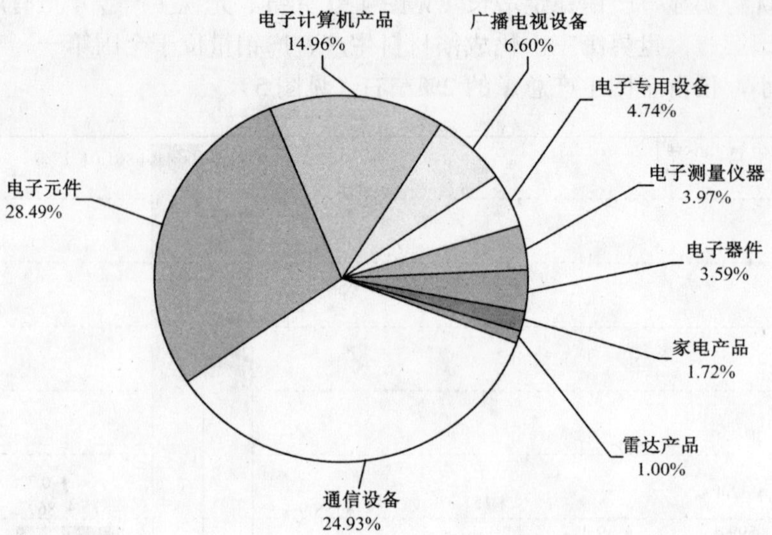

图6 “九五”产品结构比例

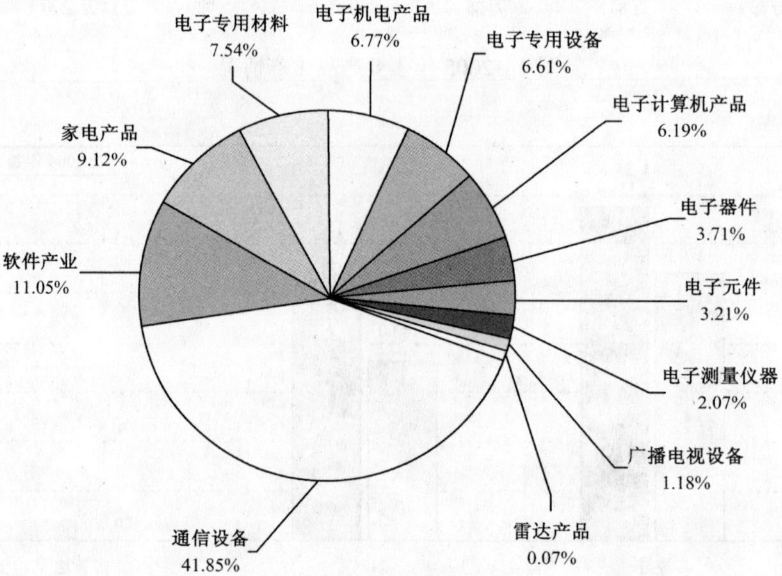

图7 “十五”产品结构比例

二、经济运行特点及存在的问题

（一）全行业保持快速发展，产业规模跃上新台阶

“十五”以来，产业规模在“九五”年均增长27%的基础上，持续快速增长，2005年完成工业总产值515亿元，新增141亿元，同比增长37.65%，占湖北全省工业总产值的比重由2000年的4%上升到2005年的8%，在中部六省居前列。“十五”期间年均增长33.5%（见图8）。

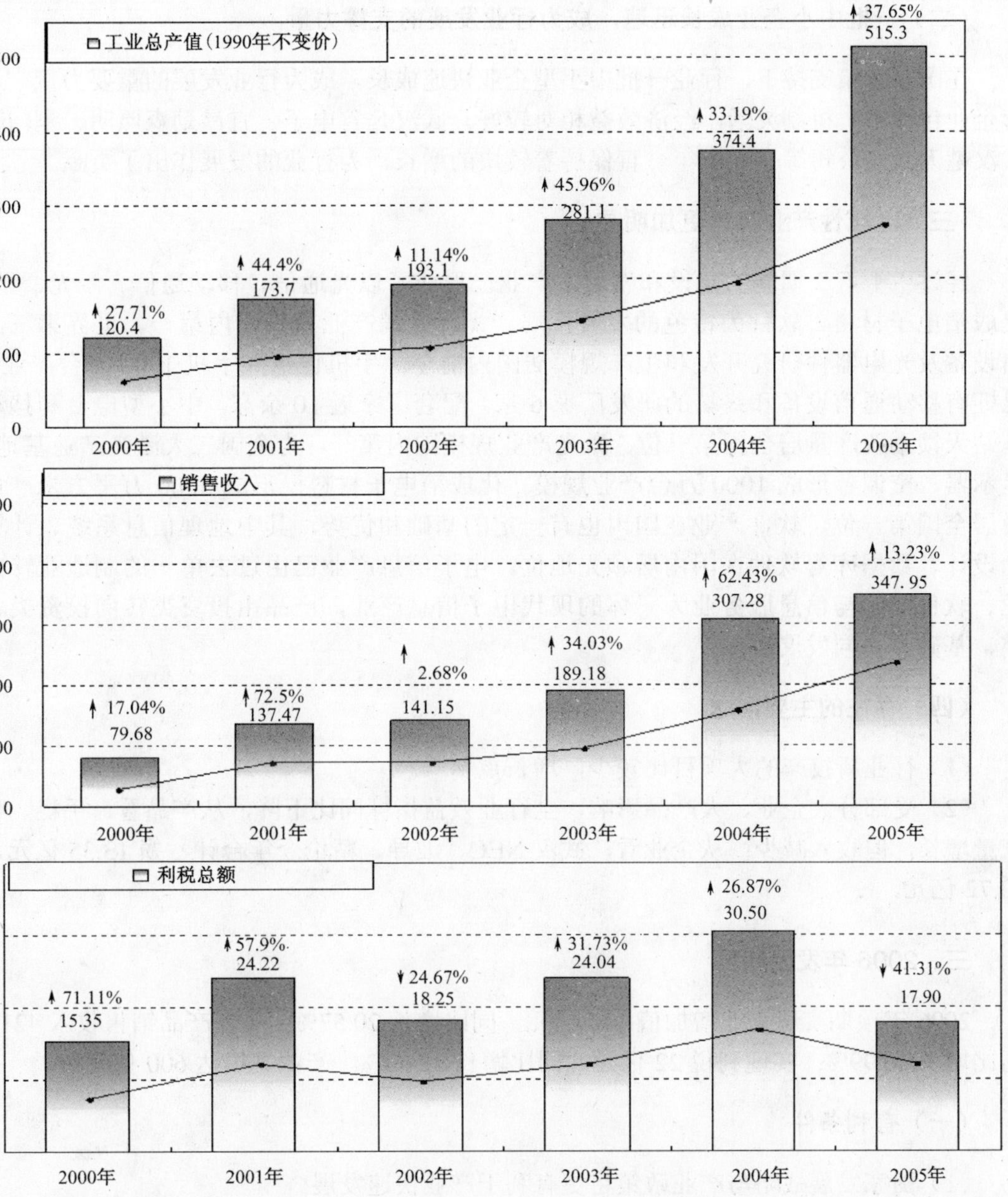

图 8 “九五”以来湖北电子信息产业工业总产值、销售收入及利税总额增长情况（单位：亿元）

产业能得以快速发展，主要是以下几个原因：

一是重点产品、新投产项目、对行业快速增长起到主要支撑作用，显示器、空调器、手机新增产值 66.25 亿元，占行业增长总量的 47%。

二是武汉市的龙头带动作用仍然突出，新增产值 78 亿元，占行业新增总量的 55.35%，拉动产业增长 20.84 个百分点。

三是新纳入行业管理的地方增长良好，其中，仙桃、天门、咸宁纳入行业管理，新增产值 3.86 亿元，襄樊、十堰完善行业管理，新增产值 13.6 亿元。

（二）一批中小企业成长迅速，成为行业发展的支撑力量

在国家政策支持下，行业一批中小型企业快速成长，成为行业发展的重要力量。这些民营企业包袱小，机制灵活，经济效益相对较好。武汉凡谷电子、宜昌劲森照明、荆门唯益、武汉楚天激光公司等企业今年一直保持着较快的增长，为行业的发展作出了贡献。

（三）区域性产业特色更加明显

经过“十五”期间的建设和发展，产业已形成了以光通信、移动通信、激光、显示器、化成箔电子材料、软件为特色的发展格局。光纤光缆产业规模国内第一、世界第三，光通信设备及光电器件研究开发和生产规模居国内前茅。手机已形成手机1000万台产业规模，已拥有移动通信设备和终端的研发厂家6家，配套厂家近10余家。中小型电台和移动通信基站天馈系统产量居全国第一位。激光产业规模国内第一，为全国三大激光产业基地之一。显示器、空调各形成1000万台产业规模。化成箔电子材料已形成5000万平方米产量，规模居全国第一位。软件产业在国内也有一定的基础和优势，其中地理信息系统、计算机辅助设计、数据库等软件在国内居领先地位。电子信息产业已由过去单一的制造业转向制造业、软件业、与信息服务业为一体的现代电子信息产业，产品由投资类转向投资类、消费类、基础类共同发展。

（四）存在的主要问题

（1）行业新投产的大项目比较少，增长点单一。

（2）受部分大企业、大产品影响，全行业效益指标同比下降，从产品看，手机、化成箔产量增长，但收入减少；从企业看，武汉NEC、波导、精伦今年合计亏损13.35亿元，增亏13.72亿元。

三、2006年发展趋势

2006年预期实现工业增加值146亿元，同比增长20.57%；实现产品销售收入421亿元，同比增长20.99%；实现利税22亿元，同比增长22.92%。产业规摸达600亿元。

（一）有利条件

（1）国家发展战略与产业政策将更有利于产业快速发展。

（2）省委、省政府的高度重视。产业发展环境继续改善。

（3）地方各级政府大力发展电子信息产业的积极性空前高涨。

（4）显示器、智能家电、汽车电子、压缩机等产品仍将保持良好发展态势。

（5）一批中小企业健康发展，软件产业也将有较快增长。

（6）新增纳入行业归口管理的地方，产业增长形势较好。

（二）不利因素

（1）当年新投产见效的大项目很少，现有产品增长较大的也比较少（对50个在建项目摸底调查，预计2006年可新增销售收入约147亿元，但新增过10亿元的仅2个，且相当一部分项目须等待政策或市场启动）。

（2）3G、税控机、FTTH 等等产品的市场尚待真正启动。

（3）结构性问题尚未扭转，主要表现在产业链不完整。

（4）光纤、光缆、汽车电子等产品市场低迷状况难见好转。

受市场竞争和生产要素影响，行业经济效益形势仍然不容乐观。

四、2006 年工作措施

2006 年要在厅党组的领导下，高举信息化大旗，全面推进湖北省信息化进程，加快电子信息产业发展，努力实现产业整体互动协调发展。

（一）引导产业内部结构调整

一是在巩固扩大光通信和激光产品已有优势的基础上，大力发展数字化 3C 产品，配套发展专用集成电路和软件产品、新型元器件及新材料基础产品。**二是**依托武汉国家光电子信息产业基地和国家相关专业产业园，培育八大主导产品生产研发基地。即光纤光缆和光通信系统及器件生产研发基地、激光设备制造与应用基地、移动通信终端生产研发基地、数字电视及显示器生产研发基地、汽车电子产业生产研发基地、税控卡机具生产研发基地、化成箔电子基础材料生产研发基地、国家级软件产业基地。**三是**突出四个专项。着力抓好汽车电子、数字电视、软件产业、税控机四大专项的规划和实施。**四是**构筑五条产业链。在项目规划、资金使用等方面，要由过去以产品为对象的管理转向以构筑产业链为对象的管理，依托主导产品，向上下游延伸。现阶段重点构筑移动通信手机、汽车电子、数字电视及显示器件、化成箔电子材料及电子元器件、光纤光缆入户等产业链。

（二）改善产业发展环境

一是牢固树立服务意识，主动思考关系产业发展的大事，帮助企业解决实际困难和问题。**二是**继续深化改革。着眼于培育有竞争力的大型企业集团，深入推进企业产权制度改革。积极支持民营经济和其他经济成份参与信息产业发展，主动引导中小企业向“专、精、特、新”方向发展，形成一批有特色充满活力的中小企业。**三是**注重政策引导。要求各级信息产业主管部门积极争取各方面的支持，营造产业发展的政策环境。认真研究国家产业政策，并将其在湖北省落实到实处。**四是**加大资金扶持力度。国家和省政府对信息产业的资金支持逐年加大，一定要用好、管好这批产业资金。支持市场需求大的产品和项目，支持符合国家规划方向的产品和项目，支持符合湖北省产业结构调整方向的产品和项目。**五是**继续推进“三个三工程”实施。全行业列入省政府“三个三工程”的企业和重点项目有：19 家“三个一批”企业、23 家“三个一百”企业和 14 个重点项目。要求各级信息产业主管部门加强对列入“三个三工程”的跟踪管理和服务。

（三）构建产业创新体系

一是支持建立以企业为中心的技术创新体系。帮助指导大型企业加快技术开发中心的建设，支持企业加大技术研发和科技投入力度，注重对引进项目和技术的消化吸收，鼓励有条件的企业开展国际技术合作。**二是**探索建立工艺技术服务平台，为中小企业服务。**三是**建立“校院经济”向“产业经济”转化的机制，推动技术与经济相结合、科研与生产相结合，鼓励和引导科技成果有效转化为商品进入市场。积极推进院校、科研院所与企业联合，推进科研单位向科研生产一体化的高科技企业转化。

（四）培育产业发展后劲

一是认真分析新一轮国际国内产业转移的特点，结合产业内部结构调整，围绕构建和延伸产业链，重点引进一批国内外知名大公司大集团和重大产业项目，促进产业跨越式发展。**二是**加强政策规划引导，鼓励社会各方面关注产业，成为产业投资的主要来源。**三是**支持企业不断地推出适销对路的新产品，行业优势产品在国内外市场占有相当份额。支持企业研发具有自主知识产权的产品，提高核心竞争力。**四是**持续进行产业和企业技术改造，不断提高生产技术水平。**五是**实施“走出去”战略，充分利用国际国内“两个市场、两种资源”。

（五）加快软件产业发展

软件是最能发挥湖北省科技优势的产业领域。切实落实国家、省政府一系列软件产业政策，进一步加大软件业发展支持力度。**一是**着力抓好行业应用软件、嵌入式软件、网络软件和集成电路设计，提高产品研发和产业化能力。**二是**大力发展外包业务，通过软件产业联盟，推动软件出口。**三是**配合做好软件正版化、保护知识产权、政府采购等工作，推动形成产业良性发展的机制和氛围。**四是**加大软件人才培训力度，尤应注重领军人才的培养。

（湖北省信息产业厅）

重庆市

2005 年，重庆市电子信息产业以邓小平理论和“三个代表”重要思想为指导，全面落实科学发展观，坚持走新型工业化道路，集中力量开展招商引资工作，始终把促进和实现电子信息产业持续、快速、健康发展作为第一要务，重庆全市电子信息产业持续保持快速发展，取得长足进步，在重庆经济发展中的地位不断提高。

一、基本情况

2005 年，重庆电子信息产业再创新高，全市电子信息产业累计完成增加值 42.3 亿元，同比增长 43.8%。完成销售收入 210.33 亿元，同比增长 43.84%。其中，制造业 150.12 亿元，同比增长 43.37%；软件产业 60.21 亿元（含嵌入式软件），同比增长 45.01%。实现利润 2.87 亿元，上缴国家税金总额 4.33 亿元。完成出口交货值 2.29 亿元，同比增长 42.24%。

按资产组织形式分类，电子信息产业国有控股企业完成销售收入 119.9 亿元，同比增长 44.03%；外商投资企业完成销售收入 14.16 亿元，同比增长 80.35%；民营企业完成销售收入 76.28 亿元，同比增长 38.35%。

二、经济运行特点

（一）产业规模壮大，产销衔接良好，地位明显提升

2005年，重庆全市电子信息产业累计完成销售收入210亿元，是2000年的15倍。其中，电子信息产品制造业150亿元，是2000年的13倍；软件产业60亿元（含嵌入式软件），是2000年的20倍。重庆全市信息产业增加值占重庆全市GDP的比重由“九五”末2000年的2.3%提高到4%。

2005年，主要产品产销衔接良好。小灵通手机累计生产130万部，产销率为102.31%；彩色电视机累计生产42.6万台，产销率为100%；电子元件累计生产21.54亿只，产销率为106.96%；混合集成电路累计生产1497万块，产销率为98%。

（二）产业集聚度明显加强

经过近几年的发展，重庆市在软件产业、通信产品、数字化仪器设备、信息家电，新型元器件等领域已初步形成产业集群。特别是随着重庆市集成电路产业的发展，西永微电子工业园成为重庆市又一重要的信息产业集聚园区，集成电路产业集群已现雏形。

2005年，软件产业（含嵌入式软件）完成销售收入60亿元；信息家电类产品完成销售收入完成45.9亿元；元器件类产品完成销售收入35.45亿元；通信类产品完成销售收入29.81亿元；仪器仪表类产品完成销售收入18.59亿元。

2005年，重庆市电子信息产业销售收入超过5000万元的企业已达53家，其中过亿元的企业达到36家，有5家企业销售收入超过8亿元；国家规划内布局重点软件企业1户。

（三）软件产业快速发展，在电子信息产业中所占比重有新的提高

2005年，重庆市累计认定的软件企业有168家，全市软件产业销售收入占全行业销售收入的比例由2004年的24.7%提高到今年的28.6%，已经形成了一批实力强、有市场、影响大的软件骨干企业。如南华中天、金算盘软件、博恩科技、亚德科技等。在电子政务、数字医疗、财务软件等方面具有较强的市场竞争力。嵌入式软件产品快速发展，四联集团已在北部新区建成了全国最大的智能化控制系统生产基地，信威公司的新厂房已建成投产，产能得到显著提高。随着软件园的奠基和惠普入驻重庆，给重庆软件产业的发展带来深远影响。

（四）产业技术水平和自主创新能力明显提高

近几年来，重庆全市信息产业加快信息技术创新，涌现出一批享誉国内外并且拥有自主知识产权的技术成果，受到业界的广泛关注。重邮信科自主研发推出了世界上首部TD-SCDMA（LCR）手机功能样机和0.13微米工艺的TD-SCDMA 3G手机核心芯片。重庆海扶公司的“高强度聚焦超声肿瘤治疗系统”（海扶刀）、重庆海吉公司和重庆大学研制的“电气设备绝缘在线智能检测及诊断系统”荣获国家信息产业重大技术发明。重庆信威的“SCDMA无线综合接入系统”已在全国21个省市100多个城市投入商业运行。引进的芯片项目、HP重庆分中心、神州龙芯重庆IC设计公司等在业内均具有较先进的技术水准。

（五）国有控股和民营企业快速增长，外商投资企业正逐步崛起，共同推动产业发展

2005 年，以四联、普天、泰山、格力为代表的国有控股企业完成销售收入 119.9 亿元，占全行业的 57%；民营企业完成销售收入 76.28 亿元，占全行业的 36%；外商投资企业完成销售收入 14.16 亿元，占全行业的 7%。虽然目前外商投资企业规模较小，但随着 2006 年以存储卡、微硬盘为代表的重大项目投入批量生产，外资企业将成为推动行业发展的重要力量，与国有、民营企业一起共同推动重庆市电子信息产业发展。

（六）重庆市信息产业的形象明显提升

通过举办国际性和全国性大型会议，参与国内外大型展览，搭建电子信息产品市场平台，重庆市信息产业行业形象得到明显提升。2005 年，重庆市举办了第十一届联合国际计算机会议、全国信息技术应用工作会议、首届中国重庆电脑节等重大会议和活动，组织行业企业参加德国数字医疗展览会、中国软件博览会、大连软件博览会等国内外大型展会，广泛与国内外同行交流经验，展示重庆 IT 风采，得到了中共领导的充分肯定，吸引了国内外众多著名专家学者和 IT 企业的目光，较好地体现了“引进来”和“走出去”战略，有效提升了重庆信息产业的国际化形象。

当然，重庆电子信息产业仍面临不少困难和问题，主要表现在三个方面：一是重庆市电子信息产业基础仍然比较薄弱，产业结构不合理，产品比较单一；二是整体技术水平仍然不高，自主创新能力仍然需要加强；三是 IT 人才队伍缺口较大，特别是高层次、复合人才较少。

三、面临的形势

当前，国内外宏观经济形势有利于信息产业发展。首先，国家在“十一五”规划中，明确了信息产业的发展方向。重庆市委、市政府结合实际，明确提出要把信息产业发展成为重庆的支柱产业，重庆市信息产业的发展环境日益看好。第二，随着经济全球化的深入发展，生产要素的流动和产业转移步伐正逐步由沿海向内地特别是西部地区转移。同时，国内经济的强劲增长，也促使大量国际资本争相涌向中国以及西部地区寻找盈利机会，为重庆市电子信息产业融入国际分工和合作提供了机遇。第三，国家在“十一五”时期为了加快发展信息产业，也准备出台相应的财税制度，为产业发展营造良好的外部环境。第四，重庆市电子信息产业招商引资工作形势喜人，近几年来积累的招商引资项目，2006 年逐步进入规模投产阶段，将进一步提升重庆市电子信息产业规模和质量。第五，重庆市电子信息产业领域科技创新能力不断提高，正在加快推进成果产业化，推进特色基地和园区建设，有望促进电子信息产业的发展。

四、“十一五”发展思路及 2006 年目标

“十一五”期间，重庆市电子信息产业重点实施“1162”工程，即：到 2010 年吸引 100 亿美元的投资，实现销售收入 1000 亿元，重点发展集成电路、软件与信息服务、通信产品、新型元器件与汽车电子、数字化仪器设备与数字医疗、信息家电 6 个产业领域，建设西永微电子工业园和北部新区 2 个产业基地，并争取发展成为国家级电子信息产业基地和园区，使信息产业成为重庆全市国民经济的支柱产业。

2006年是“十一五”的开局之年，做好2006年的工作具有十分重要的战略意义。我们将着力加大研发力度，提高重庆市信息技术自主创新能力；通过推进重点项目建设，带动相关配套产业发展，形成完整的产业链；依托老工业基地优势，广泛推广应用信息技术，改造的提升传统工业；进一步完善信息产业投融资体制和机制，突出抓好招商引资工作；加快人才培养，大力引进人才，打造一流人才创业与成长环境；为行业搭建服务平台，进一步完善服务支撑体系；充分发挥政府的引导和推动作用，为产业发展提供有效的政策保障。力争2006年重庆电子信息产业销售收入继续保持40%以上增速，为重庆经济发展做出更大的贡献。

（重庆市信息产业局）

陕西省

一、基本情况

2005年，陕西全省电子信息产品制造业总体发展下降，通信设备和彩电行业下降较大。

（1）人员构成：2005年陕西全省电子信息产品制造业从业人员减少，但从业人员文化素质提高，2005年末，陕西省电子信息产品制造业从业人员93589人，比2004年下降4.8%，减少4738人。其中：工程技术人员23830人，占25.5%，比2004年增加240人，比例上升1.5个百分点；管理人员9049人，占9.7%，下降1128人，比例下降0.4个百分点；硕士以上900人，占1%，比2004年减少24人，比例上升0.1个百分点；大学本科21031人，占22.5%，比2004年减少247人，比例上升0.9个百分点；大专20673人，占22.1%，比2004年减少1364人，比例下降0.3个百分点。

（2）资产构成：资产负债构成比例不尽人意，其中部分企业资产负债率高达133.4%，2005年末资产总计347.9亿元，同比下降3.7%，比2004年减少13.5亿元，，其中：流动资产合计194.7亿元，减少2.6亿元，资产减少的原因主要是企业资产评估损失所致，如彩虹集团资产计提损失达6.1亿元；行业年末负债总计222.1亿元，同比增长1%，上升2.4亿元，负债率63.8%，上升3.1个百分点；所有者权益104亿元，下降14.8%，减少18亿元。

（3）职工收入情况：全行业职工收入有所增加。2005年从业人员工资总额212754.7万元，全年人均22631元，同比增长7.5%，比2004年增加1570元。

（4）基本建设、技术改造情况：全行业投资升幅较大。全年完成基本建设投资额1.7亿元，比2004年下降0.8亿元，降幅32%。全年技术改造措施项目完成投资额13.1亿元，比2004年上升2.3亿元，升幅21.3%。

（5）综合经济效益指数：2005年综合经济效益指数为69.5%，比2004年下降58.3个百分点。主要原因是彩虹集团下降较大，综合经济效益指数只有1%。全行业总资产贡献率0.6%，下降6个百分点；资产保值增值率103.7%，下降2.3个百分点；资产负债率63.8%，上升3.1个百分点；流动资产周转率1.08次，下降0.04次；成本费用利润率-2.7%，下降8.2个百分点；全员劳动生产率49536元/人，下降23804元/人；产品销售率97.5%，上升1.4个百分点。综合经济效益指数按照经济类型分，国有经济31.9%、集体经济-28.1%、股份制经济112.4%、外商及港、澳、台投资经济111.1%、其他经济249.4%。综合经济效益指数按地市分，西安市101.6%、宝鸡市95.9%、咸阳市19.7%。综合经济效益指数排前十名的企业是：西安捷盛电子技术有限公司（400.9%）、陕西康佳电子有限公司（322.6%）、西安科耐特科技有限责任公司（305%）、西安海星天惠电脑咨询有限责任公司（197.7%）、陕西秦明电子（集团）有限公司（186.1%）、陕西海纳电子科技有限公司（163.7%）、电信科学技术第十研究所（154%）、西安康鸿信息技术股份有限公司（151.7%）、西安海天天线科技股份有限公司（126.2%）、陕西海通天线有限责任公司（125.2%）。

（6）节能降耗：全年能源消耗总量 87.5 万吨标煤，万元工业增加值综合能耗 1.8776 吨标煤。

二、经济运行特点

2005 年，陕西全省信息产品制造业总体下降，实现销售收入 199.3 亿元，同比下降 8.1%，占年计划的 83.7%；实现增加值 46.6 亿元，下降 35.8%；实现利税-1.5 亿元，全行业亏损 5.4 亿元。

（一）彩电及其配套企业生产销售及效益大幅下滑

陕西省是彩电配套大省，彩管、偏转线圈、偏转磁芯等主要配套产品生产能力较大，但产品结构的调整与彩电市场需求还不完全适应。2005 年为彩电配套的产品中，彩管生产 1321 万只，销售 1349 万只，同比下降 7.8%和 7.4%，在产销量下降的同时，彩管价格也大幅度下降，平均下降幅度在 15%左右，部分规格价格下降达 30%，已出现亏本销售情况，全年销售收入 51 亿元，比 2004 年减少 39 亿元，下降 43.3%，亏损 8.7 亿元；偏转线圈、偏转磁芯等主要产品产销量也大幅下滑，相关企业经济效益大幅降低，这也是陕西省电子产品制造业整体下降、全行业亏损的主要原因。

（二）通信设备制造业继续下降

下降原因：一是由于国家宏观调控措施逐步到位和效果显现，投资过热现象得到初步控制。二是陕西省企业管理模式、经营理念和思路赶不上市场需求，造成程控交换机产量下降 46.2%，亏损 2 亿元。

三、存在的问题

（一）产品结构调整步伐较慢

全国电子信息产业产品结构中计算机与元器件产品比重大幅上升，家电等电子消费产品比重大幅下降，而陕西省计算机产品已接近停产，通用元器件生产能力富裕，传统产品多，新型元器件与国内市场需求严重脱节。家电类产品中，笔记本电脑和高端彩电（背投、液晶和等离子电视）等高端产品陕西省无份额，与全国差距过大。

（二）与全国相比，外资企业对产业拉动作用太小

全国外资企业销售收入占电子行业比重超过 70%，贡献率超过 80%。陕西省因地域关系，外资企业少且规模小，销售收入仅占行业 4%，贡献率几乎为零。全国电子信息产品主要集中于长江三角洲、珠江三角洲和环渤海地区，三大区域销售收入占行业的比重超过 80%，其中 95%由外资企业完成。陕西省在同类产品中形成规模的企业过少，对行业发展贡献不大。

（三）产品降价、原材料持续涨价继续影响相关企业的经济效益

近年来，电子信息产品由于市场竞争加剧，产品价格一降再降，而企业生产所用原材料由于受国际市场影响，价格却在不断上涨，造成企业生产规模不断扩大，但效益增长缓慢。降价幅度较大的产品主要是彩电、程控交换机和通用电子元器件，而电子信息产品生产所用原材料如无机化工原料、有色金属等近年来价格均有不同程度增长。

四、2006 年工作措施

2006 年是“十一五”规划的开局之年，我们将以邓小平理论和“三个代表”重要思想为指导，落实科学发展观，把增强自主创新能力作为调整产品结构、转变经济增长方式的中心环节，发展循环经济，提高资源利用效率，开拓国内外市场，提升企业的国际竞争力；做好市场监管、运行调控、统计分析与信息引导；积极主动解决行业经济运行中出现的新情况、新问题，推动全行业平稳、健康、协调发展。年度目标：实现销售收入 225 亿元，同比增加 12.5%；实现工业增加值 61 亿元，同比增加 13.0%；实现利税 17.8 亿元，同比增加 23.8%。围绕年度目标，具体做好以下工作。

一是根据国家信息产业“十一五”发展规划，结合陕西省实际，加快产品结构调整步伐，重点抓好通信、网络设备、电子医疗设备、真空开关、传感器、系列雷达等 10 个研发生产基地建设，使陕西电子信息产品制造业的产业布局和产品结构合理、技术创新能力和核心竞争力大幅提高。

二是加强对外经济技术交流与合作，吸引资金投资陕西信息产业。重点促进美国美光科技公司的半导体项目、美国应用材料公司的半导体设备研发及制造项目、美国 IR 公司的功率半导体器件项目和西岳电子公司的 6 英寸半导体集成电路生产项目等的实施。

三是抓机遇，促发展。根据信息产业部电子发展基金“十一五”支持方向，具有自主知识产权的关键技术和核心技术，新一代通信与网络、数字电视等重大工程、有毒有害材料的替代产品、核心领域的专用设备将会有大的支持力度，我们要抓住机遇，积极应对，加大技术、资金投入，力争“十一五”末使陕西省信息产品制造业有一个质的飞跃。

四是加强市场监管、发展循环经济。加快《电子信息产品污染控制办法》的贯彻工作，积极配合信息产业部工作，在节约能源、环境保护上取得实效，为建立节约型社会做出贡献。

五是以高度政治责任感，做好行业安全生产工作。

（陕西省信息产业厅）

厦门市

2005 年，厦门市电子企业受国家宏观调控、原材料价格、国内外市场发展和产品结构调整等多种因素的影响，工业经济运行增速放缓，整体经济呈平稳发展态势。

一、基本情况

2005 年，厦门市共有电子工业企业 122 家，其中曾入选全国电子百强的企业 2 家，电子

元件百强的企业 6 家，全行业产值上 10 亿元的企业 10 家。拥有“DELL”、“XOCECO”、“AMOI”、“PANASONIC”、“TDK”、“FDK”、“NEC”等国内外知名品牌。

2005 年，厦门市电子信息产业企业完成工业总产值 808 亿元，占厦门市工业总产值的 38%，全年完成销售收入 742 亿元，工业增加值 150 亿元，出口交货值 405 亿元，利税 50 亿元。资产合计 369 亿元，同比增长 17.3%。

主要产品产量：手机：1166 万部，同比增长 27%；计算机（含笔记本）：467.4 万部，同比增长 33%；彩电 351.2 万部，同比增长 33.5%；收、录音机 561 万部，下降 17.9%。

二、经济运行特点

（一）行业的生产集中度进一步提高

2005 年，厦门市龙头企业对全行业的增速影响明显，产业规模、产品市场和经济效益进一步集中，对全行业的支撑作用进一步增强。2005 年行业产值前十位企业为：戴尔（332 亿元）、厦华（102 亿元）、夏新（47 亿元）、联想（43.7 亿元）、TDK（31 亿元）、NEC 东金（17.9 亿元）、VK（17 亿元）、建松（17 亿元）、松下（11.3 亿元）、多威（10.7 亿元），10 家企业产值共达 629.6 亿元，占全行业总产值的 80%。它们对行业发展乃至厦门市经济的发展都具有十分明显的拉动作用。

（二）生产及销售的增速与 2004 年同期相比有较大的下降，各类企业发展不均衡

增速下降的原因，主要在于前几年投资力度减弱以及原材料价格、国内外市场发展和产品结构调整等多种因素。其中，计算机、手机等投资类产品相对有较大幅度的增长，增速达到 20%，主要是由 DELL、联想移动增长的 65 亿元带来的，而夏新、VK 的手机生产虽然进入稳定发展期，但受价格的影响，销售收入处于负增长；彩电等消费类电子增幅为 19%，主要是厦华产品调整到位以及大北欧通信的发展共同影响的结果，这两个企业共增长了 34 亿元；元器件企业在延续了几年的 30%以上的高速发展后，到 2005 年进入了调整期，全年仅增长 6.2%。

（三）行业全面进入技术创新和结构调整时期，后续增长势头强劲

2005 年以来，各电子企业进一步强化产品结构升级，用新技术新产品引导市场走向，做大做强产业。手机不断向智能化、多功能、个性化转移，微型电脑重点向手提电脑转移，彩电向平板、大屏幕转移，使产品更加适应市场需求，市场竞争力明显提高。通过技术改造和新品开发，产生了一批有市场前景的产品，如厦华、夏新的 PDP、LCD 电视，夏新、联想移动、中侨的多款新型手机，歌乐和建松的汽车音响、NEC 东金电子的锂离子电池、钛积光电的触摸屏等。在结构调整方面，由于各企业朝多元化方向发展，液晶电视、等离子电视、笔记本电脑、汽车音响等产品将成为大企业今后新的增长点。通信、计算机、数字视听产品所占比例逐渐加大，产品结构的日趋合理必将提高厦门市电子企业的竞争力。另外，2005 年行业虽然没有大型项目投产，但由于 DELL 二期、联想移动等新建项目都处于建设期，预计 2006 年将会有较大的增产。

（四）企业经济效益与2004年同期相比略有下降

全行业实现利税50亿元，同比增长仅2%，与销售收入（16.8%）的增速不同步的原因有：一是原材料价格的上涨、企业生产成本加大。电子信息产品所需的原材料（铜、钢、铝、锡、塑料等）价格，自2004年开始持续上涨，这对一些元器件生产企业产生较大的负面影响；二是市场竞争激烈，部分产品价格继续走低。2005年以来，主要产品市场竞争激烈，产品价格持续走低，部分企业已出现了增产不增收，增收不增利的局面，最明显是手机产品市场竞争激烈，价格一路走低，另外PC机和计算机外设等产品价格比2004年同期也都有不同程度的下降；三是有的企业处于产品结构调整期，加大对新产品的研发投入，效益还未体现；四是厦门市电子企业的外向型特征明显，出口占到产值的54.8%，国家出口退税政策的调整、人民币升值直接影响到了企业的经济效益。

三、存在的问题

（1）厦门电子产品多为劳动密集型生产，产品技术与同行雷同，价格战是经营主要手段，因此产量增长高于产值增长，价格下降直接导致经济效益的下滑。如从2005年6月下旬开始，世界三大PC供应商联想、HP、DELL又开始新一轮价格战，DELL笔记本电脑高端产品降价2300到4600元不等。

（2）研发投入不足，具有自主知识产权产品偏少，附加值低。大多数的港、澳、台商投资企业和外商投资企业是技术开发在外、市场在外的加工贸易型企业，科技进步还不能成为行业持续发展的动力。产品的生命周期不够长，利润空间小。

（3）产业配套环境差、配套企业少，已成为制约产业发展的瓶颈，严重制约厦门市一些有前景的产品进一步发展。电子工业的发展要求一个地区有相应的元器件供应能力、科研和技术支持支撑能力、咨询服务能力、资金和人才支持能力及社区服务大环境，而厦门市在这些方面尚未形成良好的环境：没有具有一定规模的元器件专业化市场；缺少高层次的学科带头人；信息服务、专业技能培训的能力不强，电子信息产品检测中心刚在筹备阶段等，对电子信息产业在厦门的长远发展都是十分不利的。

四、2006年发展预测

2006年，行业还面临着煤电油运紧张、原材料价格上涨、跨国公司竞争加剧、人力成本低廉优势逐步弱化等不利因素。但市场需求将进一步稳中有升，通信、计算机、平板电视等产品将有较大幅度增长，元器件类产品在整机发展的带动下将继续稳中有升，各类产品在国内外市场平缓发展的作用下将继续缓步增长，行业经济效益仍继续看好，经济运行总体态势将保持平稳、健康、协调发展。另外DELL二期和联想移动等一些新项目的投产及部分企业的调整到位，都将带来一个较快的发展期。预计全行业销售收入将超过850亿元；出口超过490亿元；利税55亿元。主要产品产量：计算机（含笔记本）550万台、手机1500万部、彩电450万部。

（厦门市信息产业局）

深圳市

2005年，深圳市电子信息产业保持了持续、快速增长的态势，继续成为拉动深圳全市工业增长的主力军。重点大企业自主创新和开拓市场的步伐加快，产业集聚水平稳步提高；产品消费结构升级加快，高端产品比重稳步扩大。但国内外激烈的市场竞争也使部分企业和产品呈现一定下滑走势，值得引起密切关注。

一、经济运行特点

2005年，深圳市电子信息产业实现规模以上工业增加值946.23亿元，较2004年同期增长24.4%，增速比深圳全市工业增加值快5个百分点，占深圳市工业增加值的41.6%；实现工业总产值（现价，下同）5551.34亿元，按可比价格计算，较2004年同期增长31.7%，增速比深圳全市工业总产值快10.6个百分点，占深圳市工业总产值比重的58.0%。

（一）电子信息产业增速保持高位增长

2005年，深圳市电子信息产业基本保持了高速增长。一至四季度的电子信息产业工业增加值累计增速分别为 33.0%、23.3%、20.1%、24.4%，分别高于同期深圳全市工业平均增速17个、5个、1.5个和5个百分点。但与2004年相比，领先的百分点已经有所缩小（2004年深圳市电子信息产业工业增加值累计增速领先全市工业总体增速 12.9 个百分点），从一定程度上显示出电子信息产业增速有所回落。

（二）高端数码电子产品发展势头良好，部分产品出现负增长

2005年，深圳市重点电子产品基本保持良性增长态势。其中程控交换机增长23.1%，微型电子计算机增长19.5%，显示器增长62.1%，大规模集成电路增长34.0%，硬盘机增长50.1%。代表消费升级趋势的部分高附加值电子信息产品增长迅速，特别是以液晶、等离子电视、笔记本电脑、智能手机和数码相机等为代表的数字信息产品更是取得了迅猛的增长。2005年，深圳市液晶、等离子电视的生产分别同比增长618.2%和225.3%，销售分别同比增长655.8%和223.7%。康佳、创维等公司的背投电视、高清电视等新产品不断推出，消费类电子产品质量进一步提高；与此类产品配套的零部件同样增长很快，其中液晶显示器产销同比增长均超过180%，彩色玻壳产销同比增长均超过130%。创维生产液晶电视29万部，同比增长462.0%；新天下集团生产笔记本电脑18.9万部，同比增长78.8%；中兴通讯生产手机568万部，同比增长37.2%。但同时，也有部分产品出现增幅回落现象，如移动电话下跌8.1%，彩色显像管下跌10.7%，彩色电视机下跌4.7%，磁头下跌21.3%等。

（三）重点大企业保持快速增长，规模优势明显

2005年，深圳市重点电子信息企业继续保持快速增长。全年共有鸿富锦、联想、华为、中兴通讯、富泰宏、创维、长城计算机等10家电子信息企业的工业总产值超过百亿元，其中鸿富锦、联想、华为的工业总产值超过 300 亿元。2005 年，鸿富锦实现工业总产值 1266.4亿元，同比增长73.5%；富泰宏297.6亿元，同比增长112.0%；创维167.2亿元，同比增长28.2%，恩斯迈 114.6 亿元，同比增长 12.7%。深圳市现有 11 家电子信息企业进入全国电子

百强行列，电子信息类大企业约占深圳全市工业百强企业总数的70%，涌现出华为、中兴、康佳、创维、鸿富锦、比亚迪等一批全国知名的行业龙头企业，这些大企业充分发挥了规模优势和龙头带动作用。

（四）电子信息产品出口增长势头良好

2005年，深圳市电子信息产品保持了快速增长的势头，累计出口441.3亿美元，占深圳全市高新技术产品出口总额的93.7%，同比增长33.2%，成为带动深圳市高新技术产品出口增长的重要力量。其中出口增幅较大的有：电脑及相关数据处理设备，累计出口281.6亿美元，同比增长57.3%；手机等移动通讯设备，累计出口76.43亿美元，同比增长78.2%。

（五）企业自主创新和市场开拓步伐进一步加快

在激烈的市场竞争之下，企业纷纷加快自主创新步伐，积极开发新的利润增长点。如华为的技术研发费用已占营业收入的15%以上，通过实施知识产权战略，华为掌握了WCDMA从系统到芯片设计的整套设计，成为全球少数几个能提供全套WCDMA商用系统的厂商之一。康佳积极进军汽车电子领域，创维加快平板显示工业园建设、加大安防电子产品研发生产。同时，企业开拓海外市场的步伐逐渐加快。2005年华为公司海外销售额达48亿美元，占公司总销售额的比重超过80%，而2004年这一比重约为40%。

二、存在的问题

（一）产业增值率有待进一步提高

目前深圳市的电子产品中，高端高附加值的产品少，中低档产品居多，产品的附加值和利润率偏低。据测算，电子信息制造业占深圳市工业总产值比重达58.0%，但其增加值系数为17.1%，比深圳市同期工业的平均水平低约6.7个百分点。在产业链上，深圳市很多产品都处于产业链中利润空间较小的环节，即组装生产和OEM的加工贸易形式。利润空间大的两头——设计和营销均处于弱势；在产品链上，基本是终端产品的组装生产，缺乏关键件的配套生产，甚至导致许多诸如平板显示器和彩电定单企业不敢接单。由于电子信息产业的结构性矛盾，导致全行业经济效益仍处于较低水平。

（二）消费类电子产品生产企业的生存日益困难

2005年，伴随着电子消费产品转型升级的逐步加快，国内外市场的竞争也日益激烈，深圳市部分消费类电子产品企业面临极大生存压力。一是在新型平面显示器件的冲击下，传统CRT彩电逐渐丧失了快速增长的势头，市场不断萎缩；二是洋品牌手机在高中低端市场全面反攻，同时国内手机牌照逐步放开，市场参与者增多导致竞争进一步加剧，国产手机市场份额已由2004年超过半壁江山持续减少到占43%左右。深圳市康佳、科健等手机厂商已经出现库存持续增加，利润剧减的不利局面。

（三）产业核心技术缺失，自主创新能力仍需加强

深圳市电子信息产业从规模和实力上看在全国占有重要地位，但关键性基础技术与应用技术的开发仍然落后，企业自主创新能力不足，软件及信息服务业相比硬件制造比重偏低。

例如，深圳市已经成为国内重要的手机生产加工基地，但由于国内相关元器件工业相对落后，导致某些关键器件和芯片紧缺。虽然一些厂商已经开始加强自己的研发投入和人才队伍建设，注重界面、结构外观和协议软件等开发，但手机的关键技术还是掌握在国外厂商手中，如MCU、DSP、RE 器件和存储器等。这种状况导致部分手机厂商因上游关键元器件（如 TFT 液晶显示屏、晶体震动器、LCD 连接器及控制器等）的供应链短缺而出现生产困境。

（四）产品出口面临外贸壁垒和人民币升值的负面影响

我国加入世贸组织后，随着市场的开放，与美国、欧盟等发达国家和地区的贸易摩擦越来越多。深圳市电子信息产品出口占比重较大，相关的技术和绿色环保壁垒的隐性负面影响更为突出。欧盟《关于报废电子电器指令》和《关于在电子电器设备中禁止使用某些有害物质指令》分别于 2004 年 8 月和今年 7 月生效，其中涵盖了十几项主要电子产品，不可避免地对深圳市电子产品出口造成较大负面影响。同时，人民币升值后，深圳市电子信息出口产品的国际竞争力被削弱；部分定价能力较弱的企业出口利润率将会下降，进一步影响企业的出口积极性。

三、2006 年重点工作

（一）以增强自主创新能力为着力点，进一步做大做强电子信息产业

目前部里正在抓紧完善有关扶持信息产业基地发展的政策措施，作为首批 9 家国家电子信息产业基地之一，深圳市应加大对电子信息产业发展的配套扶持力度，从而发挥好产业集聚优势，继续做大做强电子信息产业。一是在用好国家有关扶持政策的基础上，要积极研究制定适用于本地的配套扶持政策，加快推进产业集群建设和发展；二是要抓好电子信息产业链关键环节的建设，努力弥补产业链条缺失环节，有针对性地进行“招商选资”和专项技术攻关，进一步夯实产业基础；三是开展深圳市电子信息产业加强自主创新能力的专项课题研究，包括开展基地现状调研和制定配套扶持政策等工作。

（二）充分发挥产业发展基金、信息化扶持资金等政策和资金的引导作用，促进产业自主创新和产业升级

一是在国家电子信息产业基金申报、名牌产品认定、技术改造资金投放等方面更多地与企业的技术研发水平和创新能力等因素相结合，把有限的资金等资源更多地向具有较强自主创新能力的企业倾斜，鼓励企业增加技术研发和自主创新，引导产业向产业链高端和高附加值部分延伸，进一步完善深圳市电子信息产业链条，不断提高产业增值率水平。要认真组织完成深圳市电子信息产业基金项目的申报、审查、组织答辩、资金到位等工作，跟踪掌握基金项目进展情况、组织项目验收，并与部里及时进行沟通和反馈。二是加快推进企业信息化建设，加快电子信息产业与传统产业的结合，不断提高企业现代化管理水平。确定新一批企业信息化试点示范项目，完成企业信息化的专家答辩、项目确定与专项审计、资金扶持工作；完善企业信息化试点示范项目的扶持措施，研究制定中小企业信息化扶持办法。

（三）强化科学监测手段，进一步加强经济运行分析和调控

要进一步加强对深圳市电子信息行业的动态研究和监控，力争为企业解决更多实际问题和困难。一是在现有运行统计分析监测系统建设经验的基础上，继续完善相关基础数据库，逐步扩充监测、预警等功能；二是着手建立“电子信息产业发展专家咨询组”。拟邀请国家、省市有关经济管理部门和研究机构的专家学者，组成专家组，在深圳市电子基金项目验收和咨询专家学者对深圳市发展电子信息产业方面提供专家意见，并有针对性地解决经济运行中比较重大的症结性问题。

（深圳市贸易工业局）

II 制造业

（一）全口径

2005年全口径电子信息产业制造业

	企业个数	亏损企业数	工业总产值（现行价）
总　　计	**55823**	**15837**	**347902857**
一、按企业登记注册类型分列			
内资企业	43962	11038	96826807
国有企业	623	255	3849620
集体企业	3060	907	8821797
股份合作企业	1932	339	2628911
联营企业	245	79	504191
国有联营企业	45	18	171095
集体联营企业	67	14	91095
国有与集体联营企业	58	22	89809
其他联营企业	75	25	152191
有限责任公司	5901	1816	28920955
国有独资公司	91	40	6086410
其他有限责任公司	5810	1776	22834545
股份有限公司	749	224	12322950
私营企业	30928	7315	39180830
其他内资企业	524	103	597552
港、澳、台商投资企业	6119	2511	70521273
合资经营企业（港、澳、台资）	1567	596	17208682
合作经营企业（港、澳、台资）	304	97	2654707
港、澳、台商独资经营企业	4185	1792	49975092
港、澳、台商投资股份有限公司	63	26	682791
外商投资企业	5742	2288	180554776
中外合资经营企业	1654	619	52638970
中外合作经营企业	218	89	2935708
外商独资企业	3799	1554	122483531
外商投资股份有限公司	71	26	2496568
二、按经济类型分列			
国有经济	759	313	10107127
集体经济	3127	921	8912892

主要经济指标汇总表（一）

计算单位：万元

工业销售产值	新产品产值	出口交货值	工业增加值	全部从业人员平均人数（人）
334532158	**63201343**	**185016729**	**75045327**	**6705798**
90135694	21550495	12937460	23409980	2647584
3691411	1151848	420612	1015381	174207
8307336	4238597	1240598	1769395	220282
2402384	118687	101996	678144	78253
440380	43006	38722	110917	21452
140489	32692	11051	27043	5745
83180	0	693	22872	3992
77423	2918	4568	17784	6884
139289	7396	22410	43216	4831
27173535	8656050	5050363	7246266	679199
5977027	3964364	1444272	1454812	119047
21196508	4691686	3606090	5791454	560152
11989885	5742457	3204899	3319924	246296
35581453	1582704	2835554	9139461	1205011
549311	17146	44717	130492	22885
68362905	15803014	42318859	14007551	1753808
16710854	5842848	6351893	3794340	359907
2538253	26607	2033869	718530	77950
48459876	9712435	33747703	9368948	1298287
653923	221124	185393	125732	17664
176033558	25847834	129760410	37627796	2304407
51343725	15032938	31919422	10052086	437431
2598441	164696	1660004	604401	68732
119627392	10442735	95114279	26414364	1766252
2464000	207464	1066705	556946	31992
9808926	5148904	1875935	2497236	298999
8390516	4238597	1241291	1792266	224274

2005年全口径电子信息产业制造业

	企业个数	亏损企业数	工业总产值（现行价）
股份合作经济	1932	339	2628911
股份制经济	6559	2000	35157495
外商及港、澳、台投资经济	11861	4799	251076050
其中：国有控股	274	83	17796329
其他经济	31585	7465	40020382
三、按企业规模分列			
大型企业	317	49	152598398
中型企业	2410	463	104369991
小型企业	53096	15325	90934468
四、国有控股企业	1435	500	40422560
五、按行业分列			
（一）通信设备工业行业	3733	1293	60204501
传输设备制造	967	339	3116045
交换设备制造	419	134	10004337
通信终端设备制造	692	278	5541288
移动通信及终端设备制造	580	225	37968052
其他通信设备制造	1075	315	3574780
（二）雷达工业行业	108	38	1151415
雷达及配套设备件制造	108	38	1151415
（三）广播电视设备工业行业	1463	442	3224185
广播电视设备及发射设备制造	149	65	262648
广播电视接收设备及器材制造	1010	275	2385321
应用电视设备及其他广播电视	304	103	576217
（四）电子计算机工业行业	3284	1312	104361589
电子计算机整机制造	564	230	56321523
计算机网络设备制造	532	224	2623494
电子计算机外部设备制造	1788	739	43516825
幻灯机及投影设备制造	83	25	213508
计算器及货币专用设备制造	317	93	1686240
（五）家用视听设备工业行业	2617	926	37494239

主要经济指标汇总表（一）

计算单位：万元

工业销售产值	新产品产值	出口交货值	工业增加值	全部从业人员平均人数（人）
2402384	118687	101996	678144	78253
33186393	10434143	6810989	9111378	806448
244396463	41650848	172079269	51635347	4058214
17470763	5574187	10061927	3611739	152546
36347475	1610164	2907249	9330957	1239611
149303618	37994544	109283936	30946776	1591831
102438993	21194469	59140022	21330263	2123014
82789547	4012330	16592771	22768288	2990953
39601202	17306855	15144154	9169950	708816
58209389	18583144	30389527	14716536	616469
3118110	526959	531879	645793	79243
9739721	3062516	3326617	2844827	100370
5361908	1274983	2932695	1024293	123988
36583833	13458570	22743000	9344380	221130
3405816	260116	855335	857243	91739
1049540	459333	148538	262490	40653
1049540	459333	148538	262490	40653
3002827	209719	841604	809565	112765
233173	28620	18425	63300	10525
2241250	91410	720659	596602	89143
528405	89690	102521	149665	13097
102011529	13110901	79989190	20145500	1047788
55316551	8371893	43864631	10997162	361012
2454400	71608	522496	663112	52936
42379367	4623991	34576699	8119079	591657
210230	5568	93727	42451	3914
1650981	37841	931635	323695	38269
36312670	17344382	17566181	6748159	632789

2005年全口径电子信息产业制造业

	企业个数	亏损企业数	工业总产值（现行价）
家用影视设备制造	853	317	29226030
家用音响设备制造	1764	608	8268208
（六）电子器件工业行业	6360	2033	37324559
电光源制造	2306	511	4391147
电子真空器件制造	458	146	6426571
半导体分立器件制造	728	257	3194126
集成电路制造	899	359	12331802
光电子器件及其他电子器件	1969	759	10980913
（七）电子元件工业行业	16663	4394	59733108
电力电子元器件制造	3852	994	8344075
电子元件及组件制造	11189	2916	39145646
印刷电路板制造	1623	484	12243387
（八）电子测量仪器工业行业	1912	606	3164094
环境监测专用仪器仪表制造	291	105	352091
汽车电子仪器制造	429	120	980085
导航、气象及海洋专用仪器制造	203	73	415175
农林牧渔专用仪器仪表制造	47	9	48382
地质勘探和地震专用仪器制造	141	45	231778
核子及核辐射测量仪器制造	48	12	56504
电子测量仪器制造	667	226	859724
其他专用仪器制造	87	15	220355
（九）电子工业专用设备行业	4284	1474	8666623
电子工业专用设备制造	2036	669	3606403
其他电子设备制造	2247	805	5060220
（十）电子信息机电工业行业	14960	3200	29685751
微电机制造	2889	590	9337908
电线电缆制造	8951	1746	10085418
光纤光缆制造	325	107	2346865
电池制造	2795	757	7915559
（十一）其他电子信息行业	440	120	2892793

主要经济指标汇总表（一）

计算单位：万元

工业销售产　值	新产品产　值	出　口交货值	工　业增加值	全部从业人员平均人数（人）
28265823	16117773	11808587	5252689	311274
8046847	1226610	5757594	1495470	321516
35732420	6042916	19069103	7347937	900167
4210721	74657	1099184	844267	195315
6188037	1210768	2405173	1265420	121948
3006357	353214	1581522	610450	93466
11874544	2693002	8405538	2456897	217697
10452760	1711276	5577684	2170904	271741
56722840	4837943	26971384	15348293	2077453
7702616	679085	1992464	2043557	272455
37260227	3752345	17828201	10124118	1472437
11759995	406513	7150720	3180619	332560
2936638	318838	348867	695696	111993
336581	13783	18165	70035	10355
902597	107382	123285	248914	28222
386148	98978	31820	81959	19972
42825	108	12479	9446	1831
213316	20824	6764	47110	8764
51599	7804	0	11210	3513
786437	57020	95210	165901	29121
217134	12939	61145	61122	10215
7871663	296038	2495321	1954325	301378
3282630	70082	833856	717473	122947
4589033	225956	1661465	1236853	178430
27926464	1752570	6269912	6458094	809888
8914271	807781	3510394	1682590	324637
9320624	177922	394714	2228768	195010
2266757	246863	82724	539747	32274
7424813	520003	2282079	2006989	257968
2756178	245557	927104	558733	54455

2005年全口径电子信息产业制造业

	企业个数	亏损企业数	工业总产值（现行价）
信息化学品制造	440	120	2892793
六、按省、自治区、直辖市分列			
北京市	2419	1159	19237664
天津市	1462	627	17455945
河北省	1461	169	3091173
山西省	208	51	365682
内蒙古自治区	101	27	798683
辽宁省	1641	612	5573256
吉林省	324	108	471986
黑龙江省	443	164	614024
上海市	3354	925	39155034
江苏省	9373	2177	64673321
浙江省	10443	1675	23562683
安徽省	1008	317	2900850
福建省	1316	411	15323201
江西省	471	87	1220643
山东省	2804	534	21096093
河南省	926	228	2532708
湖北省	703	261	2651443
湖南省	651	154	1670315
广东省	13508	5299	115759776
广西自治区	782	99	1153720
海南省	29	13	78271
西藏自治区	1	1	663
重庆市	307	103	859854
四川省	1008	299	4322323
贵州省	99	35	530567
云南省	78	32	156782
陕西省	715	189	2325205
甘肃省	121	54	192713

主要经济指标汇总表（一）

计算单位：万元

工业销售产　值	新产品产　值	出　口交货值	工　业增加值	全部从业人员平均人数（人）
2756178	245557	927104	558733	54455
18100765	9375251	7582154	3919594	159788
17259033	10586471	10614008	3575825	170292
2894049	168958	183133	720999	75718
300259	37274	55877	61552	19643
752160	0	293542	228820	10224
5250101	504066	2968077	1036125	129931
396361	40176	34793	108818	19556
506232	32898	75991	132752	18442
37946372	6039651	27012263	8241300	391802
62928924	4915645	37308760	16374095	1097711
21666273	2918142	6913287	4523380	599197
2702729	744260	178705	592988	67298
14990504	2109471	8405593	4043509	261767
1136953	128626	170215	296001	54611
20678083	8385504	4920064	4900058	326387
2400404	450162	176218	659562	71424
2398613	379821	323534	621588	59278
1598143	184632	286905	319987	49176
111535643	13726065	76587976	22219201	2796840
1046466	36221	72285	244900	34711
57912	0	27944	18016	2423
663	0	135	152	16
827055	109719	45716	185750	24044
4039194	1726338	516615	1142255	131231
484283	219668	76063	153314	16299
143050	40908	8962	31668	4462
2195391	237263	170883	623329	90640
176398	58268	1894	36615	18242

2005年全口径电子信息产业制造业

	企业个数	亏损企业数	工业总产值（现行价）
青海省	11	6	12085
宁夏自治区	21	11	20800
新疆自治区	35	10	95393

主要经济指标汇总表（一）

计算单位：万元

工业销售产值	新产品产值	出口交货值	工业增加值	全部从业人员平均人数（人）
6901	0	0	1580	376
20065	432	2487	5460	1137
93181	45454	2652	26135	3130

2005年全口径电子信息产业制造业

	产品销售收入	产品销售成本	产品销售费用
总　　计	**345109932**	**299743131**	**11131941**
一、按企业登记注册类型分列			
内资企业	98901820	74960442	5603593
国有企业	4174228	2975413	195906
集体企业	8927563	6902855	517905
股份合作企业	2542508	2006435	126738
联营企业	471310	346507	18454
国有联营企业	138209	94564	3490
集体联营企业	89087	70093	4013
国有与集体联营企业	88033	64125	3349
其他联营企业	155981	117723	7602
有限责任公司	31412272	22527940	1946584
国有独资公司	7655039	5565574	528093
其他有限责任公司	23757233	16962365	1418491
股份有限公司	14025986	10287177	852942
私营企业	36822643	29488117	1912592
其他内资企业	525308	425999	32473
港、澳、台商投资企业	67785829	61524933	1942393
合资经营企业（港、澳、台资）	15864236	13962950	725933
合作经营企业（港、澳、台资）	2453530	2291857	31824
港、澳、台商独资经营企业	48812810	44672191	1167021
港、澳、台商投资股份有限公司	655254	597935	17615
外商投资企业	178422283	163257756	3585954
中外合资经营企业	51031800	46537444	1628496
中外合作经营企业	2726916	2374683	64525
外商独资企业	122192780	112605779	1707053
外商投资股份有限公司	2470788	1739850	185880
二、按经济类型分列			
国有经济	11967478	8635551	727489
集体经济	9016649	6972948	521919

主要经济指标汇总表（二）

计算单位：万元

产品销售税金及附加	管理费用	财务费用	利息支出	利润总额	应交增值税
335494	**14594523**	**1506869**	**1608592**	**11245194**	**3454865**
265427	7191230	982768	982995	4404751	1961766
17529	471478	77473	73920	127391	101701
21463	439144	53008	48906	294971	177672
8881	173731	21198	21143	164872	56272
913	38955	3657	3089	-8179	10940
204	12831	1260	897	-3650	4524
141	7406	750	744	12543	1720
266	7028	789	754	-12985	2334
302	11691	858	694	-4086	2362
97558	2400437	323446	308435	1023690	757531
18284	453020	84449	86152	25183	139541
79274	1947418	238997	222282	998507	617991
44040	966604	195995	183806	328365	391633
74407	2655604	303021	338807	2424484	461612
635	45277	4971	4891	49158	4403
27461	2246823	239557	226524	1264403	494715
8897	596346	105442	93237	336704	203756
755	80279	2906	4966	15910	6440
17754	1532965	121325	117902	920296	273246
57	37233	9884	10419	-8508	11273
42606	5156471	284544	399073	5576040	998385
12876	1542253	93135	156575	1096430	431205
638	153839	6328	6668	99373	19954
26147	3212889	131617	183971	4124670	485286
2945	247488	53464	51858	255568	61938
36017	937328	163181	160970	148923	245766
21604	446551	53758	49650	307512	179392

2005年全口径电子信息产业制造业

	产　品 销售收入	产　品 销售成本	产　品 销售费用
股份合作经济	2542508	2006435	126738
股份制经济	37783219	27249543	2271433
外商及港、澳、台投资经济	246208112	224782690	5528348
其中：国有控股	17081385	15473948	613578
其他经济	37591967	30095965	1956015
三、按企业规模分列			
大型企业	156613496	138982474	4260225
中型企业	105721147	92472439	2978232
小型企业	82775289	68288219	3893484
四、国有控股企业	41507765	34739979	2175062
五、按行业分列			
（一）通信设备工业行业	61321090	51607377	2748720
传输设备制造	3471232	2725403	186023
交换设备制造	10222745	7018640	1196108
通信终端设备制造	5676135	4762138	242518
移动通信及终端设备制造	38397484	34161559	990918
其他通信设备制造	3553496	2939638	133153
（二）雷达工业行业	1012572	751709	31923
雷达及配套设备件制造	1012572	751709	31923
（三）广播电视设备工业行业	3070574	2506269	136950
广播电视设备及发射设备制造	241877	183266	13493
广播电视接收设备及器材制造	2257882	1888814	90911
应用电视设备及其他广播电视	570815	434191	32546
（四）电子计算机工业行业	106441336	97169864	1971756
电子计算机整机制造	58703357	54332832	1062434
计算机网络设备制造	2665049	2072432	159295
电子计算机外部设备制造	43255775	39274178	685400
幻灯机及投影设备制造	208069	175905	9237
计算器及货币专用设备制造	1609085	1314518	55389
（五）家用视听设备工业行业	37619088	32089285	1931333

主要经济指标汇总表（二）

计算单位：万元

产品销售税金及附加	管理费用	财务费用	利息支出	利润总额	应交增值税
8881	173731	21198	21143	164872	56272
123314	2914021	434992	406087	1326872	1009624
70067	7403293	524101	625597	6840443	1493100
4475	799413	94629	129499	138670	215006
75611	2719600	309638	345144	2456571	470712
102355	4352630	479183	478696	5304245	1268055
81174	4002673	459005	559027	3433941	1108210
151965	6239220	568681	570870	2507008	1078600
84458	2829370	446461	470028	474302	835382
74200	2984641	223594	207681	2439194	959318
6369	418355	31398	37954	27827	37594
37712	1375863	140919	142207	572413	585021
5227	305269	20080	19795	26095	57666
15650	634489	12645	-14886	1713317	211444
9242	250665	18552	22611	99542	67591
2750	147607	6191	7858	72010	9976
2750	147607	6191	7858	72010	9976
6292	219350	27072	22060	106815	35414
786	31607	5525	4772	3174	5559
4015	139039	16133	13463	84139	18838
1490	48705	5413	3824	19502	11016
33535	2206579	131388	213648	2094491	398835
12787	861994	46603	106777	966266	156368
4434	203442	17981	16868	90870	51282
13716	1046020	62552	86307	1004648	164001
443	14378	881	805	1005	7735
2155	80745	3370	2890	31704	19448
43370	1288138	139586	130838	638421	441865

2005年全口径电子信息产业制造业

	产 品 销售收入	产 品 销售成本	产 品 销售费用
家用影视设备制造	29467679	24903656	1650931
家用音响设备制造	8151409	7185629	280402
（六）电子器件工业行业	36700433	32006508	854813
电光源制造	4038341	3402689	174649
电子真空器件制造	6381183	5436935	275718
半导体分立器件制造	3039263	2676295	59152
集成电路制造	12403449	10998639	127981
光电子器件及其他电子器件	10838197	9491950	217314
（七）电子元件工业行业	57353127	49006625	1605006
电力电子元器件制造	7723679	6296745	323575
电子元件及组件制造	37566289	32191525	1080130
印刷电路板制造	12063159	10518356	201302
（八）电子测量仪器工业行业	3013940	2225828	174702
环境监测专用仪器仪表制造	328031	240318	20269
汽车电子仪器制造	940960	729782	44787
导航、气象及海洋专用仪器制造	397087	284327	22174
农林牧渔专用仪器仪表制造	43473	33399	2359
地质勘探和地震专用仪器制造	225027	172609	13202
核子及核辐射测量仪器制造	52585	36721	3241
电子测量仪器制造	807855	575996	57239
其他专用仪器制造	218921	152676	11431
（九）电子工业专用设备行业	7825806	6383453	327667
电子工业专用设备制造	3172626	2575896	143845
其他电子设备制造	4653180	3807557	183822
（十）电子信息机电工业行业	27939418	23865635	1203190
微电机制造	8925284	7656978	300572
电线电缆制造	9315278	7968334	553885
光纤光缆制造	2232771	1907582	78503
电池制造	7466085	6332741	270230
（十一）其他电子信息行业	2812548	2130578	145883

主要经济指标汇总表（二）

计算单位：万元

产品销售税金及附加	管理费用	财务费用	利息支出	利润总额	应交增值税
36065	966967	115466	109688	549297	395786
7306	321171	24120	21150	89124	46078
32232	2050514	284209	384374	276539	357189
8785	262505	28950	26161	231951	52328
5033	437032	125097	139300	-124806	108590
3227	182247	30673	32707	40731	40730
7389	598874	90585	118140	17598	63392
7797	569856	8904	68066	111065	92148
69747	3010216	358404	331891	3085558	653483
16811	539354	93770	72197	483556	131389
46756	2023606	223234	200326	1979260	424083
6180	447256	41400	59369	622740	98010
12055	329955	23770	24827	181091	75331
2412	34075	2840	4045	30847	5160
3690	91665	5399	6228	32449	23331
1717	62508	4578	4007	-3822	8982
14	3580	334	289	8346	447
1457	22509	3977	3904	10812	8349
155	9802	326	350	4301	1333
1816	85510	5706	5721	71296	19214
792	20308	608	283	26862	8514
13564	552966	53657	49992	262658	101145
5002	233032	23702	21552	141938	39820
8562	319934	29954	28441	120720	61325
42143	1657528	235141	213106	1695210	347189
17458	480137	51348	47271	517587	109443
10053	696776	89079	90790	846030	77619
3503	95459	22820	22195	50016	57881
11128	385154	71894	52849	281577	102247
5608	147031	23857	22317	393207	75122

	产品 销售收入	产品 销售成本	产品 销售费用
信息化学品制造	2812548	2130578	145883
六、按省、自治区、直辖市分列			
北京市	19679982	17412919	626909
天津市	17868829	15597315	685202
河北省	2691644	2150044	159872
山西省	291548	245282	12076
内蒙古自治区	764850	643544	16874
辽宁省	5150646	4423484	213084
吉林省	403735	291445	21727
黑龙江省	492539	396199	30074
上海市	39676931	36407346	893032
江苏省	70930036	58231634	1276051
浙江省	21895459	18963804	924089
安徽省	2508974	2092159	161486
福建省	14969184	13024627	649164
江西省	1063979	877166	43827
山东省	20256625	17222593	1015883
河南省	2454307	1984531	150081
湖北省	2086404	1700129	140702
湖南省	1518349	1243045	78652
广东省	111390902	99461092	3461148
广西自治区	957370	782818	59042
海南省	60598	51482	2690
西藏自治区	663	712	47
重庆市	827738	715904	43281
四川省	4060324	3267952	304357
贵州省	502288	419608	42934
云南省	146431	122845	5530
陕西省	2163944	1782821	100031
甘肃省	173287	139062	8432

主要经济指标汇总表（二）

计算单位：万元

产品销售税金及附加	管理费用	财务费用	利息支出	利润总额	应交增值税
5608	147031	23857	22317	393207	75122
16092	807221	60053	85852	151713	195110
9772	367360	7661	-48125	1280133	172726
5372	216605	27522	26098	310154	45555
428	26250	2679	2505	15130	2428
294	21757	3280	2689	64759	6157
6277	328568	40129	36146	90478	37192
758	65686	11464	11329	-6940	6189
663	41869	5020	5029	41885	8317
14500	1626057	73388	179328	550450	265010
41061	2104358	239926	290513	2208221	512112
43053	1486335	185112	183635	931100	307026
4811	170356	18221	19010	153640	40799
8634	455564	50640	63695	766450	143597
1852	80082	9416	9237	94625	17549
57284	824448	119934	96998	970790	402745
6465	178373	62200	61446	159479	49880
8247	131879	16800	12191	91286	37710
4892	115499	24358	22490	84472	27643
82426	4741077	411857	410959	3089131	1003835
1195	82704	9768	10171	68433	10555
379	6874	563	425	-8256	649
0	62	6	7	-392	4
878	72820	10125	10645	23376	8527
10924	288691	57474	58272	125344	90820
942	60464	6240	7055	-77059	8821
468	13757	1401	1335	4836	1688
6035	248054	42957	41210	50375	41828
1041	20076	2598	2548	3979	4425

2005年全口径电子信息产业制造业

	产　品 销售收入	产　品 销售成本	产　品 销售费用
青海省	6896	5681	473
宁夏自治区	19918	17451	969
新疆自治区	95551	68439	4221

主要经济指标汇总表（二）

计算单位：万元

产品销售税金及附加	管理费用	财务费用	利息支出	利润总额	应交增值税
2	641	76	81	50	27
15	1786	227	233	-3176	129
735	9250	5776	5588	10728	5810

2005年全口径电子信息产业制造业

	税金总额	应收账款净额	产成品存货
总　计	**3790362**	**64073722**	**21453530**
一、按企业登记注册类型分列			
内资企业	2227195	17994666	11684105
国有企业	119296	1226750	443161
集体企业	199082	803587	898601
股份合作企业	65181	494175	353689
联营企业	11843	97312	148643
国有联营企业	4721	21782	33331
集体联营企业	1860	19362	17371
国有与集体联营企业	2599	14349	40929
其他联营企业	2664	41820	57014
有限责任公司	854969	6312891	3959349
国有独资公司	157807	918329	907479
其他有限责任公司	697162	5394561	3051870
股份有限公司	435482	2711842	1388374
私营企业	536301	6238102	4437002
其他内资企业	5041	110007	55286
港、澳、台商投资企业	522177	13707674	4303252
合资经营企业（港、澳、台资）	212654	2788415	1403918
合作经营企业（港、澳、台资）	7195	390949	178976
港、澳、台商独资经营企业	291000	10398212	2666002
港、澳、台商投资股份有限公司	11330	130099	54356
外商投资企业	1040991	32371381	5466172
中外合资经营企业	444082	8603219	1978366
中外合作经营企业	20592	846709	165542
外商独资企业	511434	22050089	3127450
外商投资股份有限公司	64883	871365	194814
二、按经济类型分列			
国有经济	281824	2166861	1383971
集体经济	200942	822949	915973

主要经济指标汇总表（三）

计算单位：万元

流动资产平均余额	固定资产净值平均余额	资　产总　计	负　债合　计	亏损企业亏损额
145279792	**68728802**	**289743252**	**168631844**	**26697309**
44207283	23922332	114023948	64015590	11529904
4871385	1868391	8507573	5784964	139858
2408377	1770741	8411961	5500272	1173557
679296	634963	2947213	1668569	358646
237856	239268	1442704	600439	289618
95581	66689	711585	161648	87493
24545	35294	159331	94170	29008
33731	77296	288412	204492	89300
83998	59990	283376	140130	83816
18338933	8112105	39521047	23003790	3268148
4353489	1898067	7282911	4404326	186614
13985443	6214038	32238137	18599464	3081534
10438060	3283900	18011563	9257322	806470
7141697	7883473	34618659	17860124	5344610
91679	129491	563229	340111	148998
30509107	13712680	57531031	33847528	6277967
8302499	3077420	14245649	8839464	1208740
812498	429565	1662698	950711	238080
20909170	9918101	40727229	23563713	4747257
484940	287593	895455	493642	83890
70563401	31093789	118188273	70768726	8889438
20193702	8280645	33447907	20133258	2886618
1477356	641155	2763641	1550328	209488
46561608	20965210	77480773	47163415	5659214
2330734	1206779	4495952	1921724	134118
9320455	3833147	16502069	10350937	413963
2432923	1806035	8571292	5594441	1202565

2005年全口径电子信息产业制造业

	税金 总额	应收 账款净额	产成品 存货
股份合作经济	65181	494175	353689
股份制经济	1132644	8106404	4440242
外商及港、澳、台投资经济	1563167	46079055	9769424
其中：国有控股	219481	3308622	837306
其他经济	546604	6404278	4590230
三、按企业规模分列			
大型企业	1370410	26701386	5034200
中型企业	1189384	20318016	4553240
小型企业	1230567	17054320	11866089
四、国有控股企业	919840	8149659	3455495
五、按行业分列			
（一）通信设备工业行业	1033517	13395781	3481217
传输设备制造	43964	918022	647395
交换设备制造	622734	4110407	1115968
通信终端设备制造	62892	1139254	445541
移动通信及终端设备制造	227094	6438952	903830
其他通信设备制造	76833	789148	368484
（二）雷达工业行业	12726	234362	73641
雷达及配套设备件制造	12726	234362	73641
（三）广播电视设备工业行业	41706	596298	441388
广播电视设备及发射设备制造	6345	61238	71095
广播电视接收设备及器材制造	22854	414474	276975
应用电视设备及其他广播电视	12507	120586	93318
（四）电子计算机工业行业	432370	17182588	3000444
电子计算机整机制造	169156	7889440	900388
计算机网络设备制造	55716	882374	354918
电子计算机外部设备制造	177717	8041135	1571550
幻灯机及投影设备制造	8178	29195	27165
计算器及货币专用设备制造	21603	340444	146423
（五）家用视听设备工业行业	485235	5308503	2663265

主要经济指标汇总表（三）

计算单位：万元

流动资产平均余额	固定资产净值平均余额	资产总计	负债合计	亏损企业亏损额
679296	634963	2947213	1668569	358646
24423503	9497939	50249699	27856786	3888003
101072508	44806470	175719304	104616254	15167405
8139689	3173867	13545105	9117144	377171
7351105	8150250	35753676	18544857	5666725
59016249	18651362	88659034	58653296	646011
45462469	21227529	79635364	47614370	1144230
40801074	28849911	121448854	62364178	24907067
28337027	9683928	47798495	28973901	990278
33014775	6628865	47594961	29331961	3602195
3277628	1032143	6159011	3613664	608720
9211389	1695803	12413520	7600732	415838
3218165	1019782	6168673	3497507	867805
15464093	2095858	18602709	12389282	1101423
1843500	785278	4251049	2230777	608410
1023575	352294	1897586	1296598	55549
1023575	352294	1897586	1296598	55549
1328719	689861	3514986	2075900	644096
281976	100964	647182	460470	83701
768268	435806	2040080	1152685	338003
278474	153091	827724	462746	222392
36579872	9010139	52212486	36276582	3583009
17340961	2585044	21145675	16789007	670844
1969017	700191	3547768	2088127	738110
16357145	5383427	25656504	16429813	1824522
86643	40589	192942	90349	41125
826107	300888	1669597	879286	308407
15574433	4454627	24304688	15016294	1621296

2005年全口径电子信息产业制造业

	税金总额	应收账款净额	产成品存货
家用影视设备制造	431851	3931070	2073701
家用音响设备制造	53384	1377433	589563
（六）电子器件工业行业	389420	6857026	2591576
电光源制造	61113	652007	464053
电子真空器件制造	113623	1271567	498976
半导体分立器件制造	43957	704266	268223
集成电路制造	70782	2164439	471439
光电子器件及其他电子器件	99945	2064747	888884
（七）电子元件工业行业	723230	12486580	4373373
电力电子元器件制造	148202	1799806	787134
电子元件及组件制造	470839	7719216	2962316
印刷电路板制造	104190	2967558	623923
（八）电子测量仪器工业行业	87386	650385	506757
环境监测专用仪器仪表制造	7572	74956	85037
汽车电子仪器制造	27022	185125	121653
导航、气象及海洋专用仪器制造	10698	92742	94422
农林牧渔专用仪器仪表制造	462	6202	5761
地质勘探和地震专用仪器制造	9807	57731	40536
核子及核辐射测量仪器制造	1488	12336	10296
电子测量仪器制造	21030	171297	132659
其他专用仪器制造	9307	49996	16394
（九）电子工业专用设备行业	114710	1633040	1142633
电子工业专用设备制造	44822	708975	523246
其他电子设备制造	69887	924066	619386
（十）电子信息机电工业行业	389332	5206130	2988240
微电机制造	126902	1502010	671821
电线电缆制造	87672	1741503	1158829
光纤光缆制造	61384	509293	191543
电池制造	113375	1453325	966047
（十一）其他电子信息行业	80730	523029	190994

主要经济指标汇总表（三）

计算单位：万元

流动资产平均余额	固定资产净值平均余额	资产总计	负债合计	亏损企业亏损额
12797415	3170585	18552200	11253212	764182
2777018	1284043	5752488	3763082	857114
18498089	19124109	54899755	28183307	5776660
1206083	1123947	4176444	2308033	572033
4666043	3550333	10300371	5525329	518274
1751735	1874028	5139492	2566525	599183
6162601	8969689	22581493	11252141	2169916
4711629	3606111	12701953	6531279	1917252
24330434	16201523	57607670	31210502	5255713
3345684	2085952	9297025	4934686	1148193
15395486	10114552	36245004	19345740	3299934
5589264	4001018	12065642	6930074	807586
1535491	1058103	4609781	2369564	761098
174625	113389	571012	284178	88901
411603	293813	1242958	585890	206338
267174	227411	875501	500178	206352
7628	8293	33279	15964	2016
131502	96848	403260	246005	45221
37885	43114	185965	101772	7922
362968	234379	1101340	544637	203729
131696	40855	196467	90939	619
2915504	2517877	10186952	5487717	2076925
1127471	1118490	4498059	2329577	883238
1788033	1399387	5688893	3158140	1193687
9018321	6937792	28541884	15497574	3162631
3063586	1621312	6649725	3791372	372433
1256536	2282063	9811982	5234424	1327829
1524081	773307	3009898	1478974	236456
3174119	2261109	9070279	4992805	1225913
1465784	1753613	4372504	1885843	158137

	税　金 总　额	应　收 账款净额	产成品 存　货
信息化学品制造	80730	523029	190994
六、按省、自治区、直辖市分列			
北京市	203155	2892738	1489254
天津市	175637	3031567	540535
河北省	49238	465539	304965
山西省	2763	57432	71710
内蒙古自治区	6260	110688	23504
辽宁省	41924	989221	558925
吉林省	6731	106780	160386
黑龙江省	8674	341083	158614
上海市	269020	7695288	1388612
江苏省	672586	12829322	3729787
浙江省	337731	4605058	1820743
安徽省	43991	534830	270575
福建省	146485	2434367	596691
江西省	18802	193779	123364
山东省	442844	2054514	1022743
河南省	54300	665009	294047
湖北省	44268	582327	325599
湖南省	31421	324081	136823
广东省	1045533	21852648	6880180
广西自治区	11482	222672	101108
海南省	988	12205	17590
西藏自治区	5	123	0
重庆市	9109	187209	147385
四川省	97931	999865	723649
贵州省	9391	116566	85240
云南省	2077	47890	22489
陕西省	46287	616373	366786
甘肃省	5264	70665	53442

主要经济指标汇总表（三）

计算单位：万元

流动资产平均余额	固定资产净值平均余额	资　产总　计	负　债合　计	亏损企业亏损额
1465784	1753613	4372504	1885843	158137
9194828	4587475	23016011	11781713	3159332
7855044	2634434	11736510	6509842	1186510
844820	940800	3237825	1513607	214917
194026	202930	699353	362274	31591
276728	132389	658280	274492	26333
2721029	1680281	7261741	4164498	745457
317714	443544	1321785	800850	158912
560148	443405	1894769	1132339	221323
16878092	9278109	33095332	20365492	3624913
24563966	13728899	49472105	30524269	4344484
9201931	5379490	24024662	12257820	1473284
892676	623197	2530995	1443122	186768
7014232	2325736	10328842	6278928	626201
315820	446594	1577087	642716	63095
6257096	2856734	12174689	6110693	619716
1945162	971240	4208806	2655936	365364
1427176	873290	3780898	1786060	377827
708615	812377	2243126	1251294	228291
47471130	16683812	80323846	49582476	7744223
243938	273517	1173683	499401	58497
36928	51916	194980	99794	56175
0	741	3125	737	2440
391187	252487	1171274	781669	178358
3264267	1250756	6104473	3628904	348769
437146	339651	1495350	829546	365612
125376	46414	254033	136122	23795
1779756	1158501	4891348	2687855	213982
276702	180991	575913	348870	27300

2005年全口径电子信息产业制造业

	税　金 总　额	应　收 账款净额	产成品 存　货
青海省	29	1256	4982
宁夏自治区	139	5332	13877
新疆自治区	6295	27295	19927

主要经济指标汇总表（三）

计算单位：万元

流动资产平均余额	固定资产净值平均余额	资产总计	负债合计	亏损企业亏损额
583	3015	12497	7781	1686
11994	25486	72385	40822	18475
71683	100592	207531	131924	3682

2005年全口径电子信息产业制造业

	企业个数	综合经济效益指数	总资产贡献率
总　　计	**55823**	**155.0**	**5.74**
一、按企业登记注册类型分列			
内资企业	43962	147.9	6.68
国有企业	623	96.8	3.77
集体企业	3060	152.5	6.46
股份合作企业	1932	179.0	8.52
联营企业	245	84.6	0.47
国有联营企业	45	63.8	0.28
集体联营企业	67	204.7	9.51
国有与集体联营企业	58	18.5	-3.34
其他联营企业	75	116.4	-0.26
有限责任公司	5901	145.0	5.53
国有独资公司	91	132.9	3.70
其他有限责任公司	5810	150.7	5.95
股份有限公司	749	148.8	5.26
私营企业	30928	209.7	9.53
其他内资企业	524	214.9	10.49
港、澳、台商投资企业	6119	125.4	3.50
合资经营企业（港、澳、台资）	1567	137.3	4.51
合作经营企业（港、澳、台资）	304	135.0	1.69
港、澳、台商独资经营企业	4185	122.8	3.26
港、澳、台商投资股份有限公司	63	89.3	1.48
外商投资企业	5742	185.8	5.94
中外合资经营企业	1654	220.4	5.07
中外合作经营企业	218	132.2	4.58
外商独资企业	3799	180.2	6.22
外商投资股份有限公司	71	207.6	8.28
二、按经济类型分列			
国有经济	759	109.1	3.59
集体经济	3127	153.1	6.51

综合经济效益指数

计算单位：%

资本保值增值率	资产负债率	流动资产周转率	工业成本费用利润率	全员劳动生产率（元/人）	产品销售率
114.95	**58.20**	**2.38**	**3.44**	**111911**	**96.16**
129.24	56.14	2.24	4.96	88420	93.09
69.15	68.00	0.86	3.42	58286	95.89
128.14	65.39	3.71	3.73	80324	94.17
173.97	56.62	3.74	7.08	86661	91.38
151.96	41.62	1.98	-2.01	51705	87.34
128.09	22.72	1.45	-3.25	47074	82.11
259.80	59.10	3.63	15.25	57291	91.31
197.87	70.90	2.61	-17.25	25836	86.21
249.35	49.45	1.86	-2.96	89453	91.52
109.04	58.21	1.71	3.76	106688	93.96
59.14	60.47	1.76	0.38	122205	98.20
132.66	57.69	1.70	4.85	103391	92.83
78.86	51.40	1.34	2.67	134794	97.30
343.50	51.59	5.16	7.06	75845	90.81
325.22	60.39	5.73	9.66	57022	91.93
122.66	58.83	2.22	1.92	79869	96.94
97.35	62.05	1.91	2.19	105426	97.11
144.83	57.18	3.02	0.66	92178	95.61
134.37	57.86	2.33	1.94	72164	96.97
81.90	55.13	1.35	-1.28	71180	95.77
100.13	59.88	2.53	3.24	163286	97.50
98.97	60.19	2.53	2.20	229798	97.54
108.65	56.10	1.85	3.82	87936	88.51
102.22	60.87	2.62	3.51	149550	97.67
82.26	42.74	1.06	11.48	174090	98.70
66.62	62.73	1.28	1.42	83520	97.05
129.58	65.27	3.71	3.85	79914	94.14

2005年全口径电子信息产业制造业

	企业 个数	综合经济 效益指数	总资产 贡献率
股份合作经济	1932	179.0	8.52
股份制经济	6559	147.5	5.70
外商及港、澳、台投资经济	11861	160.9	5.14
其中：国有控股	274	212.1	3.60
其他经济	31585	208.1	9.36
三、按企业规模分列			
大型企业	317	206.7	8.07
中型企业	2410	144.3	6.51
小型企业	53096	144.0	3.55
四、国有控股企业	1435	143.1	3.90
五、按行业分列			
（一）通信设备工业行业	3733	230.2	7.73
传输设备制造	967	108.3	1.78
交换设备制造	419	260.1	10.77
通信终端设备制造	692	111.7	1.76
移动通信及终端设备制造	580	352.8	10.35
其他通信设备制造	1075	134.2	4.68
（二）雷达工业行业	108	116.0	4.88
雷达及配套设备件制造	108	116.0	4.88
（三）广播电视设备工业行业	1463	134.7	4.85
广播电视设备及发射设备制造	149	90.7	2.21
广播电视接收设备及器材制造	1010	142.1	5.90
应用电视设备及其他广播电视设备	304	157.4	4.33
（四）电子计算机工业行业	3284	199.2	5.25
电子计算机整机制造	564	267.5	5.87
计算机网络设备制造	532	154.5	4.61
电子计算机外部设备制造	1788	165.0	4.94
幻灯机及投影设备制造	83	153.9	5.18
计算器及货币专用设备制造	317	127.8	3.37
（五）家用视听设备工业行业	2617	142.3	5.16

综合经济效益指数

计算单位：%

资本保值增值率	资产负债率	流动资产周转率	工业成本费用利润率	全员劳动生产率（元/人）	产品销售率
173.97	56.62	3.74	7.08	86661	91.38
104.73	55.44	1.55	4.04	112982	94.39
106.66	59.54	2.44	2.87	127237	97.34
103.73	67.31	2.10	0.82	236764	98.17
340.95	51.87	5.11	7.00	75273	90.82
72.28	66.16	2.65	3.58	194410	97.84
75.61	59.79	2.33	3.44	100472	98.15
274.84	51.35	2.03	3.17	76124	91.04
99.91	60.62	1.46	1.18	129370	97.97
88.96	61.63	1.86	4.24	238723	96.69
125.48	58.67	1.06	0.83	81496	100.07
74.66	61.23	1.11	5.88	283435	97.35
109.47	56.70	1.76	0.49	82612	96.76
79.25	66.60	2.48	4.79	422575	96.35
113.81	52.48	1.93	2.98	93444	95.27
43.48	68.33	0.99	7.68	64569	91.15
43.48	68.33	0.99	7.68	64569	91.15
156.74	59.06	2.31	3.70	71792	93.13
106.60	71.15	0.86	1.36	60141	88.78
169.62	56.50	2.94	3.94	66927	93.96
166.03	55.91	2.05	3.74	114273	91.70
93.92	69.48	2.91	2.06	192267	97.75
79.17	79.40	3.39	1.72	304620	98.22
136.71	58.86	1.35	3.70	125266	93.55
94.17	64.04	2.64	2.45	137226	97.39
226.53	46.83	2.40	0.50	108469	98.46
142.71	52.66	1.95	2.18	84585	97.91
93.35	61.78	2.42	1.80	106641	96.85

2005年全口径电子信息产业制造业

	企业个数	综合经济效益指数	总资产贡献率
家用影视设备制造	853	180.2	5.88
家用音响设备制造	1764	107.6	2.85
（六）电子器件工业行业	6360	115.0	1.91
电光源制造	2306	139.8	7.64
电子真空器件制造	458	104.5	1.24
半导体分立器件制造	728	107.2	2.28
集成电路制造	899	132.0	0.91
光电子器件及其他电子器件	1969	123.0	2.20
（七）电子元件工业行业	16663	143.9	7.19
电力电子元器件制造	3852	152.0	7.57
电子元件及组件制造	11189	141.2	7.31
印刷电路板制造	1623	151.7	6.52
（八）电子测量仪器工业行业	1912	141.0	6.36
环境监测专用仪器仪表制造	291	162.4	7.44
汽车电子仪器制造	429	144.6	5.29
导航、气象及海洋专用仪器制造	203	86.1	1.24
农林牧渔专用仪器仪表制造	47	272.0	27.33
地质勘探和地震专用仪器制造	141	155.4	6.08
核子及核辐射测量仪器制造	48	163.0	3.30
电子测量仪器制造	667	156.3	8.90
其他专用仪器制造	87	182.7	18.55
（九）电子工业专用设备行业	4284	136.3	4.20
电子工业专用设备制造	2036	144.9	4.63
其他电子设备制造	2247	131.1	3.85
（十）电子信息机电工业行业	14960	165.5	8.05
微电机制造	2889	143.4	10.40
电线电缆制造	8951	289.7	10.44
光纤光缆制造	325	170.4	4.44
电池制造	2795	139.4	4.94
（十一）其他电子信息行业	440	198.7	11.35

综合经济效益指数

计算单位：%

资本保值增值率	资产负债率	流动资产周转率	工业成本费用利润率	全员劳动生产率（元/人）	产品销售率
87.68	60.66	2.30	1.99	168748	96.71
122.40	65.42	2.94	1.14	46513	97.32
121.21	51.34	1.98	0.79	81629	95.73
146.75	55.26	3.35	6.00	43226	95.89
71.13	53.64	1.37	-1.99	103767	96.29
136.81	49.94	1.74	1.38	65313	94.12
138.63	49.83	2.01	0.15	112858	96.29
154.16	51.42	2.30	1.08	79889	95.19
129.00	54.18	2.36	5.72	73880	94.96
159.77	53.08	2.31	6.67	75005	92.31
129.03	53.37	2.44	5.57	68758	95.18
110.80	57.44	2.16	5.56	95640	96.05
182.97	51.40	1.96	6.57	62119	92.81
202.28	49.77	1.88	10.37	67632	95.59
171.03	47.14	2.29	3.72	88199	92.09
180.21	57.13	1.49	-1.02	41037	93.01
243.23	47.97	5.70	21.04	51590	88.52
382.38	61.00	1.71	5.09	53752	92.03
510.49	54.73	1.39	8.59	31914	91.32
177.81	49.45	2.23	9.84	56969	91.48
134.91	46.29	1.66	14.52	59836	98.54
195.49	53.87	2.68	3.59	64846	90.83
242.96	51.79	2.81	4.77	58356	91.02
167.45	55.51	2.60	2.78	69319	90.69
181.71	54.30	3.10	6.29	79741	94.07
123.64	57.02	2.91	6.10	51830	95.46
527.21	53.35	7.41	9.09	114290	92.42
108.23	49.14	1.46	2.38	167240	96.59
157.80	55.05	2.35	3.99	77800	93.80
106.38	43.13	1.92	16.07	102605	95.28

2005年全口径电子信息产业制造业

	企业个数	综合经济效益指数	总资产贡献率
信息化学品制造	440	198.7	11.35
六、按省、自治区、直辖市分列			
北京市	2419	219.4	1.95
天津市	1462	236.3	12.05
河北省	1461	200.0	11.96
山西省	208	109.4	2.93
内蒙古自治区	101	254.9	11.23
辽宁省	1641	117.0	2.34
吉林省	324	83.6	0.86
黑龙江省	443	147.3	2.95
上海市	3354	199.1	3.05
江苏省	9373	184.7	6.17
浙江省	10443	140.8	6.10
安徽省	1008	166.1	8.62
福建省	1316	190.8	9.51
江西省	471	171.1	7.82
山东省	2804	204.6	12.55
河南省	926	144.2	6.59
湖北省	703	147.3	3.95
湖南省	651	131.5	6.22
广东省	13508	132.0	5.71
广西自治区	782	189.8	7.70
海南省	29	77.5	-3.49
西藏自治区	1		-12.18
重庆市	307	130.2	3.71
四川省	1008	122.3	4.67
贵州省	99	53.7	-4.03
云南省	78	108.6	3.28
陕西省	715	108.8	2.85
甘肃省	121	59.22	2.08

综合经济效益指数

计算单位：%

资本保值增值率	资产负债率	流动资产周转率	工业成本费用利润率	全员劳动生产率（元/人）	产品销售率
106.38	43.13	1.92	16.07	102605	95.28
149.44	51.19	2.14	0.80	245300	94.09
79.16	55.47	2.27	7.69	209982	98.87
155.10	46.75	3.19	12.14	95222	93.62
215.03	51.80	1.50	5.29	31336	82.11
106.61	41.70	2.76	9.45	223801	94.17
109.31	57.35	1.89	1.81	79744	94.20
143.28	60.59	1.27	-1.78	55643	83.98
246.95	59.76	0.88	8.85	71984	82.44
92.90	61.54	2.35	1.41	210343	96.91
118.32	61.70	2.89	3.57	149166	97.30
158.79	51.02	2.38	4.32	75491	91.95
157.76	57.02	2.81	6.29	88114	93.17
95.52	60.79	2.13	5.41	154470	97.83
257.37	40.75	3.37	9.36	54202	93.14
118.19	50.19	3.24	5.06	150130	98.02
102.63	63.10	1.26	6.71	92344	94.78
172.05	47.24	1.46	4.59	104860	90.46
100.62	55.78	2.14	5.78	65070	95.68
107.55	61.73	2.35	2.86	79444	96.35
341.29	42.55	3.92	7.32	70553	90.70
398.03	51.18	1.64	-13.40	74341	73.99
	23.57		-47.37	97305	100.00
157.08	66.74	2.12	2.78	77255	96.19
89.30	59.45	1.24	3.20	87041	93.45
182.45	55.48	1.15	-14.56	94066	91.28
91.05	53.58	1.17	3.37	70968	91.24
129.48	54.95	1.22	2.32	68770	94.42
28.69	60.58	0.63	2.34	20071.92	91.53

2005年全口径电子信息产业制造业

	企业个数	综合经济效益指数	总资产贡献率
青海省	11	260.4	1.28
宁夏自治区	21	41.4	-3.87
新疆自治区	35	169.1	11.02

综合经济效益指数

计算单位：%

资本保值增值率	资产负债率	流动资产周转率	工业成本费用利润率	全员劳动生产率（元/人）	产品销售率
702.41	62.26	11.82	0.73	41981	57.10
281.28	56.40	1.66	-15.54	48013	96.46
103.67	63.57	1.33	12.23	83497	97.68

II 制 造 业

（二）规模以上

2005年规模以上电子信息产业制造业

	企业个数	亏损企业数	工业总产值（现行价）
总　　计	**16007**	**3564**	**306503181**
一、按企业登记注册类型分列			
内资企业	9527	1648	63099003
国有企业	574	235	3683384
集体企业	601	109	6452148
股份合作企业	421	41	1241034
联营企业	87	23	319912
国有联营企业	17	6	128519
集体联营企业	16	2	38640
国有与集体联营企业	27	8	58604
其他联营企业	27	7	94149
有限责任公司	2233	467	24355088
国有独资公司	68	32	6014275
其他有限责任公司	2165	435	18340813
股份有限公司	390	82	11916564
私营企业	5180	679	14990624
其他内资企业	41	12	140248
港、澳、台商投资企业	3129	964	65960668
合资经营企业（港、澳、台资）	979	254	16465145
合作经营企业（港、澳、台资）	132	28	2357222
港、澳、台商独资经营企业	1995	672	46498220
港、澳、台商投资股份有限公司	23	10	640080
外商投资企业	3351	952	177443509
中外合资经营企业	989	257	51856873
中外合作经营企业	121	35	2779586
外商独资企业	2202	652	120345722
外商投资股份有限公司	39	8	2461328
二、按经济类型分列			
国有经济	659	273	9826179
集体经济	617	111	6490788

主要经济指标汇总表（一）

计算单位：万元

工业销售产值	新产品产值	出口交货值	工业增加值	全部从业人员平均人数（人）
299689219	**63201343**	**184114207**	**67005327**	**5505477**
61507232	21550495	12715159	16746600	1775047
3565246	1151848	419551	986075	171160
6425957	4238597	1206542	1335366	139571
1205296	118687	93095	403751	46235
303411	43006	37643	77783	15047
120501	32692	10921	22331	4164
39145		571	12209	2691
55804	2918	4561	11565	5262
87961	7396	21590	31676	2930
23573587	8656050	5034240	6331754	563977
5929520	3964364	1444272	1441766	117801
17644067	4691686	3589967	4889988	446176
11690633	5742457	3202858	3235453	235195
14605757	1582704	2690871	4334186	596690
137347	17146	30360	42232	7172
64421395	15803014	41842186	13167309	1549107
16141223	5842848	6328113	3660063	334106
2273631	26607	1996626	665485	61605
45392659	9712435	33335854	8724481	1139044
613883	221124	181592	117279	14352
173760591	25847834	129556862	37091418	2181323
50814945	15032938	31895838	9926495	411496
2492707	164696	1650372	576905	61477
118015520	10442735	94945288	26036927	1679693
2437419	207464	1065364	551092	28657
9615267	5148904	1874744	2450173	293125
6465102	4238597	1207113	1347574	142262

2005年规模以上电子信息产业制造业

	企业个数	亏损企业数	工业总产值（现行价）
股份合作经济	421	41	1241034
股份制经济	2555	517	30257377
外商及港、澳、台投资经济	6480	1916	243404178
其中：国有控股	274	83	17796329
其他经济	5275	706	15283625
三、按企业规模分列			
大型企业	317	49	152598398
中型企业	2410	463	104369991
小型企业	13280	3052	49534792
四、国有控股企业	1435	500	40422560
五、按行业分列			
（一）通信设备工业行业	1240	346	57690715
传输设备制造	256	61	2387958
交换设备制造	170	58	9776152
通信终端设备制造	255	83	5038024
移动通信及终端设备制造	253	74	37614307
其他通信设备制造	306	70	2874274
（二）雷达工业行业	49	8	1031653
雷达及配套设备件制造	49	8	1031653
（三）广播电视设备工业行业	360	82	2127581
广播电视设备及发射设备制造	45	14	161279
广播电视接收设备及器材制造	242	53	1603610
应用电视设备及其他广播电视	73	15	362693
（四）电子计算机工业行业	1241	376	102105615
电子计算机整机制造	232	77	55890336
计算机网络设备制造	169	48	2317627
电子计算机外部设备制造	722	212	42270561
幻灯机及投影设备制造	21	6	164770
计算器及货币专用设备制造	97	33	1462322
（五）家用视听设备工业行业	899	270	35358740

主要经济指标汇总表（一）

计算单位：万元

工业销售产　值	新产品产　值	出　口交货值	工　业增加值	全部从业人员平均人数（人）
1205296	118687	93095	403751	46235
29334700	10434143	6792825	8125441	681371
238181986	41650848	171399048	50258727	3730430
17470763	5574187	10061927	3611739	152546
14886868	1610164	2747382	4419661	612054
149303618	37994544	109283936	30946776	1591831
102438993	21194469	59140022	21330263	2123014
47946608	4012330	15690249	14728288	1790632
39601202	17306855	15144154	9169950	708816
56217697	18583144	30346839	14250164	545933
2486803	526959	524768	506666	60603
9560319	3062516	3325831	2801650	94767
4996923	1274983	2918387	934647	107036
36319506	13458570	22728550	9280975	209469
2854145	260116	849302	726225	74058
959070	459333	148471	241517	39038
959070	459333	148471	241517	39038
2036476	209719	816740	588425	79616
148361	28620	16877	43691	7259
1546783	91410	699381	440036	64477
341332	89690	100482	104698	7880
100278567	13110901	79893305	19705526	972565
55053862	8371893	43857062	10910595	349921
2227441	71608	516421	600682	44323
41381438	4623991	34500980	7885360	543872
166192	5568	93278	32185	2749
1449633	37841	925563	276704	31700
34799736	17344382	17490237	6329841	557551

2005年规模以上电子信息产业制造业

	企业个数	亏损企业数	工业总产值（现行价）
家用影视设备制造	379	114	28348327
家用音响设备制造	520	156	7010412
（六）电子器件工业行业	1755	437	32931054
电光源制造	490	84	2683299
电子真空器件制造	135	38	6135654
半导体分立器件制造	278	76	2756282
集成电路制造	359	107	11757074
光电子器件及其他电子器件	493	132	9598745
（七）电子元件工业行业	4227	888	47239985
电力电子元器件制造	731	126	5551623
电子元件及组件制造	2961	637	30610765
印刷电路板制造	535	125	11077598
（八）电子测量仪器工业行业	482	101	1945639
环境监测专用仪器仪表制造	55	12	170549
汽车电子仪器制造	104	19	657455
导航、气象及海洋专用仪器制造	55	14	283230
农林牧渔专用仪器仪表制造	5	1	18276
地质勘探和地震专用仪器制造	31	5	134824
核子及核辐射测量仪器制造	10	3	27202
电子测量仪器制造	135	32	433748
其他专用仪器制造	87	15	220355
（九）电子工业专用设备行业	771	167	5408138
电子工业专用设备制造	303	70	1936376
其他电子设备制造	468	97	3471762
（十）电子信息机电工业行业	4762	834	17962371
微电机制造	982	183	7283007
电线电缆制造	2824	432	2640336
光纤光缆制造	124	39	2119504
电池制造	832	180	5919524
（十一）其他电子信息行业	221	55	2701690

主要经济指标汇总表（一）

计算单位：万元

工业销售产值	新产品产值	出口交货值	工业增加值	全部从业人员平均人数（人）
27806083	16117773	11786882	5069634	288202
6993653	1226610	5703355	1260207	269349
32098225	6042916	18971492	6522435	757075
2706856	74657	1060884	501846	141864
5936579	1210768	2401003	1207656	112907
2655606	353214	1575677	528381	79637
11471188	2693002	8394363	2364094	197808
9327995	1711276	5539564	1920459	224859
45973943	4837943	26623546	12902712	1676491
5367913	679085	1944383	1520612	189318
29890042	3752345	17564748	8436470	1196422
10715987	406513	7114415	2945630	290751
1895427	318838	340758	452649	81792
170667	13783	17608	31975	6190
635698	107382	120609	184977	20532
276018	98978	30712	55733	16444
16682	108	12380	3241	946
129447	20824	6144	27568	6321
25984	7804		5225	2617
423797	57020	92161	82809	18527
217134	12939	61145	61122	10215
5183138	296038	2411339	1374618	200267
1858518	70082	800746	426410	74547
3324620	225956	1610593	948208	125720
17631616	1752570	6146796	4111151	545746
7121731	807781	3494644	1272023	274430
2599599	177922	308083	693132	44690
2086380	246863	80917	498151	27072
5823907	520003	2263151	1647845	199554
2615324	245557	924686	526292	49403

	企业个数	亏损企业数	工业总产值（现行价）
信息化学品制造	221	55	2701690
六、按省、自治区、直辖市分列			
北京市	679	213	17709161
天津市	505	172	16762286
河北省	308	38	1387454
山西省	52	15	202652
内蒙古自治区	29	11	677695
辽宁省	418	81	4745788
吉林省	52	19	221951
黑龙江省	71	23	267381
上海市	1215	267	37216809
江苏省	2330	443	58047292
浙江省	2425	298	15334595
安徽省	296	69	1736722
福建省	520	99	14532993
江西省	111	19	732437
山东省	969	104	19090964
河南省	216	29	1729531
湖北省	227	63	2163121
湖南省	188	37	1214012
广东省	4620	1359	105757453
广西自治区	83	22	419222
海南省	11	5	53972
重庆市	77	17	430123
四川省	334	74	3628464
贵州省	44	14	456774
云南省	25	9	114084
陕西省	139	44	1640320
甘肃省	38	12	138248
青海省	2	1	1043

主要经济指标汇总表（一）

计算单位：万元

工业销售产 值	新产品产 值	出 口交货值	工 业增加值	全部从业人员平均人数（人）
2615324	245557	924686	526292	49403
17308337	9375251	7578111	3615814	129566
16654265	10586471	10602908	3432161	142173
1323150	168958	180246	393298	44415
190786	37274	55359	36395	14874
648528		293172	203271	7929
4626081	504066	2961025	884294	106130
198772	40176	33107	61559	13427
255242	32898	75309	75094	9800
36232552	6039651	26990508	7846001	343927
57020298	4915645	37249600	15013389	936363
15202590	2918142	6840810	3042772	426278
1671568	744260	175230	353098	45518
14388957	2109471	8388749	3905181	238932
704683	128626	167967	197500	38753
18826713	8385504	4871995	4484049	265454
1654548	450162	175504	486069	48995
2081917	379821	321353	544551	43180
1218056	184632	285861	231591	34631
102713478	13726065	75948223	20261740	2360345
403474	36221	69611	95757	13194
48303		27848	15672	1646
431687	109719	45517	93423	15911
3506535	1726338	514641	1028398	112777
447732	219668	75857	145125	14197
109690	40908	8056	23682	3134
1598311	237263	170825	483151	74625
129318	58268	1893	25785	15561
400			89	56

2005年规模以上电子信息产业制造业

	企业个数	亏损企业数	工业总产值（现行价）
宁夏区	6	3	10769
新疆自治区	17	4	79863
七、按计划单列市分列			
大连市	83	19	3674802
宁波市	61	6	2274160
厦门市	30	4	7072149
青岛市	190	46	12033874
深圳市	88	18	40178291
八、按部计划单列企业集团分列			
中国长城计算机集团公司	1		1581911
彩虹集团	1	1	815211
长白计算机集团公司	1		380693
熊猫集团	1		289932
中国振华集团公司	27	2	209817
普天信息产业集团	1		1273463
深圳赛格电子工业集团	6	1	747613
上海广电集团有限公司	34	13	4084558
上海仪表控股公司	35	6	817185
上海航天工业总公司	5	2	44198
上海长江计算机集团公司	1		25648
天津电子信息集团公司	135	47	6770722
中国电子企业集团（CEC）	33	7	1953928
中国华录集团	1		307605
中国电子科技集团	13		526721

主要经济指标汇总表（一）

计算单位：万元

工业销售产　值	新产品产　值	出　口交货值	工　业增加值	全部从业人员平均人数（人）
12107	432	2271	3385	845
81141	45454	2652	23035	2841
3616091	561626	2723098	886064	81866
2242811	1445097	852323	399838	39652
7033198	5698133	3556993	1206939	90414
11872331	9502754	2499386	2402353	147339
39041017	8693772	29543971	5167891	396592
1572035	262812	1229575	100931	17075
799836		185685	101000	22450
349757	275916	244886	40396	2301
279429	266737	102044	58577	3952
203051	91186	69402	52931	8591
1276737	397157	573909	162979	24911
726103	73912	425143	162593	8959
3935070	2946779	2071600	518918	30256
817499	161790	531950	182869	18883
47934		165	15765	1505
25454	18756	5546	6044	1593
6624565	5197525	3601004	680298	49494
1895453	1039467	615574	482874	43461
309650	208103	258709	61227	4419
242478	84374	18752	128850	10588

2005年规模以上电子信息产业制造业

	产品 销售收入	产品 销售成本	产品 销售费用
总　计	**310098014**	**271164010**	**8647707**
一、按企业登记注册类型分列			
内资企业	69884692	51290287	3544713
国有企业	4046610	2878224	186851
集体企业	7037490	5386436	383797
股份合作企业	1347607	1011812	41955
联营企业	327021	236278	8216
国有联营企业	117690	77062	2034
集体联营企业	42655	32499	718
国有与集体联营企业	60948	47757	1427
其他联营企业	105728	78959	4036
有限责任公司	27429833	19514927	1664014
国有独资公司	7598230	5514961	524062
其他有限责任公司	19831603	13999965	1139952
股份有限公司	13658138	10044910	826842
私营企业	15897031	12110725	427837
其他内资企业	140960	106975	5202
港、澳、台商投资企业	64126815	58461483	1682772
合资经营企业（港、澳、台资）	15279497	13474668	684443
合作经营企业（港、澳、台资）	2222535	2129249	15434
港、澳、台商独资经营企业	46006340	42288676	967891
港、澳、台商投资股份有限公司	618443	568890	15003
外商投资企业	176086507	161412240	3420221
中外合资经营企业	50484885	46091544	1589690
中外合作经营企业	2607178	2296010	56029
外商独资企业	120549148	111305217	1590431
外商投资股份有限公司	2445296	1719469	184071
二、按经济类型分列			
国有经济	11762532	8470247	712947
集体经济	7080143	5418935	384516

主要经济指标汇总表（二）

计算单位：万元

产品销售税金及附加	管理费用	财务费用	利息支出	利润总额	应交增值税
322152	**11337570**	**1170592**	**1249614**	**10741319**	**3317459**
253372	4491937	704069	685482	2521110	1837610
17489	459606	76247	72612	115046	101295
20645	263322	34855	29527	232112	169254
8322	62576	9721	8892	85122	50515
852	25533	2271	1610	13205	10303
198	10922	1063	687	9062	4456
114	3087	304	268	1192	1436
262	4508	529	476	162	2294
279	7016	375	179	2791	2117
96162	2029974	285196	267603	1053581	743153
18275	447735	83903	85570	33103	139453
77886	1582240	201293	182032	1020479	603700
43869	932385	192462	180034	302411	389875
65584	709017	102038	124256	716350	370735
448	9523	1279	950	3283	2480
26766	1906446	204413	189008	1730365	487561
8776	541951	99826	87242	451842	202512
704	58791	687	2598	17186	5919
17235	1271896	94370	89127	1272748	267904
52	33809	9530	10042	-11411	11226
42014	4939187	262110	375124	6489844	992288
12635	1491377	87882	150967	1443191	428722
600	142701	5178	5440	116340	19559
25836	3059992	115831	167119	4660547	482085
2943	245117	53219	51597	269766	61921
35962	918263	161213	158869	157210	245204
20759	266409	35159	29795	233303	170689

2005年规模以上电子信息产业制造业

	产品 销售收入	产品 销售成本	产品 销售费用
股份合作经济	1347607	1011812	41955
股份制经济	33489741	24044876	1966794
外商及港、澳、台投资经济	240213322	219873724	5102994
其中：国有控股	17081385	15473948	613578
其他经济	16204668	12344417	438502
三、按企业规模分列			
大型企业	156613496	138982474	4260225
中型企业	105721147	92472439	2978232
小型企业	47763371	39709098	1409250
四、国有控股企业	41507765	34739979	2175062
五、按行业分列			
（一）通信设备工业行业	59290169	50077498	2604618
传输设备制造	2865370	2273738	143035
交换设备制造	10034722	6873588	1182767
通信终端设备制造	5285752	4487572	214819
移动通信及终端设备制造	38121376	33961736	971327
其他通信设备制造	2982950	2480864	92670
（二）雷达工业行业	921240	678606	25443
雷达及配套设备件制造	921240	678606	25443
（三）广播电视设备工业行业	2107573	1727368	68621
广播电视设备及发射设备制造	156489	116549	7434
广播电视接收设备及器材制造	1576085	1324635	42535
应用电视设备及其他广播电视	374999	286185	18652
（四）电子计算机工业行业	104525376	95782606	1835811
电子计算机整机制造	58326384	54135210	1035686
计算机网络设备制造	2393183	1904829	140005
电子计算机外部设备制造	42237993	38452982	613184
幻灯机及投影设备制造	163361	138681	6065
计算器及货币专用设备制造	1404454	1150904	40870
（五）家用视听设备工业行业	35797431	30841399	1802079

主要经济指标汇总表（二）

计算单位：万元

产品销售税金及附加	管理费用	财务费用	利息支出	利润总额	应交增值税
8322	62576	9721	8892	85122	50515
121756	2514624	393755	362066	1322889	993575
68780	6845633	466523	564132	8220209	1479849
4475	799413	94629	129499	138670	215006
66573	730065	104221	125860	722585	377627
102355	4352630	479183	478696	5304245	1268055
81174	4002673	459005	559027	3433941	1108210
138623	2982267	232404	211892	2003133	941193
84458	2829370	446461	470028	474302	835382
73415	2795716	204088	186858	2687916	951233
6126	361995	25579	31742	29182	35090
37644	1358372	139113	140279	578243	584321
5104	268954	16331	15792	170341	56398
15561	608804	9993	-17717	1795163	210526
8980	197590	13072	16761	114988	64897
2739	139111	5314	6922	66892	9868
2739	139111	5314	6922	66892	9868
5946	129768	17823	12186	100449	31849
759	23664	4705	3897	2191	5278
3784	75615	9585	6473	66716	16466
1402	30489	3532	1816	31542	10105
33070	2028348	112986	194004	2354256	394052
12704	826926	42982	102912	1026450	155512
4332	178152	15370	14081	102804	50236
13523	951342	52777	75872	1167047	162019
427	10219	452	347	2644	7579
2083	61709	1405	792	55312	18705
42802	1118680	122090	112161	796627	436011

2005年规模以上电子信息产业制造业

	产　品 销售收入	产　品 销售成本	产　品 销售费用
家用影视设备制造	28670528	24512192	1594370
家用音响设备制造	7126904	6329206	207709
（六）电子器件工业行业	33105606	28971846	599746
电光源制造	2547194	2119633	68846
电子真空器件制造	6129640	5233616	257870
半导体分立器件制造	2681875	2387582	33794
集成电路制造	11999318	10649842	99306
光电子器件及其他电子器件	9747580	8581173	139930
（七）电子元件工业行业	46703316	40077330	849360
电力电子元器件制造	5446402	4437969	161993
电子元件及组件制造	30217061	25994127	558673
印刷电路板制造	11039852	9645234	128694
（八）电子测量仪器工业行业	1955539	1422257	99604
环境监测专用仪器仪表制造	162289	115988	8509
汽车电子仪器制造	662532	506909	25031
导航、气象及海洋专用仪器制造	282882	196891	14071
农林牧渔专用仪器仪表制造	16453	13663	442
地质勘探和地震专用仪器制造	139928	104182	7164
核子及核辐射测量仪器制造	26519	17743	1392
电子测量仪器制造	446013	314206	31565
其他专用仪器制造	218921	152676	11431
（九）电子工业专用设备行业	5301344	4410922	148546
电子工业专用设备制造	1905129	1572369	53911
其他电子设备制造	3396216	2838553	94635
（十）电子信息机电工业行业	17719147	15162894	478021
微电机制造	7137379	6144049	173713
电线电缆制造	2628019	2264707	79398
光纤光缆制造	2051631	1759161	65650
电池制造	5902118	4994977	159260
（十一）其他电子信息行业	2671273	2011286	135859

主要经济指标汇总表（二）

计算单位：万元

产品销售税金及附加	管理费用	财务费用	利息支出	利润总额	应交增值税
35817	892813	107810	101515	650380	393231
6985	225867	14280	10646	146246	42780
30931	1716108	249682	347516	824570	343789
8142	123792	14628	10872	128105	45703
4922	413632	122681	136721	-117151	107447
3095	149001	27240	29043	99261	39368
7295	561280	86703	113996	386661	62423
7476	468402	-1571	56884	327694	88847
65669	2019527	256116	222698	2464654	611480
15876	327512	71898	48848	311449	121752
44060	1339951	152647	124974	1522229	396322
5733	352064	31572	48877	630974	93404
11621	231498	13604	13975	134656	70863
2338	18657	1248	2346	8734	4396
3574	65764	2725	3373	33719	22140
1674	51884	3481	2836	14766	8543
6	1066	74	12	247	363
1420	14593	3160	3031	8550	7959
137	7377	76	83	992	1146
1678	51850	2231	2011	40786	17802
792	20308	608	283	26862	8514
12426	318130	29410	24109	239427	89432
4463	115124	11528	8556	85143	34268
7964	203006	17881	15553	154284	55164
37977	706796	136979	108317	744523	304281
16785	313819	34176	28940	294201	102508
7282	74700	24850	22225	112725	49072
3437	78609	21080	20338	66794	57206
10472	239667	56873	36814	270804	95496
5557	133889	22500	20869	327351	74601

2005年规模以上电子信息产业制造业

	产品 销售收入	产品 销售成本	产品 销售费用
信息化学品制造	2671273	2011286	135859
六、按省、自治区、直辖市分列			
北京市	18357107	16732812	533046
天津市	17243214	15083047	640812
河北省	1264597	998927	58617
山西省	181995	154883	4303
内蒙古自治区	653590	564559	8980
辽宁省	4489467	3899028	166171
吉林省	197935	135220	7125
黑龙江省	241453	192994	12258
上海市	37955520	35044822	770891
江苏省	65004546	53117080	855614
浙江省	15447830	13520844	466604
安徽省	1464323	1211776	87364
福建省	14366804	12509716	606423
江西省	635035	546929	13392
山东省	18445025	15772672	887343
河南省	1698792	1374728	96474
湖北省	1750929	1461963	116899
湖南省	1133410	940193	51339
广东省	102866714	92434856	2856323
广西自治区	307893	257114	12959
海南省	50390	42595	1966
重庆市	425681	353755	14753
四川省	3564510	2861936	269177
贵州省	466629	388019	40404
云南省	111653	94924	3062
陕西省	1553508	1301144	56718
甘肃省	126125	99867	5086
青海省	404	368	12

主要经济指标汇总表（二）

计算单位：万元

产品销售税金及附加	管理费用	财务费用	利息支出	利润总额	应交增值税
5557	133889	22500	20869	327351	74601
15941	684162	47347	72289	465243	193561
9431	309163	1652	-54539	1358282	169221
4757	83855	13816	11466	106071	39219
388	16059	1627	1382	121	2012
164	11407	2211	1548	40855	4819
5992	267062	33779	29367	132695	34258
643	46542	9487	9219	-21523	5000
572	18512	2608	2455	13407	7385
13935	1465924	56854	161678	756034	259195
39055	1553144	183014	229759	2150186	491453
40527	886550	123185	117527	503914	281003
4507	73178	8188	8299	83958	37669
8403	399528	44854	57519	787843	141213
1516	40180	5296	4839	32773	14088
56168	655925	102534	78424	763838	391256
6192	108092	54944	53700	87245	47062
8072	100672	13578	8751	35656	35911
4579	79690	20661	18543	48058	24421
80138	3948122	329985	323560	3302863	980270
772	22287	3530	3512	11351	6199
377	5924	465	320	28	639
729	35419	6263	6523	19060	6989
10706	242568	52712	53188	116455	88578
936	57147	5898	6689	-32698	8764
460	10522	1067	978	2915	1603
5427	191269	37094	34951	-35937	35575
1023	15689	2145	2064	4230	4242
1	37	14	14	-31	21

2005年规模以上电子信息产业制造业

	产　品 销售收入	产　品 销售成本	产　品 销售费用
宁夏区	10882	10227	328
新疆自治区	82053	57014	3263
七、按计划单列市分列			
大连市	3758087	3282985	123311
宁波市	2281144	1996823	106945
厦门市	7180827	6289443	386662
青岛市	17009531	15137701	868305
深圳市	39475289	34439581	1770770
八、按部计划单列企业集团分列			
中国长城计算机集团公司	1598096	1464513	30840
彩虹集团	510126	466982	15880
长白计算机集团公司	277896	247627	18293
熊猫集团	303832	264683	14271
中国振华集团公司	218265	153793	15387
普天信息产业集团	1831341	1664266	88157
深圳赛格电子工业集团	748198	652074	44204
上海广电集团有限公司	4059233	3817707	115982
上海仪表控股公司	832767	720809	8372
上海航天工业总公司	47978	32444	8551
上海长江计算机集团公司	92215	72146	3152
天津电子信息集团公司	6635384	5741991	471547
中国电子企业集团（CEC）	3801910	3348030	151035
中国华录集团	375316	331663	7384
中国电子科技集团	524532	206710	3823

主要经济指标汇总表（二）

计算单位：万元

产品销售税金及附加	管理费用	财务费用	利息支出	利润总额	应交增值税
10	945	140	140	-751	86
729	7994	5646	5450	9177	5747
10609	239912	18782	26923	128520	31411
6231	89140	20828	15060	61771	29912
2265	198545	17331	24408	403339	65764
50926	481126	63706	59895	424444	301778
40151	1646328	163043	152128	1470023	638102
877	60760	8100	8319	50031	7969
1243	58508	6872		-87000	
19	9697	915	1106	3583	879
634	36653	11513	12967	4665	3741
512	32076	437	784	15710	5332
3177	119164	30238	30965	1211	25350
1025	52070	18849	19680	662	13759
1372	207146	-2180	33041	-33711	37995
971	55402	4039	4689	72452	8547
172	7545	85	137	1350	2801
1562	9863	755	751	4665	877
1570	129091	9011	10721	315807	70884
16076	293583	32576	38631	33818	63977
726	34350	-105	-1512	1000	2502
2070	33893	-83	321	48459	7683

2005年规模以上电子信息产业制造业

	税金总额	应收账款净额	产成品存货
总计	**3639611**	**57573347**	**12923051**
一、按企业登记注册类型分列			
内资企业	2090981	12607295	5532664
国有企业	118850	1203056	383262
集体企业	189846	452673	236234
股份合作企业	58864	272328	95168
联营企业	11144	70523	37644
国有联营企业	4647	17972	15433
集体联营企业	1549	10741	1755
国有与集体联营企业	2555	9320	6725
其他联营企业	2395	32490	13731
有限责任公司	839193	5573504	2601656
国有独资公司	157710	907782	852170
其他有限责任公司	681483	4665722	1749486
股份有限公司	433553	2643547	1227164
私营企业	436598	2353016	944749
其他内资企业	2931	38648	6788
港、澳、台商投资企业	514328	13028335	3087440
合资经营企业（港、澳、台资）	211289	2679851	985300
合作经营企业（港、澳、台资）	6623	348062	122563
港、澳、台商独资经营企业	285139	9877158	1933334
港、澳、台商投资股份有限公司	11278	123265	46244
外商投资企业	1034302	31937717	4302946
中外合资经营企业	441357	8501678	1495579
中外合作经营企业	20159	824478	106685
外商独资企业	507922	21744929	2542231
外商投资股份有限公司	64864	866632	158451
二、按经济类型分列			
国有经济	281208	2128810	1250865
集体经济	191394	463414	237989

主要经济指标汇总表（三）

计算单位：万元

流动资产平均余额	固定资产净值平均余额	资产总计	负债合计	亏损企业亏损额
130540940	**50536048**	**213047202**	**131925079**	**2533655**
40885688	13097422	68388864	39805035	767166
4679051	1751481	8014711	5402749	70761
2073888	616333	3545270	1727952	8232
615245	207122	1143543	568243	1294
222313	72142	738142	185631	3970
89987	26324	541416	70150	1250
22518	5511	33774	16465	986
30834	23318	60856	35310	990
78973	16989	102096	63707	745
17035202	5369347	27958273	17309551	271224
3992348	1837110	7025933	4140239	124941
13042854	3532237	20932341	13169312	146282
9788893	2917207	16465676	8420151	364265
6386117	2137447	10394868	6111637	45210
84979	26343	128382	79122	2212
27461182	10207544	42754264	27750458	510243
7576270	2375057	11284663	7345255	133296
706862	283582	1047270	675276	7309
18722504	7287603	29637714	19275066	315283
455546	261302	784617	454862	54355
62194070	27231081	101904074	64369586	1256245
17794173	6996754	28035345	17516383	379259
1353438	548148	2371545	1432514	45923
40831948	18525402	67195159	43579078	810215
2214510	1160778	4302024	1841611	20849
8761386	3614915	15582060	9613137	196951
2096406	621844	3579044	1744416	9218

2005年规模以上电子信息产业制造业

	税　金 总　额	应　收 账款净额	产成品 存　货
股份合作经济	58864	272328	95168
股份制经济	1115037	7309269	2976649
外商及港、澳、台投资经济	1548630	44966052	7390386
其中：国有控股	219481	3308622	837306
其他经济	444479	2433474	971993
三、按企业规模分列			
大型企业	1370410	26701386	5034200
中型企业	1189384	20318016	4553240
小型企业	1079816	10553945	3335610
四、国有控股企业	919840	8149659	3455495
五、按行业分列			
（一）通信设备工业行业	1024646	13018717	2557637
传输设备制造	41216	805537	398907
交换设备制造	621966	4075498	1019142
通信终端设备制造	61501	1066775	203853
移动通信及终端设备制造	226086	6387689	758149
其他通信设备制造	73876	683219	177586
（二）雷达工业行业	12607	217405	33029
雷达及配套设备件制造	12607	217405	33029
（三）广播电视设备工业行业	37796	417505	149899
广播电视设备及发射设备制造	6037	45385	20455
广播电视接收设备及器材制造	20252	287890	102917
应用电视设备及其他广播电视	11507	84231	26526
（四）电子计算机工业行业	427122	16826867	2299585
电子计算机整机制造	168216	7819450	773551
计算机网络设备制造	54569	831899	240202
电子计算机外部设备制造	175542	7852172	1215127
幻灯机及投影设备制造	8007	20894	13485
计算器及货币专用设备制造	20788	302452	57221
（五）家用视听设备工业行业	478813	4970291	2141885

主要经济指标汇总表（三）

计算单位：万元

流动资产平均余额	固定资产净值平均余额	资　产总　计	负　债合　计	亏损企业亏损额
615245	207122	1143543	568243	1294
22831747	6449444	37398017	21589463	510546
89655252	37438626	144658338	92120044	1766489
8139689	3173867	13545105	9117144	377171
6580903	2204098	10686202	6289775	49157
59016249	18651362	88659034	58653296	646011
45462469	21227529	79635364	47614370	1144230
26062222	10657157	44752804	25657413	743413
28337027	9683928	47798495	28973901	990278
30195739	4876139	40205909	25734174	682876
3141390	571880	4218657	2835270	104283
8734274	1526323	11699036	7215022	121413
2966846	620265	4484409	2484664	64316
13651557	1703936	16950464	11740758	365005
1701671	453734	2853344	1458461	27860
979773	308586	1713326	1176642	4725
979773	308586	1713326	1176642	4725
1228511	321228	1960922	1240778	21942
274536	52848	444338	351174	7962
693331	215322	1110575	669686	11837
260644	53058	406009	219918	2143
31610063	7463423	45691923	33392878	342246
14567749	2258175	19767680	16132670	67012
1855230	452115	2501943	1647537	36544
14348879	4584673	22289160	14988031	224571
78876	22637	117263	63493	1577
759330	145822	1015877	561147	12542
13872393	3415966	19925955	12506068	133478

2005年规模以上电子信息产业制造业

	税金总额	应收账款净额	产成品存货
家用影视设备制造	429048	3783069	1850996
家用音响设备制造	49765	1187222	290888
（六）电子器件工业行业	374719	6189604	1537441
电光源制造	53845	375158	157368
电子真空器件制造	112369	1224865	431791
半导体分立器件制造	42463	637913	163033
集成电路制造	69719	2089407	277423
光电子器件及其他电子器件	96324	1862261	507827
（七）电子元件工业行业	677148	10509317	2343241
电力电子元器件制造	137629	1377003	336295
电子元件及组件制造	440382	6354745	1568692
印刷电路板制造	99138	2777569	438253
（八）电子测量仪器工业行业	82484	453880	182472
环境监测专用仪器仪表制造	6734	44184	19203
汽车电子仪器制造	25716	133432	57644
导航、气象及海洋专用仪器制造	10216	71538	37733
农林牧渔专用仪器仪表制造	369	1185	459
地质勘探和地震专用仪器制造	9378	41931	15063
核子及核辐射测量仪器制造	1283	7497	2967
电子测量仪器制造	19480	104117	33009
其他专用仪器制造	9307	49996	16394
（九）电子工业专用设备行业	101859	1164344	377389
电子工业专用设备制造	38732	473649	182268
其他电子设备制造	63128	690696	195120
（十）电子信息机电工业行业	342257	3308616	1160425
微电机制造	119294	1170064	393585
电线电缆制造	56352	499935	166462
光纤光缆制造	60643	475662	119462
电池制造	105968	1162956	480916
（十一）其他电子信息行业	80159	496800	140047

主要经济指标汇总表（三）

计算单位：万元

流动资产平均余额	固定资产净值平均余额	资产总计	负债合计	亏损企业亏损额
11434234	2645400	16338155	10107745	97104
2438159	770566	3587800	2398323	36374
16924035	15467345	39483763	21816863	854419
1084973	610365	2011313	1037381	11636
4374600	3437205	9823453	5253401	346696
1624221	1531965	3697439	1996064	95405
5592076	7196947	15108063	8395716	269843
4248166	2690862	8843495	5134301	130838
22109858	12024503	39998410	22781731	283612
3086727	1085466	5079229	2848951	38152
13958772	7393201	24772474	13961672	162930
5064358	3545836	10146708	5971107	82530
1442512	504598	2276343	1296247	18934
166909	37322	250331	122624	1307
380102	138443	587956	305224	3934
253724	128971	460502	310161	4302
6846	2762	9960	5423	24
124849	46556	191240	151454	3381
36624	16760	74863	62944	507
341762	92930	505025	247477	4860
131696	40855	196467	90939	619
2663444	1196875	4617942	2581318	46375
1036889	481074	1810875	1039225	21858
1626555	715801	2807067	1542094	24517
8175839	3418338	13704755	7897416	122644
2724229	1123962	4553025	2636397	41667
1131583	394382	1853995	1113663	8049
1426533	603964	2295991	1169971	31842
2893494	1296029	5001744	2977385	41086
1338774	1539048	3467954	1500963	22402

2005年规模以上电子信息产业制造业

	税金总额	应收账款净额	产成品存货
信息化学品制造	80159	496800	140047
六、按省、自治区、直辖市分列			
北京市	201456	2647131	530097
天津市	171792	2915414	233599
河北省	42287	200591	117562
山西省	2307	37092	19382
内蒙古自治区	4792	90031	5499
辽宁省	38705	866465	250679
吉林省	5426	68571	84140
黑龙江省	7651	294466	61119
上海市	262640	7375688	860274
江苏省	649920	11729185	2574872
浙江省	309180	3407980	916012
安徽省	40557	340878	100352
福建省	143869	2322528	433589
江西省	15005	114140	49670
山东省	430240	1718169	704104
河南省	51208	524739	123178
湖北省	42295	520042	152171
湖南省	27886	252613	71605
广东省	1019680	20270032	4729583
广西自治区	6703	102089	44226
海南省	977	10310	3978
重庆市	7422	112562	61621
四川省	95471	907811	525081
贵州省	9328	109945	51483
云南省	1983	41433	10366
陕西省	39427	503038	158201
甘肃省	5063	61909	34425
青海省	22	51	19

主要经济指标汇总表（三）

计算单位：万元

流动资产平均余额	固定资产净值平均余额	资　产总　计	负　债合　计	亏损企业亏损额
1338774	1539048	3467954	1500963	22402
8322321	2533183	14355635	8199761	370724
7035480	2178922	9816186	5288854	144476
784714	552736	1601845	695998	23585
185376	120145	350351	217056	6559
245663	42700	280175	102520	2165
2507646	1042649	4573646	2534336	45602
308306	286998	661825	529021	36240
548672	185127	805935	563453	2076
15074079	7710293	26485815	16649922	487001
21474322	11009110	38006164	25152637	276928
8467701	2988185	13943524	8177606	203719
823077	343482	1351787	802399	7103
6331383	2028006	9073688	5773368	95994
285637	213541	594594	290054	4138
5380410	2205794	9430492	4873216	24969
1864419	731603	3198559	2104207	25610
1343955	466858	2067483	1154844	10380
654744	673203	1656403	870280	9231
42581910	12771200	63829265	41456020	542850
229304	102389	452251	267895	3841
34533	23533	75324	37091	3189
370955	124571	632014	435389	6451
3094847	998938	5042873	2957025	53600
414967	153790	711808	450899	59739
120069	31722	192097	98752	2475
1705918	746152	3152989	1816669	81764
270707	159309	484507	274693	2376
564	408	1507	293	31

	税金总额	应收账款净额	产成品存货
宁夏区	92	3654	6285
新疆自治区	6226	24789	9880
七、按计划单列市分列			
大连市	42020	657135	129812
宁波市	36143	329050	82009
厦门市	68029	581656	144467
青岛市	352704	1548184	781446
深圳市	678253	6676717	1296377
八、按部计划单列企业集团分列			
中国长城计算机集团公司	8846	277864	43214
彩虹集团	1243	76654	26232
长白计算机集团公司	898	81683	17730
熊猫集团	4375	45146	63105
中国振华集团公司	5844	74041	19043
普天信息产业集团	28527	319342	169914
深圳赛格电子工业集团	14784	123921	36892
上海广电集团有限公司	39367	771939	158265
上海仪表控股公司	9518	166617	26602
上海航天工业总公司	2973	7336	4943
上海长江计算机集团公司	2439	16798	8583
天津电子信息集团公司	72454	910313	110372
中国电子企业集团（CEC）	80053	610989	184478
中国华录集团	3228	47935	5488
中国电子科技集团	9753	33191	40662

主要经济指标汇总表（三）

计算单位：万元

流动资产平均余额	固定资产净值平均余额	资　产总　计	负　债合　计	亏损企业亏损额
11477	15975	32289	26221	764
67783	95526	186174	124601	78
1953336	920827	3485815	1808267	465720
895294	416443	2140718	1232432	407140
1719653	604057	3748188	2719190	784430
6202237	1384488	8539830	5293025	96978
15736834	3258704	21997052	14581084	679795
821385	283392	1194546	579796	
368046	300730	857335	358853	870000
265795	41623	363140	278475	
815708	58716	995200	857769	
247137	69103	523014	228042	10368
1425407	269718	3039789	1296747	
370669	781270	1149515	557605	238567
2283898	1228934	4574197	2671356	1028935
462511	265545	1007891	386458	17892
27850	9129	56440	35989	5720
166167	12822	196674	146498	
2045913	563484	2904377	1743116	188110
2669160	937596	4937764	2913950	666361
216106	61654	378659	167691	
234842	69642	625219	312652	

2005年规模以上电子信息产业制造业

	企业个数	综合经济效益指数	总资产贡献率
总　　计	**16007**	**164.8**	**7.34**
一、按企业登记注册类型分列			
内资企业	9527	143.5	7.75
国有企业	574	100.0	3.82
集体企业	601	168.2	12.74
股份合作企业	421	165.8	13.37
联营企业	87	106.9	3.52
国有联营企业	17	123.1	2.66
集体联营企业	16	111.5	8.91
国有与集体联营企业	27	79.7	5.25
其他联营企业	27	137.7	5.26
有限责任公司	2233	153.8	7.73
国有独资公司	68	138.7	3.93
其他有限责任公司	2165	160.4	9.00
股份有限公司	390	154.3	5.56
私营企业	5180	153.8	12.28
其他内资企业	41	111.4	5.58
港、澳、台商投资企业	3129	135.6	5.69
合资经营企业（港、澳、台资）	979	148.9	6.65
合作经营企业（港、澳、台资）	132	143.7	2.52
港、澳、台商独资经营企业	1995	132.4	5.56
港、澳、台商投资股份有限公司	23	95.8	1.26
外商投资企业	3351	200.3	7.75
中外合资经营企业	989	239.1	7.26
中外合作经营企业	121	144.8	5.99
外商独资企业	2202	193.4	7.94
外商投资股份有限公司	39	227.2	8.98
二、按经济类型分列			
国有经济	659	114.5	3.83
集体经济	617	167.3	12.70

综合经济效益指数

计算单位：%

资本保值增值率	资产负债率	流动资产周转率	工业成本费用利润率	全员劳动生产率（元/人）	产品销售率
112.46	**61.92**	**2.38**	**3.67**	**121707**	**97.78**
106.85	58.20	1.71	4.20	94345	97.48
99.14	67.41	0.86	3.19	57611	96.79
114.09	48.74	3.39	3.82	95676	99.59
110.19	49.69	2.19	7.56	87326	97.12
137.46	25.15	1.47	4.85	51693	94.84
149.52	12.96	1.31	9.95	53630	93.76
96.64	48.75	1.89	3.25	45371	101.31
85.68	58.02	1.98	0.30	21977	95.22
98.36	62.40	1.34	3.09	108110	93.43
102.40	61.91	1.61	4.48	112270	96.79
85.36	58.93	1.90	0.50	122390	98.59
110.60	62.91	1.52	6.03	109598	96.20
103.10	51.14	1.40	2.52	137565	98.10
127.85	58.79	2.49	5.37	72637	97.43
103.06	61.63	1.66	2.67	58885	97.93
114.93	64.91	2.34	2.78	84999	97.67
104.81	65.09	2.02	3.05	109548	98.03
112.99	64.48	3.14	0.78	108025	96.45
120.15	65.04	2.46	2.85	76595	97.62
96.26	57.97	1.36	-1.82	81716	95.91
116.11	63.17	2.83	3.82	170041	97.92
114.30	62.48	2.84	2.93	241229	97.99
120.28	60.40	1.93	4.65	93841	89.68
117.35	64.85	2.95	4.02	155010	98.06
110.92	42.81	1.10	12.25	192306	99.03
94.29	61.69	1.34	1.53	83588	97.85
113.90	48.74	3.38	3.82	94725	99.60

2005年规模以上电子信息产业制造业

	企业个数	综合经济效益指数	总资产贡献率
股份合作经济	421	165.8	13.37
股份制经济	2555	156.9	7.49
外商及港、澳、台投资经济	6480	175.0	7.14
其中：国有控股	274	212.1	3.60
其他经济	5275	152.6	12.10
三、按企业规模分列			
大型企业	317	211.3	8.07
中型企业	2410	148.8	6.51
小型企业	13280	140.5	7.36
四、国有控股企业	1435	143.1	3.90
五、按行业分列			
（一）通信设备工业行业	1240	252.3	9.70
传输设备制造	256	107.0	2.42
交换设备制造	170	273.3	11.46
通信终端设备制造	255	134.1	5.52
移动通信及终端设备制造	253	373.8	11.82
其他通信设备制造	306	144.3	7.21
（二）雷达工业行业	49	116.6	5.04
雷达及配套设备件制造	49	116.6	5.04
（三）广播电视设备工业行业	360	135.5	7.67
广播电视设备及发射设备制造	45	84.3	2.73
广播电视接收设备及器材制造	242	138.3	8.41
应用电视设备及其他广播电视设备	73	190.3	11.05
（四）电子计算机工业行业	1241	214.4	6.51
电子计算机整机制造	232	283.0	6.56
计算机网络设备制造	169	165.4	6.85
电子计算机外部设备制造	722	178.8	6.36
幻灯机及投影设备制造	21	163.9	9.38
计算器及货币专用设备制造	97	142.1	7.57
（五）家用视听设备工业行业	899	155.8	6.96

综合经济效益指数

计算单位：%

资本保值增值率	资产负债率	流动资产周转率	工业成本费用利润率	全员劳动生产率（元/人）	产品销售率
110.19	49.69	2.19	7.56	87326	97.12
106.65	57.73	1.47	4.57	119251	96.95
115.77	63.68	2.68	3.54	134726	97.85
103.73	67.31	2.10	0.82	236764	98.17
126.82	58.86	2.46	5.31	72210	97.40
106.83	66.16	2.65	3.58	194410	97.84
109.64	59.79	2.33	3.44	100472	98.15
128.66	57.33	1.83	4.52	82252	96.79
99.91	60.62	1.46	1.18	129370	97.97
102.59	64.01	1.96	4.83	261024	97.45
103.05	67.21	0.91	1.04	83604	104.14
101.37	61.67	1.15	6.05	295636	97.79
118.89	55.41	1.78	3.42	87321	99.18
96.35	69.27	2.79	5.05	443072	96.56
111.39	51.11	1.75	4.13	98062	99.30
54.95	68.68	0.94	7.88	61867	92.96
54.95	68.68	0.94	7.88	61867	92.96
115.07	63.28	1.72	5.17	73908	95.72
81.74	79.03	0.57	1.44	60189	91.99
122.80	60.30	2.27	4.59	68247	96.46
121.76	54.17	1.44	9.31	132866	94.11
110.97	73.08	3.31	2.36	202614	98.21
108.33	81.61	4.00	1.83	311802	98.50
121.01	65.85	1.29	4.59	135524	96.11
110.51	67.24	2.94	2.91	144986	97.90
180.44	54.15	2.07	1.70	117079	100.86
117.92	55.24	1.85	4.41	87288	99.13
109.95	62.76	2.58	2.35	113529	98.42

2005年规模以上电子信息产业制造业

	企业个数	综合经济效益指数	总资产贡献率
家用影视设备制造	379	193.7	7.23
家用音响设备制造	520	115.2	5.76
（六）电子器件工业行业	1755	128.4	3.92
电光源制造	490	121.7	9.59
电子真空器件制造	135	110.7	1.34
半导体分立器件制造	278	121.0	4.62
集成电路制造	359	153.6	3.78
光电子器件及其他电子器件	493	140.7	5.44
（七）电子元件工业行业	4227	145.5	8.41
电力电子元器件制造	731	147.9	9.80
电子元件及组件制造	2961	140.7	8.43
印刷电路板制造	535	163.1	7.68
（八）电子测量仪器工业行业	482	134.7	10.15
环境监测专用仪器仪表制造	55	117.4	7.12
汽车电子仪器制造	104	150.3	10.68
导航、气象及海洋专用仪器制造	55	102.3	6.04
农林牧渔专用仪器仪表制造	5	97.8	6.31
地质勘探和地震专用仪器制造	31	129.3	10.96
核子及核辐射测量仪器制造	10	76.0	3.15
电子测量仪器制造	135	140.2	12.33
其他专用仪器制造	87	182.7	18.55
（九）电子工业专用设备行业	771	134.9	7.91
电子工业专用设备制造	303	125.9	7.31
其他电子设备制造	468	140.4	8.30
（十）电子信息机电工业行业	4762	140.8	8.72
微电机制造	982	129.6	9.72
电线电缆制造	2824	195.5	10.32
光纤光缆制造	124	189.5	6.44
电池制造	832	144.8	8.27
（十一）其他电子信息行业	221	198.6	12.35

综合经济效益指数

计算单位：%

资本保值增值率	资产负债率	流动资产周转率	工业成本费用利润率	全员劳动生产率（元/人）	产品销售率
110.15	61.87	2.51	2.40	175906	98.09
108.87	66.85	2.92	2.16	46787	99.76
115.51	55.26	1.96	2.61	86153	97.47
108.37	51.58	2.35	5.51	35375	100.88
97.83	53.48	1.40	-1.94	106960	96.76
132.00	53.99	1.65	3.82	66349	96.35
118.41	55.57	2.15	3.39	119515	97.57
134.03	58.06	2.29	3.57	85407	97.18
121.49	56.96	2.11	5.70	76963	97.32
117.80	56.09	1.76	6.23	80321	96.69
118.87	56.36	2.16	5.43	70514	97.65
131.16	58.85	2.18	6.21	101311	96.74
116.06	56.94	1.36	7.62	55341	97.42
127.41	48.98	0.97	6.05	51655	100.07
104.29	51.91	1.74	5.62	90092	96.69
107.50	67.35	1.11	5.54	33893	97.45
91.20	54.45	2.40	1.62	34263	91.28
187.89	79.20	1.12	6.62	43614	96.01
128.62	84.08	0.72	3.73	19964	95.52
117.27	49.00	1.31	10.20	44696	97.71
134.91	46.29	1.66	14.52	59836	98.54
122.39	55.90	1.99	4.88	68639	95.84
124.62	57.39	1.84	4.86	57200	95.98
121.07	54.94	2.09	4.89	75422	95.76
117.04	57.63	2.17	4.52	75331	98.16
120.16	57.90	2.62	4.41	46351	97.79
124.18	60.07	2.32	4.61	155098	98.46
113.69	50.96	1.44	3.47	184010	98.44
113.73	59.53	2.04	4.97	82576	98.38
118.81	43.28	2.00	14.21	106530	96.80

	企业个数	综合经济效益指数	总资产贡献率
信息化学品制造	221	198.6	12.35
六、按省、自治区、直辖市分列			
北京市	679	250.7	5.20
天津市	505	267.8	15.10
河北省	308	160.0	10.08
山西省	52	68.2	1.11
内蒙古自治区	29	268.8	16.91
辽宁省	418	126.0	4.42
吉林省	52	18.8	-1.01
黑龙江省	71	118.3	2.96
上海市	1215	218.0	4.50
江苏省	2330	196.4	7.66
浙江省	2425	126.8	6.76
安徽省	296	146.4	9.94
福建省	520	204.2	10.97
江西省	111	128.6	8.95
山东省	969	219.0	13.68
河南省	216	139.2	6.07
湖北省	227	144.3	4.28
湖南省	188	124.4	5.77
广东省	4620	142.1	7.34
广西自治区	83	124.0	4.83
海南省	11	128.7	1.81
重庆市	77	128.9	5.33
四川省	334	82.1	-2.29
贵州省	44	107.7	3.10
云南省	25	82.0	1.27
陕西省	139	61.0	2.39
甘肃省	38	33.6	0.32
青海省	2	40.9	-1.59

综合经济效益指数

计算单位：%

资本保值增值率	资产负债率	流动资产周转率	工业成本费用利润率	全员劳动生产率（元/人）	产品销售率
118.81	43.28	2.00	14.21	106530	96.80
117.10	57.12	2.21	2.59	279071	97.74
96.31	53.88	2.45	8.47	241407	99.36
114.74	43.45	1.61	9.18	88551	95.37
125.94	61.95	0.98	0.07	24469	94.14
67.71	36.59	2.66	6.96	256364	95.70
103.38	55.41	1.79	3.04	83322	97.48
55.08	79.93	0.64	-10.85	45847	89.56
121.50	69.91	0.44	5.92	76626	95.46
105.00	62.86	2.52	2.02	228130	97.36
119.52	66.18	3.03	3.86	160337	98.23
112.59	58.65	1.82	3.36	71380	99.14
115.20	59.36	1.78	6.08	77573	96.25
115.46	63.63	2.27	5.81	163443	99.01
119.06	48.78	2.22	5.41	50964	96.21
127.50	51.68	3.43	4.39	168920	98.62
108.09	65.79	0.91	5.34	99208	95.66
111.85	55.86	1.30	2.11	126112	96.25
114.77	52.54	1.73	4.40	66874	100.33
115.76	64.95	2.42	3.32	85842	97.12
137.55	59.24	1.34	3.84	72576	96.24
232.59	49.24	1.46	0.05	95210	89.50
109.88	58.64	1.15	3.40	91189	96.64
101.63	63.35	1.12	-6.65	102222	98.02
101.68	51.41	0.93	2.66	75565	96.15
113.97	57.62	0.91	-2.27	64744	97.44
36.78	56.70	0.47	3.44	16570	93.54
257.75	19.44	0.72	-7.19	15921	38.35
87.88	81.21	0.95	-6.45	40057	112.42

2005年规模以上电子信息产业制造业

	企业个数	综合经济效益指数	总资产贡献率
宁夏自治区	6	171.3	11.33
新疆自治区	17	171.3	11.33
七、按计划单列市分列			
大连市	83	147.0	5.66
宁波市	61	146.8	5.28
厦门市	30	195.5	13.23
青岛市	190	196.0	9.80
深圳市	88	175.8	10.46
八、按部计划单列企业集团分列	0	0.0	0.00
中国长城计算机集团公司	1	117.4	5.63
彩虹集团	1	1.0	-10.00
长白计算机集团公司	1	155.5	1.54
熊猫集团	1	134.2	2.21
中国振华集团公司	27	119.7	4.27
普天信息产业集团	1	96.1	2.00
深圳赛格电子工业集团	6	174.3	3.06
上海广电集团有限公司	34	157.7	0.85
上海仪表控股公司	35	167.4	8.60
上海航天工业总公司	5	145.1	7.90
上海长江计算机集团公司	1	90.0	3.99
天津电子信息集团公司	135	198.3	13.74
中国电子信息产业集团（CEC）	33	129.0	3.09
中国华录集团	1	157.4	0.72
中国电子科技集团	13	224.1	9.36

综合经济效益指数

计算单位：%

资本保值增值率	资产负债率	流动资产周转率	工业成本费用利润率	全员劳动生产率（元/人）	产品销售率
130.07	66.93	1.21	12.42	81081	101.60
130.07	66.93	1.21	12.42	81081	101.60
100.00	51.88	1.92	3.51	108233	98.40
110.51	57.57	2.55	2.79	100837	98.62
36.52	72.55	4.18	5.85	133490	99.45
130.34	61.98	2.74	2.56	163049	98.66
109.46	66.29	2.51	3.87	130307	97.17
0.00	0.00	0.00	0.00	0	0.00
107.11	48.54	1.95	3.20	59110	99.38
100.00	41.86	1.39	-15.87	44989	98.11
86.27	76.69	1.05	1.30	175558	91.87
104.74	86.19	0.37	1.43	148221	96.38
83.75	43.60	0.88	7.79	61612	96.78
106.91	42.66	1.28	0.06	65424	100.26
98.95	48.51	2.02	0.09	181486	97.12
94.21	58.40	1.78	-0.81	171509	96.34
109.51	38.34	1.80	9.19	96843	100.04
103.70	63.77	1.72	2.78	104750	108.45
93.80	74.49	0.55	5.43	37940	99.24
99.93	60.02	3.24	4.97	137451	97.84
100.67	59.01	1.42	0.88	111105	97.01
211.94	44.29	1.74	0.27	138553	100.66
133.66	50.01	2.23	19.83	121695	46.04

2005年电子信息产业主要产品

产品名称	计量单位	企业个数	年初库存量
通信设备行业产品			
通信传输设备制造			
一、通信发射机合计	部	6	48
（一）短波、单边带发射机	部	3	48
（二）长波、超长波发射机	部	1	
（三）短波自适应发射机	部	1	
（四）其他发射机	部	2	
二、通信接收机合计	部	5	2137
（一）短波、单边带接收机	部	2	105
（三）数字接收机	部	5	2032
三、微波通信设备合计	部	12	7330
（一）微波收发通信机	部	4	316
（二）微波终端机	部	1	12
（三）微波天线、馈线	套	2	151
（四）其他微波设备	部	7	6851
四、卫星应用产品合计	部	14	8171
（一）卫星通信地面站天线	部	5	869
（二）卫星通信地面站低噪音放大器	部	1	
（三）卫星通信地面站上下变频器	部	1	
（四）卫星通信地面站高功率放大器	部	1	
（五）卫星通信地面站终端机	部	2	51
（七）卫星导航定位接收设备	部	5	5623
（八）卫星气象接收设备	部	1	1628
六、通信导航定向设备合计	部	10	1038
（一）飞机通信导航定向设备	部	5	917
（二）航用通信导航定向设备	部	3	49
（三）地面通信导航定向设备	部	5	72
七、载波通信设备合计	部	3	432
（一）载波终端机	部	1	253
（三）电力载波机	部	2	179
八、光通信设备合计	部	22	467891
（一）光缆终端机	部	13	181831
（二）光缆中继设备	部	2	7378
（四）WDM波分复用器	部	1	

生产量、销售量和库存量汇总表

本年 生产量	本年 销售量	企业 自用量	年末 库存量	本年 出口量
4479	4515		12	
119	155		12	
2525	2525			
1779	1779			
56	56			
79305	75582	336	5415	
4946	4994	7	46	
74359	70588	329	5369	
44525	40255	142	11446	928
1299	1369		234	273
	12			
11484	11402		233	
31742	27472	142	10979	655
333042	333940	10	7263	388
1564	1759		674	388
800	800			
5	5			
900	900			
279	304	10	16	
68494	69527		4590	
261000	260645		1983	
4180	4022		1151	
3107	2999		980	
202	147		104	
871	876		67	
1010	1059		383	
	2		251	
1010	1057		132	
10401240	10096108	58	772614	7868934
79130	86485	58	174418	
620200	589218		38360	1750
11144	11144			

2005年电子信息产业主要产品

产品名称	计量单位	企业个数	年初库存量
（五）交叉联接设备	端	1	27
（六）其他设备	部	7	278682
通信交换设备制造			
一、交换机合计	线	34	4060439
（一）程控交换机（不含移动程控交换机）	线	30	4060439
1、局用机	线	13	2891093
2、用户机	线	13	82381
4、其他	线	5	1086965
（三）其他交换机	线	4	5712
二、用户接入设备合计	部	13	41656
（一）无线接入设备	部	4	4808
（二）电缆线接入设备	部	4	32211
（三）光纤接入设备	部	4	4107
（四）接入终端设备	部	3	530
通信终端设备制造			
一、收发合一中小型电台合计	部	13	4499
（一）短波电台	部	3	820
（二）超短波电台	部	2	285
（四）超短波跳频电台	部	4	1656
（六）其他收发合一电台	部	6	1738
二、电话单机合计	部	40	5361291
（一）普通电话机	部	18	2830193
（三）可视电话机	部	2	169
（四）无绳电话机	部	17	2410836
（五）插卡电话机	部	5	47969
（七）特种电话机	部	3	37006
（八）其他电话机	部	8	35119
三、数据通信设备合计	部	15	121043
（一）传真机	部	10	103291
（二）数传机（含机械、电子打字机）	部	1	2812
（四）其他	部	4	14940
五、通信导航车辆合计	辆		22
（一）无线通信车	辆	5	22
（二）有线通信车	辆	1	

生产量、销售量和库存量汇总表

本年 生产量	本年 销售量	企业 自用量	年末 库存量	本年 出口量
36	48		15	
9690766	9409261		559836	7867184
54967682	57635337	50	1392734	4280752
54967682	57635337	50	1392734	4280752
35254215	37453656		691652	4280752
1606174	1638856		49699	
18107293	18542825	50	651383	
59606	51270	1066	7823	4
208382	203306	2827	44409	52157
76122	63828	2821	14281	52157
106735	112868		26078	
22368	23535	6	3551	
3157	3075		499	
14998	14865	32	4499	
4372	4567	12	613	
284	384		185	
3928	3818	20	1652	
6414	6096		2049	
169536632	169064866	14154	5771347	64437410
80056813	79808326	741	3023098	31425259
1831	1753		235	838
84121325	84193019		2389657	32942167
699945	691366		56547	69147
157923	161154		33775	
4498796	4209248	13412	268035	
10866913	10872402	165	122411	1398498
10678857	10684291	165	104714	1303733
94711	94765		2758	94765
93345	93346		14939	
1497	1497		17	
1461	1466		17	
36	36			

2005年电子信息产业主要产品

产品名称	计量单位	企业个数	年初库存量
六、通信配套产品合计	部	12	16316
（一）一次电源设备	部	4	286
（二）二次电源设备	部	3	218
（三）网管、计费、监控设备	部	1	110
（六）电话配套设备	部	2	3040
（七）载波配套设备	部	1	
（八）配线设备	部	2	12662
移动通信设备制造			
一、数字蜂窝无线电话系统设备			
（一）基站设备	信道	12	20327766
（二）基站天线	套	4	42023
（三）直放站设备	部	11	1478
（四）交换设备	万门	2	
三、集群移动通信系统设备			
（一）基站设备	信道	3	259
（二）基站天线（用于调度或专用网系统）	套	1	12
（三）交换设备	万门	1	
四、中小自动无线电电话系统设备合计	部	3	2543
（二）其他设备	部	3	2543
移动通信终端设备制造			
一、移动通信终端	部	45	6710028
（一）GSM手机	部	37	6017643
（二）CDMA手机	部	19	692385
二、其他移动通信终端	部	20	2866404
（一）车载电话	部	3	15397
（二）对讲机	部	6	258965
（三）无线寻呼机	部	2	2411
（四）小灵通	部	10	2589631
通信设备修理及其他通信设备制造			
一、其他通信配套设备	部	7	192973
（一）通信用调制解调器	部	4	20607
（二）通信用配线分线设备	部	5	172366

生产量、销售量和库存量汇总表

本 年 生产量	本 年 销售量	企 业 自用量	年 末 库存量	本 年 出口量
205242	200780		20778	118020
4648	4778		156	
10990	10980		228	1143
1410	1520			
177108	169078		11070	116877
80	62		18	
11006	14362		9306	
23814310	22769325		21372751	4561338
218639	246649		14013	39131
24993	24251		2219	
102	102			
5542866	5541615		1510	865274
2420	2360		72	
24626424	24626424			10158275
68526	68406		2663	19483
68526	68406		2663	19483
303542133	304349678	49384	5865820	162764052
272047009	272860651	45748	5182190	137432536
31495124	31489027	3636	683630	25331516
19869292	20437467		2298204	502524
31455	37884		8968	
3273068	3197861		334172	149900
237166	237491		2061	235350
16327603	16964231		1953003	117274
4747179	4847254		92856	269883
521805	519168		23202	
4225374	4328086		69654	269883

2005年电子信息产业主要产品

产品名称	计量单位	企业个数	年初库存量
广播电视设备行业产品			
广播电视制作、发射及传输设备制造			
一、音频节目制作和播控设备	部	1	
（一）广播专用录音、放音设备	部	1	
二、视听节目制作及播控设备	部	4	424
（一）电视录制和播出中心设备	部	1	
（三）专用录像机	部	1	342
（七）视频信息处理设备	部	2	82
三、广播发射设备合计	部	9	27198
（一）短波发射机	部	1	
（二）中波发射机	部	5	90
（三）调频发射机	部	7	180
（四）数字声广播发射机	部	1	28
（五）广播发射天线及配套设备	部	1	26900
四、电视发射及差转设备	部	4	76
（一）电视发射机	部	4	76
（四）电视发射、差转配套设备	部	1	
五、卫星电视发射及差转设备	部	1	2239
（二）卫星电视差转设备	部	1	2239
六、有线电视网络传输设备	部	5	31179
（一）有线电视前端设备	部	4	23541
（二）光缆传输设备	部	4	2107
（三）电缆传输设备	部	1	5531
广播电视接收设备及器材制造			
一、电视接收设备	部	2	18388
（二）视像监视机	部	2	18388
二、广播接收设备	部	1	
（二）机动车辆用广播接收设备	部	1	
三、卫星广播电视接收设备	部	23	1206968
（一）卫星广播电视接收设备	部	15	926348
（二）卫星广播电视接收天线	部	6	17359
（三）卫星广播电视接收高频头	部	2	147135
（四）卫星广播电视接收一体机	部	3	116126

生产量、销售量和库存量汇总表

本 年 生产量	本 年 销售量	企 业 自用量	年 末 库存量	本 年 出口量
30	28		2	
30	28		2	
13603	12971		1056	5824
11	11			
9753	9908		187	5824
3839	3052		869	
64722	79565		12339	
24	24			
391	388		93	
1798	1794		168	
9	15		22	
62500	77344		12056	
3701	3737		27	
3688	3724		27	
13	13			
5907	7665		481	300
5907	7665		481	300
266404	252507		38210	7920
215335	203335		29909	
40217	38208		2882	7920
10852	10964		5419	
466561	481507	419	3023	435676
466561	481507	419	3023	435676
102	102			
102	102			
16405776	16138247	90909	1386351	9166587
9491156	9327939	2	1092464	7252161
1179446	1176950		19717	339985
4431033	4446502		131666	1032542
1304141	1186856	90907	142504	541899

2005年电子信息产业主要产品

产品名称	计量单位	企业个数	年初库存量
四、有线电视接收设备	部	5	26671
（一）用户终端设备	部	3	25671
（三）有线电视配套设备	部	2	1000
五、专业录音、录像及重放设备	部	4	364356
（一）音频功率放大设备	部	3	364356
（四）语音语言实验室设备	部	1	
七、广播电视接收设备配件及附件	部	15	5916113
（一）音频电子放大器	部	2	13812
（三）磁头	部	1	451000
（四）传音器（话筒）	部	2	1113696
（五）麦克风	部	2	2009613
（六）头戴受话机	部	1	37513
（七）组合式成套话筒--扬声器	部	1	2000000
（八）其他附件	部	2	67459
（十三）分配器	部	6	84711
（十四）分支器	部	2	92258
（十五）用户盒	部	2	46051
应用电视设备及其他广播电视设备制造			
一、应用电视设备	部	5	7294
（一）通用应用电视设备	部	2	1070
（二）特殊环境应用电视监视设备	部	2	224
（三）特殊功能应用电视设备	部	1	6000
二、其他广播电视设备	部	5	9030
（三）大屏幕彩色显示系统	部	1	15
（四）电子显示屏	部	3	566
（五）触摸屏	部	1	8449
电子计算机行业产品			
电子计算机整机制造			
一、大中小计算机工作站合计	部	4	3639
（一）大中型计算机	部	1	3624
（二）小型计算机	部	2	
（三）工作站	部	1	15
二、微型计算机及网络设备合计	部	77	1213218
（一）台式微机	部	46	218397

生产量、销售量和库存量汇总表

本年 生产量	本年 销售量	企业 自用量	年末 库存量	本年 出口量
1132644	842965		316350	90673
1062294	780615		307350	90323
70350	62350		9000	350
8442895	7378364		1428887	8780
8442775	7378244		1428887	8780
120	120			
355227278	350936538	491	10194169	194710309
248923	244571		18164	204695
84939000	84537000		853000	81425000
137119017	135236122		2996591	90648325
100197082	99647687		2559008	6308837
2971108	2961657	491	46473	2961657
24060000	22650000		3410000	7760000
1833811	1833757		67513	1713908
3745133	3735363		82133	3687887
58527	42680		108015	
54677	47701		53272	
39342	45644	70	917	2
32163	32993		240	
179	151	70	177	2
7000	12500		500	
774190	779413		3778	775825
112	98			
86660	86012		1214	82522
687418	693303		2564	693303
123199	126818		20	
105113	108735		2	
18022	18022			
64	61		18	
96811415	93465086	18621	4508328	53446680
35188376	35147305	2862	256805	6232549

2005年电子信息产业主要产品

产　品　名　称	计量单位	企业个数	年　初库存量
1、商用微机	部	26	148473
2、家用微机	部	24	69924
（二）服务器	部	10	34444
（三）工业控制机	部	5	603
（四）便携式微型计算机小计	部	39	436874
1、笔记本电脑	部	37	426029
2、掌上型电脑	部	3	10845
（六）手持式信息终端机	部	2	522900
3、电子记事本	部	1	510000
4、电子词典	部	1	12900
电子计算机网络设备制造			
一、网络控制设备	部	2	
（一）通信控制处理机	部	1	
（三）终端控制器	部	2	
二、网络接口和适配器	部	5	30725
（一）网络收发器	部	1	7358
（四）以太网络交换器	部	4	23367
三、网络连接设备	部	12	58131
（二）调制解调器	部	7	41856
（三）网络电话机（IP电话机）	部	1	
（四）路由器	部	3	16275
（五）防火墙（不含纯软件防火墙）	部	1	
四、网络检测设备		1	43
（三）差错检测设备	部	1	43
电子计算机外部设备制造			
一、终端显示设备	部	41	2025634
（一）字符汉字终端	部	3	30562
（二）图形图像终端	部	3	252
（三）显示器	部	36	1994820
1、CRT显示器（含应用电视用）	部	20	414215
2、液晶显示器	部	26	1580605
二、输入设备	部	26	1883861
（三）扫描仪	部	4	35991
（四）鼠标器	部	3	302576

生产量、销售量和库存量汇总表

本 年 生产量	本 年 销售量	企 业 自用量	年 末 库存量	本 年 出口量
25040857	25031526	2862	154772	5429516
10147519	10115779		102034	803033
3187553	3094855		127142	2759525
2249	2790		62	
47536337	44161237	15760	3763418	35584605
45649858	42298348	15760	3728983	33744256
1886479	1862889		34435	1840349
10896900	11058900		360900	8870000
10540000	10720000		330000	8870000
356900	338900		30900	
746	746			
73	73			
673	673			
398401	397064	102	31960	122589
	3686		3672	
398401	393378	102	28288	122589
9667554	9576259		144286	8006878
5389947	5402541		24122	5238262
396480	396480			396480
2673744	2569855		120164	1619855
1207383	1207383			752281
7890	7899		34	
7890	7899		34	
160798141	159613880	1321	3195661	95604111
219871	227852		22581	
2393	1903		742	
160575877	159384125	1321	3172338	95604111
29811439	29836748	139	371604	21015423
130764438	129547377	1182	2800733	74588688
119379966	117503857	56986	3740859	74056396
4254920	4249083	519	40938	2492128
3203987	3209608	48224	248731	2446807

2005年电子信息产业主要产品

产品名称	计量单位	企业个数	年初库存量
（五）键盘	部	5	861150
（六）IC卡读写机具	部	4	9555
（七）数码照相机	部	12	674141
（八）磁卡读写器	部	1	448
（九）数码摄像头	部	2	
三、输出设备	部	25	766118
（一）打印设备	部	22	765475
1、针式打印机	部	12	201260
（1）通用针式打印机	部	6	168609
（2）票据打印机	部	8	32651
2、激光打印机	部	9	490536
3、喷墨打印机	部	3	714
4、多功能打印机	部	5	72966
（三）图形图像输出设备	部	3	643
四、外存储设备	部	17	1492566
（一）软盘驱动器	部	2	413904
1、普通软盘驱动器	部	2	413904
（二）硬盘驱动器	部	4	318896
1、硬盘驱动器	部	2	311475
2、磁盘振列	部	1	
3、移动硬盘	部	1	
4、微型移动硬盘（U盘）	部	2	7421
（三）光盘驱动器	部	11	759766
1、只读光盘驱动器（CD-ROM）	部	4	66653
2、DVD驱动器（DVD-ROM）	部	6	311853
3、可擦写DVD驱动器（DVD-RW）	部	4	139407
6、其他光盘驱动器	部	2	241853
五、数字化信息产品	部	3	11153
（一）数字化存储录放产品	部	1	10153
（三）其他	部	2	1000
电子计算机配套产品及耗材制造			
一、微机板卡	块	16	35166810
（一）微机主机卡	块	8	1806855
（四）显卡	块	1	2780085

生产量、销售量和库存量汇总表

本年生产量	本年销售量	企业自用量	年末库存量	本年出口量
52368051	51961123		1299822	24496088
10419	17757		2217	
55229737	54583884	8243	1318253	42321373
22852	22402		898	
4290000	3460000		830000	2300000
35638938	35707892	78	696773	30778558
35557656	35626296	75	696447	30731881
1316440	1364404	4	153292	345493
737254	811750	2	94111	74153
579187	552654	2	59182	271341
11020334	11030603	72	479892	10039450
14995017	14995485		246	13431041
8225864	8235804		63016	6915897
81282	81596	3	326	46677
223474142	223792618	43924	1087763	213091351
17526414	17826511		113807	17826511
17526414	17826511		113807	17826511
103198968	103113889	36560	367415	102731154
12945475	12859586	36560	360804	12540076
7104	7104			7104
700774	700774			700774
89545615	89546425		6611	89483200
102748760	102852218	7364	606541	92533686
25585272	25568743	174	96458	23181745
31649991	31762503	308	194117	25521147
35084439	35115496	1159	64817	33970355
10429058	10405476	5723	251149	9860439
286136	276472		20817	14410
269636	261972		17817	14410
16500	14500		3000	
1412720524	1435346472		12535017	55611459
100973278	100829565		1944723	39424256
8547000	10498065		829020	10498065

2005年电子信息产业主要产品

产 品 名 称	计量单位	企业个数	年初库存量
（五）网卡	块	3	84566
（六）其他功能卡和接口卡	块	7	30495304
二、电源	部	11	1862109
（一）开关电源	部	4	1810654
（二）UPS电源	部	8	51455
三、其他配套产品及耗材		27	
（一）机箱	万个	2	1537
（二）软盘片	万片	4	1019
（三）光盘	万片	9	9710
（四）打印头	万只	1	3
（五）墨盒	万片	3	284
（六）磁卡	万只	2	1474
（七）IC卡	万片	8	2067
（八）色带	万条	1	5
电子计算机应用产品制造			
一、电子出版系统	部	1	
（一）精密照排系统	部	1	
（二）轻印刷系统	部	1	
二、计算机辅助教学系统	部	3	23
三、计算器	部	12	18216000
四、金融、商业、税务电子应用产品	部	22	27673
（一）点钞机	部	5	10102
（二）清分机	部	1	36
（四）自动柜员机（ATM）	部	4	1583
（五）银行自助服务终端	部	1	
（六）POS机	部	8	14169
（八）出租汽车税控计价表	部	1	
（九）其他金融应用产品	部	5	1783
五、其他应用产品	部	15	6316547
（一）汽车电脑报站器	部	2	506
（二）汽车视频设备	部	1	1778
（四）其他计算机应用产品	部	12	6314263

生产量、销售量和库存量汇总表

本年 生产量	本年 销售量	企业 自用量	年末 库存量	本年 出口量
3081953	3002341		164178	2911341
1300118293	1321016501		9597096	2777797
3029729	3011827		1880011	1963785
1743849	1752723		1801780	1190000
1285880	1259104		78231	773785
36790	36955		1372	36016
12427	13164		282	10126
421111	424303		3806	390292
120	121		2	95
6707	6621		369	6585
19418	18398	1244	1250	4518
14365	14149		2304	2161
134	136	0	2	3
157	157			
35	35			
122	122			
342	337		28	
351011712	339636512		29591200	175103312
335756	328404		32441	35447
50758	51155		7251	29834
105	115		26	
7521	6791		2183	228
1302	1302			
160953	156615		18507	5195
3850	3850			
111267	108576		4474	190
91832938	90884029	2	6866174	90555178
1656	2075		87	
22689	23161		1306	15583
91808593	90858793	2	6864781	90539595

2005年电子信息产业主要产品

产 品 名 称	计量单位	企业个数	年初库存量
家用电器行业产品			
家用视听设备制造			
一、电视机合计	台	60	7604281
（一）CRT彩色电视机小计	台	45	6584948
1、 37cm	台	24	340633
2、 44cm	台	6	355
3、 47cm	台	1	62
4、 49cm	台	3	
5、 51cm	台	12	290790
6、 53cm	台	31	2040520
7、 56cm	台	6	480722
8、 64cm	台	32	1489671
9、 74cm	台	30	1512262
10、 74cm以上	台	24	429932
（二）背投电视机	台	23	205918
（三）PDP电视机	台	22	35718
（四）黑白电视机小计	台	8	665446
1、 11cm	台	2	45666
2、 14cm	台	1	34363
3、 31cm	台	2	15385
4、 35cm	台	4	130770
5、 44cm	台	3	360921
6、 44cm以上	台	2	78342
（五）LCD电视机	台	21	112251
摄录像激光视盘机制造			
一、录像机合计	部	6	317016
（一）录放像机	部	3	150604
（三）家用摄录一体机	部	5	166412
二、收录放机小计	台	8	846460
（一）袖珍机(不含单放机)	台	1	10300
（二）收录放机(含单放机)	台	7	836160
三、数字激光音、视盘机	台	31	4279016
（一）VCD视盘播放机	台	3	57855
（四）DVD视盘播放机	台	28	4117997

生产量、销售量和库存量汇总表

本年生产量	本年销售量	企业自用量	年末库存量	本年出口量
91247684	90695350	13315	8128793	36229480
76680030	75977537	10099	7272039	25642986
5555768	5659160	1631	211294	3707884
186473	186747	11	429	174876
			344	
1273351	1273469		4	2630
6173133	5910445	830	556419	2947262
24503667	24580869	4275	1971259	8491503
10985745	10067025	882	1398682	5089822
11774281	11651379	664	1611803	1102991
13110541	13447354	1328	1176253	2946345
3117071	3201090	480	345552	1179674
855380	979714	1753	75898	277178
774399	699792	295	109594	243942
8415191	8829615	91	250932	7826199
753058	740266	91	58368	559404
5689956	5716348		7971	5664341
287938	292860		10463	292860
1151109	1235295		46584	1148888
533129	844846		49204	160706
			78342	
4522684	4208692	1077	420331	2239175
12056697	12241729	29	131955	9497455
4974725	5023469		101859	5023469
7081972	7218259	29	30096	4473986
20682664	20992843	392	535889	16227511
103286	102600	10	10976	
20579378	20890243	382	524913	16227511
103820991	104324128	18444	2943007	98482785
271925	322448		7332	214693
80939064	81584086	18444	2641343	76134562

2005年电子信息产业主要产品

产品名称	计量单位	企业个数	年初库存量
（五）DVD视盘录放机	台	4	98805
（六）光盘刻录机（含CD-R、DVD-R）	台	2	4358
家用音响电子设备制造			
一、家用音响		30	1020216
（一）收音机小计	台	5	258051
1、袖珍机	台	3	250291
2、其他	台	3	7760
（二）组合音响	台	17	586905
（三）MP3、MP4播放器	台	7	92302
（四）CD机	台	2	19709
（五）功率放大器	台	6	63249
二、汽车电子音响设备	台	26	529491
三、家用电子电器主要配套件		77	
（一）调谐器小计	万只	15	381
1、电子调谐器	万只	15	381
2、机械调谐器	万只	1	1
（二）行输出变压器	万只	5	216
（三）偏转线圈	万付	4	10065
（四）录音录像机芯	万只	13	173
1、录音机芯	万只	5	11
2、录像机芯	万只	1	5
3、CD机芯	万只	4	147
4、VCD、DVD机芯	万只	6	10
（五）磁头	万只	11	1259
1、录音磁头	万只	4	979
2、录像磁头	万只	6	18
3、硬盘驱动器磁头	万只	3	1
4、软盘驱动器磁头	万只	1	
6、其他磁头	万只	2	261
（六）光学头	万只	8	199
1、放音光头	万只	2	43
2、放像光头	万只	1	70
4、刻录光头	万只	2	25
5、其他	万只	3	61

生产量、销售量和库存量汇总表

本年生产量	本年销售量	企业自用量	年末库存量	本年出口量
19687563	19553829		231300	19269765
2922438	2863765		63031	2863765
34706479	34224273	17595	1527869	29242277
2991585	2883120	20	366496	2377887
2119091	2006682	20	362680	1501962
872494	876438		3816	875925
12827661	12719403		724830	9035920
15544697	15331184	17575	292588	14611806
2445942	2447390		18261	2425828
896594	843176		125694	790836
17570672	17564986	40	535135	13056291
94322	64221		30475	58691
94285	64185		30473	58691
38	36		2	
2890	2941		165	862
173699	176524		7241	82674
8466	8401	96	141	8168
1091	1092		10	1030
392	382		16	382
4038	4012	91	82	3931
2945	2915	5	34	2826
16680	16662		1152	15638
4915	4983		912	3959
4001	4024		18	4024
4491	4488		4	4488
510	510			510
2762	2657		218	2657
22983	21720	1199	263	21720
537	346	198	35	194
996	912	89	65	912
17897	17881		41	17881
3553	3492		122	3251

2005年电子信息产业主要产品

产品名称	计量单位	企业个数	年初库存量
（七）天线小计	万付	6	487
1、拉杆天线	万付	4	358
2、室内天线	万付	1	3
3、其他	万付	2	126
（八）磁带小计	万米	4	
1、录音磁带	万米	2	
2、录像磁带	万米	2	
（九）音像片小计	万片	8	214033
1、激光唱盘（CD）	万片	4	2685
2、激光视盘（VCD）	万片	4	3529
3、激光视盘（DVD）	万片	5	6871
4、其他	万片	1	200948
（十）录音录像磁鼓	万只	4	13
（十一）VCD、DVD开关电源	万只	1	122
（十二）电视接收机机顶盒		7	23293
1、有线电视机顶盒	部	4	17387
3、卫星广播机顶盒	部	3	5906
其他家用电子电器制造			
一、其他家用电子电器合计	万台	62	792
（一）电子琴	万台	2	2
（二）电子游戏机	万台	2	44
（三）洗衣机	万台	9	34
（四）电冰箱	万台	14	64
（五）空调器	万台	13	161
（六）电风扇	万台	4	71
（七）微波炉	万台	3	11
（八）电磁灶	万台	3	1
（九）电子钟表	万台	7	166
（十）其他	万台	21	238
电子测量仪器行业产品			
电子测量仪器制造			
一、频率测量仪器合计	台	10	112384
（一）数字脉冲频率测量仪	台	3	23880
（二）模拟式频率测量仪	台	2	26

生产量、销售量和库存量汇总表

本年 生产量	本年 销售量	企业 自用量	年末 库存量	本年 出口量
8307	8212		581	7502
7161	7090		428	6836
141	141		3	141
1005	981		150	525
232250	232250			206152
19705	19705			
212545	212545			206152
55204511	54078627		1339768	14563840
22112	22635		2013	13832
39099881	38716533		386877	1175
1214251	790992		430129	364
14868268	14548468		520748	14548468
550	522		46	379
129	139		95	
1992554	1947793		68054	777832
719388	681273		55502	61262
1273166	1266520		12552	716570
33043	32474	23	1014	21056
132	130		4	121
7967	7986		25	7986
1221	1211	0	43	283
1895	1888		69	415
2285	2287	1	159	497
1158	1111	19	85	292
590	590	0	3	448
24	22		3	1
6351	6233		281	5111
11420	11017	2	341	5902
5571602	5450689		232837	2797999
2156695	2076700		103507	1855670
5749	5196		579	40

2005年电子信息产业主要产品

产品名称	计量单位	企业个数	年初库存量
（三）计数器	台	3	88443
（五）时间测量仪器	台	2	35
（七）频率标准	台	2	
二、电压测量仪器合计	台	16	615578
（一）直流数字电压表	台	3	718
其中：数字高频电压表	台	1	
（二）数字多用表	台	6	608628
（三）电压电源标准装置	台	1	21
（四）模拟式电压表	台	1	1133
（六）其他	台	5	5078
三、示波器	台	7	36287
（一）数字读出及数字存储示波器	台	2	27
（二）通用示波器	台	7	36107
（三）取样、存储、记忆示波器	台	1	53
（五）专用示波器	台	1	100
四、器件参数测量仪器合计	台	2	1574
（六）其他	台	2	1574
五、元件参数测量仪器合计	台	1	241
七、扫描、频谱波形分析仪器	台	7	280
（一）扫频仪	台	3	128
（二）频谱分析仪	台	2	31
（三）失真度测量仪	台	1	119
（六）其他	台	2	2
八、微波测量仪器合计	台	5	21843
（五）其他微波仪器	台	1	777
（六）微波测量仪器部件小计	件	4	21066
2、微波滤波器	件	2	18006
3、波导	件	2	3060
九、通信测量仪器合计	台	2	2329
（一）载波通信测量仪	台	1	303
（三）模拟数字移动通信基台移动台	台	1	2026
十、广播电视测量仪器合计	台	1	217
十一、超低频测量仪器合计	台	1	342
（二）频响分析仪	台	1	42

生产量、销售量和库存量汇总表

本年 生产量	本年 销售量	企业 自用量	年末 库存量	本年 出口量
3316338	3275977		128712	941400
116	112		39	
92704	92704			889
485935	607376	53	493499	398014
2558	2268	40	424	
396	380		16	
458150	578789		487948	397332
194	193		22	
2692	2759		1066	
22341	23367	13	4039	682
92341	89302	17	39309	19039
650	611		66	50
83139	80354	17	38875	17689
52	37		68	
8500	8300		300	1300
29604	30060	6	1112	
29604	30060	6	1112	
392	238		395	
415	449		141	10
100	107		16	
28	40		19	
133	162		90	
154	140		16	10
28743627	28743042		22428	28541791
566	1269		74	
28743061	28741773		22354	28541791
28707565	28712290		13281	28541791
35496	29483		9073	
2252	2245		2336	
231	360		174	
2021	1885		2162	
14701	14665		253	12545
222	181		383	
73	42		73	

2005年电子信息产业主要产品

产品名称	计量单位	企业个数	年初库存量
（三）超低频信号源	台	1	106
（四）电压表	台	1	64
（五）滤波器、放大器	台	1	18
（七）其他	台	1	112
十二、声学测量仪器合计	台	2	2768
（二）声级计	台	1	1939
（八）其他声学仪器	台	2	829
十三、干扰场强测量仪合计	台	1	958
（三）其他测量仪器	台	1	958
十四、稳压电源合计	台	18	845818
（一）直流稳压电源	台	8	22407
（二）交流稳压电源	台	3	4474
（三）稳流稳压电源	台	5	61344
（七）逆变电源	台	4	757261
（八）激光电源	台	1	52
（十）其他电源	台	1	280
十五、记录显示仪合计	台	3	5173
（一）记录仪	台	1	250
（二）显示仪	台	2	4923
十六、信号源合计	台	8	22558
（一）低频信号发生器	台	2	1905
（二）高频信号发生器	台	1	34
（五）功率信号发生器	台	1	40
（八）功率放大器	台	1	700
（九）数字信号发生器	台	2	769
（十）其他	台	3	19110
十八、其他测量仪器合计	台	6	1233659
（一）晶体振荡器	台	2	1220000
（二）击穿装置	台	1	470
（三）标准电感电容电阻器	台	1	241
（九）原子射线仪器	台	1	278
（十）气象仪器	台	1	12670
医疗电子设备及器械制造			
一、医用电子仪器设备合计	台	10	95056

生产量、销售量和库存量汇总表

本年 生产量	本年 销售量	企业 自用量	年末 库存量	本年 出口量
30	44		92	
52	27		89	
	4		14	
67	64		115	
7086	6835		3019	
3486	3643		1782	
3600	3192		1237	
2990	3091		857	
2990	3091		857	
19832842	19766327	520887	391446	16887956
10652406	10587781	11	87021	10565405
97085	85360		16199	
2051258	2003602	161	108839	
7024993	7082379	520713	179162	6322551
1300	1305	2	45	
5800	5900		180	
18339	20118		3029	
2500	2250		500	
15839	17868		2529	
1257994	1245097	3	34962	1222716
3040	2569		2084	530
960	951	1	42	
1050	1036	1	53	
13900	12000		2600	
2255	2424	1	599	
1236789	1226117		29584	1222186
17750143	17675381	20	1308400	11311991
17662191	17582191		1300000	11311991
832	772		530	
30896	30894		243	
7224	7274		227	
49000	54250	20	7400	
7349373	7317341		127084	6501000

2005年电子信息产业主要产品

产　品　名　称	计量单位	企业个数	年初库存量
（一）心、脑、肌、眼仪器设备小计	台	2	2543
（二）心电、生理示波及记录仪器	台	3	32476
（三）监护仪器	台	3	37
（六）血液测定仪器	台	1	
（八）电子体温、压力测量装置	台	1	60000
二、医用超声仪器小计	台	6	532
（一）超声诊断仪器	台	6	532
三、医用激光仪器及设备小计	台	3	74
（二）激光治疗仪器	台	3	74
四、医用生化分析仪器小计	台	5	519
（二）生化分析仪器	台	5	519
五、医用高频微波射线核素仪器	台	4	26464
（一）医用高频设备	台	1	
（二）医用微波诊断、治疗仪器	台	2	26464
（三）医用射线诊断、治疗仪器	台	1	
六、中医用仪器小计	台	3	2034
（一）诊断仪器	台	2	122
（二）各种电疗磁疗光疗针麻仪器	台	3	1912
七、其他医疗电子仪器小计	台	15	92189
（一）医用光学仪器	台	2	343
（三）其他	台	13	91846
应用电子仪器制造			
二、工交电子应用仪器合计	台	26	53072
（一）轻纺工业电子应用仪器	台	1	1202
（二）煤碳工业电子应用仪器	台	7	2352
（三）石化工业电子应用仪器	台	3	909
（四）水电工业电子应用仪器	台	7	6196
（六）气体工业电子应用仪器	台	2	9
（七）矿山电子应用仪器	台	2	
（八）交通运输电子应用仪器	台	7	42404
三、文教电子应用仪器	台	1	2070
四、其他仪器合计	台	16	39149
五、电子电表合计	万只	2	24
（二）交流电流电压表	万只	1	3

生产量、销售量和库存量汇总表

本年 生产量	本年 销售量	企业 自用量	年末 库存量	本年 出口量
5461	4269		3735	
182707	201867		13314	
205	205		35	
1981000	1981000			1981000
5180000	5130000		110000	4520000
2175	2110		595	235
2175	2110		595	235
740	696		118	44
740	696		118	44
4610	4634		388	
4610	4634		388	
67905	94120		249	30
85	78		7	
67744	93966		242	30
76	76			
22548	23745		837	
736	753		105	
21812	22992		732	
8187115	8064004	3	215292	6791641
53514	53676		181	44123
8133601	8010328	3	215111	6747518
438483	415199	119	74539	8812
3358	3575		867	
34777	32679		4450	
1793	1874	119	709	
91446	91098		4980	7002
561	555		15	
205	203		2	
306343	285215		63516	1810
15200	13000		4270	
1722569	1743079	16	18165	207023
28	28		23	
16	16		2	

2005年电子信息产业主要产品

产　品　名　称	计量单位	企业个数	年初库存量
（四）功率表	万只	1	21
六、电子专用电表		18	112
（一）特殊用途电表	万只	3	3
（二）IC卡智能电表	万只	7	78
（三）IC卡智能水表	万只	1	
（四）IC卡智能煤气表	万只	1	2
（五）IC卡智能热能表	万只	1	
（六）其他	万只	6	29
电子工业专用设备行业产品			
电子工业专用设备制造			
一、半导体器件和集成电路专用设备合计	台	19	5085
（一）半导体材料制备、外延和化学机械抛光	台	2	151
（二）爆光、刻蚀和匀胶显影设备	台	2	27
（三）扩散、离子注入和快速热处理设备	台	3	6
（五）后序组装和封装生产设备	台	2	16
（六）在线工艺检测设备	台	1	
（七）中间和成品测试设备	台	3	12
（八）其他	台	10	4873
二、电真空器件专用设备合计	台	5	14253
（一）电子管生产设备	台	1	4711
（二）电光源生产设备	台	2	409
（三）液晶显示器件生产设备	台	1	16
（四）真空开关管生产设备	台	2	6402
（五）显像管及电子枪生产设备	台	1	1
（六）其他	台	1	2714
三、电子元件专用设备合计	台	14	12667
（一）电阻、电位器生产设备	台	3	8
（二）电容器生产设备	台	6	3414
（三）陶瓷元件生产设备	台	2	1
（四）磁性材料及元件生产设备	台	1	
（五）印制电路板生产设备	台	2	5
（六）线缆生产设备	台	2	6523
（七）敏感元器件及传感器生产设备	台	1	2371
（八）频率元器件生产设备	台	1	20

生产量、销售量和库存量汇总表

本年生产量	本年销售量	企业自用量	年末库存量	本年出口量
12	12		21	
2088	2104	0	96	345
39	38	0	4	
1458	1466		71	163
2	2			
7	7		2	
7	7			
575	585		19	182
32061	30899		6232	38
367	318		200	
53	46		34	6
319	325			
165	166		15	
160	160			
2402	2399		15	
28595	27485		5968	32
11446	14137	36	11239	5
3431	3687	10	4182	
125	110		424	5
172	179		9	
3587	5653	20	4292	
2	2		1	
4129	4506	6	2331	
392998	399765		5900	7
58	56		10	
132448	134485		1377	3
1	1		1	
1384	1384			
461	459		7	
158819	162859		2483	3
98650	99270		1751	
468	455		33	

2005年电子信息产业主要产品

产 品 名 称	计量单位	企业个数	年初库存量
（九）绿色电池生产设备	台	1	140
（十）其他	台	4	185
四、例行试验和可靠性试验设备	台	9	349
（一）力学环境试验设备	台	2	223
（二）气候环境试验设备	台	2	5
（三）可靠性试验设备	台	2	120
（四）其他	台	3	1
五、水、气净化设备合计	台	5	234
（一）空气净化设备	台	4	232
（四）气体纯化设备	台	1	1
（六）其他	台	1	1
六、电子整机装联设备合计	台	6	88
（一）自动插片机	台	1	1
（三）装配生产线	台	3	59
（六）其他	台	2	28
七、电子通用设备合计	台	35	17985
（一）真空获得设备	台	1	1848
（三）精密焊接设备	台	5	2187
（五）空调设备	台	3	2921
（六）塑料加工设备	台	2	936
（七）电加工设备	台	3	522
（八）压力加工设备	台	2	4
（九）精密电子丝网印刷设备	台	1	15
（十一）清洗设备	台	1	10
（十二）其他	台	21	9542
电子工业模具及齿轮制造			
一、电子工业模具及齿轮合计		37	
（一）模具	付	34	1624
（二）模架	套	3	57596
（三）模具标准件	件	1	1720
（五）电动工具	件	1	12300
二、邮政内部处理设备	台	1	8
（四）包裹分拣机	台	1	4
（十八）推式悬挂输送机	台	1	4

生产量、销售量和库存量汇总表

本　年 生产量	本　年 销售量	企　业 自用量	年　末 库存量	本　年 出口量
122	203		59	
587	593		179	1
871	817		403	
266	211		278	
60	60		5	
451	453		118	
94	93		2	
1400	1447	10	111	
1379	1429	10	106	
18	18		1	
3			4	
1144	1144		88	38
10	10		1	1
303	317		45	25
831	817		42	12
267375	260848	541	23943	4242
9957	9182		2623	52
11663	11981		1869	4162
55893	56441		2373	
2875	2671		1140	
20189	19688		1023	8
2	1		5	
21	16		20	
84	79		15	
166691	160789	541	14875	20
40879	40290		2213	16927
401079	420212		38463	203235
13378	11359		3739	
17945	19040		11205	
8	16			
6	10			
2	6			

2005年电子信息产业主要产品

产 品 名 称	计量单位	企业个数	年 初 库存量
电子元件行业产品			
电子元件制造			
一、电容器合计	万只	104	5234688
（一）纸介电容器小计	万只	7	1230775
1、金属化和金属箔式纸介电容器	万只	5	1223895
2、纸介复合介质电容器	万只	2	6881
（二）薄膜电容器小计	万只	31	80962
1、聚酯膜电容器	万只	15	59243
2、聚丙烯膜电容器	万只	22	10642
3、聚笨乙烯电容器	万只	1	
4、聚碳酸酯电容器	万只	1	10
7、片式有机介质电容器（SMC）	万只	1	1227
8、其他有机介质薄膜电容器	万只	4	9841
（三）瓷介电容器小计	万只	29	3185345
1、低压瓷介电容器（小于500V）	万只	8	54357
2、高压瓷介电容器（大于500V）	万只	10	12754
3、交流瓷介电容器	万只	3	14250
4、片式瓷介电容器	万只	19	3103985
（五）云母电容器	万只	2	251
（七）铝电解电容器	万只	32	711209
其中：片式铝电解电容器	万只	2	106
（八）钽电解电容器	万只	8	13438
其中：片式钽电解电容器	万只	6	5779
（九）铌电解电容器	万只	1	6
（十）其他电解电容器	万只	1	653
（十一）可变电容器	万只	7	3053
1、空气可变电容器	万只	2	617
2、薄膜可变电容器	万只	4	1467
4、磁微调可变电容器	万只	2	969
（十二）真空电容器	万只	1	0
2、可变真空电容器	万只	1	0
（十三）其他电容器	万只	5	8995
（十四）电容网络	万只	1	882
二、电阻、电位器	万只	44	3057798

生产量、销售量和库存量汇总表

本年 生产量	本年 销售量	企业 自用量	年末 库存量	本年 出口量
50289523	46142766	66342	8912465	26718169
17857034	12522182		6565629	8377419
17831373	12497670		6557600	8376419
25661	24512		8029	1000
768880	767166	90	82562	105641
346152	346466		59450	68576
271349	272484	90	9240	7836
10	10			
62	56		48	
9494	10287		286	2333
141813	137863		13537	26896
27989273	29187006	65624	1526695	17023385
252111	254905		50734	85774
85726	85470		13693	813
78633	70600	601	21972	10387
27572803	28776032	65023	1440296	16926412
364	237		301	17
3471130	3458054	128	720601	1186647
13161	12978		289	11931
85480	88815	500	5895	11347
86437	84042	-63	10219	27373
256	262			
2819	2943		529	
14412	14911		2571	13467
474	532		558	
1587	1773		1299	1773
12351	12606		714	11126
0	0		0	
0	0		0	
99876	101191		7681	246
1830	1727		985	685
47602145	45671457	313	4978312	15749478

2005年电子信息产业主要产品

产品名称	计量单位	企业个数	年初库存量
（一）固定电阻器小计	万只	33	3049796
1、碳膜电阻器	万只	12	87332
2、金属膜电阻器	万只	11	13370
3、氧化膜电阻器	万只	10	15098
4、玻璃釉电阻器	万只	4	1622
5、线绕电阻器	万只	9	1071
7、实芯电阻器	万只	2	5850
8、釉膜电阻器	万只	1	1155
9、片式电阻器	万只	9	1593809
10、熔断电阻器	万只	6	7420
11、微带电阻器	万只	1	1
12、其他电阻器	万只	6	1323068
（二）电位器小计	万只	15	6982
1、线绕电位器	万只	4	3
2、碳膜电位器	万只	8	1948
3、实芯电位器	万只	1	101
4、玻璃釉电位器	万只	8	2487
5、金属膜电位器	万只	1	0
8、预调电位器	万只	1	199
9、敏感电位器	万只	1	1819
10、高压聚焦电位器	万只	1	426
（三）电阻衰减器	万只	1	1
（四）其他电阻、电位器	万只	3	1019
（五）电阻网络	万个	2	4314
三、电连接元件合计	万只	82	520721
（一）低频连接器小计	万只	26	488491
1、圆形连接器	万只	7	641
2、矩形连接器	万只	4	57
3、印制电路连接器	万只	6	1428
4、条形连接器	万只	7	2331
5、带状电缆连接器	万只	2	9
6、插塞插孔	万只	1	89
7、片式低频连接器	万只	1	
8、其他低频连接器	万只	9	49311

生产量、销售量和库存量汇总表

本　年 生产量	本　年 销售量	企　业 自用量	年　末 库存量	本　年 出口量
47488520	45559822	12	4969754	15667141
1324161	1346313		65139	199738
103884	102662		13421	
107134	108875		13133	16335
11218	11383		1303	
13967	13207		1821	1704
21974	21673		6151	1378
4501	4654		1002	838
22846200	23199243	12	1233630	3333397
26944	25716		8645	
10	9		2	
23028527	20726087		3625508	12113752
89665	87831	301	7401	61097
70	68		4	7
52402	51631		2415	44397
163	161		103	
7203	5534		3461	1427
2	1	1	0	1
1001	914		201	
18204	19204		819	11565
10620	10318	300	398	3699
2	2			
23959	23802		1156	21240
4396	3577		5133	
4334362	4201847	13	647336	2089927
3322188	3191517		614104	158212
4398	4348		689	3629
679	673		59	14
55322	54217		2427	5489
119593	118265		3658	97702
59	60		8	
1218	1127		180	499
1065	1065			1065
485303	450968		83646	49631

2005年电子信息产业主要产品

产 品 名 称	计量单位	企业个数	年初库存量
9、低频连接器电缆组件	万根	5	434625
（二）射频连接器小计	万只	9	757
1、通用射频连接器	万只	5	423
2、大功率脉冲高压射频连接器	万只	1	55
3、片式射频连接器	万只	1	33
4、其他射频连接器	万只	3	226
5、射频连接器电缆组件	万只	2	20
（三）光缆连接器	万只	2	6
（四）其他连接器	万只	12	7877
（五）开关小计	万只	35	8451
1、旋转开关	万只	3	28
2、按钮开关	万只	11	1802
3、组合按钮开关	万只	2	347
5、微动开关	万只	5	2402
6、钮子开关	万只	2	13
7、双列直插式开关	万只	1	7
8、滑动开关	万只	2	21
9、薄膜开关	万只	1	1
10、片式开关	万只	1	
12、其他开关	万只	24	3831
（六）管座（插入式）小计	万只	19	15139
1、集成电路插座	万只	1	
2、半导体分立器件插座	万只	2	1767
3、显像管插座	万只	3	1504
4、电阻管插座（包括金属陶瓷管）	万只	1	1
5、继电器插座	万只	2	2
6、谐振器插座	万只	1	9033
8、其他电子元件插座	万只	11	2832
四、控制元件小计	万只	39	30646
（一）继电器小计	万只	31	13369
1、直流电磁继电器	万只	17	11782
2、磁保持继电器	万只	3	106
3、极化继电器	万只	1	155
4、交流电磁继电器	万只	2	143

生产量、销售量和库存量汇总表

本 年 生产量	本 年 销售量	企 业 自用量	年 末 库存量	本 年 出口量
2654551	2560793		523436	183
8169	7825		1101	1521
5882	5580		725	1201
168	152		71	7
712	715		29	
1068	1080		214	189
340	298		62	124
256	246		9	
394383	394961		7299	394961
412578	410717	13	9477	282091
315	313		29	190
44968	45357		1412	37179
7613	7529		431	
58717	59810		1309	28037
60	62		11	
218	222		3	22
9712	9720		12	9569
315	313		3	313
72	70		2	70
290589	287322	13	6264	206710
196788	196581		15346	150815
18	18			
52183	49009		4941	49009
8620	9402		721	983
3	3		1	
27	28		1	22
36367	37820		7580	3569
99570	100300		2102	95564
811537	822263	1597	16192	774330
186048	185680	1597	10010	185363
162630	162867	1286	8384	162867
1153	1049	0	211	245
4807	4846		101	1374
5909	5859		70	1639

2005年电子信息产业主要产品

产　品　名　称	计量单位	企业个数	年 初库存量
5、温度继电器	万只	1	12
6、同轴继电器	万只	1	
7、高频继电器	万只	1	6
8、真空继电器	万只	1	0
9、固体继电器	万只	2	19
12、延时继电器	万只	2	0
13、接触继电器	万只	2	251
14、汽车继电器	万只	8	820
16、其他继电器	万只	9	75
（三）传感器	万只	9	17277
五、磁性材料电感变压器合计	万只	109	2256316
（一）金属软磁元件小计	万只	2	73
1、铝硅铁粉芯	万只	1	40
2、碳基铁粉芯	万只	1	3
3、铁镍钼粉芯	万只	2	31
（二）铁氧体软磁元件小计	万只	20	69253
1、螺纹磁芯	万只	1	160
3、E形磁芯（EC、EI、ELD型）	万只	14	47654
4、U形磁芯	万只	5	3906
7、柱形磁芯	万只	2	19
8、罐形磁芯（含菱形、X形、方形）	万只	3	171
9、环形磁芯	万只	7	4839
10、中周磁芯	万只	1	2133
11、偏转磁芯	万只	4	5050
14、其他磁芯	万只	4	5321
（三）铁氧体永磁元件小计	万只	19	2056777
1、钡铁氧体永磁元件	万只	4	2015841
2、锶铁氧体永磁元件	万只	10	18013
3、电机用瓦形磁体	万只	4	1115
4、铁氧体粘结元件	万只	4	21808
（四）永磁合金小计	万只	15	18700
1、铝镍钴磁钢	万只	2	381
3、钐钴磁钢（含钐镨钴磁钢）	万只	2	26
4、钕铁硼永磁	万只	11	16413

生产量、销售量和库存量汇总表

本 年 生产量	本 年 销售量	企 业 自用量	年 末 库存量	本 年 出口量
49	47		14	
0	0			
52	58		0	
0	0		0	
27	23		22	
12	12		0	11
1162	1201		212	692
9914	9383	310	923	4230
333	335		72	
625489	636582		6182	588968
13528090	12916777	6883	2860337	1131091
539	427		185	
203	152		90	
5	4		4	
331	271		91	
900254	912114	2354	55033	279541
308	338		130	
620933	638550	2354	27681	206498
56523	56485		3942	21497
38	38		19	
1231	1241		161	
48230	43950		9117	6023
39007	37274		3866	10441
47642	47812		4880	25281
86342	86427		5236	9801
10824723	10229202	17	2652280	99067
10566519	9959569	17	2622774	625
221157	217590		21580	82211
12328	11570		1873	3082
24719	40474		6053	13149
451310	444699	641	24342	221999
15740	15579	10	531	5907
270	269		27	262
422090	415674	631	21869	210021

2005年电子信息产业主要产品

产 品 名 称	计量单位	企业个数	年初库存量
5、粘接稀土永磁	万只	2	1881
6、其他合金永磁	万只	1	
（五）电感器小计	万只	23	85811
1、可变电感器	万只	6	27199
2、固定与色码电感器	万只	8	555
3、叠层式片式电感器	万只	5	55916
4、线绕式片式电感器	万只	7	2071
5、LC滤波器	万只	2	70
（六）微波器件小计	万只	2	
2、微波铁氧体环形器	万只	1	
3、微波铁氧体隔离器	万只	2	
7、其他微波磁性器件	万只	1	
（七）电子变压器小计	万只	32	9134
1、中频变压器	万只	1	69
2、音频变压器	万只	1	0
3、脉冲变压器	万只	1	0
4、电源变压器	万只	11	1325
5、开关电源变压器	万只	3	10
6、片式变压器	万只	4	455
7、其他电子变压器	万只	17	7275
（八）线圈小计	万只	19	16568
1、消磁线圈	万只	4	302
2、其他线圈	万只	15	16266
六、电声器件合计	万只	57	7439
（一）通信电传声器件小计	万只	7	1485
1、送话器	万只	2	101
2、受话器	万只	5	729
3、组合件	万只	4	655
（二）传声器小计	万只	4	817
2、动圈式传声器	万只	1	3
3、驻极体传声器	万只	4	814
（三）扬声器小计	万只	26	1977
1、号筒扬声器	万只	6	98
2、直接辐射式扬声器	万只	5	652

生产量、销售量和库存量汇总表

本年 生产量	本年 销售量	企业 自用量	年末 库存量	本年 出口量
13209	13175		1915	5809
2	2			
961956	959156	8	88523	290116
412529	394186		45424	46872
13053	10916		2684	518
255096	281068		29992	49112
277959	269628	8	10393	191070
3319	3357		31	2544
7	7			
0	0			
3	3			
4	4			
171227	159543	3715	17103	58232
			69	
1	1		0	
30	30		0	
34185	35378		132	11791
594	592		12	
18462	14526	3714	676	12355
117956	109016	1	16214	34086
218074	211628	148	22870	182136
2820	2709	148	266	34
215254	208919		22604	182102
99057	96838	1449	7658	59043
18562	17031	1375	1306	8151
1151	1154		98	
15571	15192		773	8142
1840	685	1375	434	9
12987	12878	45	882	4440
73	69		7	68
12914	12808	45	875	4372
35864	35584	26	2128	24004
192	143	15	133	116
8015	8145		522	3971

2005年电子信息产业主要产品

产品名称	计量单位	企业个数	年初库存量
3、球顶形扬声器	万只	1	100
4、汽车扬声器	万只	10	120
5、其他扬声器	万只	11	1007
（四）扬声器音箱、音柱小计	万只	10	31
1、声柱扬声器	万只	1	0
3、家用扬声器	万只	3	7
4、高保真扬声器	万只	3	16
6、计算机用扬声器	万只	1	1
7、其他扬声器	万只	2	7
（五）耳机小计	万只	9	1026
2、头戴立体声耳机	万只	2	18
5、耳塞机	万只	7	1008
（七）蜂鸣器	万只	8	268
（八）蜂鸣片	万只	6	1836
七、频率控制和选择用元件	万只	59	61001
（一）压电陶瓷及频率元件小计	万只	20	24964
1、压电陶瓷滤波器	万只	6	6247
2、压电陶磁谐振器	万只	6	9807
3、压电陶瓷检频器	万只	3	1333
4、片式压电陶瓷器件	万只	4	1480
5、音叉	万只	1	
6、声表面波滤波器	万只	6	5293
7、声表面波振荡器	万只	1	0
8、片式表面波器件	万只	1	50
9、微波介质器件	万只	1	572
10、各类延迟线	万只	2	181
（二）压电石英晶体元器件小计	万只	39	36037
1、压电石英晶体谐振器	万只	33	31707
2、压电石英晶体滤波器	万只	3	615
3、压电石英晶体振荡器	万只	7	2960
4、片式压电晶体器件	万只	2	755
八、其他元件及零部件合计	万只	42	305675
（一）电子陶瓷零件小计	万只	22	280498
1、碳膜电阻瓷件	万只	1	177685

生产量、销售量和库存量汇总表

本年 生产量	本年 销售量	企业 自用量	年末 库存量	本年 出口量
39	136		3	136
723	715	1	107	212
26896	26446	10	1363	19568
3467	3431		67	1425
46	46		1	32
461	445		22	445
1512	1487		41	526
284	282		3	282
1164	1171			141
17089	16744		1361	16609
412	387		43	324
16677	16358		1318	16285
5984	5932		216	2248
5104	5238	3	1699	2167
743898	703080	11127	89764	462001
192885	172144		44888	67310
40691	40994		5820	20041
66849	63978		12232	27221
5614	5106		1830	2883
22592	8120		15894	3690
0	0		0	
50208	46830		8671	9284
1	1		0	1
656	705		1	410
6186	6323		435	3693
88	86		5	86
551013	530936	11127	44876	394691
413353	403086	2020	39989	287787
20637	10870	9107	1274	
112817	113143		2484	106404
4206	3836		1129	500
12323478	11947980	35	680495	710438
11766294	11401429		645363	588534
11487000	11127000		537685	467000

2005年电子信息产业主要产品

产品名称	计量单位	企业个数	年初库存量
2、金属膜电阻瓷件	万只	2	83498
3、电容器陶瓷零件	万只	1	8336
4、氧化铝瓷件	万只	3	1391
5、氧化铍瓷件	万只	1	83
6、陶瓷及玻璃绝缘子	万只	2	7234
7、其他陶瓷件	万只	5	2270
8、片式电阻器陶瓷基片	平方米	3	37816
9、厚膜集成电路陶瓷基片	平方米	2	25220
10、电位器用陶瓷基片	平方米	1	17483
11、其他	万只	8	17699
（二）面板元件	万只	6	571
（三）减震器	万只	2	34
（五）紧固件	万只	1	111
（六）石英晶体器件及继电器管壳、管座	万只	4	19311
（七）电声器件零部件	万只	7	5149
电子印制电路板制造			
一、电子印制电路板合计		62	1683462
（一）单面印制电路板	平方米	33	1073743
（二）双面印制电路板	平方米	38	86887
（三）多层印制电路板	平方米	30	506025
（四）挠性印制电路板	平方米	5	16676
（六）碳膜印制电路板	平方米	2	130
敏感元件及传感器制造			
一、敏感元件		13	11161
（二）电压敏感电阻器	万只	4	6596
（三）光敏元件	万只	3	28
（四）温度敏元件	万只	7	4477
（七）气敏元器件	万只	2	60
电子塑料零件制造			
一、电子塑料零件	吨	42	1792
电子器件行业产品			
真空电子器件制造			
一、电子管合计	万只	11	207
（一）收讯放大管小计	万只	1	20

生产量、销售量和库存量汇总表

本年 生产量	本年 销售量	企业 自用量	年末 库存量	本年 出口量
108757	107852		84403	87000
40358	41320		7374	
10277	10334		1334	20
431	423		92	
63021	57844		12411	8397
56450	56657		2064	26117
438864	427424		49257	178933
81950	85511		21659	2889
227639	226796		18326	32552
1353060	1362034		8725	10208
38042	37659		954	4646
276	288		22	
5125	5078		158	
369318	358007		30622	57979
144424	145519	35	3377	59279
69403339	66193287	2982981	1851136	35447948
39031105	35834559	2982963	1241795	26065817
3342127	3309262	12	114064	1575120
26106332	26148938	6	461118	7735579
922197	898827		34152	71268
1578	1701		7	165
78951	77918	98	11414	20012
58299	59085	96	5715	17679
1844	1110		762	820
18752	17668		4877	1513
57	55	2	61	
35813	36059	11	1384	7554
1437	1450		191	210
106	101		22	44

2005年电子信息产业主要产品

产品名称	计量单位	企业个数	年初库存量
5、八脚管	万只	1	19
6、拇指管	万只	1	1
（三）发射管小计	万只	5	9
1、中小功率玻璃发射管	万只	3	6
2、中小功率陶瓷发射管	万只	3	2
3、大功率玻璃发射管	万只	2	0
4、大功率陶瓷发射管	万只	4	1
（四）超高频管小计	万只	6	138
1、磁控管	万只	4	93
2、微波气体放电管	万只	2	0
3、速调管	万只	1	0
5、行波管	万只	1	0
8、小陶瓷管	万只	1	0
11、固体放电管	万只	1	44
（五）稳定管小计	万只	2	40
1、稳压管	万只	2	40
二、电子束管合计	万只	51	11306
（一）黑白显像管小计	万只	2	68
1、31cm以下	万只	1	45
2、31cm	万只	1	12
3、35cm	万只	2	9
4、44cm	万只	1	2
（二）彩色显像管小计	万只	10	323
1、37cm	万只	1	42
2、47cm	万只	1	100
5、54cm	万只	4	66
7、64cm	万只	5	13
8、74cm	万只	7	49
9、其他	万只	7	53
（三）其他电子束管小计	万只	9	63
1、投影管	万只	1	1
2、监视管（显示管）	万只	7	62
3、示波管	万只	1	0
（四）离子管小计	万只	4	1120

生产量、销售量和库存量汇总表

本年 生产量	本年 销售量	企业 自用量	年末 库存量	本年 出口量
36	35		18	26
70	66		4	18
20	18		9	6
14	13		7	5
4	4		2	1
1	1		0	
1	1		1	0
776	807		108	160
757	790		61	160
0	0		0	
0			0	
0	0		0	
0	0		0	
18	17		45	
535	523		52	
535	523		52	
77093	77092	1010	9823	17206
739	763		64	405
514	523		53	354
9	14		9	10
139	149		1	25
77	77		1	16
8617	8625	41	234	1952
615	626		19	349
1348	1342		106	230
2384	2418	2	23	697
2024	2023	1	7	97
1011	977	31	40	169
1235	1238	7	39	410
2759	2735	9	78	1702
17	12	6	0	12
2731	2713	3	78	1691
11	11		0	
10059	9639	389	1122	7207

2005年电子信息产业主要产品

产　品　名　称	计量单位	企业个数	年　初库存量
1、闸流管	万只	1	
3、放电管	万只	3	1096
5、冷阴极触发管	万只	1	25
（五）射线计数管	万只	1	1
（六）X光管小计	万只	1	1
1、医用X光管	万只	1	0
2、工业用X光管	万只	1	
3、旋转阳极X光管	万只	1	0
（七）真空开关管小计	万只	8	12
1、高、中压真空开关管（3～36kV）	万只	6	11
2、低压真空开关管（3kV以下）	万只	4	1
（八）其他电真空器件小计	万只	3	102
（九）显像管配件	万只	20	9751
1、黑白显像管电子枪零件	万只	4	231
2、彩色显像管电子枪零件	万只	6	6303
3、黑白显像管玻壳	万只	2	2207
（1）31cm以下	万只	2	2115
（2）31cm	万只	1	6
（3）35cm	万只	1	37
（4）44cm	万只	1	20
（5）其他	万只	1	30
4、彩色显像管玻壳	万只	9	649
（1）37cm	万只	4	36
（2）47cm	万只	1	15
（4）51cm	万只	3	160
（5）54cm	万只	6	271
（7）64cm	万只	2	29
（8）74cm	万只	3	77
（9）其他	万只	5	61
5、彩色显像管用荫罩	万只	4	361
（5）54cm	万只	1	43
（7）64cm	万只	2	23
（8）74cm	万只	2	84
（9）其它	万只	3	211

生产量、销售量和库存量汇总表

本 年 生产量	本 年 销售量	企 业 自用量	年 末 库存量	本 年 出口量
0	0			
7798	7741	17	1108	5310
2260	1898	372	15	1897
4	4		1	
2	2		1	1
1	1		1	1
1	1		0	0
58	59	1	10	2
51	53	0	9	2
6	5	1	1	
1994	1931	24	176	135
55701	56192	557	8245	6066
1707	1548	160	222	
39258	39924	397	5240	3423
2448	2901		1250	245
2003	2524		1110	173
26	18		14	1
159	128		62	67
18	17		20	1
243	215		44	4
8468	8082		1090	1825
709	684		61	459
555	549		48	0
2359	2247		270	365
2905	2774		380	756
399	357		53	32
1030	944		143	140
511	529		134	74
3819	3737		443	572
758	738		63	322
182	172		33	9
494	461		117	49
2385	2366		230	192

2005年电子信息产业主要产品

产品名称	计量单位	企业个数	年初库存量
三、电光源合计	万只	20	3863
（一）高压钠灯	万只	1	0
（二）卤素灯	万只	2	1
（三）汽车用灯	万只	4	212
（四）日光灯	万只	2	1213
（五）节能灯	万只	15	2438
光电子器件及其他电子器件制造			
一、电子束光电器件小计	万只	6	232
（二）光电倍增管	万只	1	0
（六）光电图像器件	万只	5	232
二、电真空光电子器件合计	万只	27	2974
（一）显示器件	万只	23	2117
（二）发光器件	万只	5	255
（三）光敏器件	万只	1	196
（六）激光器件	万只	2	405
三、半导体光电器件小计	万只	17	57273
（一）光电耦合器件	万只	3	753
2、其他光电耦合器件	万只	3	753
（二）光电探测器件	万只	3	32842
1、光电二极管	万只	3	32842
（三）发光二极管	万只	10	16827
1、红外发光二极管	万只	5	6368
2、红色发光二极管	万只	3	3562
3、黄色发光二极管	万只	2	456
4、橙色发关二极管	万只	1	7
5、绿色发光二极管	万只	2	276
6、蓝色发光二极管	万只	3	5350
7、数码管组件	万只	5	808
（四）激光器件小计	万只	4	6851
1、半导体激光器件	万只	3	6201
2、固体激光器件	万只	1	650
四、光通信器件	万只	2	123
（二）其他光通信器件	万只	2	123
五、其他半导体光电器件	万只	6	9552

生产量、销售量和库存量汇总表

本年 生产量	本年 销售量	企业 自用量	年末 库存量	本年 出口量
83455	83761	10	2968	5971
1	1		0	
73	73		0	70
775	818	0	169	
3210	3605		616	50
79397	79264	10	2183	5851
7541	7555		213	7004
1	1		0	
7540	7554		213	7004
114593	114256	709	2307	101885
100386	99624	709	1874	88232
4627	4626		256	4502
2480	2538		138	1778
7101	7468		38	7373
1162215	1105924	27	113516	866583
3823	4032		544	1082
3823	4032		544	1082
572498	545253		60065	416600
572498	545253		60065	416600
141414	137884	27	20331	73600
39869	38246		7992	8073
30574	30866		3270	21860
9730	9580	3	603	7071
2467	2467		7	2465
10615	10605	5	281	8821
37354	35416	6	7282	19666
10805	10704	13	896	5644
444480	418755		32576	375301
442930	417005		32126	375301
1550	1750		450	
6624	6641		106	
6624	6641		106	
84163	78772		1251	47275

2005年电子信息产业主要产品

产品名称	计量单位	企业个数	年初库存量
半导体分立器件制造			
一、半导体二极管小计	万只	44	656437
（一）锗二极管小计	万只	1	5
（二）硅二极管小计	万只	43	656050
1、硅整流二极管	万只	19	72289
2、硅开关二极管	万只	10	61409
3、硅稳压二极管	万只	5	531
4、高压硅堆	万只	4	24521
5、桥式整流器	万只	7	14602
6、变容二极管	万只	3	178521
8、混频检波二极管	万只	1	1
9、肖特基二极管	万只	3	1033
10、雪崩二极管	万只	1	2
12、固体放电二极管	万只	1	263559
13、其他硅二极管	万只	9	39582
（三）化合物二极管小计	万只	3	349
1、砷化镓变容二极管	万只	1	
3、砷化镓体效应二极管	万只	1	
8、其他化合物二极管	万只	2	349
（四）其他二极管小计	万只	1	34
二、半导体三极管小计	万只	48	144637
（二）硅三极管小计	万只	48	144637
1、硅高频小功率管	万只	26	83941
2、硅开关三极管	万只	15	6574
3、硅低频大功率三极管	万只	21	24077
4、硅高频大功率三极管	万只	11	10945
5、硅高反压功率管	万只	1	4613
7、场效应管	万只	6	13351
8、硅微波功率管	万只	2	12
9、闸流晶体管	万只	1	1125
三、特种器件及传感器	万只	17	3550
（一）敏感器件及传感器	万只	11	664
1、压力敏感器件及传感器	万只	5	586
3、气敏器件及传感器	万只	4	27

生产量、销售量和库存量汇总表

本 年 生产量	本 年 销售量	企 业 自用量	年 末 库存量	本 年 出口量
16222866	16018022	1008	839208	12663140
13	13		5	
16222174	16017362	1008	838793	12663140
997409	999138		65377	450520
461469	445330		77088	280829
63744	63809	4	462	20947
94037	86741		31817	18423
2369971	2370692	2	13852	262874
1240038	1315667		102892	1315593
5	5		1	
79682	77906		2810	12362
8	6		4	
9275479	9062202		476836	9056202
1640333	1595867	1002	67655	1245389
556	541		361	
0	0			
0	0			
555	541		361	
123	105		49	
2960074	2940273		162360	1560469
2960074	2940273		162360	1560469
2150631	2143988		90019	1187335
73929	73088		7404	8571
359263	359416		23819	135100
72987	68180		14364	24459
19308	17672		6249	4952
281310	275908		18753	197935
20	14		11	
2625	2008		1742	2008
80182	80020	190	3521	61838
5107	4249	150	1373	2253
1930	1847		669	
470	444		53	303

2005年电子信息产业主要产品

产　品　名　称	计量单位	企业个数	年初库存量
10、其他敏感器件	万只	2	52
（二）其他器件小计	万只	6	2885
1、半导体制冷器件	万只	3	1
2、其他器件	万只	3	2884
四、电力半导体器件小计（5A以上）	万只	9	29891
（一）整流二极管	万只	5	29824
（二）普通晶闸管	万只	4	30
（三）双向晶闸管	万只	2	0
（四）快速晶闸管	万只	2	1
（五）高频晶闸管	万只	1	0
（八）晶闸管模块	万只	2	1
（十）功率MOS场效应管	万只	1	
（十二）静电感应器件（SIT）	万只	1	6
（十三）其他电力半导体器件	万只	2	29
集成电路制造			
一、集成电路合计	万块	106	63772
其中：大规模集成电路	万块	13	24136
（一）双极数字电路小计	万块	8	1353
1、TTL电路小计	万块	6	1309
（1）SLTTL电路	万块	1	208
（2）其他TTL电路	万块	5	1101
2、ECL电路	万块	1	43
4、其他双极数字电路	万块	2	1
（二）MOS数字电路小计	万块	10	2322
其中:大规模MOS数字电路	万块	3	278384
1、CMOS电路	万块	8	2322
3、BICMOS电路	万块	1	
（三）接口电路小计	万块	2	126
1、转换电路（A/D、D/A、V/F、F/V等）	万块	1	
2、驱动电路	万块	1	126
（四）模拟电路小计	万块	6	645
1、运算放大器	万块	5	609
2、电压比较器	万块	2	22
3、时基电路	万块	1	0

生产量、销售量和库存量汇总表

本 年 生产量	本 年 销售量	企 业 自用量	年 末 库存量	本 年 出口量
2708	1958	150	652	1950
75074	75772	40	2148	59585
319	277	40	3	187
74755	75495		2144	59398
139466	138032	54	31259	8780
133950	132621		31152	8780
494	392	54	66	
1	1		0	
1	1		1	
1	1		0	
7	7		1	
4953	4953			
			6	
58	56	0	32	
2657824	2655841	594	64902	1314665
981846	803538	390	41862	297336
13109	13715	35	696	4804
11475	12126	35	607	4690
32	24		216	
11443	12102	35	391	4690
10	5		48	
1623	1584		41	114
470412	469324	36	3437	71689
118044	117279		279214	4517
467462	466393	36	3420	71689
2950	2932		17	
6701	4450		2377	2891
3	3			
6698	4447		2377	2891
9426	9708	1	362	7315
8077	8359	1	326	5970
1	1		22	
1	0		0	

2005年电子信息产业主要产品

产品名称	计量单位	企业个数	年初库存量
6、其他模拟电路	万块	2	14
（五）电源电路小计	万块	13	5851
1、普通稳压电路	万块	8	5504
2、开关电源控制电路	万块	1	
3、DC-DC变换器	万块	3	334
4、其他电源电路	万块	3	13
（六）专用电路小计	万块	31	21781
其中：大规模专用电路	万块	5	2034
1、电视机电路小计	万块	3	2351
（1）黑白电视机电路	万块	1	46
（2）彩色电视机电路	万块	3	2305
2、音响电路	万块	4	2811
3、电子钟表电路	万块	3	313
6、遥控器发射/接收电路	万块	1	898
7、家用电器专用电路	万块	1	6
8、显示驱动电路	万块	1	8
9、计算器电路	万块	2	2227
10、通信电路	万块	5	273
（1）移动通信手机电路	万块	2	1
（3）固定通信交换机电路	万块	1	112
（5）光通信电路	万块	1	1
（6）电话机电路	万块	2	160
11、汽车专用电路	万块	4	155
12、数字音、视频电路	万块	4	1
（2）CMOS摄像芯片	万块	1	
（3）图像处理电路	万块	1	
（4）其他数字音视频电路	万块	2	1
13、智能卡专用电路	万块	2	99
14、其他	万块	7	12638
（七）存储器电路	万块	3	5
（八）计算机电路	万块	2	416
1、通用中央处理器（CPU）	万块	1	
3、微控制器（MCU）	万块	1	416
4、芯片组及接口电路	万块	1	

生产量、销售量和库存量汇总表

本年生产量	本年销售量	企业自用量	年末库存量	本年出口量
1348	1348		14	1345
604725	603890	0	6681	114791
589642	588964	0	6185	108965
80	60		20	
13947	13852		422	5783
1056	1015		55	43
448971	449942	73	20336	337523
73290	69587	1	5665	56628
71775	71313	0	2807	27021
392	363		71	90
71384	70950	0	2737	26931
33703	33211	1	2980	14094
11687	11912		88	6960
3405	2960	54	1289	
47	49		4	
1800	1789		16	1789
45172	47166		233	46426
2698	2736		235	1275
642	643			192
269	350		31	15
10	10		0	
1777	1733		203	1068
3688	3579	10	230	2236
3502	3429	7	62	3417
460	451		9	451
2850	2811		39	2811
192	167	7	14	155
11448	11426	1	102	1048
260047	260372	0	12290	233256
20396	20395		5	17692
29074	29461		29	29461
6599	6599			6599
8798	9185		29	9185
13677	13677			13677

2005年电子信息产业主要产品

产品名称	计量单位	企业个数	年初库存量
（十）微波集成电路	万块	5	273
2、微波毫米波混合集成电路	万块	1	1
3、其他微波集成电路	万块	5	273
（十一）混合集成电路	万块	17	1259
1、薄膜混合集成电路	万块	6	8
2、厚膜混合集成电路	万块	12	1251
（十三）集成电路芯片	万片	22	51967
1、集成电路芯片	万片	13	49040
2、其他集成电路芯片	万片	11	2927
电子信息机电行业产品			
电子信息机电产品制造			
一、微特电机合计	万只	56	89657
（一）驱动微电机小计	万只	26	5365
1、异步电动机	万只	7	11
2、同步电动机	万只	3	
3、直流电动机	万只	16	2187
4、直线电动机	万只	2	3060
5、冷却用小型风机	万只	2	2
6、平面无刷电动机	万只	3	103
（二）控制微电机小计	万只	13	259
1、自整角机	万只	2	0
2、旋转变压器	万只	1	0
3、感应移相器及同步器	万只	1	
4、伺服电动机	万只	6	16
5、测速发电机	万只	2	0
6、步进电机	万只	5	226
7、力矩电机	万只	1	0
8、微特电机机组及组合装置	万只	5	17
（三）专用微特电机小计	万只	16	2231
1、传真机、电传机用电机	万只	1	3
2、唱机用电机（CD唱机、唱片机）	万只	1	19
5、录像、激光视盘机用电机	万只	2	53
6、手机、BP机用微型振动马达	万只	11	2106
7、录音机电机	万只	1	50

生产量、销售量和库存量汇总表

本年 生产量	本年 销售量	企业 自用量	年末 库存量	本年 出口量
19183	19209		247	17764
7	6		1	
19176	19203		246	17764
88522	88376	6	1409	77885
76753	76757		4	73330
11769	11619	6	1405	4554
1873629	1873003	649	51943	632851
1394154	1393960	649	48585	161330
479476	479043		3359	471520
3559949	3285383	35	364097	2308907
80074	80025	0	5363	55527
126	126		12	40
93	92		1	11
60256	60316	0	2076	51862
15626	15559	0	3127	
82	80		4	36
3893	3853		143	3579
8811	8844	0	238	5528
1	1		0	
0	0		0	
0	0		0	
610	632		6	239
0	0		0	
6162	6254	0	134	4889
0	0		0	
2038	1957		98	400
101359	101665	35	1839	50231
3	5		1	
1234	1205		30	203
8648	8669		32	8343
91406	91718	35	1726	41617
68	68		50	68

2005年电子信息产业主要产品

产品名称	计量单位	企业个数	年初库存量
（四）电源电机小计	万只	5	1334
1、手摇发电机组	万只	1	
3、发电机组	万只	4	1334
（五）其他电机小计	万只	4	80468
1、洗衣机电机	万只	2	7
3、压缩机电机	万只	2	80461
电线电缆制造			
一、安装线缆小计	千米	42	
（一）安装线	千米	33	154117
（二）安装电缆	对/千	9	17949
（三）带状电缆	对/千	2	122
（五）电源插头线	万根	5	634
二、射频电缆小计	千米	24	48202
（一）CATV同轴电缆	千米	16	40110
（二）皱纹外导体射频电缆	千米	3	622
（三）RF同轴电缆	千米	4	3099
（四）通用射频电缆	千米	8	4371
三、综合电缆	千米	11	26001
四、通信及电子网络用电缆小计	千米		529286
（一）电话通信电缆	千米	40	504130
（二）井下及隧道用监控、通信电缆	千米	4	7515
（三）计算机网络用电缆	千米	15	17640
五、其他电线电缆	千米	36	147767
六、电子线材小计	吨	45	41437
（一）电子元器件引线	吨	7	55
（二）裸铜线	吨	15	349
（三）铜包钢线	吨	6	359
（四）微细漆包线（小于0.6mm）	吨	5	1401
（五）一般漆包线（大于0.6mm）	吨	13	35798
（六）纱包线及绕包线	吨	6	1530
（七）其他电子线材	吨	9	1944
光纤光缆制造			
一、光钎		3	198590
（一）单模光纤	公里	2	198590

生产量、销售量和库存量汇总表

本 年 生产量	本 年 销售量	企 业 自用量	年 末 库存量	本 年 出口量
29003	28470		1867	11600
0	0			
29002	28469		1867	11600
3340702	3066380	0	354790	2186021
729	731		5	4
3339973	3065649	0	354785	2186017
1900781	1879190	9441	151492	663566
679633	675718	67	21770	75794
104	127		99	
44790	44148		1276	23507
974326	967798	347	54410	432401
896189	889548	218	46533	422954
7262	6993		891	
30842	32118	129	1694	9175
40032	39139		5291	272
439295	436255	188	28853	125123
15752424	15916404	1	329153	82002
14529575	14696362	1	301740	
30060	27572		9858	
1192790	1192470		17554	82002
3844995	3873065	30	119524	257424
752928	718876	820	74645	18767
20498	20486		66	11548
298947	292098		7198	
7534	6653	820	420	12
45660	45812		1249	6700
269791	243946		61621	
33251	33374		1407	242
77247	76507		2684	265
4334024	4355787	84516	92311	843724
3415092	3436855	84516	92311	123278

2005年电子信息产业主要产品

产 品 名 称	计量单位	企业个数	年初库存量
（二）多模光纤	公里	1	
二、光缆		34	256822
（一）特种光缆	皮长公	5	10532
（二）普通光缆	皮长公	30	204574
（三）带状光缆	皮长公	4	4604
（四）其他光缆	皮长公	8	37112
电池制造			
一、碱性蓄电池小计	千伏安	10	168023
（一）锌银蓄电池	千伏安	2	
（三）圆柱形密封镉镍蓄电池	千伏安	4	88809
（四）扣式镉镍蓄电池	千伏安	1	92
（五）非密封镉镍蓄电池	千伏安	1	982
（六）镍氢蓄电池	千伏安	5	8708
（七）其他碱性蓄电池	千伏安	6	69432
二、酸性蓄电池小计	万kVH	20	65800
（一）密封铅酸蓄电池	万kVH	17	65790
（二）非密封铅酸蓄电池	万kVH	3	9
三、锂蓄电池小计	千伏安	6	19623430
（一）液体锂离子蓄电池	千伏安	1	3101
（二）聚合物锂离子蓄电池	千伏安	4	19620329
（三）其它锂蓄电池	千伏安	1	
四、原电池小计	万只	18	12259
（一）普通锌锰干电池	万只	8	7916
（二）碱性锌锰电池	万只	3	1936
（七）其他原电池	万只	10	2408
五、贮备电池小计	万只	1	
（五）其他贮备电池	万只	1	
六、物理电源		6	582
（一）硅太阳能电池	kW	6	582
七、物理-化学电源能电源系统	套	2	9
八、蓄电池充电器	万只	2	12
九、电池专用配件	平方米	3	511196
（一）泡沫镍、纤维镍带	平方米	2	101196
（四）其他电池配件	平方米	1	410000

生产量、销售量和库存量汇总表

本　年 生产量	本　年 销售量	企　业 自用量	年　末 库存量	本　年 出口量
918932	918932			720446
5362239	5330027		283428	595372
212990	209229		14293	3457
3912431	3902411		213488	220508
372931	377535			
863887	840852		55647	371407
2789291	2859830		96305	250712
2183	2183			
2174170	2259610		2337	71085
102	82		112	
23580	19199		5217	7422
42012	48667		2052	4177
547245	530090		86587	168028
748719	751186		63333	150431
748675	751142		63324	150430
44	44		9	1
91922881	81799141	52660	28387596	34767946
12804	12804		3101	
91908541	81784801	52660	28384495	34766410
1536	1536			1536
231290	225543	3822	13677	155711
148798	149593		6616	113599
18663	15574	3822	1202	3180
63828	60377		5860	38932
85	85			
85	85			
40645	40862	23	342	36211
40645	40862	23	342	36211
128	119		18	
1	1		12	
7947321	8175947		282570	3137136
4427321	4395947		132570	1387136
3520000	3780000		150000	1750000

2005年电子信息产业主要产品

产品名称	计量单位	企业个数	年初库存量
电子信息专用材料行业产品			
电子元件材料制造			
一、电子元件材料合计		43	10567027
（一）纸绝缘板	公斤	4	430113
（二）纸基敷铜板	公斤	3	1870105
（三）玻璃布基敷铜板	公斤	6	963753
（四）电子光学玻璃	公斤	3	1121070
（六）电解二氧化锰粉	公斤	1	4519000
（七）电容器用铝箔材料	公斤	21	1514056
1、铝箔	公斤	15	952409
2、聚脂膜	公斤	3	43230
3、聚丙烯膜	公斤	5	518417
（八）压电材料	公斤	7	148930
1、铌酸锂单晶	公斤	3	1982
2、钽酸锂单晶	公斤	1	642
3、人造水晶	公斤	4	146306
真空电子器件材料制造			
一、真空电子器件材料合计		22	2125687
（一）钨制品小计	公斤	2	25223
1、钨丝	公斤	1	9771
2、钨杆	公斤	2	14834
3、钨铰丝加热子	公斤	1	618
4、钨片	公斤	1	
（二）钼制品小计	公斤	3	7702
1、钼丝	公斤	1	3807
2、钼干	公斤	2	1740
3、钼片	公斤	2	2155
（三）镍基合金小计	公斤	3	44043
1、镍丝	公斤	1	471
2、镍带	公斤	3	43433
3、镍管	公斤	1	139
（四）复合金属电子材料小计	公斤	3	52520
1、杜镁丝	公斤	2	8630
2、镀镍铁带	公斤	1	43890

生产量、销售量和库存量汇总表

本年 生产量	本年 销售量	企业 自用量	年末 库存量	本年 出口量
121744813	112736052	2173145	17330043	34894113
7352179	6900509	239981	636592	513720
11817047	11896762	1670	1788719	6757026
24500412	22795332		2664104	12850420
7721200	7257200		1585070	1200
38898000	34967000	64000	8386000	14597000
31138779	28636245	1816051	2138778	169672
21553996	21505107	838	938700	169672
377969	340544	541	80114	
9206814	6790594	1814672	1119965	
317196	283004	51443	130779	5075
8701	3775	3837	3070	145
60	250		452	
308435	278979	47606	127256	4930
31233176	30104365	5035	3158365	4665094
265144	250630	1556	25319	23780
41235	41433	1375	6614	480
160145	146471	181	16748	10750
17320	16282		1957	250
46444	46444			12300
261005	250800	858	14663	2990
75449	70339	188	7062	840
88112	82063	423	6294	1150
97445	98398	247	1307	1000
698693	660536	2041	74846	850
50943	44655	271	2577	850
646538	614676	1769	71926	
1213	1204		343	
2093131	2077831	576	63293	11250
61131	57831	576	7403	250
2032000	2020000		55890	11000

2005年电子信息产业主要产品

产 品 名 称	计量单位	企业个数	年初库存量
（五）触头材料小计	公斤	2	58612
（六）电真空器件用玻璃	公斤	5	694503
（八）合金材料小计	公斤	9	1237317
1、银铜焊料	公斤	3	5914
2、铅锡合金料	公斤	1	89
4、其他合金材料	公斤	6	1231314
（九）其他电真空材料	公斤	2	5768
半导体材料制造			
一、半导体材料合计		42	
（一）半导体单晶小计	公斤	14	90602
2、硅单晶	公斤	14	90602
（二）半导体片材	万片	18	779
1、半导体抛光片	万片	6	36
2、半导体外延片	万片	2	2
3、其他半导体片材	万片	12	741
（三）半导体封装材料		14	
1、键合用金丝	公斤	1	37
3、封装用金属管壳	万只	3	49511
5、分立器件塑封引线框架及金属带材	万只	2	72879
6、集成电路塑封引线框架及金属带材	万只	3	9972
7、封装用模塑料粉及辅料	吨	4	1850
8、其他半导体封装材料	吨	3	422
（五）石英制品	公斤	3	72991
信息化学品材料制造			
一、信息化学品材料合计		2	
（一）荧光粉小计	公斤	1	53789
2、黑白荧光粉	公斤	1	53789
（二）碳酸盐	公斤	1	14558
（三）消气剂小计	万只	1	7
1、蒸散型	万只	1	7

生产量、销售量和库存量汇总表

本年 生产量	本年 销售量	企业 自用量	年末 库存量	本年 出口量
291367	332371		17608	5000
11561860	11461963		728299	4578504
16033830	15036490	5	2234336	42720
174553	174545		5922	
429	432		86	
15858849	14861513	5	2228329	42720
28146	33743			
1402188	1337208	65758	83667	897399
1402188	1337208	65758	83667	897399
17967	16813	57	1870	13258
349	339	0	40	158
77	69		10	8
17541	16405	57	1820	13092
1129	1122		44	
479094	490298		38307	338419
1167833	1190490		50222	99916
481616	477673		13915	65664
32213	31699	17	2379	1014
9913	6786	3083	379	1902
1296789	1282138	20174	65490	882000
243800	219900		77700	
243800	219900		77700	
705632	696716		23014	205575
10200	10200		7	
10200	10200		7	

2005年电子信息产业主要

名　　称	计量单位	企业个数	年　初生产能力
移动通信手持机	万部	51	32970
移动通信基站设备	信道	20	33383400
移动交换机	万线	7	7890
无线寻呼机（BP机）	万部	3	77
电话单机	万部	122	17000
传真机	万部	7	101
程控交换机	万线	26	5742
台式个人电脑	万台	39	5230
服务器	万台	7	204
笔记本电脑	万台	34	3856
彩色电视机	万台	46	23250
录像机	万台	8	327
激光视盘机	万台	31	7370
激光唱机（CD）	万台	2	525
摄像机	万台	6	740
组合音响	万台	22	2070
显示器	万台	38	6080
监示器	万台	6	5088
显像管	万只	15	9700
其中：彩色显像管	万只	11	9240
玻壳	万只	16	15390
集成电路	万块	106	2752563

产品生产能力汇总表

本年新增生产能力	其中：基建新增	其中：更新改造新增	本年减少生产能力	年末生产能力
5520	3820	1570	2680	35810
22800	1800	21000	900	33405300
1619	1614	5	0	9590
14	0	14	0	91
400	39	361	400	16990
12	12	0	2	111
551	26	525	28	6265
970	500	470	10	6190
178	171	4	0	382
960	725	225	1	4815
4600	630	3970	90	27760
512	492	20	94	745
2215	625	1590	650	8935
75	0	75	0	600
210	70	140	80	870
160	40	120	48	2182
2520	1070	1450	0	8600
81	0	81	0	5169
106	40	102	270	9536
50	0	52	0	9238
1730	50	1680	150	16970
377972	141859	218557	13177	3117358

2005年电子信息产业主要产品分省市产量情况

省市名称	程控交换机（含移动）	移动电话机	电话单机	传真机	彩色电视机
	万线	部	部	部	万台
合 计	**7720.9**	**303542133**	**169536632**	**10678857**	**8283.2**
北京市	3652.2	89484055	38380		
天津市	4	63100630	1517354	81722	64.9
河北省	3				
山西省					
内蒙古自治区		989307			239.1
辽宁省	15.4	1020000	416584	392498	550.2
吉林省			51032		50.8
黑龙江省	0.1				
上海市	796.6	19394949	2735481	223977	145.5
江苏省	95.9	28459476	2490147	20524	403.8
浙江省	156.8	27912773			128.5
安徽省					313.4
福建省	0.4	11659641	9728899	180973	373.9
江西省	3.6		120462		89.1
山东省	224.1	12320388	846763	5758720	1018.6
河南省			62573		177.0
湖北省	0.1	5868980	207251		
湖南省	14.8		275400		
广东省	2646.2	41839319	150624658	4020443	4089.6
广西自治区		943513			
海南省					
重庆市			412125		
四川省	19.3		9523		564.7
贵州省		549102			74.1
云南省	0.5				
西藏自治区					
陕西省	87.9				
甘肃省					
青海省					
宁夏区					
新疆自治区					

2005年电子信息产业主要产品分省市产量情况

省市名称	录像机	激光视盘机	微型计算机	其中：笔记本电脑	打印机
	部	台	部	部	部
合 计	**12056697**	**103820991**	**80838234**	**45649858**	**35557656**
北京市	606938	9952	6495900	151355	717565
天津市	1522823	2925638	21363		20109
河北省					
山西省			6807		
内蒙古自治区		3476970	8000		
辽宁省	6659	2933877	266656		924879
吉林省					
黑龙江省			39328		
上海市	59400	7277272	21761738	16443416	15728667
江苏省		6984334	29961320	20374206	393717
浙江省			1391174	1381621	
安徽省			42737		
福建省		4276601	3714387	1008078	597860
江西省		16103	50657		
山东省			394371		75787
河南省			4168		
湖北省					
湖南省					47385
广东省	9860877	75244235	16641158	6291182	16996007
广西自治区			17370		
海南省					
重庆市					
四川省		676009	100		
贵州省					
云南省					55680
西藏自治区					
陕西省			21000		
甘肃省					
青海省					
宁夏自治区					
新疆自治区					

2005年电子信息产业主要产品分省市产量情况

省市名称	显示器	彩色显像管	半导体分立器件	半导体集成电路	数码照相机
	台	只	万只	万块	台
合计	**160575877**	**86169455**	**20628989.6**	**2657824.2**	**55229737**
北京市	5778678	8376146	2826612.6	127504.4	162802
天津市	5972130	6412363	671717.3	51958	699904
河北省			42211.6		
山西省			14		
内蒙古自治区					
辽宁省	99154		897292.3	178.5	
吉林省			114017	134	
黑龙江省			10257.3		
上海市		5331823	2619895.8	677003.4	9456771
江苏省	107190590	8351553	3260227.3	820228.8	10922387
浙江省			670077.6	158186.3	1820402
安徽省			20524	18.7	
福建省	25155303	8941000	22289.7	13996.2	176730
江西省			1932		
山东省	1254700		1030566.5	616.9	
河南省			48331		
湖北省			21080		
湖南省	83463	11012128	14799.5	14.4	
广东省	14335459	24532562	6207999	563709	31990741
广西自治区			78374.7		
海南省			2.7		
重庆市					
四川省			2012424.4	89.8	
贵州省			58293.1	907.7	
云南省					
西藏自治区					
陕西省	706400	13211880	50.3		
甘肃省				243278	
青海省					
宁夏自治区					
新疆自治区					

II 制 造 业

（三）规模以下

2005年规模以下电子信息产业制造业

	企业 个数	亏　损 企业数	工业总产值 （现行价）
总　　计	**39816**	**12273**	**41399676**
一、按企业登记注册类型分列			
内资企业	34435	9390	33727804
国有企业	49	20	166236
集体企业	2459	798	2369649
股份合作企业	1511	298	1387877
联营企业	158	56	184279
国有联营企业	28	12	42576
集体联营企业	51	12	52455
国有与集体联营企业	31	14	31205
其他联营企业	48	18	58042
有限责任公司	3668	1349	4565867
国有独资公司	23	8	72135
其他有限责任公司	3645	1341	4493732
股份有限公司	359	142	406386
私营企业	25748	6636	24190206
其他内资企业	483	91	457304
港、澳、台商投资企业	2990	1547	4560605
合资经营企业（港、澳、台资）	588	342	743537
合作经营企业（港、澳、台资）	172	69	297485
港、澳、台商独资经营企业	2190	1120	3476872
港、澳、台商投资股份有限公司	40	16	42711
外商投资企业	2391	1336	3111267
中外合资经营企业	665	362	782097
中外合作经营企业	97	54	156122
外商独资企业	1597	902	2137809
外商投资股份有限公司	32	18	35240
二、按经济类型分列			
国有经济	100	40	280948
集体经济	2510	810	2422104

主要经济指标汇总表（一）

计算单位：万元

工业销售产　值	出　口交货值	工　业增加值	全部从业人员平均人数（人）
34842939	**902522**	**8040000**	**1200321**
28628462	10	6663380	872537
126165	1061	29306	3047
1881379	34056	434029	80711
1197088	8901	274392	32018
136969	1079	33134	6405
19988	130	4712	1581
44035	122	10662	1301
21619	7	6220	1622
51328	820	11540	1901
3599948	16123	914512	115222
47507	0	13045	1246
3552441	16123	901466	113976
299252	2041	84471	11101
20975696	144683	4805276	608321
411964	14357	88260	15713
3941510	476673	840242	204701
569631	23780	134277	25801
264622	37243	53045	16345
3067217	411849	644467	159243
40040	3801	8453	3312
2272967	203548	536378	123084
528780	23584	125591	25935
105734	9632	27496	7255
1611872	168991	377437	86559
26581	1341	5854	3335
193659	1191	47063	5874
1925414	34178	444692	82012

2005年规模以下电子信息产业制造业

	企业个数	亏损企业数	工业总产值（现行价）
股份合作经济	1511	298	1387877
股份制经济	4004	1483	4900118
外商及港、澳、台投资经济	5381	2883	7671872
其他经济	26310	6759	24736757
三、按行业分列			
（一）通信设备工业行业	2493	947	2513786
传输设备制造	711	278	728087
交换设备制造	249	76	228185
通信终端设备制造	437	195	503264
移动通信及终端设备制造	327	151	353745
其他通信设备制造	769	245	700506
（二）雷达工业行业	59	30	119762
雷达及配套设备件制造	59	30	119762
（三）广播电视设备工业行业	1103	360	1096604
广播电视设备及发射设备制造	104	51	101369
广播电视接收设备及器材制造	768	222	781711
应用电视设备及其他广播电视	231	88	213524
（四）电子计算机工业行业	2043	936	2255974
电子计算机整机制造	332	153	431187
计算机网络设备制造	363	176	305867
电子计算机外部设备制造	1066	527	1246264
幻灯机及投影设备制造	62	19	48738
计算器及货币专用设备制造	220	60	223918
（五）家用视听设备工业行业	1718	656	2135499
家用影视设备制造	474	203	877703
家用音响设备制造	1244	452	1257796
（六）电子器件工业行业	4605	1596	4393505
电光源制造	1816	427	1707848
电子真空器件制造	323	108	290917
半导体分立器件制造	450	181	437844

主要经济指标汇总表（一）

计算单位：万元

工业销售产值	出口交货值	工业增加值	全部从业人员平均人数（人）
1197088	8901	274392	32018
3851693	18164	985937	125077
6214477	680221	1376620	327784
21460607	159867	4911296	627557
1991692	42688	466373	70536
631307	7111	139128	18640
179402	786	43177	5603
364985	14308	89646	16952
264327	14450	63404	11661
551671	6033	131018	17681
90470	67	20973	1615
90470	67	20973	1615
966351	24864	221140	33149
84812	1548	19608	3266
694467	21278	156565	24666
187073	2039	44966	5217
1732962	95885	439974	75223
262689	7569	86567	11091
226959	6075	62430	8613
997929	75719	233720	47785
44038	449	10267	1165
201348	6072	46991	6569
1512934	75944	418318	75238
459740	21705	183055	23072
1053194	54239	235263	52167
3634195	97611	825502	143092
1503865	38300	342421	53451
251458	4170	57763	9041
350751	5845	82069	13829

2005年规模以下电子信息产业制造业

	企业个数	亏损企业数	工业总产值（现行价）
集成电路制造	540	252	574728
光电子器件及其他电子器件	1476	627	1382168
（七）电子元件工业行业	12436	3506	12493123
电力电子元器件制造	3121	868	2792452
电子元件及组件制造	8228	2279	8534881
印刷电路板制造	1088	359	1165789
（八）电子测量仪器工业行业	1430	505	1218455
环境监测专用仪器仪表制造	236	93	181542
汽车电子仪器制造	325	101	322630
导航、气象及海洋专用仪器制造	148	59	131945
农林牧渔专用仪器仪表制造	42	8	30106
地质勘探和地震专用仪器制造	110	40	96954
核子及核辐射测量仪器制造	38	9	29302
电子测量仪器制造	532	194	425976
其他专用仪器制造			
（九）电子工业专用设备行业	3513	1307	3258485
电子工业专用设备制造	1733	599	1670027
其他电子设备制造	1779	708	1588458
（十）电子信息机电工业行业	10198	2366	11723380
微电机制造	1907	407	2054901
电线电缆制造	6127	1314	7445082
光纤光缆制造	201	68	227361
电池制造	1963	577	1996035
（十一）其他电子信息行业	219	65	191103
信息化学品制造	219	65	191103
四、按省、自治区、直辖市分列			
北京市	1740	946	1528503
天津市	957	455	693659
河北省	1153	131	1703719
山西省	156	36	163030

主要经济指标汇总表（一）

计算单位：万元

工业销售产值	出口交货值	工业增加值	全部从业人员平均人数（人）
403356	11175	92803	19889
1124765	38120	250445	46882
10748897	347838	2445581	400962
2334703	48081	522945	83137
7370185	263453	1687648	276015
1044008	36305	234988	41809
1041211	8109	243047	30201
165914	557	38060	4165
266899	2676	63937	7690
110130	1108	26226	3528
26143	99	6205	885
83869	620	19542	2443
25615	0	5986	896
362640	3049	83092	10594
2688525	83982	579707	101111
1424112	33110	291063	48400
1264413	50872	288644	52710
10294848	123116	2346943	264142
1792540	15750	410567	50207
6721025	86631	1535636	150320
180377	1807	41596	5202
1600906	18928	359143	58414
140854	2418	32442	5052
140854	2418	32442	5052
792428	4043	303780	30222
604768	11100	143664	28119
1570899	2887	327702	31303
109473	518	25157	4769

2005年规模以下电子信息产业制造业

	企业个数	亏损企业数	工业总产值（现行价）
内蒙古自治区	72	16	120988
辽宁省	1223	531	827468
吉林省	272	89	250035
黑龙江省	372	141	346643
上海市	2139	658	1938225
江苏省	7043	1734	6626029
浙江省	8018	1377	8228088
安徽省	712	248	1164128
福建省	796	312	790208
江西省	360	68	488206
山东省	1835	430	2005129
河南省	710	199	803177
湖北省	476	198	488322
湖南省	463	117	456303
广东省	8888	3940	10002323
广西自治区	699	77	734498
海南省	18	8	24299
西藏自治区	1	1	663
重庆市	230	86	429731
四川省	674	225	693859
贵州省	55	21	73793
云南省	53	23	42698
陕西省	576	145	684885
甘肃省	83	42	54465
青海省	9	5	11042
宁夏自治区	15	8	10031
新疆自治区	18	6	15530

主要经济指标汇总表（一）

计算单位：万元

工业销售产值	出口交货值	工业增加值	全部从业人员平均人数（人）
103632	370	25549	2295
624020	7052	151830	23801
197589	1686	47259	6129
250990	682	57658	8642
1713820	21755	395298	47875
5908626	59160	1360706	161348
6463683	72477	1480608	172919
1031161	3475	239890	21780
601547	16844	138328	22835
432270	2248	98501	15858
1851370	48069	416009	60933
745856	714	173493	22429
316696	2181	77037	16098
380087	1044	88396	14545
8822165	639753	1957461	436495
642992	2674	149143	21517
9609	96	2344	777
663	135	152	16
395368	199	92327	8133
532659	1974	113857	18454
36551	206	8189	2102
33360	906	7986	1328
597080	58	140178	16015
47080	1	10830	2681
6501	0	1491	320
7958	216	2075	292
12040	0	3100	289

2005年规模以下电子信息产业制造业

	产　品 销售收入	产　品 销售成本	产　品 销售费用
总　　计	**35011918**	**28579121**	**2484234**
一、按企业登记注册类型分列			
内资企业	29017128	23670155	2058880
国有企业	127618	97189	9055
集体企业	1890074	1516419	134108
股份合作企业	1194901	994623	84783
联营企业	144290	110229	10238
国有联营企业	20519	17502	1456
集体联营企业	46432	37594	3295
国有与集体联营企业	27085	16368	1922
其他联营企业	50253	38764	3566
有限责任公司	3982439	3013013	282570
国有独资公司	56809	50613	4031
其他有限责任公司	3925630	2962400	278539
股份有限公司	367847	242267	26100
私营企业	20925612	17377392	1484755
其他内资企业	384348	319024	27271
港、澳、台商投资企业	3659014	3063450	259621
合资经营企业（港、澳、台资）	584739	488282	41490
合作经营企业（港、澳、台资）	230995	162608	16390
港、澳、台商独资经营企业	2806470	2383515	199130
港、澳、台商投资股份有限公司	36811	29045	2612
外商投资企业	2335776	1845516	165733
中外合资经营企业	546915	445900	38806
中外合作经营企业	119738	78673	8496
外商独资企业	1643632	1300562	116622
外商投资股份有限公司	25492	20381	1809
二、按经济类型分列			
国有经济	204946	165304	14542
集体经济	1936505	1554013	137403

主要经济指标汇总表（二）

计算单位：万元

产品销售税金及附加	管理费用	财务费用	利息支出	利润总额	应交增值税
13341	**3256953**	**336277**	**358978**	**503875**	**137407**
12055	2699293	278699	297513	1883641	124156
39	11872	1226	1308	12345	406
817	175822	18153	19379	62858	8418
559	111155	11477	12251	79750	5758
62	13422	1386	1479	-21384	637
7	1909	197	210	-12711	68
28	4319	446	476	11351	284
4	2520	260	278	-13147	40
24	4675	483	515	-6877	245
1396	370463	38250	40832	-29892	14379
9	5285	546	582	-7920	88
1388	365178	37704	40250	-21972	14291
171	34219	3533	3772	25954	1758
8824	1946587	200983	214551	1708135	90877
187	35754	3692	3941	45875	1923
695	340377	35144	37516	-465962	7154
121	54395	5616	5995	-115138	1244
51	21488	2219	2368	-1276	521
519	261069	26955	28775	-352452	5342
5	3424	354	377	2903	47
592	217284	22434	23949	-913804	6097
241	50876	5253	5608	-346761	2483
38	11138	1150	1228	-16967	395
311	152897	15786	16852	-535877	3201
2	2371	245	261	-14198	17
55	19065	1968	2101	-8287	562
845	180142	18599	19855	74210	8703

2005年规模以下电子信息产业制造业

	产　品 销售收入	产　品 销售成本	产　品 销售费用
股份合作经济	1194901	994623	84783
股份制经济	4293478	3204667	304639
外商及港、澳、台投资经济	5994790	4908966	425354
其他经济	21387299	17751548	1517513
三、按行业分列			
（一）通信设备工业行业	2030921	1529879	144102
传输设备制造	605862	451665	42988
交换设备制造	188023	145052	13341
通信终端设备制造	390382	274566	27699
移动通信及终端设备制造	276108	199823	19591
其他通信设备制造	570546	458774	40483
（二）雷达工业行业	91332	73103	6480
雷达及配套设备件制造	91332	73103	6480
（三）广播电视设备工业行业	963001	778901	68329
广播电视设备及发射设备制造	85389	66717	6059
广播电视接收设备及器材制造	681797	564179	48376
应用电视设备及其他广播电视	195816	148006	13894
（四）电子计算机工业行业	1915961	1387258	135945
电子计算机整机制造	376974	197622	26748
计算机网络设备制造	271866	167603	19290
电子计算机外部设备制造	1017782	821196	72216
幻灯机及投影设备制造	44708	37224	3172
计算器及货币专用设备制造	204630	163614	14519
（五）家用视听设备工业行业	1821656	1247886	129254
家用影视设备制造	797151	391464	56561
家用音响设备制造	1024505	856423	72693
（六）电子器件工业行业	3594826	3034662	255067
电光源制造	1491146	1283056	105803
电子真空器件制造	251544	203319	17848
半导体分立器件制造	357388	288713	25358

主要经济指标汇总表（二）

计算单位：万元

产品销售税金及附加	管理费用	财务费用	利息支出	利润总额	应交增值税
559	111155	11477	12251	79750	5758
1558	399397	41237	44021	3982	16049
1287	557660	57578	61465	-1379766	13251
9038	1989535	205417	219284	1733986	93085
785	188925	19506	20823	-248722	8085
243	56360	5819	6212	-1355	2504
68	17491	1806	1928	-5829	700
123	36315	3749	4003	-144246	1268
89	25685	2652	2831	-81845	918
262	53075	5480	5850	-15447	2695
11	8496	877	936	5119	108
11	8496	877	936	5119	108
346	89582	9249	9874	6366	3564
27	7943	820	875	983	281
230	63424	6548	6990	17423	2372
88	18216	1881	2008	-12039	911
464	178231	18402	19644	-259765	4783
83	35068	3621	3865	-60185	857
102	25290	2611	2787	-11933	1046
192	94678	9775	10435	-162399	1982
15	4159	429	458	-1640	156
72	19036	1965	2098	-23608	743
568	169458	17496	18677	-158206	5853
248	74154	7656	8173	-101084	2555
320	95304	9840	10504	-57122	3298
1301	334406	34527	36858	-548031	13399
643	138713	14322	15289	103846	6624
111	23400	2416	2579	-7655	1143
132	33246	3433	3664	-58530	1362

2005年规模以下电子信息产业制造业

	产品 销售收入	产品 销售成本	产品 销售费用
集成电路制造	404131	348797	28675
光电子器件及其他电子器件	1090618	910777	77384
（七）电子元件工业行业	10649811	8929295	755646
电力电子元器件制造	2277277	1858776	161582
电子元件及组件制造	7349228	6197398	521457
印刷电路板制造	1023307	873122	72608
（八）电子测量仪器工业行业	1058401	803571	75098
环境监测专用仪器仪表制造	165741	124330	11760
汽车电子仪器制造	278428	222873	19756
导航、气象及海洋专用仪器制造	114206	87436	8103
农林牧渔专用仪器仪表制造	27020	19736	1917
地质勘探和地震专用仪器制造	85099	68427	6038
核子及核辐射测量仪器制造	26065	18978	1849
电子测量仪器制造	361841	261790	25674
其他专用仪器制造			
（九）电子工业专用设备行业	2524462	1972531	179121
电子工业专用设备制造	1267497	1003527	89934
其他电子设备制造	1256965	969004	89187
（十）电子信息机电工业行业	10220271	8702741	725169
微电机制造	1787905	1512929	126859
电线电缆制造	6687259	5703627	474487
光纤光缆制造	181140	148421	12853
电池制造	1563967	1337764	110970
（十一）其他电子信息行业	141275	119292	10024
信息化学品制造	141275	119292	10024
四、按省、自治区、直辖市分列			
北京市	1322875	680107	93863
天津市	625615	514268	44390
河北省	1427047	1151117	101255
山西省	109553	90399	7773

主要经济指标汇总表（二）

计算单位：万元

产品销售税金及附加	管理费用	财务费用	利息支出	利润总额	应交增值税
94	37594	3882	4144	-369062	969
321	101454	10475	11182	-216629	3301
4078	990689	102288	109193	620904	42003
936	211842	21872	23349	172107	9637
2695	683655	70587	75352	457031	27761
447	95192	9828	10492	-8234	4605
434	98457	10166	10852	46435	4468
74	15418	1592	1699	22114	764
116	25901	2674	2855	-1270	1190
43	10624	1097	1171	-18588	439
8	2514	260	277	8099	84
38	7916	817	873	2262	390
18	2425	250	267	3309	187
137	33660	3475	3710	30511	1412
1137	234836	24247	25883	23231	11713
539	117908	12174	12996	56796	5552
598	116928	12073	12888	-33564	6161
4166	950732	98162	104789	950687	42908
673	166318	17172	18331	223386	6934
2772	622076	64229	68565	733306	28547
66	16850	1740	1857	-16777	675
655	145487	15021	16035	10773	6751
51	13142	1357	1448	65856	521
51	13142	1357	1448	65856	521
150	123059	12706	13563	-313530	1549
340	58197	6009	6414	-78149	3505
615	132750	13706	14632	204083	6335
40	10191	1052	1123	15009	416

2005年规模以下电子信息产业制造业

	产品 销售收入	产品 销售成本	产品 销售费用
内蒙古自治区	111260	78985	7894
辽宁省	661179	524456	46913
吉林省	205800	156225	14602
黑龙江省	251086	203205	17816
上海市	1721411	1362524	122141
江苏省	5925490	5114554	420437
浙江省	6447629	5442960	457485
安徽省	1044651	880383	74122
福建省	602380	514911	42741
江西省	428944	330237	30435
山东省	1811600	1449921	128540
河南省	755515	609803	53607
湖北省	335475	238166	23803
湖南省	384939	302852	27313
广东省	8524188	7026236	604825
广西自治区	649477	525704	46083
海南省	10208	8887	724
西藏自治区	663	712	47
重庆市	402057	362149	28528
四川省	495814	406016	35180
贵州省	35659	31589	2530
云南省	34778	27921	2468
陕西省	610436	481677	43313
甘肃省	47162	39195	3346
青海省	6492	5313	461
宁夏自治区	9036	7224	641
新疆自治区	13498	11425	958

主要经济指标汇总表（二）

计算单位：万元

产品销售税金及附加	管理费用	财务费用	利息支出	利润总额	应交增值税
130	10350	1069	1141	23904	1338
285	61506	6350	6779	-42217	2934
115	19144	1977	2110	14583	1189
91	23357	2412	2574	28478	933
565	160133	16534	17650	-205584	5815
2006	551214	56912	60754	58035	20659
2527	599785	61927	66108	427186	26023
304	97178	10033	10711	69682	3130
232	56036	5786	6176	-21393	2384
336	39902	4120	4398	61852	3461
1115	168523	17400	18574	206952	11489
274	70281	7256	7746	72234	2819
175	31207	3222	3440	55630	1799
313	35809	3697	3947	36414	3222
2288	792955	81872	87399	-213732	23565
423	60417	6238	6659	57082	4356
1	950	98	105	-8284	10
0	62	6	7	-392	4
149	37401	3862	4122	4316	1538
218	46123	4762	5084	8889	2242
6	3317	342	366	-44361	57
8	3235	334	357	1921	86
607	56785	5863	6259	86312	6253
18	4387	453	484	-251	183
1	604	62	67	81	7
4	841	87	93	-2425	43
6	1256	130	138	1551	63

2005年规模以下电子信息产业制造业

	税金总额	应收账款净额	产成品存货
总计	**150751**	**6500375**	**8530479**
一、按企业登记注册类型分列			
内资企业	136214	5387371	6151441
国有企业	446	23694	59900
集体企业	9236	350914	662367
股份合作企业	6317	221847	258521
联营企业	699	26789	110999
国有联营企业	74	3810	17897
集体联营企业	312	8621	15616
国有与集体联营企业	44	5029	34203
其他联营企业	269	9330	43282
有限责任公司	15775	739387	1357693
国有独资公司	96	10547	55309
其他有限责任公司	15679	728839	1302384
股份有限公司	1928	68295	161209
私营企业	99703	3885086	3492253
其他内资企业	2110	71359	48498
港、澳、台商投资企业	7849	679339	1215812
合资经营企业（港、澳、台资）	1365	108564	418619
合作经营企业（港、澳、台资）	572	42887	56414
港、澳、台商独资经营企业	5861	521054	732668
港、澳、台商投资股份有限公司	52	6834	8112
外商投资企业	6689	433664	1163226
中外合资经营企业	2725	101541	482787
中外合作经营企业	433	22231	58857
外商独资企业	3512	305160	585220
外商投资股份有限公司	19	4733	36362
二、按经济类型分列			
国有经济	616	38051	133106
集体经济	9548	359535	677984

主要经济指标汇总表（三）

计算单位：万元

流动资产平均余额	固定资产净值平均余额	资产总计	负债合计	亏损企业亏损额
14738852	**18192754**	**76696050**	**36706765**	**24163654**
3321595	10824910	45635084	24210555	10762738
192334	116910	492862	382215	69097
334489	1154408	4866691	3772320	1165325
64051	427841	1803670	1100326	357352
15543	167126	704562	414808	285648
5594	40365	170169	91498	86243
2027	29783	125557	77705	28023
2897	53978	227556	169182	88310
5025	43001	181280	76423	83071
1303731	2742758	11562774	5694239	2996925
361141	60957	256978	264087	61672
942589	2681801	11305796	5430152	2935252
649167	366693	1545887	837171	442205
755580	5746026	24223791	11748487	5299400
6700	103148	434847	260989	146786
3047925	3505136	14776767	6097070	5767723
726229	702363	2960986	1494209	1075443
105636	145983	615428	275435	230771
2186666	2630498	11089515	4288647	4431974
29394	26291	110838	38780	29535
8369331	3862708	16284199	6399140	7633193
2399529	1283891	5412562	2616875	2507360
123918	93007	392096	117814	163565
5729660	2439808	10285614	3584337	4848999
116224	46001	193928	80113	113269
559069	218232	920009	737800	217013
336517	1184191	4992248	3850025	1193348

2005年规模以下电子信息产业制造业

	税 金 总 额	应 收 账款净额	产成品 存 货
股份合作经济	6317	221847	258521
股份制经济	17607	797135	1463593
外商及港、澳、台投资经济	14537	1113003	2379038
其他经济	102125	3970804	3618237
三、按行业分列			
（一）通信设备工业行业	8870	377064	923580
传输设备制造	2748	112485	248488
交换设备制造	768	34909	96826
通信终端设备制造	1391	72479	241688
移动通信及终端设备制造	1008	51263	145681
其他通信设备制造	2956	105929	190898
（二）雷达工业行业	119	16957	40613
雷达及配套设备件制造	119	16957	40613
（三）广播电视设备工业行业	3911	178793	291489
广播电视设备及发射设备制造	309	15853	50639
广播电视接收设备及器材制造	2602	126584	174058
应用电视设备及其他广播电视	1000	36355	66792
（四）电子计算机工业行业	5248	355721	700859
电子计算机整机制造	940	69990	126837
计算机网络设备制造	1148	50475	114717
电子计算机外部设备制造	2175	188963	356423
幻灯机及投影设备制造	171	8301	13681
计算器及货币专用设备制造	815	37992	89202
（五）家用视听设备工业行业	6422	338212	521379
家用影视设备制造	2803	148001	222705
家用音响设备制造	3619	190211	298675
（六）电子器件工业行业	14701	667422	1054134
电光源制造	7268	276849	306686
电子真空器件制造	1254	46702	67186
半导体分立器件制造	1494	66353	105190

主要经济指标汇总表（三）

计算单位：万元

流动资产 平均余额	固定资产净值 平均余额	资　产 总　计	负　债 合　计	亏损企业 亏损额
64051	427841	1803670	1100326	357352
1591756	3048495	12851682	6267323	3377458
11417256	7367844	31060966	12496210	13400916
770202	5946152	25067474	12255082	5617568
2819036	1752726	7389052	3597787	2919319
136238	460263	1940354	778394	504437
477115	169480	714484	385710	294425
251319	399517	1684264	1012843	803488
1812536	391922	1652245	648524	736418
141829	331544	1397705	772316	580550
43802	43708	184260	119956	50824
43802	43708	184260	119956	50824
100208	368633	1554064	835122	622154
7440	48116	202844	109296	75739
74937	220484	929505	482999	326166
17830	100033	421715	242828	220250
4969809	1546716	6520563	2883704	3240762
2773212	326869	1377995	656337	603832
113787	248076	1045825	440590	701566
2008266	798754	3367344	1441782	1599951
7767	17952	75679	26856	39548
66777	155066	653720	318139	295865
1702040	1038661	4378733	2510226	1487818
1363181	525185	2214045	1145467	667078
338859	513477	2164688	1364759	820740
1574054	3656764	15415992	6366444	4922240
121110	513582	2165131	1270652	560396
291443	113128	476918	271928	171578
127514	342063	1442053	570461	503778

2005年规模以下电子信息产业制造业

	税金 总额	应收 账款净额	产成品 存货
集成电路制造	1063	75032	194017
光电子器件及其他电子器件	3621	202486	381057
（七）电子元件工业行业	46082	1977263	2030132
电力电子元器件制造	10573	422803	450839
电子元件及组件制造	30457	1364471	1393624
印刷电路板制造	5053	189989	185670
（八）电子测量仪器工业行业	4902	196505	324285
环境监测专用仪器仪表制造	838	30772	65834
汽车电子仪器制造	1306	51693	64009
导航、气象及海洋专用仪器制造	482	21204	56689
农林牧渔专用仪器仪表制造	93	5017	5302
地质勘探和地震专用仪器制造	428	15800	25474
核子及核辐射测量仪器制造	205	4839	7329
电子测量仪器制造	1549	67180	99650
其他专用仪器制造			
（九）电子工业专用设备行业	12851	468696	765245
电子工业专用设备制造	6091	235326	340978
其他电子设备制造	6760	233370	424266
（十）电子信息机电工业行业	47075	1897514	1827816
微电机制造	7608	331946	278237
电线电缆制造	31320	1241568	992366
光纤光缆制造	741	33631	72081
电池制造	7407	290369	485131
（十一）其他电子信息行业	571	26229	50947
信息化学品制造	571	26229	50947
四、按省、自治区、直辖市分列			
北京市	1699	245607	959157
天津市	3845	116153	306936
河北省	6951	264948	187403
山西省	456	20340	52328

主要经济指标汇总表（三）

计算单位：万元

流动资产平均余额	固定资产净值平均余额	资产总计	负债合计	亏损企业亏损额
570525	1772742	7473430	2856425	1900073
463463	915249	3858458	1396978	1786414
2220576	4177020	17609260	8428771	4972101
258957	1000486	4217796	2085735	1110041
1436714	2721351	11472530	5384068	3137004
524906	455182	1918934	958967	725056
92979	553505	2333438	1073317	742164
7716	76067	320681	161554	87593
31501	155370	655002	280666	202403
13450	98440	414999	190017	202050
782	5531	23319	10541	1992
6653	50292	212020	94551	41840
1261	26354	111102	38828	7416
21206	141449	596315	297160	198869
252060	1321002	5569010	2906399	2030550
90582	637416	2687184	1290352	861380
161478	683586	2881826	1616046	1169170
842482	3519454	14837129	7600158	3039986
339357	497350	2096700	1154975	330766
124953	1887681	7957987	4120761	1319780
97548	169343	713907	309003	204615
280625	965080	4068535	2015420	1184826
127010	214565	904550	384880	135735
127010	214565	904550	384880	135735
872507	2054292	8660376	3581952	2788608
819564	455512	1920324	1220988	1042034
60106	388064	1635980	817609	191332
8650	82785	349002	145218	25032

2005年规模以下电子信息产业制造业

	税金总额	应收账款净额	产成品存货
内蒙古自治区	1468	20657	18005
辽宁省	3219	122756	308246
吉林省	1305	38209	76246
黑龙江省	1023	46617	97495
上海市	6380	319600	528338
江苏省	22666	1100137	1154915
浙江省	28551	1197078	904731
安徽省	3434	193952	170223
福建省	2616	111839	163102
江西省	3797	79639	73694
山东省	12604	336345	318639
河南省	3092	140270	170869
湖北省	1973	62285	173428
湖南省	3535	71468	65218
广东省	25853	1582616	2150597
广西自治区	4779	120583	56882
海南省	11	1895	13612
西藏自治区	5	123	0
重庆市	1687	74647	85764
四川省	2460	92054	198568
贵州省	63	6621	33757
云南省	94	6457	12123
陕西省	6860	113335	208585
甘肃省	201	8756	19017
青海省	7	1205	4963
宁夏自治区	47	1678	7592
新疆自治区	69	2506	10047

主要经济指标汇总表（三）

计算单位：万元

流动资产平均余额	固定资产净值平均余额	资　产总　计	负　债合　计	亏损企业亏损额
31065	89689	378105	171972	24168
213383	637632	2688095	1630162	699855
9408	156546	659960	271829	122672
11476	258278	1088834	568886	219247
1804013	1567816	6609517	3715570	3137912
3089644	2719789	11465941	5371632	4067556
734230	2391305	10081138	4080214	1269565
69599	279715	1179208	640723	179665
682849	297730	1255154	505560	530207
30183	233053	982493	352662	58957
876686	650940	2744197	1237477	594747
80743	239637	1010247	551729	339754
83221	406432	1713415	631216	367447
53871	139174	586723	381014	219060
4889220	3912612	16494581	8126456	7201373
14634	171128	721432	231506	54656
2395	28383	119656	62703	52986
0	741	3125	737	2440
20232	127916	539260	346280	171907
169420	251818	1061600	671879	295169
22179	185861	783542	378647	305873
5307	14692	61936	37370	21320
73838	412349	1738359	871186	132218
5995	21682	91406	74177	24924
19	2607	10990	7488	1655
517	9511	40096	14601	17711
3900	5066	21357	7323	3604

2005年规模以下电子信息产业制造业

	企业个数	综合经济效益指数	总资产贡献率
总　　计	**39816**	**109.0**	**1.32**
一、按企业登记注册类型分列			
内资企业	34435	353.7	5.08
国有企业	49	128.8	2.86
集体企业	2459	116.8	1.88
股份合作企业	1511	278.7	5.45
联营企业	158	53.2	-2.73
国有联营企业	28	-151.5	-7.30
集体联营企业	51	398.9	9.67
国有与集体联营企业	31	-118.1	-5.64
其他联营企业	48	43.1	-3.36
有限责任公司	3668	114.5	0.23
国有独资公司	23	19.2	-2.82
其他有限责任公司	3645	150.5	0.30
股份有限公司	359	110.3	2.05
私营企业	25748	364.7	8.35
其他内资企业	483	678.7	11.94
港、澳、台商投资企业	2990	19.1	-2.85
合资经营企业（港、澳、台资）	588	-12.3	-3.64
合作经营企业（港、澳、台资）	172	100.7	0.27
港、澳、台商独资经营企业	2190	23.8	-2.87
港、澳、台商投资股份有限公司	40	88.3	3.01
外商投资企业	2391	-110.9	-5.42
中外合资经营企业	665	-197.0	-6.25
中外合作经营企业	97	-16.4	-3.90
外商独资企业	1597	-84.9	-5.01
外商投资股份有限公司	32	-197.0	-7.18
二、按经济类型分列			
国有经济	100	53.2	-0.61
集体经济	2510	120.5	2.08

综合经济效益指数

计算单位：%

资本保值增值率	资产负债率	流动资产周转率	工业成本费用利润率	全员劳动生产率（元/人）	产品销售率
120.35	**47.86**	**2.38**	**1.45**	**66982**	**84.16**
1236.54	53.05	8.74	6.56	76368	84.88
4.55	77.55	0.66	10.34	96181	75.89
-55.20	77.51	5.65	3.41	53776	79.39
-120.72	61.00	18.66	6.63	85700	86.25
-201.54	58.87	9.28	-15.81	51733	74.33
138.99	53.77	3.67	-60.35	29807	46.95
-88.93	61.89	22.90	24.86	81942	83.95
-48.81	74.35	9.35	-62.40	38357	69.28
-388.82	42.16	10.00	-14.48	60699	88.43
137.70	49.25	3.05	-0.81	79370	78.84
-0.29	102.77	0.16	-13.10	104706	65.86
321.57	48.03	4.16	-0.60	79093	79.05
14.76	54.15	0.57	8.48	76093	73.64
-181.58	48.50	27.69	8.13	78992	86.71
-96.42	60.02	57.37	11.89	56172	90.09
114.27	41.26	1.20	-12.60	41047	86.43
61.73	50.46	0.81	-19.52	52044	76.61
302.26	44.75	2.19	-0.63	32453	88.95
139.29	38.67	1.28	-12.28	40471	88.22
32.07	34.99	1.25	8.19	25523	93.75
41.36	39.30	0.28	-40.60	43578	73.06
46.50	48.35	0.23	-64.12	48425	67.61
57.07	30.05	0.97	-17.06	37901	67.72
41.79	34.85	0.29	-33.79	43605	75.40
8.29	41.31	0.22	-57.24	17553	75.43
3.70	80.19	0.37	-4.13	80125	68.93
-56.09	77.12	5.75	3.93	54223	79.49

2005年规模以下电子信息产业制造业

	企业个数	综合经济效益指数	总资产贡献率
股份合作经济	1511	278.7	5.45
股份制经济	4004	109.4	0.51
外商及港、澳、台投资经济	5381	-37.8	-4.20
其他经济	26310		
三、按行业分列			
（一）通信设备工业行业	2493	17.8	-2.96
传输设备制造	711	126.8	0.39
交换设备制造	249	60.1	-0.44
通信终端设备制造	437	-89.4	-8.24
移动通信及终端设备制造	327	-77.7	-4.72
其他通信设备制造	769	134.9	-0.48
（二）雷达工业行业	59	150.4	3.35
雷达及配套设备件制造	59	150.4	3.35
（三）广播电视设备工业行业	1103	85.0	1.30
广播电视设备及发射设备制造	104	203.0	1.07
广播电视接收设备及器材制造	768	99.9	2.91
应用电视设备及其他广播电视设备	231	126.3	-2.14
（四）电子计算机工业行业	2043	-0.8	-3.60
电子计算机整机制造	332	-25.6	-4.02
计算机网络设备制造	363	82.5	-0.76
电子计算机外部设备制造	1066	-10.9	-4.45
幻灯机及投影设备制造	62	166.4	-1.33
计算器及货币专用设备制造	220	187.7	-3.17
（五）家用视听设备工业行业	1718	27.3	-3.04
家用影视设备制造	474	-5.0	-4.07
家用音响设备制造	1244	-283.2	-1.99
（六）电子器件工业行业	4605	32.2	-3.22
电光源制造	1816	193.7	5.84
电子真空器件制造	323	58.0	-0.80
半导体分立器件制造	450	30.3	-3.70

综合经济效益指数

计算单位：%

资本保值增值率	资产负债率	流动资产周转率	工业成本费用利润率	全员劳动生产率（元/人）	产品销售率
-120.72	61.00	18.66	6.63	85700	86.25
99.35	48.77	2.70	0.10	78827	78.60
58.94	40.23	0.53	-23.19	41998	81.00
41.67	48.69	0.72	-13.21	66118	79.23
135.88	40.12	4.45	-0.24	74640	86.71
9.37	53.98	0.39	-3.28	77066	78.62
119.09	60.14	1.55	-42.14	52881	72.52
25.34	39.25	0.15	-33.04	54374	74.72
299.51	55.26	4.02	-2.77	74101	78.75
11.62	65.10	2.09	5.75	129878	75.54
11.62	65.10	2.09	5.75	129878	75.54
-584.39	53.74	9.61	0.67	66711	88.12
185.59	53.88	11.48	1.21	60036	83.67
-493.56	51.96	9.10	2.55	63475	88.84
-215.62	57.58	10.98	-6.62	86191	87.61
32.95	44.22	0.39	-15.10	58490	76.82
13.77	47.63	0.14	-22.88	78050	60.92
141.55	42.13	2.39	-5.56	72483	74.20
36.16	42.82	0.51	-16.27	48911	80.07
398.37	35.49	5.76	-3.64	88147	90.36
1071.50	48.67	3.06	-11.86	71538	89.92
43.44	57.33	1.07	-10.11	55599	70.85
24.66	51.74	0.58	-19.08	79342	52.38
-2540.79	63.05	3.02	-5.52	45098	83.73
133.16	41.30	2.28	-14.98	57690	82.72
-199.38	58.69	12.31	6.73	64063	88.06
6.07	57.02	0.86	-3.10	63887	86.44
133.39	39.56	2.80	-16.69	59347	80.11

2005年规模以下电子信息产业制造业

	企业个数	综合经济效益指数	总资产贡献率
集成电路制造	540	-260.1	-4.87
光电子器件及其他电子器件	1476	19.7	-5.23
（七）电子元件工业行业	12436	163.4	4.41
电力电子元器件制造	3121	59.0	4.88
电子元件及组件制造	8228	171.3	4.91
印刷电路板制造	1088	79.8	0.38
（八）电子测量仪器工业行业	1430	116.0	2.67
环境监测专用仪器仪表制造	236	327.2	7.69
汽车电子仪器制造	325	55.7	0.44
导航、气象及海洋专用仪器制造	148	-113.7	-4.08
农林牧渔专用仪器仪表制造	42	563.5	36.31
地质勘探和地震专用仪器制造	110	78.1	1.68
核子及核辐射测量仪器制造	38	228.3	3.40
电子测量仪器制造	532	239.5	6.00
其他专用仪器制造			
（九）电子工业专用设备行业	3513	127.8	1.11
电子工业专用设备制造	1733	186.5	2.82
其他电子设备制造	1779	86.0	-0.48
（十）电子信息机电工业行业	10198	201.1	7.43
微电机制造	1907	227.4	11.89
电线电缆制造	6127	654.9	10.47
光纤光缆制造	201	58.9	-1.99
电池制造	1963	-35.4	0.84
（十一）其他电子信息行业	219	264.3	7.50
信息化学品制造	219	264.3	7.50
四、按省、自治区、直辖市分列			
北京市	1740	28.9	-3.44
天津市	957	12.8	-3.54
河北省	1153	339.3	13.79
山西省	156	75.1	4.75

综合经济效益指数

计算单位：%

资本保值增值率	资产负债率	流动资产周转率	工业成本费用利润率	全员劳动生产率（元/人）	产品销售率
217.75	38.22	0.71	-88.09	46660	70.18
224.75	36.21	2.35	-19.69	53420	81.38
209.37	47.87	4.80	5.76	60993	86.04
-938.18	49.45	8.79	7.64	62902	83.61
227.95	46.93	5.12	6.12	61143	86.35
49.46	49.97	1.95	-0.78	56205	89.55
-664.32	46.00	11.38	4.70	80476	85.45
-235.96	50.38	21.48	14.44	91377	91.39
-755.57	42.85	8.84	-0.47	83145	82.73
-1425.06	45.79	8.49	-17.33	74332	83.47
-252.42	45.20	34.54	33.15	70112	86.84
-980.08	44.60	12.79	2.72	79977	86.50
-708.59	34.95	20.67	14.08	66835	87.42
-334.66	49.83	17.06	9.40	78433	85.13
-248.21	52.19	10.02	0.96	57334	82.51
-240.06	48.02	13.99	4.64	60136	85.27
-257.87	56.08	7.78	-2.83	54761	79.60
-320.17	51.22	12.13	9.07	88852	87.81
-259.35	55.09	5.27	12.25	81775	87.23
-131.86	51.78	53.52	10.68	102158	90.27
86.90	43.28	1.86	-9.33	79965	79.33
-1144.17	49.54	5.57	0.67	61483	80.20
68.21	42.55	1.11	45.79	64216	73.71
68.21	42.55	1.11	45.79	64216	73.71
556.63	41.36	1.52	-34.46	100516	51.84
36.83	63.58	0.76	-12.55	51091	87.19
-462.87	49.98	23.74	14.59	104687	92.20
-1199.44	41.61	12.66	13.72	52756	67.15

2005年规模以下电子信息产业制造业

	企业个数	综合经济效益指数	总资产贡献率
内蒙古自治区	72	92.9	7.01
辽宁省	1223	150.1	-1.20
吉林省	272	442.4	2.73
黑龙江省	372	293.5	2.95
上海市	2139	38.1	-2.75
江苏省	7043	109.9	1.23
浙江省	8018	290.8	5.18
安徽省	712	225.9	7.11
福建省	796	53.0	-1.00
江西省	360	196.1	7.13
山东省	1835	155.5	8.68
河南省	710	225.1	8.22
湖北省	476	488.5	3.56
湖南省	463	193.7	7.48
广东省	8888	64.9	-0.61
广西自治区	699	450.0	9.50
海南省	18	-249.8	-6.83
西藏自治区	1		-12.18
重庆市	230	268.1	1.88
四川省	674	102.6	1.55
贵州省	55	-437.7	-5.61
云南省	53	163.66	3.83
陕西省	576	266.9	5.72
甘肃省	83	121.3	0.47
青海省	9	3382.9	1.41
宁夏自治区	15	-369.1	-5.70
新疆自治区	18	177.9	8.23

综合经济效益指数

计算单位：%

资本保值增值率	资产负债率	流动资产周转率	工业成本费用利润率	全员劳动生产率（元/人）	产品销售率
-1016.34	45.48	3.58	24.32	111314	85.65
643.83	60.64	3.10	-6.60	63790	75.41
952.86	41.19	21.88	7.60	77103	79.02
-241.42	52.25	21.88	11.54	66719	72.41
54.73	56.22	0.95	-12.37	82568	88.42
94.14	46.85	1.92	0.94	84334	89.17
744.44	40.47	8.78	6.51	85624	78.56
-374.03	54.33	15.01	6.56	110142	88.58
31.11	40.28	0.88	-3.45	60578	76.13
-539.41	35.89	14.21	15.28	62116	88.54
88.28	45.09	2.07	11.73	68273	92.33
76.79	54.61	9.36	9.75	77351	92.86
2445.91	36.84	4.03	18.77	47855	64.85
93.79	64.94	7.15	9.85	60775	83.30
69.79	49.27	1.74	-2.51	44845	88.20
-747.93	32.09	44.38	8.94	69313	87.54
-149.76	52.40	4.26	-77.72	30153	39.54
-390.23	23.57		-47.37	97305	100.00
-209.94	64.21	19.87	1.00	113524	92.00
34.89	63.29	2.93	1.81	61697	76.77
-299.65	48.33	1.61	-117.42	38965.10	49.53
86.27	60.34	6.55	5.66	60122	78.13
332.67	50.12	8.27	14.69	87529	87.18
7.04	81.15	7.87	-0.53	40400	86.44
-59.54	68.13	338.09	1.26	46537	58.88
-3658.80	36.42	17.47	-27.58	71023	79.33
26.21	34.29	3.46	11.26	107241	77.52

III 固定资产投资

2005年电子信息产业制造业固定资产投资主要指标表

指标名称	计算单位	本年累计	去年同期	增长%
一、投资额和新增固定资产				
计划总投资	亿元	4175.9	3104.5	34.5
其中：本年新开工项目	亿元	1502.6	1154.0	30.2
本年计划投资	亿元	1892.1		
自开始建设累计完成投资	亿元	2803.9	1593.2	76.0
自年初累计完成投资	亿元	1468.2	1206.6	21.7
按构成分：				
1.建筑工程	亿元	457.9	358.5	27.7
2.安装工程	亿元	78.1	59.3	31.7
3.设备工器具购置	亿元	828.5	723.2	14.6
其中：用于更新的设备	亿元	70.8	46.2	53.3
4.其他费用	亿元	103.7	65.5	58.2
本年新增固定资产	亿元	1037.7	744.5	39.4
二、投资项目个数				
施工项目个数	个	3523	2711	30.0
其中：本年新开工	个	2182	1581	38.0
本年投产项目数	个	1226	843	45.4
三、固定资产投资资金来源				
上年末结余资金	亿元	155.0	74.8	107.2
本年资金来源小计	亿元	1569.8	1289.6	21.7
1.国家预算内资金	亿元	12.7	4.6	173.9
2.国内贷款	亿元	263.8	222.4	18.6
3.债券	亿元	1.1	0.9	18.3
4.利用外资	亿元	537.6	496.9	8.2
其中：外商直接投资	亿元	455.9	449.0	1.5
5.自筹资金	亿元	719.1	540.2	33.1
其中：企事业单位自有资金	亿元	658.7		
6.其他资金来源	亿元	35.5	24.6	44.3
四、各项应付款合计	亿元	127.6		

2005年电子信息产业制造业

	计划 总投资	其中： 本年新开工项目	本年 计划投资
总计	**41758846**	**15026305**	**18921339**
一、按企业登记注册类型分列			
内资企业	14850951	8020821	7597759
国有企业	3321680	1878143	1272801
集体企业	205719	151953	170671
股份合作企业	158567	117455	104694
联营企业	75743	31800	18301
国有联营企业	29000	29000	5000
集体联营企业			
国有与集体联营企业	41143	2800	11701
其他联营企业	5600		1600
有限责任公司	5508971	3270504	2934424
国有独资公司	306601	153645	203782
其他有限责任公司	5202370	3116859	2730642
股份有限公司	3328885	1133094	1623446
私营企业	1940327	1174367	1293584
其他内资企业	311059	263505	179838
港、澳、台商投资企业	9710209	2243224	4203551
合资经营企业（港澳台资）	1909399	560726	1061737
合作经营企业（港澳台资）	108867	24551	48773
港澳台商独资经营企业	7464154	1577685	2915293
港澳台商投资股份有限公司	227789	80262	177748
外商投资企业	17197686	4762260	7120029
中外合资经营企业	5114876	1322229	1733701
中外合作经营企业	177256	57173	76548
外商独资企业	11779063	3324467	5251334
外商投资股份有限公司	126491	58391	58446
二、国有控股企业	3698424	2063588	1493284
三、按行业分列			
（一）通信设备工业行业	3946171	1409152	1865067

固定资产投资指标汇总表（一）

计算单位：万元

本年累计	按构成分：			其中：	
完成投资	建筑工程	安装工程	设备工器具购置	用于更新的设备	其他费用
14681580	**4578909**	**781275**	**8284595**	**707901**	**1036801**
5371948	2360747	286779	2031290	263000	693132
973036	413626	48550	317103	39897	193757
138858	83184	12520	25790	600	17364
95036	65136	2814	19343	3999	7743
9066	6987	860	855	0	364
1895	1531				364
5571	3856	860	855		
1600	1600				
2080768	885774	125007	799466	104575	270521
140920	65408	4471	44520	75	26521
1939848	820366	120536	754946	104500	244000
965417	407154	42990	429320	56189	85953
976842	437124	45981	392724	33444	101013
132925	61762	8057	46689	24296	16417
3265227	850011	204916	2080778	163010	129522
878023	174795	66030	610321	21705	26877
22709	8688	755	11975		1291
2249496	629419	132394	1392486	101199	95197
114999	37109	5737	65996	40106	6157
6044405	1368151	289580	4172527	281891	214147
1462391	355393	73791	958483	48777	74724
111951	23986	1351	85002	47550	1612
4416393	970168	212389	3098419	185564	135417
53670	18604	2049	30623		2394
1121422	484421	53881	362478	39972	220642
1377386	471837	62974	659589	80403	182986

2005年电子信息产业制造业

	计划 总投资	其中： 本年新开工项目	本年 计划投资
传输设备制造	459590	255545	291815
交换设备制造	663236	140324	182536
通信终端设备制造	254513	115483	159675
移动通信及终端设备制造	1963874	580651	840869
其他通信设备制造	604958	317149	390172
（二）雷达工业行业	206936	93607	103688
雷达及配套设备件制造	206936	93607	103688
（三）广播电视设备工业行业	248091	136421	132714
广播电视设备及发射设备制造	55150	29962	15662
广播电视接收设备及器材制造	151996	85764	98922
应用电视设备及其他广播电视	40945	20695	18130
（四）电子计算机工业行业	4013182	1308930	1964545
电子计算机整机制造	976276	301669	477396
计算机网络设备制造	251761	138959	152571
电子计算机外部设备制造	2475956	809546	1242391
幻灯机及投影设备制造	27232	5750	9313
计算器及货币专用设备制造	281957	53006	82874
（五）家用视听设备工业行业	2280214	1001845	841712
家用影视设备制造	1946489	817175	667686
家用音响设备制造	333725	184670	174026
（六）电子器件工业行业	15456465	3640402	5435285
电光源制造	212125	147254	128434
电子真空器件制造	573312	182166	315701
半导体分立器件制造	1968290	174062	642351
集成电路制造	9137372	2317034	2659020
光电子器件及其他电子器件	3565366	819886	1689779
（七）电子元件工业行业	8557777	4168231	4960912
电力电子元器件制造	1123026	732866	735679
电子元件及组件制造	6538131	3056288	3583867
印刷电路板制造	896620	379077	641366

固定资产投资指标汇总表（一）

计算单位：万元

本年累计完成投资	按构成分：建筑工程	安装工程	设备工器具购置	其中：用于更新的设备	其他费用
197344	74397	9184	69661	6422	44102
137266	35044	4292	57295	19596	40635
150619	61411	17474	53858	7677	17876
680457	192918	19859	417540	42586	50140
211700	108067	12165	61235	4122	30233
87154	23616	17842	40036	1812	5660
87154	23616	17842	40036	1812	5660
99314	40709	5957	39539	10850	13109
11810	7464	300	258		3788
71490	27823	4285	36189	10850	3193
16014	5422	1372	3092		6128
1579780	555997	135501	821367	64388	66915
483265	194054	23247	245869	45364	20095
100283	65391	2197	22951	560	9744
917482	277643	99966	504725	17187	35148
8989	2114		6500		375
69761	16795	10091	41322	1277	1553
638310	208125	47420	334484	34615	48281
497400	163574	41408	251271	24680	41147
140910	44551	6012	83213	9935	7134
4000338	911159	221602	2673895	138069	193682
99963	34771	4869	49622	5254	10701
168183	43505	5990	112200	8142	6488
567907	67789	10524	477094	17742	12500
1906811	439775	113901	1254824	68355	98311
1257474	325319	86318	780155	38576	65682
4084340	1352605	158131	2266290	209650	307314
619442	257056	34290	261744	39206	66352
2967811	956296	112788	1684472	131939	214255
497087	139253	11053	320074	38505	26707

2005年电子信息产业制造业

	计 划 总投资	其中: 本年新开工项目	本 年 计划投资
（八）电子测量仪器工业行业	510228	342458	270433
环境监测专用仪器仪表制造	165600	109980	86545
汽车电子仪器制造	98567	87117	58805
导航、气象及海洋专用仪器制造	102661	75063	43566
农林牧渔专用仪器仪表制造	9980	9980	5784
地质勘探和地震专用仪器制造	31864	17064	13244
核子及核辐射测量仪器制造	14800	12000	14698
电子测量仪器制造	86756	31254	47791
其他专用仪器制造			
（九）电子工业专用设备行业	3391923	1302250	1711714
电子工业专用设备制造	1013917	654122	601620
其他电子设备制造	2378006	648128	1110094
（十）电子信息机电工业行业	2818282	1503225	1442324
微电机制造	541122	332548	341767
光纤光缆制造	373338	144718	168562
电池制造	1903822	1025959	931995
（十一）其他电子信息行业	329577	119784	192945
信息化学品制造	329577	119784	192945
四、按省、自治区、直辖市分列			
北京市	2142769	63483	759754
天津市	1468495	116236	663771
河北省	852959	528323	412330
山西省	971955	32263	229473
内蒙古自治区	330862	226799	216874
辽宁省	1292238	650082	568370
吉林省	256528	172489	162139
黑龙江省	119971	75636	83355
上海市	6705963	423522	1587152
江苏省	7607135	3212939	4137395
浙江省	2378687	1352384	1158125

固定资产投资指标汇总表（一）

计算单位：万元

本年累计完成投资	按构成分：建筑工程	安装工程	设备工器具购置	其中：用于更新的设备	其他费用
227520	88856	14435	101900	3584	22329
70452	25848	2487	37364	550	4753
43139	11777	5894	21801	714	3667
39408	22622	1157	8146	1720	7483
5698	304	360	4654		380
10429	5885	597	3005	85	942
12899	1148	400	11109	187	242
45495	21272	3540	15821	328	4862
1303810	552626	58831	593682	43081	98671
446321	180190	22769	208704	21104	34658
857489	372436	36062	384978	21977	64013
1131323	351452	53416	638906	112450	87549
284484	95090	13844	156070	35362	19480
140563	51971	8526	68230	5250	11836
706276	204391	31046	414606	71838	56233
152305	21927	5166	114907	8999	10305
152305	21927	5166	114907	8999	10305
753890	91662	55026	595609	9065	11593
487637	72601	2975	401834	4693	10227
331273	80240	9432	211114	17910	30487
212486	91012	4824	100418	10960	16232
129862	34293	4308	81552	41	9709
505279	182980	27719	214132	22955	80448
134137	45488	4045	73120	1500	11484
67202	27521	3410	33608	2756	2663
1220775	253564	67146	858369		41696
3551839	1114274	217545	2032607	69760	187413
781033	277451	15090	407431	59400	81061

2005年电子信息产业制造业

	计划总投资	其中:本年新开工项目	本年计划投资
安徽省	525357	279798	205187
福建省	1419305	514169	571640
江西省	1063593	467104	321035
山东省	2275270	1119041	1498797
河南省	624462	255888	294581
湖北省	697995	365124	424009
湖南省	521798	337313	284680
广东省	6797859	2431409	4003474
广西自治区	405678	264022	139593
海南省	68211	47011	10949
重庆市	1144172	1104677	174426
四川省	1426460	658737	651168
贵州省	89918	22614	54654
云南省	18923	4395	9412
陕西省	412401	201620	218027
甘肃省	67032	26377	48909
青海省			
宁夏自治区	1250	1250	1250
新疆自治区	71600	71600	30810

固定资产投资指标汇总表（一）

计算单位：万元

本年累计完成投资	按构成分：建筑工程	安装工程	设备工器具购置	其中：用于更新的设备	其他费用
162711	54574	11068	80308	15698	16761
438091	162962	24416	214383	17924	36330
244534	108697	10633	104657	9521	20547
1189472	495279	92582	519707	21169	81904
151567	50974	6584	76853	898	17156
276066	104537	20787	102967	8808	47775
192344	89517	15815	66108	19956	20904
2921104	862980	129218	1791420	347907	137486
115751	45741	5415	36400	8125	28195
7614	1129	500	5985	4290	
112216	26884	18178	46616	3519	20538
459298	195718	20300	135901	29395	107379
28825	9511	1371	13850	8126	4093
7524	2194	1035	1804		2491
146965	84302	4885	47078	3415	10700
38175	8717	6593	21811	9610	1054
1250	550		650	500	50
12660	3557	375	8303		425

2005年电子信息产业制造业

	本年新增固定资产	上年末结余资金	本年资金来源 小计
总　　计	**10376757**	**1550464**	**15698112**
一、按企业登记注册类型分列			
内资企业	2635741	355472	5759606
国有企业	320680	62964	1050077
集体企业	79375	6970	141325
股份合作企业	64958	1815	119294
联营企业	5600	13454	8328
国有联营企业			1895
集体联营企业			
国有与集体联营企业		13454	4833
其他联营企业	5600		1600
有限责任公司	969602	76223	2304340
国有独资公司	33111	8603	157642
其他有限责任公司	936491	67620	2146698
股份有限公司	549428	178819	984453
私营企业	589380	12881	999469
其他内资企业	56718	2346	152320
港、澳、台商投资企业	3135252	481110	3781214
合资经营企业（港澳台资）	1086800	185537	1416572
合作经营企业（港澳台资）	6970	6142	16898
港澳台商独资经营企业	1979428	268773	2267070
港澳台商投资股份有限公司	62054	20658	80674
外商投资企业	4605764	713882	6157292
中外合资经营企业	896151	244259	1593195
中外合作经营企业	50931	1228	113670
外商独资企业	3624571	468395	4391933
外商投资股份有限公司	34111		58494
二、国有控股企业	353791	85021	1214447
三、按行业分列			
（一）通信设备工业行业	665574	62617	1518659
传输设备制造	70476	31084	230221

固定资产投资指标汇总表（二）

国家预算内资金	国内贷款	利用外资	其中：外商直接投资	自筹资金	其他来源
126837	**2638029**	**5376028**	**4559213**	**7191114**	**366104**
120914	766552	184630	82623	4450095	237415
50375	234288	22880	9000	658767	83767
	18465	3221	2321	115023	4616
900	22150	1650	1200	85014	9580
822	2000	0	0	5175	331
				1895	
822	2000			1680	331
				1600	
55168	258186	54744	41201	1877225	59017
455	105829			51358	
54713	152357	54744	41201	1825867	59017
13049	137569	73595	4769	739632	20608
600	77994	11942	11542	856992	51941
	15900	16598	12590	112267	7555
5500	1289566	1534297	1310157	897893	53958
2500	952661	117164	105999	334836	9411
	2200	4027	2416	10591	80
3000	330919	1381112	1198542	511472	40567
	3786	31994	3200	40994	3900
423	581911	3657101	3166433	1843126	74731
115	194101	618431	448876	746141	34407
	1250	50330	28340	60820	1270
308	386560	2965776	2666653	1002335	36954
		22564	22564	33830	2100
51652	342117	22880	9000	713700	84098
48454	176027	207679	164716	1058988	27511
13495	60150	14329	10579	141421	826

2005年电子信息产业制造业

	本年新增 固定资产	上年末 结余资金	本年资金来源 小计
交换设备制造	62468	3351	171987
通信终端设备制造	94300	205	161187
移动通信及终端设备制造	341246	19246	659807
其他通信设备制造	97084	8731	295457
（二）雷达工业行业	11713	4774	76985
雷达及配套设备件制造	11713	4774	76985
（三）广播电视设备工业行业	51550	10581	105079
广播电视设备及发射设备制造	500		12761
广播电视接收设备及器材制造	38736	10581	72820
应用电视设备及其他广播电视	12314		19498
（四）电子计算机工业行业	1257761	139256	1631512
电子计算机整机制造	319827	21776	517096
计算机网络设备制造	36378	3151	124286
电子计算机外部设备制造	831493	112813	904125
幻灯机及投影设备制造	8745		8989
计算器及货币专用设备制造	61318	1516	77016
（五）家用视听设备工业行业	329944	43222	715516
家用影视设备制造	255098	40100	567214
家用音响设备制造	74846	3122	148302
（六）电子器件工业行业	3478081	819496	4354395
电光源制造	46907	4286	100280
电子真空器件制造	83738	13729	170216
半导体分立器件制造	189193	119540	524576
集成电路制造	1742783	399365	1726030
光电子器件及其他电子器件	1415460	282576	1833293
（七）电子元件工业行业	2621494	237047	4356834
电力电子元器件制造	373813	18515	618964
电子元件及组件制造	1903346	190027	3194554
印刷电路板制造	344335	28505	543316
（八）电子测量仪器工业行业	137499	3581	245128
环境监测专用仪器仪表制造	47428	238	80046

固定资产投资指标汇总表（二）

国家预算内资金	国内贷款	利用外资	其中：外商直接投资	自筹资金	其他来源
300	9626	6325	6325	153752	1984
1920	5900	21186	21186	124946	7235
	87281	143147	110745	419952	9427
32739	13070	22692	15881	218917	8039
6900	6058			59939	4088
6900	6058			59939	4088
700	11980	18347	18347	70932	3120
				12361	400
700	9980	16347	16347	43273	2520
	2000	2000	2000	15298	200
4618	297764	716626	636766	583881	28623
560	92798	235913	195626	175098	12727
60	36900	31783	30255	53131	2412
3248	165566	400040	363235	322243	13028
				8989	
750	2500	48890	47650	24420	456
4438	72133	213600	193204	396060	29285
4438	62620	147730	132216	327613	24813
	9513	65870	60988	68447	4472
17500	1407164	1528929	1207505	1283516	117286
200	7410	26908	21592	63182	2580
600	17205	24403	24018	127241	767
100	207757	180214	171273	118876	17629
16600	211372	1021421	782328	433188	43449
	963420	275983	208294	541029	52861
13705	404890	1995260	1771290	1882283	60696
	25256	203281	166100	371636	18791
13705	325409	1452128	1354273	1361662	41650
	54225	339851	250917	148985	255
20495	24726	2945	2945	185972	10990
13548	8819			55479	2200

2005年电子信息产业制造业

	本年新增固定资产	上年末结余资金	本年资金来源小计
汽车电子仪器制造	23370	500	42759
导航、气象及海洋专用仪器制造	15157	314	49627
农林牧渔专用仪器仪表制造	5000		5698
地质勘探和地震专用仪器制造	3905	120	10673
核子及核辐射测量仪器制造	12209	1158	12000
电子测量仪器制造	30430	1251	44325
其他专用仪器制造			
（九）电子工业专用设备行业	1067488	146833	1305324
电子工业专用设备制造	221109	8265	483860
其他电子设备制造	846379	138568	821464
（十）电子信息机电工业行业	701361	62764	1209953
微电机制造	183605	6884	291566
光纤光缆制造	85574	6418	151749
电池制造	432182	49462	766638
（十一）其他电子信息行业	54292	20293	178727
信息化学品制造	54292	20293	178727
四、按省、自治区、直辖市分列			
北京市	938817	270671	1225304
天津市	218140	47492	530875
河北省	150088	2142	363779
山西省	50976	3260	192905
内蒙古自治区	4376	2222	146276
辽宁省	242410	14575	523637
吉林省	46060		151651
黑龙江省	57986	315	67714
上海市	618313	305500	1335300
江苏省	4053326	377396	3341055
浙江省	417029	44673	846168
安徽省	109976	1439	183472
福建省	217736	71502	446487
江西省	148784	32947	271249

固定资产投资指标汇总表（二）

国家预算内资金	国内贷款	利用外资	其中：外商直接投资	自筹资金	其他来源
150	9997	252	252	30112	2248
6797	5760	1699	1699	33171	2200
				5698	
				9646	1027
				12000	
	150	994	994	39866	3315
680	65439	440205	346514	760129	38871
580	28885	125286	110448	309321	19788
100	36554	314919	236066	450808	19083
8012	163108	237591	203480	756978	44264
	26543	115943	106876	139669	9411
7972	9931	31867	31767	97931	4048
40	126634	89781	64837	519378	30805
1335	8740	14846	14446	152436	1370
1335	8740	14846	14446	152436	1370
4370	1035138	101006	101006	82490	2300
	60102	233264	221890	237199	310
	16904	14450	13550	324157	8268
2200	13876			171523	5306
	43999	14907	14907	87370	
12816	91726	138629	106274	272756	7710
		826	826	150325	500
150	2000			65564	
	392925	590142	518100	346429	5804
7605	236087	1734518	1386918	1351585	11260
1100	70797	301372	267975	462942	9957
5857	15990	15799	11869	142429	3397
348	56993	146556	134533	232657	9933
75	11800	56239	56239	177298	25837

2005年电子信息产业制造业

	本年新增固定资产	上年末结余资金	本年资金来源 小计
山东省	471229	77223	1144102
河南省	89383	8641	150661
湖北省	184633	7915	373439
湖南省	83101	14170	208550
广东省	1930141	210532	3176212
广西自治区	38550	6625	116528
海南省	11394	98	23994
重庆市	37571	2014	106535
四川省	132726	26105	486149
贵州省	27665	9088	26384
云南省	6326		7543
陕西省	63603	12829	176130
甘肃省	23118	428	36439
青海省			
宁夏自治区	500		1100
新疆自治区	2800	662	38474

固定资产投资指标汇总表（二）

国家预算内资金	国内贷款	利用外资	其中：外商直接投资	自筹资金	其他来源
560	59406	406746	398689	596089	81301
30	17119	10179	9679	110872	12461
33674	25620	4820	4000	296405	12920
	10170	17889	16674	171468	9023
10150	270887	1421989	1134778	1370855	102331
2500	4390	10550	9850	87021	12067
822		22345	22345	496	331
	6500			94746	5289
6249	162313	114539	113246	201250	1798
	1800	2422	2422	13763	8399
	4351	1035	1035	2157	
36731	8219	4302	904	101845	25033
1600	7717			22646	4476
				1100	
	11200	11504	11504	15677	93

2005年电子信息产业制造业固定资产投资指标汇总表（三）

计算单位：个

	施工项目个　数	其中：本年新开工	本年投产项目个数
总　　计	**3523**	**2182**	**1226**
一、按企业登记注册类型分列			
内资企业	2256	1378	743
国有企业	278	109	86
集体企业	51	33	16
股份合作企业	53	42	22
联营企业	5	2	1
国有联营企业	1	1	
集体联营企业			
国有与集体联营企业	3	1	
其他联营企业	1		1
有限责任公司	907	594	270
国有独资公司	27	8	5
其他有限责任公司	880	586	265
股份有限公司	298	143	82
私营企业	610	414	251
其他内资企业	54	41	15
港、澳、台商投资企业	494	312	162
合资经营企业（港澳台资）	126	78	41
合作经营企业（港澳台资）	13	7	2
港澳台商独资经营企业	336	215	114
港澳台商投资股份有限公司	19	12	5
外商投资企业	773	492	321
中外合资经营企业	182	115	67
中外合作经营企业	22	14	11
外商独资企业	559	358	241
外商投资股份有限公司	10	5	2
二、国有控股企业	309	119	91
三、按行业分列			
（一）通信设备工业行业	360	223	128

2005年电子信息产业制造业固定资产投资指标汇总表（三）

计算单位：个

	施工项目个　　数	其中：本年新开工	本年投产项目个数
传输设备制造	93	50	30
交换设备制造	46	29	13
通信终端设备制造	45	30	19
移动通信及终端设备制造	80	55	29
其他通信设备制造	96	59	37
（二）雷达工业行业	25	9	6
雷达及配套设备件制造	25	9	6
（三）广播电视设备工业行业	45	28	10
广播电视设备及发射设备制造	8	6	1
广播电视接收设备及器材制造	30	18	5
应用电视设备及其他广播电视	7	4	4
（四）电子计算机工业行业	253	126	87
电子计算机整机制造	63	32	24
计算机网络设备制造	37	13	7
电子计算机外部设备制造	129	69	46
幻灯机及投影设备制造	3	1	2
计算器及货币专用设备制造	21	11	8
（五）家用视听设备工业行业	150	87	45
家用影视设备制造	100	52	31
家用音响设备制造	50	35	14
（六）电子器件工业行业	508	304	183
电光源制造	74	53	34
电子真空器件制造	60	32	15
半导体分立器件制造	47	22	18
集成电路制造	133	67	40
光电子器件及其他电子器件	194	130	76
（七）电子元件工业行业	1160	776	441
电力电子元器件制造	263	183	95
电子元件及组件制造	811	533	319
印刷电路板制造	86	60	27

2005年电子信息产业制造业固定资产投资指标汇总表（三）

计算单位：个

	施工项目个　数	其中：本年新开工	本年投产项目个数
（八）电子测量仪器工业行业	153	95	45
环境监测专用仪器仪表制造	47	17	6
汽车电子仪器制造	34	30	15
导航、气象及海洋专用仪器制造	33	23	6
农林牧渔专用仪器仪表制造	2	2	1
地质勘探和地震专用仪器制造	7	5	2
核子及核辐射测量仪器制造	2	1	1
电子测量仪器制造	28	17	14
其他专用仪器制造			
（九）电子工业专用设备行业	433	269	127
电子工业专用设备制造	172	111	41
其他电子设备制造	261	158	86
（十）电子信息机电工业行业	396	248	143
微电机制造	110	71	41
光纤光缆制造	44	24	9
电池制造	242	153	93
（十一）其他电子信息行业	40	17	11
信息化学品制造	40	17	11
四、按省、自治区、直辖市分列			
北京市	27	8	8
天津市	50	29	19
河北省	114	68	43
山西省	59	16	20
内蒙古自治区	12	9	3
辽宁省	101	76	42
吉林省	31	25	10
黑龙江省	15	9	4
上海市	76	36	25
江苏省	629	429	361
浙江省	290	172	47

2005年电子信息产业制造业固定资产投资指标汇总表（三）

计算单位：个

	施工项目个数	其中：本年新开工	本年投产项目个数
安徽省	119	63	34
福建省	182	79	31
江西省	114	54	31
山东省	328	249	91
河南省	90	60	33
湖北省	105	70	48
湖南省	88	71	23
广东省	727	445	254
广西自治区	55	43	17
海南省	3	1	
重庆市	22	15	9
四川省	135	81	29
贵州省	18	10	7
云南省	5	2	1
陕西省	97	41	22
甘肃省	25	15	11
青海省			
宁夏自治区	2	2	1
新疆自治区	4	4	2

IV　进出口情况

2005年电子信息产业出口情况（一）

计算单位：万美元

	出口完成	比去年增长%	通信设备	比去年增长%	广播电视设备	比去年增长%
总 计	**26816791**	**29.2**	**4336369**	**45.9**	**921708**	**112.8**
一、按经济类型分列						
外商独资企业	17781349	35.8	2217536	45.1	709106	141.9
中外合资企业	5156943	20.1	1565468	44.2	110115	68.4
国有企业	1995120	2.6	239767	16.5	44152	3.9
私人企业	921138	42.9	74961	344.3	38520	50.6
集体企业	489290	36.3	203028	86.8	3790	34.1
中外合作企业	471029	15.2	35506	26.7	15599	311.2
个体工商户	1428		28		418	
其他企业	494	120.9	75	570.5	7	109.2
二、按贸易方式分列						
进料加工贸易	19718136	28.1	3465877	40.8	722766	117.2
来料加工装配贸易	4213122	37.4	241796	89.0	130438	183.5
一般贸易	2099217	30.9	584981	69.2	48705	47.6
保税区仓储转口货物	671412	10.8	30616	-1.9	15777	-15.0
保税仓库进出境货物	80661	45.1	11795	127.0	3346	90.2
边境小额贸易	22899	67.6	351	39.3	337	49.9
其他	5364	134.9	73		6	-55.0
对外承包工程出口货物	4418	20.7	618	-18.4	216	-45.0
国家间、国际组织无偿援助和赠送的物资	1423	-45.6	235	-49.0	115	-76.0
出料加工贸易	139	88.3	27			
易货贸易						
租赁贸易						
寄售代销贸易						
三、按省、自治区、直辖市分列						
广东省	11445148	24.9	1640361	47.6	410887	132.8
江苏省	6387573	45.2	538601	47.7	145637	350.1
上海市	3908199	24.3	314341	9.6	293172	69.1
天津市	1391225	22.7	835652	37.6	16975	36.0

2005年电子信息产业出口情况（一）

计算单位：万美元

	出口完成	比去年增长%	通信设备	比去年增长%	广播电视设备	比去年增长%
福建省	893487	11.6	27298	25.9	3716	56.8
北京市	836197	48.2	534257	67.0	7532	-50.9
浙江省	760874	37.7	227780	95.8	14095	85.9
山东省	510865	48.8	162336	78.6	22652	265.2
辽宁省	367894	-7.4	33743	11.7	3459	-26.8
四川省	54789	-19.8	1594	147.8	127	82.2
湖北省	41303	30.4	8821	-41.9	266	0.0
河北省	31839	51.1	996	12.3	66	406.9
陕西省	26682	19.5	771	-36.2	24	16.6
安徽省	23148	30.2	349	22.1	587	258.3
内蒙古自治区	23104		24	116.7	22	
黑龙江省	22504	82.3	301	-16.3	47	74.1
湖南省	17147	40.0	371	-9.8	237	55.3
山西省	11148	718.6	2738		0.5	-98.9
吉林省	9738	24.8	297	117.7	45	166.8
贵州省	8929	-41.6	3988	-7.2	19	-57.7
江西省	8499	79.5	36	266.2	55	359.4
新疆自治区	8174	20.4	75	23.1	203	
河南省	6331	35.1	138	-10.5	8	19.1
广西自治区	6120	-7.9	227		1603	51.8
重庆市	5993	5.7	792	219.0	15	-17.8
海南省	3776	81.1	124	384.9	169	352.0
宁夏自治区	2061	-7.6	5		2	
云南省	1806	33.6	76	-21.2	2	
甘肃省	1231	19.7	4	14.0	0.1	-99.9
西藏自治区	745	-23.6	85	-28.1	82	-55.6
青海省	265	276.1	189	502.6	4	
四、按国别和地区分列						
中国香港特区	6945520	37.5	968620	95.9	256614	193.7
美国	6112168	28.1	1015974	44.4	305788	96.6

2005年电子信息产业出口情况（一）

计算单位：万美元

	出口完成	比去年增长%	通信设备	比去年增长%	广播电视设备	比去年增长%
日本	2219667	10.1	150401	-15.5	100039	85.1
荷兰	1522817	39.4	78458	15.3	71766	187.8
德国	1512467	33.5	408687	41.1	9146	26.4
韩国	957563	14.6	173605	23.0	13870	11.2
新加坡	837794	20.1	226320	13.9	39593	444.1
中国台湾地区	670933	25.6	49009	44.0	8534	88.5
英国	594139	25.0	89363	106.3	14538	154.0
马来西亚	530558	33.9	48066	37.2	13835	93.6
法国	410168	-6.3	99794	20.4	6053	129.5
澳大利亚	269536	21.2	32947	33.2	11491	29.0
加拿大	256253	57.6	16109	66.8	18444	131.2
泰国	254014	37.5	50203	40.4	2101	191.4
爱尔兰	244439	49.1	2668	17.2	14223	216.2
印度	218037	40.5	87231	3.1	862	93.5
芬兰	212796	42.3	69340	117.9	821	-67.9
墨西哥	201511	23.2	38772	42.6	1912	-7.1
卢森堡	199452	123.7	12455		838	-94.0
匈牙利	191176	1.5	89723	-23.2	2893	-10.6
巴西	165164	64.1	63448	94.1	1034	141.6
菲律宾	158605	2.1	21545	6.1	1035	22.8
比利时	157753	18.7	28527	90.0	2401	1.3
意大利	150286	14.9	31408	1.5	2660	77.4
阿拉伯联合酋长国	147489	32.5	22000	34.8	1606	-0.2
俄罗斯联邦	142055	58.9	40085	98.7	645	151.3
西班牙	136022	59.6	27601	192.0	1605	28.3
印度尼西亚	112272	22.5	23956	37.4	2371	114.5
捷克	100407	36.1	17077	-1.6	224	-40.0
土耳其	84119	35.4	11265	253.4	983	99.6
瑞典	66861	40.2	24583	19.4	3150	35.6
南非	57077	30.6	4166	83.0	1426	49.3

2005年电子信息产业出口情况（一）

计算单位：万美元

	出口完成	比去年增长%	通信设备	比去年增长%	广播电视设备	比去年增长%
波兰	54708	107.4	7981	227.4	414	248.1
巴基斯坦	45849	67.5	29199	135.9	221	239.2
尼日利亚	34907	67.0	20449	151.3	196	2.4
乌克兰	34598	57.2	5120	33.9	164	9.4
沙特阿拉伯	33006	23.8	8014	8.6	163	23.9
奥地利	32261	-18.7	6081	59.4	229	40.3
越南	32255	64.8	10175	171.6	399	148.0
瑞士	31053	61.0	7670	189.7	151	-14.2
智利	29611	37.9	1872	96.9	316	-9.1
新西兰	28178	39.0	5475	69.0	244	7.9
以色列	28169	22.8	4000	91.9	417	18.9
伊朗	27961	12.7	9980	-17.2	199	430.1
阿根廷	26943	66.4	3743	57.7	344	45.2
丹麦	26703	31.9	4878	274.3	606	17.4
孟加拉国	23477	77.6	14517	88.0	413	
希腊	22333	49.8	10243	336.6	321	6.4
巴拿马	21559	22.1	529	27.1	403	35.0
埃及	21093	59.7	3656	19.5	416	122.2
葡萄牙	20047	90.6	4944	228.0	64	-13.7
哥伦比亚	18926	103.3	8366	398.1	201	25.2
斯洛伐克	17634	176.6	1388	749.3	153	
阿尔及利亚	17596	18.2	9246	43.0	78	124.8
哈萨克斯坦	16414	21.1	2587	67.5	31	-70.7
伊拉克	16258	121.1	14815	118.1	28	
中国澳门特区	15202	0.5	3160	147.5	47	13.1
摩洛哥	14645	47.8	4029	95.7	47	142.6
委内瑞拉	14245	202.9	5765		156	40.3
挪威	14154	224.8	6100		123	2.6
苏丹	13020	424.4	10566		30	85.9
爱沙尼亚	12968	35.2	6628	70.3	75	

2005年电子信息产业出口情况（一）

计算单位：万美元

	出口完成	比去年增长%	通信设备	比去年增长%	广播电视设备	比去年增长%
罗马尼亚	12736	70.0	2980	125.9	117	115.2
秘鲁	10804	23.7	2016	19.7	111	100.7
立陶宛	10492	20.7	546		37	0.2
约旦	8641	52.8	2108		5	-84.3
乌兹别克斯坦	8092	78.4	4976	71.7	8	457.9
斯里兰卡	7827	101.6	4033	512.0	29	5.9
贝宁	7340	-3.8	5600		36	151.1
利比亚	7306	88.4	5878	84.3	8	190.0
保加利亚	7306	14.6	1856	46.0	70	70.5
克罗地亚	6741	110.1	1901	459.4	68	244.9
巴拉圭	6653	-12.1	116	90.5	334	116.0
突尼斯	6345	165.1	3253	398.5	21	359.3
乌拉圭	6259	58.9	392	-43.7	36	-26.4
叙利亚	5267	-18.5	1130	-41.3	29	-1.2
厄瓜多尔	5012	-13.8	534	-58.1	99	10.9
科威特	4502	5.6	696	142.1	18	-16.9
黎巴嫩	4490	-4.4	157	116.4	59	75.7
古巴	4230	-39.7	861	45.7	183	-51.5
哥斯达黎加	4144	96.4	235	181.3	8	9.3
斯洛文尼亚	4003	43.6	796	73.3	61	263.4
吉尔吉斯斯坦	3991	38.0	511	-6.8	172	
朝鲜	3869	13.0	133	-22.0	13	-79.2
缅甸	3625	-72.2	209	-97.7	14	-52.4
加纳	3509	-42.5	1915	-45.1	59	51.3
肯尼亚	3395	-17.8	1980	44.1	7	-13.2
塔吉克斯坦	3260	172.4	2829	225.6		
尼泊尔	3114	-16.5	1660	-27.9	120	-35.9
拉脱维亚	2879	33.0	662	605.0	12	58.0
也门	2628	-59.2	1161	-71.7	2	572.8
蒙古	2530	173.1	1717	927.2	28	

2005年电子信息产业出口情况（一）

计算单位：万美元

	出口完成	比去年增长%	通信设备	比去年增长%	广播电视设备	比去年增长%
白俄罗斯	2295	-29.9	670	-45.2	6	102.1
危地马拉	2209	45.9	466		64	112.6
毛里求斯	2178	73.0	1289	375.7	15	-55.4
埃塞俄比亚	1992	-33.1	1062	-41.9		
老挝	1930	-26.4	1491	-23.5	5	-76.0
南斯拉夫	1930	-13.2	630		7	-52.5
土库曼斯坦	1877	21.3	864	370.3		
莱索托	1814	39.4				
多哥	1801	-38.5	1628		12	165.9
津巴布韦	1775	44.5	955	44.8	324	
阿塞拜疆	1768	152.3	1175	162.4		
阿曼	1579	21.5	897	27.1	1	-6.1
巴勒斯坦	1428	660.4			1	
波多黎各	1421	69.0	17	180.7	46	15.5
乌干达	1405	2.8	1250	44.2	3	436.2
塞浦路斯	1389	39.5	639		9	78.4
马达加斯加	1385	53.3	1025		6	-32.3
卡塔尔	1270	159.5	682	247.8	2	
科特迪瓦	1251	32.5	901		1	-79.4
坦桑尼亚	1202	-47.4	847	58.8	7	333.4
摩尔多瓦	1196	601.2	907		4	103.2
柬埔寨	1146	-1.3	545	-11.8	5	83.9
刚果	1119	28.6	769	44.6	20	308.2
多米尼加	1077	44.9	73	-5.0	3	3.1
萨尔瓦多	1031	41.3	125	699.1	8	9.5
喀麦隆	982	324.6	687		62	
塞拉利昂	951	61.1	650	90.1	1	239.1
洪都拉斯	833	-33.4	200	-71.3	7	50.2
格鲁吉亚	823	21.5	226	-22.5	3	-54.3
巴林	822	48.6	352		1	-29.8

2005年电子信息产业出口情况（一）

计算单位：万美元

	出口完成	比去年增长%	通信设备	比去年增长%	广播电视设备	比去年增长%
列支敦士登	807	128.4				
安哥拉	794	-77.7	240	-81.7	11	35.7
文莱	755	69.7	472	80.7	8	-24.4
几内亚	724	-28.9	602		2	-92.9
马尔代夫	723		677		2	26.5
赞比亚	657	-67.5	487	-72.6	4	-89.9
尼日尔	655	940.5	549		2	612.3
布隆迪	606	270.1	549	241.6		
玻利维亚	568	262.7	409		2	197.4
牙买加	553	85.4	55	-0.4	6	
莫桑比克	535	-37.1	131	340.5	3	135.2
冰岛	494	245.5	203		2	11.2
乍得	457		416			
波斯尼亚—黑塞哥维那	414	6.4	13	790.8	6	203.4
中非	410		306			
巴布亚新几内亚	389	75.7	118	193.9	6	20.7
前南斯拉夫马其顿	376	-20.7	147	461.2	6	59.1
马耳他	360	-53.7	59	88.8	1	-42.5
阿尔巴尼亚	352	-27.6	3	46.2	2	-99.0
阿富汗	330	-82.5	160	-86.5	27	
斐济	327	49.5	124	-2.4	5	-38.1
索马里	314	46.9	299	380.6		
马里	305	184.0	200	482.2	5	52.9
卢旺达	302	100.5	257			
毛里塔尼亚	299	-26.6	273	300.4	1	
特立尼达和多巴哥	282	11.5	38		1	
尼加拉瓜	268	-15.2	28	-85.5	13	446.1
马拉维	260	-31.8	216	-28.3		
利比里亚	257	-67.1	210	-55.8	1	
多米尼加	248	46.2	33	353.1	4	

2005年电子信息产业出口情况（一）

计算单位：万美元

	出口完成	比去年增长%	通信设备	比去年增长%	广播电视设备	比去年增长%
留尼汪	239	-31.1	2	397.4	8	-38.2
纳米比亚	197	-10.2	50	406.2	8	-18.8
法属波利尼西亚	192	293.3	1	-54.3		
开曼群岛	181					
扎伊尔	180	-64.5	61	819.6		
塞内加尔	176	-12.7	21	-35.3	1	-79.3
冈比亚	160	-80.0	130			
马提尼克	135	777.8	30			
吉布提	130	-81.6	24	-93.0	3	-29.4
亚美尼亚	130	-7.0	23	143.6		
格陵兰	112					
博茨瓦那	103	-65.2	24	-87.4	2	704.8
新喀里多尼亚	102	3.9	3	236.4		
苏里南	101	44.8			7	423.5

2005年电子信息产业出口情况（二）

计算单位：万美元

	计算机	比去年增长%	家用电子电器	比去年增长%	电子元件	比去年增长%
总 计	**12478106**	**27.5**	**4163350**	**23.4**	**1985038**	**19.0**
一、按经济类型分列						
外商独资企业	9826643	31.0	2091560	52.7	1045109	33.9
中外合资企业	1463920	10.5	1102137	10.1	385053	10.5
国有企业	708017	20.2	475853	-14.2	271783	-13.3
私人企业	165902	48.7	332066	20.3	146037	35.7
集体企业	91580	19.9	92198	7.7	68576	17.9
中外合作企业	221782	19.0	68946	-20.7	68276	12.9
个体工商户	180		488		157	
其他企业	82	-45.2	102	775.7	48	97.8
二、按贸易方式分列						
进料加工贸易	9774325	22.5	3105271	29.8	1270375	28.7
来料加工装配贸易	2152916	55.4	579484	4.2	274139	-0.9
一般贸易	193072	63.6	359166	12.1	359510	4.2
保税区仓储转口货物	327178	13.9	81559	7.5	70044	35.4
保税仓库进出境货物	19562	42.4	22946	26.8	8893	43.2
边境小额贸易	5657	217.7	12477	37.7	1434	6.2
其他	3145	146.1	2039	139.5	11	57.4
对外承包工程出口货物	1763	233.0	210	-54.9	593	91.7
国家间、国际组织无偿援助和赠送的物资	488	-42.2	198	-0.1	39	7.9
出料加工贸易						
易货贸易						
租赁贸易						
寄售代销贸易						
三、按省、自治区、直辖市分列						
广东省	5076369	19.7	2504428	26.5	1005128	15.1
江苏省	4081937	39.7	617678	38.2	343060	36.8
上海市	2036580	34.5	277047	-0.4	135903	18.1
天津市	116398	-1.0	201977	11.1	65039	16.2

2005年电子信息产业出口情况（二）

计算单位：万美元

	计算机	比去年增长%	家用电子电器	比去年增长%	电子元件	比去年增长%
福建省	583447	6.5	172005	34.9	64222	26.5
北京市	122683	73.4	25368	-12.9	27518	5.5
浙江省	171133	30.0	108026	17.0	136742	10.1
山东省	124474	85.3	56807	8.8	102507	23.2
辽宁省	101599	-28.5	126113	10.2	52219	7.9
四川省	3303	-61.9	25425	-32.8	3812	-21.8
湖北省	16820	238.6	1707	21.7	9646	28.5
河北省	3910	241.4	3811	19.7	3883	3.2
陕西省	1935	244.3	1645	-6.8	1466	30.4
安徽省	361	6.9	12934	38.6	3249	16.7
内蒙古自治区	8736		5598		8623	883.5
黑龙江省	13332	76.6	5398	143.5	600	-25.7
湖南省	362	45.4	2094	35.9	5796	96.2
山西省	6686		46	12.8	858	24.0
吉林省	1080	-13.4	1974	11.8	2363	6.5
贵州省	2714	-66.6	1240	-41.3	547	19.1
江西省	397	39.3	1331	273.0	1525	28.4
新疆自治区	1054	36.3	6250	14.1	191	154.8
河南省	39	34.3	1331	51.8	3003	9.1
广西自治区	1874	45.0	302	31.9	1934	-49.8
重庆市	252		2252	24.8	943	-54.2
海南省	25	-57.9	107	-68.8	3057	143.1
宁夏自治区			0.4	-2.0	265	-18.1
云南省	526	87.1	29	25.5	843	8.0
甘肃省	0.4	-99.9	0.4	-97.2	2	-95.1
西藏自治区	78	-33.3	356	-9.6	94	24.5
青海省			71	344.8	1	-93.6
四、按国别和地区分列						
中国香港特区	3170720	31.4	755348	28.3	857376	29.9
美国	3033484	19.9	1190655	28.8	189531	13.2

2005年电子信息产业出口情况（二）

计算单位：万美元

	计算机	比去年增长%	家用电子电器	比去年增长%	电子元件	比去年增长%
日本	1147656	18.1	345364	4.3	185527	-8.8
荷兰	1106758	38.7	172094	49.2	25797	29.5
德国	736754	36.4	192822	21.2	49712	15.4
韩国	280629	10.2	175691	21.8	131750	23.9
新加坡	239155	16.7	41193	-5.5	73758	25.2
中国台湾地区	267715	5.8	37707	48.2	75686	35.2
英国	288543	15.2	148146	18.3	24412	4.5
马来西亚	306327	49.2	24383	-25.4	54623	29.8
法国	204444	-20.3	70831	8.2	13583	18.8
澳大利亚	143550	25.6	67912	10.1	7278	-5.3
加拿大	109577	50.0	87989	61.4	8245	5.8
泰国	110436	41.2	31243	93.1	25144	11.1
爱尔兰	214827	43.9	6238	173.4	2053	7.5
印度	63798	153.9	26217	46.9	18674	53.8
芬兰	77470	40.1	49794	8.7	7628	-1.6
墨西哥	78383	23.5	49610	20.7	12921	6.7
卢森堡	184393	153.7	1629	17.4	33	69.6
匈牙利	47186	51.9	22140	76.2	20911	43.1
巴西	34623	86.0	37366	36.4	15132	58.8
菲律宾	32990	21.2	7281	-5.5	28666	48.2
比利时	80747	14.5	30481	-0.2	8321	10.0
意大利	43282	63.6	45414	-7.1	14035	12.7
阿拉伯联合酋长国	47124	79.7	60345	21.2	8032	-18.7
俄罗斯联邦	19166	13.1	56423	76.3	7323	20.3
西班牙	49294	69.4	38719	17.6	8188	13.3
印度尼西亚	34568	68.2	20760	-14.9	17950	25.7
捷克	71439	55.4	6722	54.3	3477	23.6
土耳其	31079	83.7	18046	-16.9	9945	1.8
瑞典	8506	36.1	24460	90.9	2416	14.6
南非	18944	64.5	23516	12.4	3971	8.3

2005年电子信息产业出口情况（二）

计算单位：万美元

	计算机	比去年增长%	家用电子电　器	比去年增长%	电　子元　件	比去年增长%
波兰	21801	214.9	13306	47.2	4082	41.0
巴基斯坦	2134	53.3	8228	15.9	3150	-15.9
尼日利亚	1544	72.8	5695	14.8	2648	-22.8
乌克兰	2551	12.4	21046	76.9	2672	32.2
沙特阿拉伯	8989	99.1	11663	-1.1	1214	-4.9
奥地利	15592	-31.6	4333	-34.6	4287	-9.9
越南	4953	37.2	7965	36.9	4486	57.8
瑞士	11140	105.4	4763	-0.6	5670	18.9
智利	8356	102.3	16005	20.9	1658	5.4
新西兰	11177	28.2	9518	43.0	747	25.8
以色列	8748	20.7	9561	8.3	2605	21.2
伊朗	3532	65.7	6639	19.6	2530	16.5
阿根廷	6612	68.4	10245	69.7	1942	69.3
丹麦	7386	53.9	9893	-1.4	2100	-11.1
孟加拉国	2972	537.4	2681	-11.3	1177	56.1
希腊	3745	16.6	5416	-18.0	1114	-7.7
巴拿马	3701	128.8	15249	9.3	1105	24.9
埃及	4002	58.0	6877	92.7	2457	29.0
葡萄牙	4104	113.4	5583	6.8	1818	51.9
哥伦比亚	2300	86.9	5226	23.7	1410	38.3
斯洛伐克	11065	149.8	2552	174.1	523	34.6
阿尔及利亚	1183	30.0	5579	-11.7	305	4.7
哈萨克斯坦	3291	-30.1	8649	40.2	410	147.2
伊拉克	175		934	126.2	55	198.0
中国澳门特区	1016	-85.6	2083	96.6	5805	109.5
摩洛哥	2857	381.3	6170	1.3	675	37.8
委内瑞拉	1436	105.3	4653	111.2	593	63.1
挪威	4832	213.0	2231	25.0	316	17.3
苏丹	1066	642.9	516	41.1	261	-71.1
爱沙尼亚	1172	30.3	1088	-18.8	2432	-2.8

2005年电子信息产业出口情况（二）

计算单位：万美元

	计算机	比去年增长%	家用电子电器	比去年增长%	电子元件	比去年增长%
罗马尼亚	3611	53.3	4238	83.4	969	28.8
秘鲁	2230	140.9	5105	4.3	751	27.4
立陶宛	1432	267.5	6859	12.6	458	17.8
约旦	376	22.2	5467	25.3	179	-62.2
乌兹别克斯坦	1250	48.5	1470	167.9	93	68.2
斯里兰卡	685	101.6	1874	0.0	332	-21.9
贝宁	82	63.9	782	29.0	616	-90.8
利比亚	250	221.1	667	59.5	268	859.1
保加利亚	1168	144.9	3018	-12.7	709	25.6
克罗地亚	974	114.6	3308	52.1	227	142.8
巴拉圭	3479	-27.3	1932	14.4	514	-15.8
突尼斯	762	83.9	1513	76.8	220	13.0
乌拉圭	1820	66.2	3586	97.7	225	121.8
叙利亚	442	-34.9	1866	-9.6	701	-1.8
厄瓜多尔	838	81.0	2579	-17.8	450	7.6
科威特	566	62.1	2737	-16.4	154	63.7
黎巴嫩	682	69.6	2441	-22.3	327	-26.8
古巴	241	-49.1	2293	-49.3	57	-50.2
哥斯达黎加	249	-4.8	1331	75.7	122	148.6
斯洛文尼亚	872	38.1	1908	49.7	218	12.7
吉尔吉斯斯坦	252	310.7	2733	34.4	48	95.9
朝鲜	555	87.9	2586	3.7	255	2.8
缅甸	594	1.8	1387	-16.5	730	-47.2
加纳	145	268.3	409	-27.3	409	-70.2
肯尼亚	239	65.5	714	12.9	233	-87.1
塔吉克斯坦	37	57.3	354	24.8	9	
尼泊尔	217	1.3	784	6.7	142	-2.3
拉脱维亚	737	165.8	940	-31.2	241	135.0
也门	149	-49.4	746	75.5	275	-80.3
蒙古	360	430.8	233	20.2	136	237.9

2005年电子信息产业出口情况（二）

计算单位：万美元

	计算机	比去年增长%	家用电子电器	比去年增长%	电子元件	比去年增长%
白俄罗斯	211	33.3	381	-24.3	177	34.3
危地马拉	341	-25.5	954	46.1	195	12.5
毛里求斯	123	4.9	577	2.7	60	-67.2
埃塞俄比亚	133	491.0	466	155.3	222	-74.7
老挝	10	-91.6	241	-23.4	97	-46.4
南斯拉夫	356	30.6	744	-56.1	60	-44.0
土库曼斯坦	18	-25.6	947	-24.2	41	
莱索托	10		1803	38.8	1	
多哥	5	-84.4	80	-60.3	22	-99.2
津巴布韦	123	198.1	280	142.9	10	20.4
阿塞拜疆	58	52.2	407	152.8	10	593.2
阿曼	122	59.7	432	-3.6	26	-34.8
巴勒斯坦	1373	903.4	23	-38.0	19	133.2
波多黎各	118	-2.2	788	72.1	203	117.1
乌干达	55	173.5	60	10.5	7	-98.4
塞浦路斯	204	14.2	325	-35.8	78	-42.9
马达加斯加	16	-65.6	189	-69.9	106	-25.8
卡塔尔	130	202.2	329	63.9	53	774.1
科特迪瓦	60	-36.0	172	-13.9	45	-91.3
坦桑尼亚	49	65.7	138	23.5	40	-97.4
摩尔多瓦	35	-3.7	210	146.9	17	39.9
柬埔寨	90		447	-5.6	36	-9.0
刚果	34	138.1	163	33.4	17	-87.1
多米尼加	32	-42.9	339	52.4	192	178.5
萨尔瓦多	138	65.8	609	31.0	60	-24.5
喀麦隆	21	6.1	110	53.7	35	-45.6
塞拉利昂	2	-13.0	16	107.5	8	-96.5
洪都拉斯	86	14.1	412	11.0	44	89.2
格鲁吉亚	335	102.5	220	16.0	6	-49.1
巴林	66	-11.8	311	-25.2	46	141.9

2005年电子信息产业出口情况（二）

计算单位：万美元

	计算机	比去年增长%	家用电子电器	比去年增长%	电子元件	比去年增长%
列支敦士登			1			
安哥拉	52	80.5	273	-15.9	52	-97.1
文莱	60	8.7	170	91.5	33	94.6
几内亚	1	-82.5	14	-30.8	2	-99.8
马尔代夫	7	737.3	19	68.0	12	128.5
赞比亚	32	745.8	107	-33.3	2	-91.1
尼日尔	39	67.4	28			
布隆迪	11	397.9	6		1	9.0
玻利维亚	32	164.2	61	5.7	30	-17.8
牙买加	152	115.0	222	78.3	76	393.6
莫桑比克	37	-6.6	277	121.5	36	-94.1
冰岛	33	151.8	236	118.4	7	18.5
乍得	0.4		0.3	-98.7		
波斯尼亚—黑塞哥维那	62	414.7	314	-12.3	5	48.5
中非	5	-68.6	10	-11.8	1	-60.3
巴布亚新几内亚	53	-0.4	165	87.9	22	8.9
前南斯拉夫马其顿	57	-82.7	130	41.9	11	-1.5
马耳他	70	-51.9	97	-67.5	36	65.7
阿尔巴尼亚	23	15.4	206	39.2	63	41.6
阿富汗	62	23.3	40	-27.2	1	-99.9
斐济	37	226.1	138	167.8	15	19.9
索马里					9	-93.8
马里	5	48.6	65	43.1	15	1.6
卢旺达	5	-94.2	30	27.4	1	-96.5
毛里塔尼亚	3		13	-28.7	1	-99.7
特立尼达和多巴哥	9	-63.9	120	7.9	27	-5.1
尼加拉瓜	12	-39.6	179	101.5	13	106.7
马拉维	0	258.0	13	11.3	13	-79.4
利比里亚	12	-62.1	19	-43.1	3	-98.5
多米尼加	7	-22.3	95	65.7	34	124.7

2005年电子信息产业出口情况（二）

计算单位：万美元

	计算机	比去年增长%	家用电子电器	比去年增长%	电子元件	比去年增长%
留尼汪	36	197.1	169	-41.3	12	-54.3
纳米比亚	12	47.8	104	-18.6	1	-98.4
法属波利尼西亚	17	145.6	169	388.7	3	-34.9
开曼群岛	180		1			
扎伊尔	9	603.6	43	1.7	1	-99.9
塞内加尔	18		77	-3.0	26	-59.5
冈比亚	0.2	8.7	9	-43.7	0.2	-100.0
马提尼克	87		16	3.9	1	
吉布提	7	-79.3	52	51.4	18	-93.0
亚美尼亚	47	793.4	37	-9.1	5	330.1
格陵兰	3	-67.9	109			
博茨瓦那	18	-56.9	46	10.5	7	
新喀里多尼亚	9	799.4	63	-22.6	13	154.8
苏里南	2		60	22.9	11	163.4

2005年电子信息产业出口情况（三）

计算单位：万美元

	电子器件	比去年增长%	电子材料	比去年增长%	电子仪器设备	比去年增长%
总计	**2133911**	**27.0**	**72784**	**37.3**	**725526**	**-6.7**
一、按经济类型分列						
外商独资企业	1429108	27.3	30163	19.1	432123	-9.4
中外合资企业	436462	14.5	18034	26.7	75754	2.4
国有企业	157619	37.7	13912	78.3	84018	-28.2
私人企业	71183	76.0	10057	103.7	82412	33.9
集体企业	11066	8.5	572	214.5	18479	9.4
中外合作企业	28254	146.7	35	-93.4	32632	4.1
个体工商户	75		10		73	
其他企业	143		1		35	105.0
二、按贸易方式分列						
进料加工贸易	909892	26.2	26904	23.8	442728	-11.1
来料加工装配贸易	712114	35.1	13244	17.7	108991	-20.2
一般贸易	387296	23.3	28094	67.4	138394	25.7
保税区仓储转口货物	118676	3.3	4313	37.1	23250	0.4
保税仓库进出境货物	5273	82.7	50	212.5	8796	14.2
边境小额贸易	386	152.1	37	-19.6	2219	179.5
其他	20				69	-45.2
对外承包工程出口货物	50	106.3	104		863	-26.8
国家间、国际组织无偿援助和赠送的物资	132	-67.3			216	12.8
出料加工贸易	74	37.0	38	145.1		
易货贸易						
租赁贸易						
寄售代销贸易						
三、按省、自治区、直辖市分列						
广东省	400754	22.7	6954	33.9	400268	-11.7
江苏省	536236	95.5	14195	54.8	110230	12.1
上海市	754564	9.1	16102	30.4	80490	9.8
天津市	141566	6.8	1341	-71.0	12276	-43.5

2005年电子信息产业出口情况（三）

计算单位：万美元

	电子器件	比去年增长%	电子材料	比去年增长%	电子仪器设备	比去年增长%
福建省	24850	15.6	2282	45.6	15667	-43.3
北京市	104478	16.4	4625	0.3	9736	10.0
浙江省	58376	38.0	2927	40.1	41793	15.8
山东省	25896	1.7	996	179.7	15197	-15.0
辽宁省	23573	-16.5	1696	158.7	25492	-10.2
四川省	18392	25.7	1333	74.0	803	-0.9
湖北省	2800	60.8	102	449.8	1140	93.1
河北省	5614	66.0	10078	71.3	3481	23.6
陕西省	15327	5.5	2627	235.7	2887	23.3
安徽省	4298	17.3	51	-27.2	1317	15.5
内蒙古自治区	23	422.7	0	-99.7	78	-18.8
黑龙江省	1154	31.5	104		1567	209.0
湖南省	7255	16.2	864	172.6	168	-55.7
山西省	701	558.1	33	198.9	85	-81.5
吉林省	3094	170.0	558	15.8	325	-58.6
贵州省	172	136.7	0.1		249	29.4
江西省	1957	49.4	3079	109.3	120	17.8
新疆自治区	240	73.9	49	32.0	113	-49.0
河南省	589	467.3	989	55.3	235	87.5
广西自治区	58	14.0	7		115	-27.0
重庆市	314	33.3	8	253.5	1417	10.5
海南省	112	65.4			182	-38.1
宁夏自治区	23	-8.7	1765	-6.1	1	-34.9
云南省	288	359.7			43	-60.6
甘肃省	1206	564.3	18	107.5		
西藏自治区	3	-54.7			48	-40.9
青海省					1	-50.0
四、按国别和地区分列						
中国香港特区	753929	24.3	12472	-4.1	170440	-8.6
美国	208312	72.9	5912	-3.8	162513	0.1

2005年电子信息产业出口情况（三）

计算单位：万美元

	电子器件	比去年增长%	电子材料	比去年增长%	电子仪器设备	比去年增长%
日本	174142	25.5	24385	20.4	92153	-22.5
荷兰	44979	9.9	927	123.4	22038	-12.0
德国	81460	71.5	3409	104.6	30477	-32.0
韩国	149308	5.4	3449	68.2	29261	-11.9
新加坡	202585	21.8	1416	7.0	13775	-17.2
中国台湾地区	187569	57.0	12385	263.6	32330	-15.5
英国	13344	23.7	1692	221.1	14101	-11.1
马来西亚	73610	16.0	315	-73.8	9399	1.2
法国	5392	-6.1	368	304.5	9703	-25.6
澳大利亚	2572	36.5	1	3.7	3784	18.3
加拿大	7723	210.5	150	58.6	8016	14.3
泰国	30067	16.5	289	11.7	4533	-12.2
爱尔兰	865	-38.0	1		3563	54.3
印度	11926	37.8	1061	210.6	8267	37.5
芬兰	4127	48.5	159	6.3	3457	0.5
墨西哥	10323	10.0	107	182.9	9483	15.2
卢森堡	82	-82.1			23	-83.7
匈牙利	5677	-8.7	47	-18.0	2599	-30.6
巴西	9357	12.5	132	-20.5	4073	15.6
菲律宾	62647	-18.5	1009	403.2	3432	18.5
比利时	3801	14.5	411	107.6	3065	-7.4
意大利	5296	61.7	418	223.9	7774	9.1
阿拉伯联合酋长国	3387	-0.5	11	117.2	4985	21.0
俄罗斯联邦	9951	22.9	332	41.0	8130	45.8
西班牙	6588	182.6	173	-8.0	3853	39.1
印度尼西亚	8973	-16.4	66	42.1	3628	16.9
捷克	427	-49.0	51	40.2	989	-51.0
土耳其	6327	0.3	9	30.2	6465	72.4
瑞典	1025	21.8	1	-60.2	2720	-1.4
南非	3340	5.2	4		1710	44.3

2005年电子信息产业出口情况（三）

计算单位：万美元

	电　子 器　件	比去年 增长%	电　子 材　料	比去年 增长%	电子仪器 设　备	比去年 增长%
波兰	3589	102.4	33	45.0	3501	10.2
巴基斯坦	1396	16.0	26	733.2	1494	0.3
尼日利亚	949	2.0			3425	45.4
乌克兰	1506	67.3	142	306.4	1396	54.3
沙特阿拉伯	1348	367.3	1	14.7	1613	25.1
奥地利	1070	85.6	1	863.4	668	-28.9
越南	1402	-18.4	32	75.9	2842	71.6
瑞士	432	12.7	28	275.2	1199	10.4
智利	437	-9.1	1		965	29.0
新西兰	426	81.8			591	-1.9
以色列	863	-2.0	29	81.9	1946	40.4
伊朗	2511	61.4	15	141.9	2554	94.5
阿根廷	2987	61.2	3	155.1	1069	73.7
丹麦	354	37.0	0	-87.4	1485	52.7
孟加拉国	995	95.7	2	532.7	719	-3.0
希腊	485	-4.1	0	-19.6	1008	38.8
巴拿马	278	-4.3			292	49.6
埃及	2107	85.7	11	-39.6	1567	96.6
葡萄牙	3184		10	-73.8	340	25.3
哥伦比亚	659	12.7	4		760	85.6
斯洛伐克	311	22.4	6	71.4	1638	728.8
阿尔及利亚	804	49.9			401	22.5
哈萨克斯坦	897	83.1			549	48.5
伊拉克	46	243.3			204	88.8
中国澳门特区	2125	39.7	19		948	-32.1
摩洛哥	481	22.3	2		385	46.4
委内瑞拉	708	5.3			934	69.0
挪威	268	227.2	17	172.3	266	14.5
苏丹	161	115.4	104		316	-54.2
爱沙尼亚	964	46.6	447	97.4	161	140.3

2005年电子信息产业出口情况（三）

计算单位：万美元

	电子器件	比去年增长%	电子材料	比去年增长%	电子仪器设备	比去年增长%
罗马尼亚	384	-23.5	28	456.7	409	110.8
秘鲁	213	-21.0			378	18.6
立陶宛	838	-46.6			323	90.9
约旦	270	51.8			236	35.8
乌兹别克斯坦	148	3.1	1		146	200.4
斯里兰卡	604	60.2	0	24.0	270	49.6
贝宁	137	-0.8			87	15.4
利比亚	144	15.4			91	154.5
保加利亚	233	-38.8	1		251	37.2
克罗地亚	118	97.9	1		144	114.4
巴拉圭	121	111.9			157	-25.4
突尼斯	440	156.9			135	34.9
乌拉圭	120	7.0			79	11.6
叙利亚	385	0.4	6	478.6	708	6.2
厄瓜多尔	163	-13.6	24	11.3	326	46.4
科威特	144	-6.7			187	127.4
黎巴嫩	323	69.0			501	22.8
古巴	40	-94.3			556	136.3
哥斯达黎加	2050	143.3	0	-99.4	148	99.7
斯洛文尼亚	76	-18.4	1	387.2	72	-39.6
吉尔吉斯斯坦	15	173.9	187	-5.5	73	587.8
朝鲜	65	244.9	42	178.9	220	79.8
缅甸	128	6.6	287		276	2.6
加纳	372	-20.3			200	51.9
肯尼亚	102	8.9			120	85.8
塔吉克斯坦	3	-69.9			28	510.8
尼泊尔	65	58.4			125	21.7
拉脱维亚	68	-57.4	26	53.6	194	37.3
也门	127	9.3			168	42.3
蒙古	4	-99.1			52	3.8

2005年电子信息产业出口情况（三）

计算单位：万美元

	电子器件	比去年增长%	电子材料	比去年增长%	电子仪器设备	比去年增长%
白俄罗斯	617	-47.7	70	359.1	163	166.8
危地马拉	60	3.2			129	11.9
毛里求斯	39	-10.9	1	799.2	72	57.1
埃塞俄比亚	28	-14.8			81	157.4
老挝	42	305.8			44	59.3
南斯拉夫	67	72.4			66	-3.1
土库曼斯坦	7	-90.9				
莱索托	0	-93.8				
多哥	10	-37.0			44	256.6
津巴布韦	78	15.1			6	-98.1
阿塞拜疆	18				100	93.3
阿曼	36				65	154.8
巴勒斯坦	3	143.4			9	165.9
波多黎各	73	55.5			175	132.4
乌干达	11	-20.7			20	43.2
塞浦路斯	67	17.1			68	4.3
马达加斯加	20	-64.3			23	66.4
卡塔尔	9	-75.0			63	952.5
科特迪瓦	41	-41.0			31	-10.1
坦桑尼亚	50	25.7			71	80.8
摩尔多瓦	4	-80.4			19	390.6
柬埔寨	9	10.5			14	24.0
刚果	11	-56.0			106	174.3
多米尼加	237	18.8			200	73.3
萨尔瓦多	28	-13.6			64	34.5
喀麦隆	26	-37.6			41	109.7
塞拉利昂	2	-18.0			272	
洪都拉斯	40	-25.7			46	79.3
格鲁吉亚	13	156.6			20	158.8
巴林	31	18.5			15	27.4

2005年电子信息产业出口情况（三）

计算单位：万美元

	电子器件	比去年增长%	电子材料	比去年增长%	电子仪器设备	比去年增长%
列支敦士登	802	128.3			3	
安哥拉	58	77.5			108	54.2
文莱	2	-7.7			11	7.9
几内亚	19	29.5			84	570.5
马尔代夫	2				4	314.1
赞比亚	17	81.1			8	428.3
尼日尔	31				5	
布隆迪					39	
玻利维亚	13	17.1			21	-21.9
牙买加	24	9.7			19	72.7
莫桑比克	29	18.6			22	50.5
冰岛	10	190.9			3	-13.9
乍得	1				39	
波斯尼亚—黑塞哥维那	2	-65.4			12	79.7
中非	80				8	
巴布亚新几内亚	3	33.2			22	71.3
前南斯拉夫马其顿	6	111.0			19	137.7
马耳他	23	-83.4	5	58.4	70	-49.6
阿尔巴尼亚	19	100.7			34	39.5
阿富汗	26	282.9			14	354.0
斐济	5	-23.4			3	74.4
索马里	4	308.4			1	
马里	8	320.8			8	55.3
卢旺达	4				4	-25.6
毛里塔尼亚	3	50.9			5	175.3
特立尼达和多巴哥	40	-23.6			48	37.4
尼加拉瓜	13	206.9			11	145.0
马拉维	13	334.9			4	56.6
利比里亚	3	-35.7			9	67.8
多米尼加	50	-3.5			26	-11.4

2005年电子信息产业出口情况（三）

计算单位：万美元

	电子器件	比去年增长%	电子材料	比去年增长%	电子仪器设备	比去年增长%
留尼汪	3	57.1			10	58.9
纳米比亚	15	22.7			8	5576.3
法属波利尼西亚	0	68.1			1	128.9
开曼群岛	0					
扎伊尔	27	18.0			39	265.7
塞内加尔	13	-11.3			20	230.5
冈比亚	9	24.4			11	190.2
马提尼克						
吉布提	25	0.2			1	-83.9
亚美尼亚	3	200.4	6	21.0	9	-88.2
格陵兰						
博茨瓦那	5	-73.1			2	19.2
新喀里多尼亚	1				12	27.8
苏里南	10	43.3			9	26.8

2005年电子信息产业主要产品出口情况

产 品 名 称	计算单位	出 口 数 量	出口金额	
			万美元	同比增长%
一、通信设备产品				
电话机合计	万部	19845.13	212496.2	7.49
其中：无绳电话	万部	9622.37	160253.5	8.88
可视电话	万部	2.83	157.7	-96.60
传真机	万台	548.60	46479.1	-17.01
各种程控交换机	万台	16.92	132642.7	24.85
其中：数字式程控电话交换机	万台	0.15	92997.3	31.49
模拟式移动通讯交换机	万台		23.4	-75.80
以太网络交换机	万台	757.49	52396.5	58.63
IP电话信号转换设备	万台	123.09	3363.9	306.10
手持（包括车载）无线电话	万台	22830.08	2066233.4	45.86
对讲机	万台	2376.79	28627.3	-10.11
移动通信基地站	万台	5.85	131733.4	14.57
无线寻呼机	万部	66.28	1139.7	103.49
光通信设备	万台	13.24	40979.5	112.67
其中：光端机及脉冲编码调制设备	万台	4.66	1932.8	-28.96
波分复用光传输设备	万台	8.58	39046.7	135.95
二、广播电视设备产品				
无线电广播、电视发射设备	万台	20.14	710.2	-15.94
电视用卫星地面站设备	万台	1.14	48.5	-5.41
电视摄像机	万台	2.01	676.1	7.00
广播级电视摄像机	万台		3.7	-82.69
三、电子计算机产品				
微型计算机	万台	623.25	370648.2	34.95
笔记本电脑	万台	4135.25	2990203.4	43.94
计算器	万台	47500.31	81640.6	1.40
打印机	万台	6921.93	688673.6	12.07
其中：针式	万台	98.56	12622.2	20.90
激光	万台	2354.62	418615.0	5.90
喷墨	万台	3634.00	227269.8	20.69
扫描仪	万台	728.25	30256.6	-17.18

2005年电子信息产业主要产品出口情况

产品名称	计算单位	出口数量	出口金额	
			万美元	同比增长%
数字化仪	万台	0.75	75.7	297.99
硬盘驱动器	万台	9990.15	411076.9	51.67
软盘驱动器	万台	5101.73	19144.5	-37.05
光盘驱动器	万台	16458.28	380710.5	3.01
显示器	万台	9560.41	1614798.2	9.63
其中：液晶显示器	万台	7458.86	1453864.8	22.59
阴极射线管显示器	万台	2096.25	159046.3	-41.44
自动柜员机	万台	1.69	16299.0	43.15
不间断供电电源	万台	1259.07	42867.9	28.13
集线器	万台	1758.71	19502.4	-12.50
路由器	万台	3467.76	88031.3	56.13
调制解调器	万台	10419.24	160948.4	45.33
数码照相机	万部	7603.03	553530.0	13.99
四、家用电子电器产品				
彩电电视机	万台	3974.65	505084.5	57.55
其中：显像管彩电	万台	2564.29	223016.2	-1.62
液晶彩电	万台	729.08	210279.3	237.97
等离子彩电	万台	24.30	28704.0	91.84
黑白电视机	万台	1151.69	11682.9	-22.78
家用型视频摄录一体机	万台	252.21	26417.7	37.67
袖珍盒式磁带收放机	万台	410.79	791.3	-42.73
袖珍盒式放声机	万台	744.22	1247.1	6.62
激光视盘放像机	万台	17316.83	733483.3	4.78
激光唱机	万台	5773.13	67062.3	-34.86
收录放音组合机	万台	22869.78	256336.3	24.48
汽车用收音及收录放组合机	万台	2927.16	107488.6	32.20
彩色视频投影机	万台	207.00	133598.1	42.78
正射投影仪	万台	18.51	1355.0	-24.29
收音机	万台	3734.72	13685.0	18.27
微波炉	万台	4224.07	176426.8	31.46

2005年电子信息产业主要产品出口情况

产品名称	计算单位	出口数量	出口金额	
			万美元	同比增长%
五、电子元器件产品				
智能卡	万个	52388.87	27111.2	49.23
集成电路	万块	2160939.41	1375402.2	30.71
其中：未经切割加工的集成电路原片	万块	77968.69	171008.7	11.79
彩色显像管	万只	1952.25	79664.8	-7.62
黑白显像管	万只	404.99	2515.7	51.36
彩色数据图形显示管	万只	598.46	24573.9	-25.40
晶体管	亿个	1379.05	160668.8	20.80
彩色电视机零件	万公斤	13833.30	117954.1	47.82
黑白电视机零件	万公斤	2135.69	9914.8	24.26
光缆	万公斤	1485.97	13137.3	83.43
电声器件	万个	465696.44	378849.8	26.64
液晶显示板	万块	161098.19	1085136.3	69.48
六、电子专用设备产品				
自动插件机	台		34.5	1488.13
自动贴片机	台	300	2975.7	-24.83

2005年电子信息产业进口情况（一）

计算单位：万美元

	进口情况	比去年增长%	通信设备	比去年增长%	广播电视设备	比去年增长%
总计	**22056441**	**21.9**	**1602864**	**15.7**	**319612**	**25.5**
一、按经济类型分列						
外商独资企业	14627541	30.4	671572	64.7	189193	36.0
中外合资企业	3690355	10.7	655440	8.2	72194	-0.4
国有企业	2304368	-2.4	205174	-32.2	30166	-1.7
私人企业	878531	27.3	54379	10.0	4470	24.4
集体企业	284699	41.9	10560	24.6	15625	296.9
中外合作企业	259880	-10.7	5697	-47.9	7959	62.1
个体工商户	5		2			
其他企业	11062	9.9	41	-31.7	6	-69.3
二、按贸易方式分列						
进料加工贸易	11751080	23.5	814096	46.0	201009	30.1
来料加工装配贸易	3414538	43.6	63104	130.9	23331	56.6
一般贸易	3302179	-2.8	488593	-25.3	53213	9.6
保税区仓储转口货物	2474339	21.5	177592	63.7	36442	10.8
保税仓库进出境货物	599150	162.8	49770	70.4	4919	55.9
外商投资企业作为投资进口的设备、物品	378236	-13.6	5307	47.7	379	18.6
加工贸易进口设备	67900	8.9	57	12.4	18	119.1
出口加工区进口设备	55201	67.1	910	94.6	72	229.8
其他	11537	-7.2	3048	-30.1	211	23.9
国家间、国际组织无偿援助和赠送的物资	870	-64.6	172	-50.3	16	-86.8
边境小额贸易	453	24.7				
租赁贸易	392	-1.5	34			
出料加工贸易	311	133.7	180			
华侨、港澳台同胞、外籍华人捐赠物资	242	219.6	0	-98.3		
免税外汇商品	12	-65.7	0		2	-84.0
易货贸易	1	41.7	1			

2005年电子信息产业进口情况（一）

计算单位：万美元

	进口情况	比去年增长%	通信设备	比去年增长%	广播电视设备	比去年增长%
三、按省、自治区、直辖市分列						
广东省	8624269	20.8	465218	18.7	139925	37.0
江苏省	5313705	34.6	156985	20.1	38682	-2.8
上海市	3806551	16.4	116723	-16.5	60550	32.2
天津市	1189229	32.6	428178	70.9	44979	69.4
北京市	1057280	21.3	238571	10.7	19141	-32.4
福建省	664790	5.6	28918	-25.5	2002	11.3
浙江省	431490	3.4	67505	-19.9	6074	-3.1
山东省	416001	30.6	58678	-30.4	4472	499.5
辽宁省	251582	-18.4	18503	-19.6	1091	1.7
四川省	53005	-27.3	1576	-11.3	106	0.9
湖北省	45694	27.3	10201	2.9	301	81.0
内蒙古自治区	26705		68	-11.5	21	
陕西省	25452	18.3	1843	-0.5	162	-14.0
吉林省	18955	-43.1	162	-89.5	201	-1.7
河北省	16589	41.6	272	-2.3	102	-63.0
湖南省	16107	-5.1	301	-20.7	122	
重庆市	12777	-19.2	905	7.7	3	35.5
安徽省	12643	1.1	478	17.5	10	-91.5
黑龙江省	10358	-22.9	300	-47.5	6	-96.8
江西省	10159	14.5	183	-32.7	56	
甘肃省	9810	205.1	703		1	66.2
广西自治区	9002	13.4	2788	-0.4	1157	44.8
贵州省	8646	-50.1	1466	-63.7	275	813.8
云南省	6721	-11.6	647	-2.6	46	46.7
河南省	6344	-15.0	105	-53.9	98	
新疆自治区	4932	9.3	728	231.6	8	-7.7
山西省	3958	61.9	413		1	-95.9
海南省	2687	-39.2	206	0.7	4	-95.5
宁夏自治区	352	-18.8	5			

2005年电子信息产业进口情况（一）

计算单位：万美元

	进口情况	比去年增长%	通信设备	比去年增长%	广播电视设备	比去年增长%
西藏自治区	342	531.0	156			
青海省	307	1.8	83		15	44.6
四、按国别和地区分列						
中国台湾地区	3976416	20.8	86366	-23.0	31577	137.1
中国（保税区等）	3937847	46.0	518204	133.3	97465	89.8
韩国	3592755	31.0	367797	0.8	21240	88.1
日本	3225079	1.2	143094	-29.8	123315	-5.2
马来西亚	1393094	20.3	52748	27.9	3677	-82.5
菲律宾	1176168	43.8	21626	56.1	1304	-25.1
美国	1066466	8.3	68763	-4.3	6943	130.4
新加坡	849932	29.9	44420	52.0	4426	19.6
泰国	698679	32.5	28782	3.6	6578	21.4
中国香港特区	479568	1.7	58597	32.6	13397	43.0
德国	367170	2.7	30203	-31.4	1266	40.1
印度尼西亚	147227	15.4	1015	-31.5	367	-17.3
法国	136082	15.7	17034	-37.1	661	-11.6
墨西哥	107128	12.2	6504	12.3	32	278.4
爱尔兰	100625	18.8	1310	7.6	19	
芬兰	92118	-8.8	68881	4.4	12	-77.7
哥斯达黎加	89386	41.8	14	-52.9		
英国	83648	7.2	8272	-13.0	465	50.5
加拿大	72148	24.6	10232	-34.9	486	126.5
瑞典	62811	-29.4	37406	-17.4	124	52.6
意大利	57115	7.0	8127	-37.2	1063	197.6
荷兰	44182	-30.0	1084	-11.0	537	68.0
以色列	43605	-10.4	4589	-26.4	77	22.0
瑞士	32567	25.1	1074	9.2	3683	
马耳他	23391	-6.3	21			
奥地利	22239	-1.8	261	-45.7	47	
摩洛哥	21903	38.8	3	101.9		

2005年电子信息产业进口情况（一）

计算单位：万美元

	进口情况	比去年增长%	通信设备	比去年增长%	广播电视设备	比去年增长%
葡萄牙	19485	39.3	1	-79.1	65	133.7
比利时	18840	9.5	1057	-35.4	46	191.2
匈牙利	15920	-10.2	5695	13.8	47	
越南	12419	66.0	103	-7.7	297	-4.4
印度	10232	39.3	39	190.7	0.2	-99.7
捷克	9895	17.3	59	-42.2	9	
澳大利亚	9837	-27.5	953	-34.2	33	-68.0
丹麦	9343	-0.9	1926	11.1	47	67.1
挪威	7427	-4.2	2534	18.7	79	-12.1
西班牙	7005	-10.0	554	111.3	9	-60.0
俄罗斯联邦	6997	21.0	348	96.9	3	
波多黎各	6983	25.5	20	119.6	69	239.7
巴西	4514	-4.6	830	222.5		
波兰	4109	17.5	268	76.0	0	-98.4
爱沙尼亚	2967	557.0	1076	241.0		
新西兰	1551	-31.0	201	-16.6		
斯洛伐克	1189	47.9	7	-88.7		
斯洛文尼亚	1122	52.0	0	-70.2		
罗马尼亚	1112	-47.7	489	-67.6		
保加利亚	657	50.6	0	-90.8		
阿拉伯联合酋长国	540	321.2	1			
乌克兰	489	-9.0	1	-85.8		
多米尼加	444	107.4				
中国澳门特区	432	181.0	6	583.9		
希腊	368	-17.7	8			
白俄罗斯	366	-0.2				
斯里兰卡	357	83.9			146	
南非	279	-47.4	70	-30.6	0.3	
冰岛	268	620.5				
卢森堡	220	-5.8			0.2	

2005年电子信息产业进口情况（一）

计算单位：万美元

	进口情况	比去年增长%	通信设备	比去年增长%	广播电视设备	比去年增长%
朝鲜	183	-23.5				
拉脱维亚	151	-72.7	148	-73.0		
突尼斯	148	42.0				
克罗地亚	140	-1.1	0.2	-99.6		
萨尔瓦多	124	19.7				
吉尔吉斯斯坦	107					
土耳其	86	-13.0	3	186.5	0	-15.1
伊朗	68	60.0	0	-34.1		
阿根廷	64	-92.4	1	-22.6	0.1	
摩纳哥	63	-45.8				
列支敦士登	53	146.1				
智利	43	79.1	4			
瓦努阿图	33					
乍得	31		31			
洪都拉斯	24	228.8				
多米尼加	23	106.6				
毛里求斯	22					
科威特	20					
马达加斯加	16					
沙特阿拉伯	15	618.2	0	-98.1		
立陶宛	13	-25.6	0	-99.2		
缅甸	12		0			
黎巴嫩	12					
柬埔寨	11		2			
亚洲其他	11					
巴基斯坦	10	-63.0	1	739.4		
塞浦路斯	10					
阿曼	7	270.3				
格鲁吉亚	6					
纳米比亚	5	52.7				

2005年电子信息产业进口情况（一）

计算单位：万美元

	进口情况	比去年增长%	通信设备	比去年增长%	广播电视设备	比去年增长%
伊拉克	5	48.8				
委内瑞拉	5					
瓦利斯和浮图纳	5					
厄瓜多尔	5	26.8				
阿塞拜疆	5					
塔吉克斯坦	4.6	65.0				
阿尔巴尼亚	4.4	114.6				
埃及	3.7	-81.8				
乌兹别克斯坦	3.1		0.3			
哈萨克斯坦	3.1					
肯尼亚	2.8					
孟加拉国	2.2	421.7				
尼泊尔	2.2	-72.0				
秘鲁	1.9	49.2				
巴拿马	1.9	-57.4			0.1	33.3
塞内加尔	1.9	429.7				
喀麦隆	1.8					
巴巴多斯	1.4	-77.4				
南斯拉夫	1.4	-62.7				
牙买加	1.1		0.2			
加纳	1.1		0.8			
利比亚	1.1		0.2			
斯威士兰	1.1					
哥伦比亚	1.1	-86.2				
巴拉圭	1.0					
危地马拉	1.0	501.3				

2005年电子信息产业进口情况（二）

计算单位：万美元

	计算机	比去年增长%	家用电子电　器	比去年增长%	电　子元　件	比去年增长%
总　计	**6334177**	**24.0**	**880489**	**5.0**	**2104708**	**18.0**
一、按经济类型分列						
外商独资企业	4510627	25.3	468325	31.3	1328464	23.0
中外合资企业	702210	24.2	207272	-16.2	399582	13.9
国有企业	777907	17.5	135293	-10.7	204133	-4.5
私人企业	253639	43.3	45731	-18.4	96246	27.0
集体企业	40467	69.6	10476	-13.1	40908	62.4
中外合作企业	46680	-39.9	11846	-11.2	33202	-7.5
个体工商户	0.4		3			
其他企业	2646	-8.6	1543	1.9	2174	3.7
二、按贸易方式分列						
进料加工贸易	2956867	18.9	458348	12.8	1308548	22.3
来料加工装配贸易	1120485	54.4	90593	-12.9	303666	7.1
一般贸易	836271	18.0	212185	-6.5	236971	-6.1
保税区仓储转口货物	1233455	14.3	88151	19.2	191151	31.1
保税仓库进出境货物	156297	139.6	18229	-7.5	62219	110.9
外商投资企业作为投资进口的设备、物品	23277	-34.6	10668	106.5	1058	-26.0
加工贸易进口设备	1212	-45.6	141	12.7	13	-21.5
出口加工区进口设备	4208	90.1	951	107.2	225	-2.3
其他	1879	-7.0	1186	-15.8	807	35.9
国家间、国际组织无偿援助和赠送的物资	208	-81.7	20	-88.9	48	66.1
边境小额贸易					3	
租赁贸易	8	145.5	1			
出料加工贸易						
华侨、港澳台同胞、外籍华人捐赠物资	5	-60.4	9	280.3	0	
免税外汇商品	4	-69.0	6	-27.7		
易货贸易						

2005年电子信息产业进口情况（二）

计算单位：万美元

	计算机	比去年增长%	家用电子电器	比去年增长%	电子元件	比去年增长%
三、按省、自治区、直辖市分列						
广东省	2326118	32.3	349820	1.3	968308	14.2
江苏省	1771789	22.7	154070	16.8	400914	28.7
上海市	1261906	19.4	183860	19.8	282099	15.4
天津市	75258	13.8	31859	-2.7	136658	13.4
北京市	251591	24.5	69810	21.9	59995	31.8
福建省	356453	11.0	18557	-7.7	49787	-3.2
浙江省	112936	24.0	9843	-15.9	48553	15.6
山东省	62684	99.5	19155	-23.9	85090	38.1
辽宁省	51828	-31.8	25947	-20.5	47438	13.1
四川省	10297	-24.3	1747	-58.9	2902	-33.2
湖北省	12902	258.7	2814	22.8	1395	11.8
内蒙古自治区	962	97.5	115	324.0	10376	
陕西省	2626	9.8	1945	57.4	694	-36.4
吉林省	2517	27.3	4228	-57.7	3212	-10.8
河北省	6367	129.3	432	19.7	1794	13.8
湖南省	2662	11.4	383	-4.4	943	31.8
重庆市	1828	-38.2	2325	-55.6	1274	21.9
安徽省	2502	75.9	538	-50.9	753	-1.2
黑龙江省	2574	-48.9	624	38.7	755	44.5
江西省	542	-38.5	609	337.5	96	170.7
甘肃省	6300	396.7	18	-81.9	8	5.5
广西自治区	1368	-23.3	423	315.5	133	36.2
贵州省	1887	-81.8	83	-19.1	809	36.6
云南省	2418	-32.5	113	158.5	86	22.2
河南省	1811	-51.8	384	-2.1	358	16.7
新疆自治区	1216	-11.1	471	117.1	29	-20.2
山西省	1922	128.9	133	248.7	34	-7.1
海南省	769	99.3	178	-89.0	169	-66.6
宁夏自治区	8	-96.6	3	14.5	4	131.6

2005年电子信息产业进口情况（二）

计算单位：万美元

	计算机	比去年增长%	家用电子电器	比去年增长%	电子元件	比去年增长%
西藏自治区	124	651.8				
青海省	11	-94.0	2	-75.9	42	
四、按国别和地区分列						
中国台湾地区	1193297	17.5	93633	40.2	368162	8.9
中国（保税区等）	1643549	42.3	215150	-0.1	595711	32.0
韩国	1231979	21.0	64515	-3.0	213054	18.2
日本	632284	6.3	159798	-4.5	480167	14.7
马来西亚	149295	-12.2	29888	89.6	53865	11.0
菲律宾	270306	41.8	16258	202.8	22239	21.7
美国	213453	16.6	66117	-0.5	55849	7.6
新加坡	240549	32.9	75010	70.3	40218	-10.1
泰国	354976	42.6	16402	-16.0	63528	50.5
中国香港特区	83436	10.6	34186	-11.6	79081	12.2
德国	45834	36.4	31245	-14.2	22614	-0.5
印度尼西亚	91731	24.6	12918	159.6	17576	11.8
法国	5572	6.6	8460	48.6	6360	6.4
墨西哥	39962	7.4	1687	2.1	15160	19.2
爱尔兰	47666	7.4	3439	-8.0	456	-11.9
芬兰	2479	24.9	9571	-54.9	3070	123.6
哥斯达黎加	48	-89.3	1281	710.4	1326	-39.9
英国	15296	-0.8	5647	-13.1	6660	33.0
加拿大	13674	65.0	2297	-39.3	2561	38.8
瑞典	2966	-3.6	9122	-57.1	3435	54.2
意大利	11079	8.8	3897	-1.8	5703	10.6
荷兰	1900	-27.4	2396	-40.8	1424	-17.4
以色列	2718	-2.5	2287	8.9	3281	-3.7
瑞士	1871	14.1	1054	16.9	7927	29.2
马耳他	3	309.2	23	-10.9	9	905.5
奥地利	2632	49.3	656	-44.8	5744	-16.2
摩洛哥	9		13	67.3	89	-48.3

2005年电子信息产业进口情况（二）

计算单位：万美元

	计算机	比去年增长%	家用电子电　器	比去年增长%	电　子元　件	比去年增长%
葡萄牙	15989	43.0	334	133.2	1611	-5.6
比利时	1125	-40.6	2612	-10.5	1207	-23.4
匈牙利	3181	-35.8	1741	-47.1	1369	131.6
越南	3471	76.1	228	67.7	6224	91.2
印度	546	94.9	147	-50.4	1445	5.7
捷克	361	51.3	450	262.3	7281	31.1
澳大利亚	807	-78.9	1018	-25.9	1683	-34.0
丹麦	904	-12.5	1494	16.5	1531	29.5
挪威	302	-37.5	497	85.8	207	-76.6
西班牙	1369	-19.4	730	-20.2	1131	-22.1
俄罗斯联邦	4	-89.6	888	-18.6	123	-26.1
波多黎各	6578	21.8	34	-15.3	4	-13.6
巴西	184	223.9	411	1.4	1285	-19.6
波兰	134	281.4	1178	11.5	1671	5.6
爱沙尼亚	5		535		78	346.3
新西兰	216	732.0	132	-17.2	588	92.8
斯洛伐克	86	-32.2	579	67.2	86	38.5
斯洛文尼亚	4	176.1	150	83.2	862	55.2
罗马尼亚	1	-97.1	80	135.1	186	26.3
保加利亚	40				14	
阿拉伯联合酋长国	1	68.5	2	-38.7	0.2	-16.1
乌克兰	0.1	-99.7	1	-94.8	35	-74.7
多米尼加	93		21		52	115.4
中国澳门特区	39	314.7	50	443.7	8	54.5
希腊	5	455.1	22	4.7	13	
白俄罗斯			0.3	690.5	0	-95.8
斯里兰卡	0	-96.6	7		164	7.6
南非	46	605.4	20	-35.1	4	-52.6
冰岛			38		22	386.1
卢森堡	1	-47.0	6	828.8	19	124.7

2005年电子信息产业进口情况（二）

计算单位：万美元

	计算机	比去年增长%	家用电子电器	比去年增长%	电子元件	比去年增长%
朝鲜	2	195.5	0.4	-98.0	42	42.1
拉脱维亚			0.4	785.6	1	
突尼斯	1	749.6	10		87	6.4
克罗地亚	5		0	-77.3	133	73.2
萨尔瓦多					124	20.4
吉尔吉斯斯坦						
土耳其	7	118.7	22	-20.2	39	-6.0
伊朗	3	-92.0	4	808.7	6	964.5
阿根廷	15	-26.8	35	-95.6	1	211.2
摩纳哥			0.1		8	733.5
列支敦士登			1	58.2	4	28.5
智利	14				1	
瓦努阿图			33			
乍得						
洪都拉斯			0	-22.3	4	684.9
多米尼加	7		6		4	
毛里求斯						
科威特	4					
马达加斯加						
沙特阿拉伯	4		1	349.0	0.3	
立陶宛	1	112.6	0.4	397.4	1	198.6
缅甸	0	-84.3				
黎巴嫩	0		10			
柬埔寨						
亚洲其他						
巴基斯坦	0	-100.0	0	-85.4	8	231.7
塞浦路斯	4		4		1	
阿曼	0				0	
格鲁吉亚	2	847.2				
纳米比亚					1	-76.9

2005年电子信息产业进口情况（二）

计算单位：万美元

	计算机	比去年增长%	家用电子电 器	比去年增长%	电 子元 件	比去年增长%
伊拉克					1	-63.0
委内瑞拉					0	605.0
瓦利斯和浮图纳						
厄瓜多尔	2		0.3		0.2	-82.8
阿塞拜疆					4	
塔吉克斯坦	1.5	-35.2				
阿尔巴尼亚						
埃及	0.7	427.3			2	
乌兹别克斯坦					0	
哈萨克斯坦			0.1	29.1	3	
肯尼亚	0.3		0.2		0	19.3
孟加拉国					0	-88.1
尼泊尔						
秘鲁					1	
巴拿马			0.1	-92.5	2	304.6
塞内加尔					1	127.6
喀麦隆						
巴巴多斯					1	-80.6
南斯拉夫	0.3				1	-18.1
牙买加						
加纳	0.1				0.2	
利比亚	0.8		0.1			
斯威士兰						
哥伦比亚			0.1	-32.9	0.3	791.1
巴拉圭	0.0					
危地马拉			0.3		1	

2005年电子信息产业进口情况（三）

计算单位：万美元

	电子器件	比去年增长%	电子材料	比去年增长%	电子仪器设备	比去年增长%
总计	**9531644**	**28.5**	**192785**	**7.9**	**1090162**	**-3.3**
一、按经济类型分列						
外商独资企业	6746788	38.0	123719	-5.4	588854	-3.5
中外合资企业	1435683	12.8	46708	46.8	171265	-8.7
国有企业	722193	-2.8	14131	37.3	215372	-10.3
私人企业	340347	27.6	5631	87.1	78089	36.6
集体企业	147888	33.4	849	-6.4	17926	18.5
中外合作企业	134885	4.0	1400	-16.3	18211	8.1
个体工商户	0.1	104.9				
其他企业	3861	35.6	347	37.7	444	20.9
二、按贸易方式分列						
进料加工贸易	5739404	25.4	101111	17.0	171696	-2.3
来料加工装配贸易	1753733	52.5	28455	-31.0	31170	0.0
一般贸易	1077568	-1.6	51697	17.0	345680	-3.5
保税区仓储转口货物	672138	28.7	9967	69.3	65441	-2.6
保税仓库进出境货物	284074	329.1	732	134.4	22910	56.2
外商投资企业作为投资进口的设备、物品	1996	7.1	119	44.8	335433	-13.8
加工贸易进口设备	48	-16.1			66412	11.0
出口加工区进口设备	402	28.2	12	391.1	48421	65.1
其他	1907	-5.2	219	38.9	2281	35.5
国家间、国际组织无偿援助和赠送的物资	266	-27.9			141	-47.0
边境小额贸易			450	24.1		
租赁贸易					349	-11.0
出料加工贸易	107	41.5	23	-21.3		
华侨、港澳台同胞、外籍华人捐赠物资	1	-23.9			227	292.5
免税外汇商品						
易货贸易						

2005年电子信息产业进口情况（三）

计算单位：万美元

	电子器件	比去年增长%	电子材料	比去年增长%	电子仪器设备	比去年增长%
三、按省、自治区、直辖市分列						
广东省	4029379	20.7	28242	-15.0	317260	-2.0
江苏省	2498477	52.9	66728	46.8	226060	8.6
上海市	1646179	27.4	54475	-22.7	200758	-24.7
天津市	410288	20.5	10355	4.0	51654	3.9
北京市	282712	36.8	13240	228.2	122219	11.1
福建省	190076	7.2	1683	19.0	17314	0.3
浙江省	152079	4.7	2796	32.5	31704	-6.5
山东省	158024	74.2	1229	18.7	26669	16.0
辽宁省	80488	-25.7	4373	43.6	21915	0.7
四川省	24058	-38.6	2296	28.3	10023	32.2
湖北省	8642	-8.1	2186	-7.2	7253	6.3
内蒙古自治区	12633		491	28.6	2039	98.5
陕西省	7843	24.6	1057	46.7	9282	27.7
吉林省	2753	-21.8	651	145.4	5232	-56.9
河北省	2733	62.6	436	-27.6	4454	9.7
湖南省	8392	-12.0	358	294.5	2947	-11.7
重庆市	1171	15.5	67	260.7	5204	13.9
安徽省	3794	5.5	194	22.8	4374	-10.9
黑龙江省	2621	2.6	68	2.2	3410	-12.7
江西省	3150	-13.9	591	-1.0	4931	55.7
甘肃省	1308	181.0	3	-13.8	1470	11.6
广西自治区	646	149.3	599	32.4	1887	22.8
贵州省	2809	383.3	11	58.8	1306	-13.2
云南省	580	72.6	67	-83.2	2764	12.7
河南省	166	3.8	71	512.8	3352	33.5
新疆自治区	287	25.9	101		2092	-14.0
山西省	233	20.5	12	-66.4	1210	0.3
海南省	28	-63.4	405	661.3	930	-35.0
宁夏自治区	8	55.5	0.1	-8.6	324	81.8

2005年电子信息产业进口情况（三）

计算单位：万美元

	电子器件	比去年增长%	电子材料	比去年增长%	电子仪器设备	比去年增长%
西藏自治区	4				59	58.5
青海省	84				69	13.5
四、按国别和地区分列						
中国台湾地区	2095588	27.2	38922	40.5	68872	-2.0
中国（保税区等）	744218	55.6	3161	28.0	120390	0.2
韩国	1612338	56.5	18934	42.2	62897	8.4
日本	1277719	1.4	88674	26.3	320028	-6.1
马来西亚	1080995	28.4	1490	-7.3	21137	18.2
菲律宾	835230	43.9	377	-16.7	8829	23.3
美国	456819	19.7	16532	-53.8	181990	-3.0
新加坡	421486	26.5	1132	-21.4	22691	32.4
泰国	217673	25.4	44	-36.1	10696	9.0
中国香港特区	190967	-8.7	3012	-13.1	16893	-19.6
德国	121480	15.6	7873	13.0	106655	0.2
印度尼西亚	21143	-24.5	347	5.6	2131	-29.4
法国	79141	54.0	2909	12.0	15945	-15.5
墨西哥	41601	19.2	19	49.1	2162	-31.7
爱尔兰	46477	46.7			1257	-31.4
芬兰	3287	-31.6	73	-28.5	4746	-14.3
哥斯达黎加	86571	44.8			146	-20.9
英国	24694	41.4	828	-19.8	21785	-0.2
加拿大	35683	64.3	300	12.3	6915	32.2
瑞典	2812	-51.8	105	33.9	6839	-38.0
意大利	16688	49.5	1556	212.9	9001	-1.3
荷兰	12408	-8.8	85	-54.5	24348	-37.8
以色列	13340	-4.3	715	-83.4	16598	6.2
瑞士	6999	25.5	1431	122.9	8528	-13.4
马耳他	23326	-6.5			8	82.6
奥地利	6575	-8.6	312	-7.9	6012	24.8
摩洛哥	21785	39.8			4	-31.8

2005年电子信息产业进口情况（三）

计算单位：万美元

	电子器件	比去年增长%	电子材料	比去年增长%	电子仪器设备	比去年增长%
葡萄牙	1446	98.3			38	-80.7
比利时	10638	61.3	122	-20.7	2034	-14.7
匈牙利	2608	-9.7	4	-85.1	1276	31.0
越南	880	-24.5	0		1217	128.8
印度	4324	48.6	11	105.9	3720	54.8
捷克	1228	-40.1	130	257.0	379	12.9
澳大利亚	2902	48.8	31	-63.3	2410	8.8
丹麦	787	155.7	191	100.9	2462	-34.5
挪威	125	49.6	858	16.9	2824	-8.3
西班牙	1408	20.0	281	-30.9	1521	-17.7
俄罗斯联邦	3239	8.5	1219	88.5	1172	73.6
波多黎各	150	237.6	0	-100.0	128	195.6
巴西	1144	-27.9	569	-21.3	90	-12.1
波兰	521	102.7	15	-68.3	320	-11.9
爱沙尼亚	58	1278.8	0.2		1215	1623.0
新西兰	345	-19.7	1		68	-93.7
斯洛伐克	266	530.5			165	0.7
斯洛文尼亚	38	39.1	1		66	-7.4
罗马尼亚	8	-91.2	3	405.5	344	8.7
保加利亚	587	60.9			15	-77.5
阿拉伯联合酋长国	524	323.8	12		1	8.5
乌克兰	10	-82.8	398	44.1	44	225.0
多米尼加	34	9747.9			245	29.4
中国澳门特区	312	304.6			17	-61.9
希腊	12	-21.6	0	-99.1	310	-23.5
白俄罗斯	354	16.4	0.3	-95.9	12	-78.1
斯里兰卡	5	-7.8			35	28.8
南非	64	-24.4	2		73	-75.5
冰岛	109	863.4			98	362.5
卢森堡	78	26536.5			117	-47.5

2005年电子信息产业进口情况（三）

计算单位：万美元

	电子器件	比去年增长%	电子材料	比去年增长%	电子仪器设备	比去年增长%
朝鲜	92	-14.6			47	295.6
拉脱维亚					1	-64.1
突尼斯	0.3	-37.1			50	131.9
克罗地亚	1					
萨尔瓦多	0.2	-60.5			0	
吉尔吉斯斯坦			101		5	
土耳其	3	-85.0			12	135.3
伊朗	53	2816.6			2	913.8
阿根廷	3	261.0			9	-37.5
摩纳哥	34	-57.0			21	-41.3
列支敦士登	0	367.7	0.1		48	174.7
智利	25	4.1			0.4	-20.6
瓦努阿图						
乍得						
洪都拉斯	16	198.3			3	169.0
多米尼加	0	-99.1			6	14.5
毛里求斯	22					
科威特	17					
马达加斯加	16					
沙特阿拉伯	10				0.2	
立陶宛	5				6	-61.4
缅甸	11					
黎巴嫩	2					
柬埔寨	9				1	
亚洲其他	11					
巴基斯坦	1				1	71.6
塞浦路斯	1	238.0				
阿曼	6	269.6				
格鲁吉亚	4					
纳米比亚	5	776.4			0.1	

2005年电子信息产业进口情况（三）

计算单位：万美元

	电子器件	比去年增长%	电子材料	比去年增长%	电子仪器设备	比去年增长%
伊拉克	3	500.8			1	79.1
委内瑞拉					5	
瓦利斯和浮图纳	5					
厄瓜多尔					3	376.7
阿塞拜疆					1	366.0
塔吉克斯坦	3.1	608.6				
阿尔巴尼亚	4.4	315.1				
埃及	0.0				1	
乌兹别克斯坦	2.8					
哈萨克斯坦						
肯尼亚	2.3					
孟加拉国	2.2	577.2				
尼泊尔	2.2	-71.9				
秘鲁	0.8	-37.7			0.1	
巴拿马	0.0	-91.9				
塞内加尔	1.1					
喀麦隆	1.8					
巴巴多斯					0.2	
南斯拉夫					0.2	
牙买加	0.9				0.1	
加纳						
利比亚						
斯威士兰	1.1					
哥伦比亚	0.2				0.4	-86.3
巴拉圭	1.0					
危地马拉						

2005年电子信息产业主要产品进口情况

产品名称	计算单位	进口数量	进口金额	
			万美元	同比增长%
一、通信设备产品				
电话机合计	万部	166.60	5753.1	26.15
其中：无绳电话	万部	125.17	3401.5	79.12
可视电话	万部	2.28	387.4	-48.22
传真机	万台	158.38	15345.2	-14.71
各种程控交换机	万台	1.57	7750.3	157.85
其中：数字式程控电话交换机	万台	0.01	6162.0	468.54
模拟式移动通讯交换机	万台		47.8	19.44
以太网络交换机	万台	66.64	44725.7	-1.31
IP电话信号转换设备	万台	6.53	992.6	96.01
手持（包括车载）无线电话	万台	1275.16	119779.5	-18.74
对讲机	万台	25.25	4097.2	155.30
移动通信基地站	万台	0.23	3208.3	-66.40
无线寻呼机	万部		0.7	-36.44
光通信设备	万台	14.20	4833.8	-45.25
其中：光端机及脉冲编码调制设备	万台	13.12	2510.1	-5.09
波分复用光传输设备	万台	1.08	2323.7	-62.42
二、广播电视设备产品				
无线电广播、电视发射设备	万台		4027.0	319.25
电视用卫星地面站设备	万台		69.5	-61.26
电视摄像机	万台	0.20	375.1	5.08
广播级电视摄像机	万台	0.05	913.3	-11.52
三、电子计算机产品				
微型计算机	万台	2.39	6324.5	-1.05
笔记本电脑	万台	72.99	65411.4	-11.16
计算器	万台	1239.01	3947.0	14.18
打印机	万台	690.87	76621.5	-11.75
其中：针式	万台	59.75	9989.0	-25.73
激光	万台	207.32	36461.2	0.15
喷墨	万台	396.17	21090.5	-28.55
扫描仪	万台	44.05	6593.8	0.19

2005年电子信息产业主要产品进口情况

产品名称	计算单位	进口数量	进口金额	
			万美元	同比增长%
数字化仪	万台	0.18	262.4	26.59
硬盘驱动器	万台	10651.07	722605.3	56.74
软盘驱动器	万台	1127.88	8037.8	-42.83
光盘驱动器	万台	7615.21	323607.4	19.13
显示器	万台	583.99	97514.8	9.80
其中：液晶显示器	万台	451.51	86625.9	13.14
阴极射线管显示器	万台	131.18	10224.0	3.51
自动柜员机	万台	0.57	8226.6	-18.77
不间断供电电源	万台	14.95	9269.4	6.82
集线器	万台	7.30	506.9	-66.54
路由器	万台	85.94	36115.6	22.89
调制解调器	万台	1751.49	17543.4	-8.68
数码照相机	万部	661.69	100444.7	13.90
四、家用电子电器产品				
彩电电视机	万台	38.51	4394.0	-31.49
其中：显像管彩电	万台	18.46	513.2	31.71
液晶彩电	万台	6.28	1061.6	-66.85
等离子彩电	万台	0.79	830.6	-59.96
黑白电视机	万台	12.46	227.7	704.09
家用型视频摄录一体机	万台	47.71	16980.9	222.70
激光视盘放像机	万台	111.74	5624.1	1.74
激光唱机	万台	21.75	2255.6	-24.72
收录放音组合机	万台	273.57	13081.2	402.33
汽车用收音及收录放组合机	万台	40.04	2514.0	-52.01
彩色视频投影机	万台	4.22	4426.3	20.37
正射投影仪	万台	0.01	102.9	-33.25
收音机	万台	22.82	494.1	36.69
微波炉	万台	1.35	190.2	-7.91
五、电子元器件产品				
智能卡	万个	19255.64	17063.8	-20.87
集成电路	万块	7537029.17	8102435.7	34.87

2005年电子信息产业主要产品进口情况

产品名称	计算单位	进口数量	进口金额	
			万美元	同比增长%
其中：未经切割加工的集成电路原片	万块	560366.12	759260.7	92.04
彩色显像管	万只	1837.75	64732.9	-33.18
黑白显像管	万只	264.40	1079.4	-57.96
彩色数据图形显示管	万只	1529.75	60823.3	-44.30
晶体管	亿个	1609.00	532720.8	13.51
彩色电视机零件	万公斤	1431.00	33539.6	-17.44
黑白电视机零件	万公斤	72.51	1534.2	-18.02
光缆	万公斤	231.31	3626.4	-9.52
电声器件	万个	211448.96	140498.1	36.24
液晶显示板	万块	150790.56	2749259.7	30.86
六、电子专用设备产品				
自动插件机	台	900	6340.7	0.76
自动贴片机	台	9000	147730.3	6.48